ROMEON
VERLAG

Deutschland Wohin
1. Auflage, erschienen 7-2021

Umschlaggestaltung: Romeon Verlag
Text: Luma Mayhér
Layout: Romeon Verlag

ISBN: 978-3-96229-241-6

www.romeon-verlag.de
Copyright © Romeon Verlag, Jüchen

Bibliografische Information der Deutschen Nationalbibliothek:
Die Deutsche Nationalbibliothek verzeichnet diese Publikation in der Deutschen Nationalbibliografie; detaillierte bibliografische Daten sind im Internet über *http://dnb.dnb.de* abrufbar.

LUMA MAYHÉR

Deutschland
wohin???

Inhalt

Vorwort

Deutschland hatte seit der Gründung der Bundesrepublik eine enorm erfolgreiche Entwicklung. Das gilt sowohl für die Entwicklung der Demokratie als auch der Wirtschaft und des Wohlstandes der Bevölkerung. Zugleich stehen umfassende Veränderungen und Herausforderungen bevor, die nicht nur in der 2020 entfachten Coronakrise und bei deren Folgen begründet sind, sondern vor allem durch Fragen des Klima- und Umweltschutzbedarf sowie die Fragwürdigkeit der heute dominierenden neoliberalen Wirtschaftsausrichtung und -politik.

Die so erfolgreiche deutsche Entwicklung wirft aber auch Schatten voraus. Das gilt vor allem für die Verteilung des Wohlstands als auch für die Demokratie und das Staatswesen in unserem Land bis hin zu Veränderungen von Öffentlichkeit und anscheinend Infragestellung der Meinungsfreiheit. Dafür sprechen schon die Aussagen der Medien, insbesondere wenn die Inhalte im zeitlichen Verlauf gegenübergestellt werden. Es sind also letztlich die Informationen, die nahezu jedem Bürger vorliegen. Deshalb stützt sich das vorliegende Buch vorrangig auf diese jedermann zugänglichen Quellen und nicht auf umfassende Datenerhebungen und wissenschaftliche Studien und Untersuchungen. Die Ausführungen in den Tagesmedien sind mitunter alarmierend, sie geraten jedoch schnell in Vergessenheit. In der Aufreihung dieser Meldungen, die bei den meisten Lesern unterbleibt, zeigt sich aber die Brisanz mancher Entwicklungen, die hier mit zum Gegenstand der Erörterungen wurden. Durch den engen Bezug zu den Tagesmedien ist hoffentlich vieles anschaulich und damit gut verständlich dargestellt. Wir steuern auf große Herausforderungen mit hohem Handlungsbedarf zu. Es kommt nun auf richtiges Agieren von Politik, Gesellschaft und Wirtschaft an, um die Gefahren dieser Entwicklung zu meistern und die Chancen, die zugleich darin liegen, zu nutzen. Das vorliegende Buch will dazu einen Anstoß geben und zugleich auch auf den Erhalt, die Sicherung sowie Weiterentwicklung unserer Demokratie hinwirken. Es gilt also nachzudenken, aber auch zu handeln.

Als Quellen wurden vorrangig die Tageszeitung der beispielhaft ausgewählten mittelgroßen Landeshauptstadt Wiesbaden, punktuell auch Zeitmagazine wie *Der Spiegel* und *Focus* und die *Frankfurter Allgemeine Zeitung*, verschiedentlich aber auch die *Bildzeitung* und weitere Zeitungen, wie auch Inhalte aus einigen wissenschaftlichen Abhandlungen, darunter auch aus meinen eigenen wissenschaftlichen Arbeiten, sowie Ergebnisse von Internetrecherchen verwendet. Diese Darlegungen sind jedoch nicht wie bei einer akribischen wissenschaftlichen Arbeit durch gründliche Recherchen mit Quellenangaben gesichert. Dieser Aufwand wurde unterlassen und somit vernachlässigt . Anderseits ist aber davon auszugehen, dass häufige Aussagen in der Tagespresse doch in etwas die reale Entwicklung wiedergeben, zumal wenn sie aus unterschiedlichen Zeitungen stammen. Zu den verwerteten Pressebeiträgen werden weitgehend der Name der Zeitung/ Zeitschrift und das Veröffentlichungsdatum angegeben, zu den anderen Quellen wie Internetrecherchen und Buchpublikationen die dafür gebräuchlichen Quellenangaben. Da einige der behandelten Schwerpunkte für mehrere Kapitel Relevanz beinhalten, wird auf die Querbezüge mit entsprechenden Seitenangaben jeweils in Klammern gesetzt in kursiver Schrift verwiesen. Die verwerteten Zeitungen sowie deren gebräuchlichen Abkürzungsformen sind am Ende der Ausführungen unter Quellen, S. 453 aufgeführt.

Die hier getroffenen Aussagen stellen wie jede Meinungsposition Wertungen dar, sind somit subjektiv. Trotz meinem Bemühen um Ausgewogenheit werden manche Darlegungen ggf. massive Widersprüche hervorrufen. Sie könnten mitunter auch als Provokation empfunden werden, gerade angesichts der Entwicklung von Öffentlichkeit, Meinungsbildung und Mainstream. Provokationen sind hier jedoch nicht beabsichtigt, sondern die

konstruktive Auseinandersetzung mit den Werten und den zukünftigen Herausforderungen für eine ausgeglichene Entwicklung in unserem Land.

Luma Mayhér (Ludwig-Martin M.)

Einleitung

Auf dem deutschen Staatsgebiet vollzog sich nach dem Ende des zweiten Weltkrieges eine ausgesprochen erfolgreiche Entwicklung. Das damals schwer zerstörte und hoch verschuldete Land erlebte einen grandiosen Aufbau und tiefgreifenden sozialen sowie politischen Wandel. Die neu gegründete Bundesrepublik erreichte schon in den 50er Jahren die Wirtschaftsstärke des Vorkriegsdeutschlandes, wenngleich die Entwicklung durch die Einschränkungen und Probleme der deutschen wie auch der europäischen Teilung überschattet wurde. Mit der Wiedervereinigung und der alsbald folgenden Auflösung der Sowjetunion und des Ostblocks wurde die lange Zeit der europäischen Teilung beendet.

Europa wächst seitdem zusammen. Über die Hälfte der Staaten haben sich in die Europäische Union eingebracht. Deutschland genießt ein hohes Ansehen. Das ist nicht nur auf die erlangte Wirtschaftskraft zurückzuführen, sondern auch auf das internationale Ansehen des Grundgesetzes und des daraus resultierenden demokratischen Staatswesens. Die Distanzierung der Bundesrepublik von der Ideologie und dem Staatswesen der NS-Vergangenheit überzeugte international, wenngleich begrenzte rechtsnationale politische Tendenzen das Bild etwas trüben.

Die Entwicklung hat mein Leben entscheidend geprägt und bestimmt. Im Krieg geboren, beginnen meine Erinnerungen mit den Schrecken der letzten Kriegstage und den großen Problemen der Nachkriegszeit bis hin zu lebhaften Erinnerungen an Verwandte, die damals aufgrund der schlechten Versorgungslage verhungerten. Danach habe ich die Aufwärtsentwicklung der Bundesrepublik und Westberlins miterlebt. Auch in Ostdeutschland ging es voran, wie ich in zahlreichen Besuchen und den vielfältigen gesamtdeutschen Familienkontakten mitbekam. Die deutsche Entwicklung nach dem Kriege bis zur Gegenwart war die Bühne meines Lebens. Deshalb fühle ich mich dieser Entwicklung sehr verbunden. Diese Entwicklung bot aus meiner Sicht für den Großteil der Bevölkerung bislang kaum da gewesene große Chancen, vorausgesetzt, dass der/die Einzelne die Initiative ergriff, um diese zu nutzen. Dafür spricht auch meine Berufslaufbahn, die vom Facharbeitergesellenbrief bis zum habilitierten Wissenschaftler und Hochschullehrer reicht. Diese enormen Möglichkeiten, waren letztlich das Modell, das damals die junge Bundesrepublik für die berufliche Entwicklung und den sozialen Aufstieg schuf. Zur Finanzierung meines ersten Studiums habe ich in etlichen Berufsfeldern und Branchen gearbeitet. Dadurch kann ich die Belange der „einfachen" Bevölkerung, wie auch die der Akademiker bis hin zum gehobenen Mittelstand recht zutreffend einschätzen. Später bereiste ich mehr als jedes zweite Land der Erde. Um Erfahrungen zu sammeln, emigrierte ich für eine Zeit in ein außereuropäisches Land und suchte mir dort Arbeit. Bei meinen Auslandsaufenthalten handelte es sich größtenteils um Individualreisen. Deshalb war für mich eine intensive Auseinandersetzung mit den jeweiligen Ländern, deren Geschichte und Kultur eine Selbstverständlichkeit. Aufgrund dieser Erfahrungen und Erkenntnisse sehe ich die deutsche Entwicklung und das gesellschaftlichen Lebens immer im globalen Vergleich. Das gilt auch für die Zuwanderungen, die deutsche Aufnahmekultur und Bereitschaft der Emigranten, wie sie sich hier einbringen.

In der deutschen Entwicklung nach dem zweiten Weltkrieg gab es bei allen großartigen Erfolgen jedoch auch Schattenseiten und diese nicht nur in der DDR. „Nicht alles ist Gold, was glänzt", wie ein Sprichwort sagt. Schwachstellen gibt es in jedem Staat, wie ich schon alleine in meinen vielen Auslandsaufenthalten erfahren habe . Deshalb gehöre ich auch nicht zu den Personen, die bei uns sehr vieles schlecht und im Ausland „alles besser" finden und vom Auswandern träumen (was sie in der Regel dann aber nicht umsetzen). Vielmehr glaube ich an den Staat der Bundesrepublik Deutschland. Mit der Wiedervereinigung waren endlich die Voraussetzungen für die gesamte deutsche Bevölkerung geschaffen, an der positiven Entwicklung teilzuhaben, wenngleich die lange Zeit der DDR und deutschen Teilung noch lange nachwirkte und auch zukünftig nachwirken wird. Mit der Wiedervereinigung, der alsbald die Auflösung des Ostblocks folgte, fing eine neue Epoche an, die große Chancen für viel Positives brachte und bringt.

Es ist viel erreicht worden, was inzwischen auch für Ostdeutschland gilt. Zugleich zeichnen sich aber im vereinten Deutschland auch Schatten immer deutlicher ab. Seit der politischen Neuorientierung und Umwandlung der ehemals sozialistisch geprägten osteuropäischen Staaten und der DDR musste der Westen seine Überlegenheit gegenüber sozialistischen Staatsmodelle nicht mehr unter Beweis stellen. Die frühere Systemkonkurrenz war vordem letztlich eine der Triebfedern für Ludwigs Erhards Modell der *Sozialen Marktwirtschaft*, unter dem in den fünfziger Jahren der wirtschaftliche Aufschwung Westdeutschlands eingeleitet wurde. Deshalb gab es zur Wiedervereinigung bereits Befürchtungen für den Beginn einer sozialen Spaltung. Diese Bedenken hatte ich damals ebenfalls. Leider haben sie sich tendenziell bestätigt. Deutschland ist längst von einer sozialen Spreizung betroffen, die sich innerhalb der letzten 20 Jahre deutlich verstärkte, so dass zunehmend schon von sozialer Spaltung gesprochen werden kann. Dabei gehe es Deutschland laut den Äußerungen von Spitzenpolitikern der regierenden Parteien so gut wie nie, aber die soziale Entwicklung wirft massive Fragen auf. Warum lebt dann in unserem wohlhabenden Land jedes sechste Kind, in Großstädten z. T. jedes fünfte Kind, unterhalb der Armutsgrenze? Warum leben ebenfalls auch 1,5 Mio. Alleinerziehende mit ihren Kindern unterhalb der Armutsgrenze? Wieso stellen Experten seit längerem in unserem Land eine zunehmende soziale Spaltung fest? Laut neueren Presseberichten ist davon längst nicht nur die Unterschicht, sondern zunehmend auch die Mittelschicht vom Niedergang betroffen.

Gleichzeitig wächst seit längerem die Anzahl der Einkommensmillionäre und die reichen Bürger des Landes erfahren enormen Vermögenszuwachs. Den geht es wohl schon „so gut wie nie", aber bei der sozialen Spreizung eben vielen anderen nicht. Die Bundesbürger, das heißt auch der Großteil der Bevölkerung, haben in der EU mit die höchste Abgabenlast zu tragen. In den wachstumsstarken Verdichtungsräumen wird aufgrund der hohen Immobilienpreise und Mieten die Wohnversorgung für viele Bürger zum Problem. Die deutsche Industrienation liegt in der Digitalisierung unter dem EU-Durchschnitt, obwohl die Regierung erhebliche Möglichkeiten zum Gegensteuern hatte und hat. Die Teilräume Deutschlands weisen deutliche Unterschiede in der Versorgung mit Daseinsvorsorge auf, obwohl die Verfassung das Hinwirken auf gleichwertige Lebensbedingungen in den Teilräumen Deutschlands vorgibt. Warum ist so wenig passiert? Warum nutzt die Regierung ihre Einflussmöglichkeiten zum Gegensteuern so wenig?

Die Tagespresse berichtet über Ungemach für wichtige Staatsinstitutionen. Das gilt schon für die politische Parteienlandschaft wie für die Parlamente bis hin zur Ebene vom Stadt- und Gemeinderat. Politisch gefärbte Personalpolitik ist oft entscheidend und setzt sich in den Verwaltungen fort. Das Parteibuch zählt häufig mehr als Sachqualifikation. Die Verantwortung vor dem eigenen Gewissen, wie es das Grundgesetz für Parlamentarier vorgibt, wird oft hinter die Fraktionsdisziplin zurückgestellt. Das forderte selbst die Kanzlerin, wenn es um die AfD ging (wie das zweifelhafte Beispiel der Ministerpräsidentenwahl in Thüringen belegt). Zugleich dominieren im Bundestag, wie in den Landtagen, immer mehr Berufspolitiker, die zudem längst nicht mehr einem Querschnitt der Bevölkerung entsprechen. Die politischen Leitungsebenen entfernen sich immer weiter vom Volk. Nach verschiedentlichen Berichten zu urteilen leben die Politiker zunehmend in einer anderen, eigenen elitären Welt und entfernen sich vom Bürger (siehe a. Hartmann, 5. Kap.). Dadurch und wegen der Flüchtlingspolitik der Regierung erhält politischer Populismus Zulauf, wie die Wahlerfolge der AfD belegen. Beispielhaft war auch die Einschätzung der Kanzlerin, dass für die Renten aktuell kein Handlungsbedarf bestehe, obwohl hier längst immer mehr ältere Menschen von Altersarmut betroffen sind. Die Merkel-Aussage erschüttert, denn zugleich betonte sie auch in einer Fernsehsendung: „So gut wie heute ging es Deutschland noch nie." Demnach muss der Staat über genügend Geld verfügen, um der Rentnerarmut entgegenzuwirken, aber die Regierung müsste es wollen.

Ungemach gilt auch für die Justiz und Polizei, die vor allem durch Personalausdünnung in den zurückliegenden Jahren bei gleichzeitig zugenommenem Aufgabenspektrum, wie die vielen Asylverfahren, vor schwierigen Problemen stehen. Das bedingt z.T. Probleme und schlechte Arbeitsbedingungen, die Frust erzeugen. In der Justiz kommt es aufgrund zu langer Verfahrensdauer trotz überzeugender Beweislage zu Verfahrenseinstellungen bis hin zur Haftentlassung gefährlicher Straftäter. Zugleich schwächelt die Justiz durch ihre Aufweichung verhängter Strafen. So erlischt während einer Bewährungszeit bei neuen Straftaten häufig nicht die Bewährung, sondern es werden weitere Bewährungszeiträume angehängt, anstatt einen Strafantritt zu verfügen. Gerichte ahnden z. T. vergleichbare Straftaten mit extrem unterschiedlichem Strafmaß. Bei der Dortmunder Love-Parade-Katastrophe mit hoher Opferzahl war der Justizapparat unfähig die Schuldfrage zu klären und Urteile zu fällen. Zugleich berichtet die Presse von Übergriffen gegenüber Polizisten, die nicht oder kaum geahndet werden, wie auch umgekehrt Polizeiübergriffe für die Beamten kaum Folgen haben. Die Übergriffe seitens der Polizei sind z.T. dem Führungspersonal zuzuordnen, wie bei Demonstrationen gegen Stuttgart 21. Politiker diffamieren Gerichtsanordnungen zur Rückführung abgeschobener Flüchtlinge, obwohl die Umsetzung geltender Gesetze die gerichtlichen Maßnahmen bedingt. Statt der Diffamierungen gerichtlicher Maßnahmen durch Politiker wäre die Schaffung entsprechender Gesetze der richtige und angemessene Weg. Aber die Politik hält sich zurück.

Die Verwaltung führt ein zunehmendes Eigenleben, indem sie immer mehr Bereiche bürokratischen Regelungen unterwirft. Das erfolgt teilweise weniger auf der Grundlage entsprechender Gesetze, sondern vor allem durch Verwaltungserlasse und eigenmächtiges Handeln. Das kann dazu führen, dass die Verwaltung straffällig gewordenen Personen Restriktionen und Maßnahmen auferlegt, die sowohl von den Kosten als auch den damit verhängten Einschränkungen her deutlich über die vom Gericht verhängte Strafe hinausgehen und zusätzlich zu tragen sind. Dazu können auch Kontrollvorgänge gehören, die menschenunwürdig sind, obwohl unsere Verfassung die Menschenwürde als unantastbar festschreibt. Wo bleibt da die Rechtsstaatlichkeit? Für ausstehende Steuerbeträge werden hohe Zinsen berechnet, obwohl diese auf dem Kreditmarkt seit Jahren im sehr niedrigen Bereich liegen. Das galt inzwischen teilweise selbst für kommunale Hilfen zur Bewältigung der Coronafolgen, wie z.B. in Frankfurt a.M.

Deutschland ist seit dem Ende der sechziger Jahre vom demografischen Wandel betroffen, der sich zunächst durch die niedrige Geburtenrate vor allem quantitativ, dann aufgrund steigender Lebenserwartung durch die zunehmende Zahl älterer Mitbürger und seit den sechziger Jahren auch ethnisch durch Zuwanderung ausdrückt. Dieser Wandel bedeutet erhebliche Veränderungen, die den quantitativen Bedarf wie auch die Ausrichtung der Daseinsvorsorge verändern, die Rückwirkungen auf die Wirtschaft und das Arbeitskräftepotential haben, welche die Öffentlichkeit verändern und auf die Staatsfinanzen und Ausgaben Einfluss haben. Gleichfalls sprechen die niedrigen Geburtenzahlen für erhebliche Probleme für Renten und Altersversorgung. Dazu war bislang von der Politik wenig zu hören. Erst als seit der Mitte des letzten Jahrzehnts hohe Flüchtlingszuwanderung zu politischen Kontroversen und Handlungsdruck führte, fand in der Bundesrepublik der demografische Wandel etwas Beachtung. Das hat die Regierungen aber kaum veranlasst, über mögliche Einflussnahme auf das niedrige Geburtenaufkommen oder für geburtenfördernde Gegenmaßnahmen nachzudenken, so wie mit den daraus angeleiteten Maßnahmen in einigen anderen europäischen Staaten durchaus Erfolge erzielt wurden. Die Bundesregierung sieht im Einklang mit der hiesigen Wirtschaft vor allem in Zuwanderungen größte Möglichkeiten. Damit können die ansonsten scheinbar bevorstehenden Probleme zur Sicherung ausreichender Arbeitskräfte gelöst werden.

Gleichzeitig erleben wir einen Wandel der Öffentlichkeit, letztlich auch für die Meinungsfreiheit. Personen, die ihre Abneigung gegen hohe Zuwanderungen offen äußern, werden schnell in die rechte Ecke gestellt, der Fremdenfeindlichkeit und des Fremdenhasses, ggf. auch der Volksverhetzung bezichtigt, bis hin zur Einleitung von strafrechtlichen Ermittlungsverfahren. Das Parteiausschlussverfahren gegen Thilo Sarrazin ist auch Teil dieser Entwicklung.

Es hat sich Weiteres verändert. Von den sexuellen Freiheiten und freizügigen Sexualdarstellungen, die die 68er Generation in dem damals noch sehr prüden Deutschland durchsetzte, bewegt sich die Gesellschaft längst wieder zurück zum prüden Spießertum. Die Tagespresse berichtete von Museumsdirektoren, die sich der Kritik stellen müssen, weil Bilder unbekleideter Frauen gezeigt wurden. Zudem geben einige Politikerinnen und Gesellschaftsgruppen lautstark ihre Meinungen und daran geknüpften Maßstäbe vor. Oft beanspruchen sie die große Mehrheit der Bevölkerung zu vertreten, obwohl Umfragen etwas ganz anderes aussagen und diesen Anspruch widerlegen. Hier wird in einem Mainstream versucht, Wertmaßstäbe vorzugeben und Druck zu deren Durchsetzung zu erzeugen (Kubicki, W.: Meinungs*un*freiheit). Eine Entwicklung, die auch für viel Umweltaktivisten/-aktivistinnen gilt. Die Meinungsfreiheit bedeutet da wenig, wie z.T. die Attacken gegen andere Meinungen zeigen. Statt inhaltlicher Auseinandersetzung und Toleranz gegenüber abweichenden Meinungen und Äußerungen gilt dogmatisches Festhalten an den getroffenen eigenen Positionen. Mich erinnert der derzeitige Umgang mit der Meinungsfreiheit mitunter an frühere DDR-Besuche. Dort hat man in der Öffentlichkeit besser nicht das gesagt, was man dachte, sondern seine Verlautbarungen angepasst.

Der Klimaschutz ist ein weiteres Problemfeld. Die hochgesteckten Ziele bis 2020 wurden nicht erreicht. Statt einer Auseinandersetzung mit der Frage, warum die Ziele nicht erreicht wurden, setzte die Regierung neue, höhere Ziele, die jedoch erst bis 2030 erreicht werden sollen. Die nicht erreichten Klimaziele erinnern an die Digitalisierungsziele der Kanzlerin oder ihr Wahlversprechen Bürokratie abzubauen, die auch nicht erreicht wurden, weil es an Regierungsaktivitäten fehlte. Immerhin, bezüglich des Klima- und Umweltschutzes haben wir uns infolge der Coronakrise etwas auf die Ziele zubewegt, die Bürokratie hat hingegen noch erheblich zugenommen.

Für die EU zeichnen sich ebenfalls Probleme ab. Das Zusammenwachsen und gemeinsame Agieren der europäischen Staaten sind ohne Zweifel ein Segen und ohne Wenn und Aber zu begrüßen. Zugleich wächst aber auch ein europäischer Bürokratismus, der wie in Deutschland zunehmend um sich greift und

z. T. nicht überzeugende Vorgaben bringt. Die Vorstellungen, die nationalen Eigenständigkeiten zum gemeinsamen Handeln zu koordinieren und sich entsprechend den Vereinigten Staaten von Amerika zu einem vereinigten Europa bei weitgehender Aufgabe der nationalen Eigenständigkeit zu entwickeln, stoßen immer stärker auf Widerstände . Die Widerstände werden vor allem durch die Europäische Zentralbank mit den Folgen ihrer Niedrigzinspolitik und Stützungsaufkäufe „fauler" Bankkredite angeheizt. Zudem kommen die Kreditaufkäufe der Europäischen Zentralbank einer indirekten Übernahme der Schulden von Mitgliedsländern nahe, obwohl das nach den Vereinbarungen zur Sicherheit des Euro unzulässig ist. Der Europäische Gerichtshof hat dieses Vorgehen zwar als legitim eingestuft, aber ein neues Urteil des Bundesverfassungsgerichtes stellt sich dagegen. Bei diesem Widerspruch zwischen den Urteilen des Europäischen Gerichtshofes und des deutschen Verfassungsgerichtes hätte die deutsche Regierung klärende Antworten geben müsste, aber die taucht ins Schweigen ab.

Deutschland steht also vor hohem und dringendem Handlungsbedarf, um den vielen Herausforderungen entgegenzuwirken. Durch die Coronakrise wird der Großteil der Herausforderungen noch verschärft und auch viel deutlicher. Wir stehen wahrscheinlich vor einem tiefgreifenden Wandel, der große Gefahren, aber auch Chancen beinhaltet. Deshalb kommt es darauf an, die Chancen zu nutzen. Das gilt nicht nur für die Bewältigung der wirtschaftlichen Folgen der Veränderungen und Wirtschaftsentwicklung, sondern für sämtliche Bereiche. Somit ist auch den Erosionen unseres Staates entgegenzuwirken. In diesem Sinne ist dieses Buch gemeint. Es soll zum Anstoß beitragen, sich mit der zukünftigen Entwicklung unseres Landes im kritischen, aber zugleich im konstruktiven Sinne auseinanderzusetzen.

Die hier getroffenen Ausführungen können bei der Breite der angesprochenen Thematik nicht umfassend sein und beschränken sich daher auf die Bereiche, denen hier besondere Bedeutung und hoher Handlungsbedarf zugeschrieben werden. Zunächst wird in einem zusammenfassenden Abriss die deutsche Entwicklung und die dabei auftretenden Probleme im Zeitraum bis zur Coronakrise angesprochen. Die Ausführungen beginnen mit einem kurzen Rückblick auf die deutsche Entwicklung nach dem Zweiten Weltkrieg bis zur deutschen Wiedervereinigung. Aus dieser Zeit stammen prägende Einflüsse. So vor allem das Grundgesetz und die Entwicklung der politischen Landschaft, Öffentlichkeit und der wachsende europäische Zusammenschluss. Danach wird ausführlicher die Entwicklung unter Kanzler Schröder und Kanzlerin Merkel behandelt, da von dieser Zeitepoche wesentliche Einflüsse für die heutige Situation ausgehen. Die Ausführungen sind in Anbetracht der vielen Veröffentlichungen zu dieser Zeit nicht umfassend und ohne Anspruch auf Vollständigkeit, aber dennoch wichtig für die Gesamtzusammenhänge der hier dargelegten Überlegungen. Daran schließen als Hauptteil die kritische Auseinandersetzung mit der jüngsten Entwicklung und der derzeitigen Situation der Bundesrepublik an, um den Handlungsbedarf und die Handlungserfordernisse anhand der eingegrenzten Probleme und Fehlentwicklungen herauszuarbeiten. Die Ausführungen zur Coronakrise belegen die dadurch bedingte Erhöhung des Handlungsbedarfs. Das Schlusskapitel setzt sich mit den hier gesehenen Herausforderungen und Handlungsbedarf sowie auch evtl. Handlungsmöglichkeiten und -ansätzen auseinander.

1. Deutschland nach dem Krieg bis heute (vor Corona)

Die Entwicklung der Bundesrepublik beginnt mit den enormen Anforderungen und Leistungen des Wiederaufbaus des in dem von Deutschland entfachten Krieg so zerstörten Landes und seiner Wirtschaft. Zugleich galt es das Negativimage, dass Deutschland durch die Verbrechen der unglückseligen NS-Zeit anhaftete, auszuräumen und unser Land wieder in der Staatengemeinschaft der Welt einzubringen. Dazu gehörten auch erhebliche Wiedergutmachungszahlungen an Staaten, die durch Deutschland im Zweiten Weltkrieg Zerstörungen erfuhren, bis hin zur Begleichung von Restschulden, die Deutschland noch an die Siegermächte des Ersten Weltkrieges leistete. In der Londoner Schuldenkonferenz wurden die damit fälligen Reparationsleistungen festgeschrieben, ohne Einigung mit der Sowjetunion, die der DDR wesentlich höhere Leistungen auferlegte als die Westalliierten der Bundesrepublik. Die anfangs kaum zu bewältigenden Reparationsleistungen der Bundesrepublik wurden gestreckt und belasteten bis zur vollständigen Erfüllung 1988.

Die Bundesrepublik war zugleich mit Frankreich der treibende „Motor" zur Aussöhnung und zum europäischen Zusammenschluss, der wirtschaftlich 1951 mit der Montanunion begann und 1957 zur Gründung der EG führte und schließlich 1993 in der Europäischen Union (EU) seinen vorläufigen Höhepunkt erreichte. Die Entspannungspolitik und die veränderten globalen Bedingungen fanden zum Ende der 80er Jahre mit der gezielten Nutzung der einmaligen Chance der Wiedervereinigung ihre Krönung.

Die Entwicklung der Bundesrepublik begann mit der hervorragenden Verfassung, die auf eine neue Zukunft in einem demokratischen Staatssystem und die Bewältigung der NS-Vergangenheit ausgerichtet ist. Durch das darin verankerte föderale Staatssystem gab es keine Allmacht der Bundesregierung und die Bürgerrechte wurden umfassend geschützt. Die Handlungen des jungen Staates und seiner Regierung waren zunächst vor allem pragmatisch auf den Wiederaufbau, die Beseitigungen der Kriegszerstörungen und Entwicklung der Wirtschaft ausgerichtet. Dabei hatten Organisationsgeschick und Fachqualifikationen wesentlich mehr Bedeutung als die NS-Vergangenheit, wie sich anhand der Besetzung von Leitungspositionen nachweisen lässt. Es ging voran. Das Thema Vergangenheit bekam erst in den 60er Jahren mit dem Auschwitzprozess Bedeutung, was mit dem Aufbegehren der Jugend durch die 68er Generation dann erheblich, teilweise bis zum Generationskonflikt verstärkt wurde. Einen neuen Entwicklungsschub erhielt Deutschland unter der SPD-Regierung unter den Kanzlern Brandt und Schmidt. Die erheblich veränderte Ostpolitik Brands führte zur Aufweichung der Ost-Westgegensätze, letztlich eine wesentliche Voraussetzung für die Entwicklung, die dann zur deutschen Wiedervereinigung führte. Diese Entwicklung war, trotz der enormen finanziellen Belastungen für Ostdeutschland und des Konjunktureinbruchs Ende der 90er Jahre, von einer sehr erfolgreichen, expandierenden Wirtschaft mit sehr hohem Exportüberschuss begleitet. Deutschland und dem Großteil seiner Bevölkerung ging es gut, wenngleich die Angleichung Ostdeutschlands an diesen Wohlstand nur langsam voranging und bis heute nicht voll erreicht wurde.

Das schöne Bild weist jedoch, wie in der Einleitung angesprochen, seit einigen Jahren Trübungen auf, wenngleich zunächst kaum sichtbar, aber sich allmählich verstärkend. Das Zusammenspiel von Legislative, Exekutive und Judikative entfernt sich allmählich von der Demokratie, die die Verfasser des Grundgesetzes vorgaben, und wohl auch von deren ursprünglichen Vorstellungen. Diese Entwicklung hat seit dem Beginn dieses Jahrhunderts merklich zugenommen. Die Legislative wandelt sich zu einem elitären Berufspolitikertum, das z. T. den Bezug zur

Bevölkerung verliert und sich selbst auch über Urteile des Verfassungsgerichtes hinwegsetzt. Ähnliches gilt für die Exekutive. Dort geben politische Seilmannschaften zunehmend den Ton an, ggf. mehr als Fachqualifikationen. Sie halten sich ebenfalls nicht immer an die Verfassung und Urteile des Bundesverfassungsgerichtes. Die Polizei, als wichtigstes Durchsetzungsorgan staatlicher Gewalt, ist aufgrund jahrelanger politisch verfügter Personalausdünnung teilweise überfordert. Übergriffe gegen die Polizei und von Polizisten haben zugenommen, oft ohne Ahndung, was für eine Demokratie eigentlich nicht hinnehmbar ist. Die Judikative kann ebenfalls aufgrund von Personalausdünnung das in der Verfassung und Gesetzgebung verbriefte Recht nicht immer durchsetzen. Zudem sind die teilweise extrem unterschiedlichen Strafen oder fragwürdige Gerichtsurteile ebenfalls schwer mit einer funktionierenden Demokratie vereinbar. Die Verwaltung hat seit den 80er Jahren sukzessiv ihre Handlungsfelder und -vormacht ausgebaut, auch verschiedentlich unter Missachtung der Verfassung. Aus angeblichen Sachzwängen wird die Entwicklung von der Politik oft gebilligt oder gar unterstützt. Zugleich dehnt sich damit der Bürokratismus als ein möglichst alles regelndes Monster aus, nachdem langsam alles verboten ist, was nicht durch entsprechende Verwaltungsvorgaben reglementiert und ausdrücklich erlaubt wird. Diese Entwicklung erinnert schon an die staatlichen Reglementierungen in der früheren DDR. Dabei können die Verwaltungseingriffe und Vorgaben wesentlich weiter greifen. Infolge der modernen Kommunikationstechniken und Datenerhebungen wird längst der gläserne Bürger ermöglicht. Dementsprechend weitet die Verwaltung sukzessiv ihren Datenzugriff aus, obwohl das unserer Verfassung widerspricht. Die ausufernde Bürokratie wird immer mehr zum Entwicklungs- und Innovationshemmnis, was von der Wirtschaft bis hin zu den Landwirten oder aus dem Gesundheitsbereich beklagt wird . Zudem beinhaltet der Personalabbau Kow-how Verluste, was wiederum die zunehmende Einbindung externer Beratungen bedingt.

Zugleich haben sich die Defizite in der Daseinsvorsorge verstärkt. So entsprechen z. B. die Kinderbetreuungseinrichtungen oft nicht dem Bedarf der veränderten Gesellschaft, in der Frauen, auch Mütter, genauso wie Männer berufstätig sind. Deutschlands ehemals herausragende Schulen erreichen im Pisa-Vergleich nur Mittelmaß oder liegen beim Einbezug moderner Kommunikationsmedien in OECD-Vergleich in der Schlussgruppe. Die Gesundheitsversorgung steuert schon vor der Coronapandemie auf enorme Engpässe bis zum Notstand zu. Ähnliches zeichnet sich für die Arbeitsfähigkeit der Justiz aufgrund der bevorstehenden Welle von altersbedingten Ruhestandeintritten ab, auf die die Politik durch ihre Personalplanung bislang viel zu wenig und spät reagierte.

Die seit Jahren fortgesetzte soziale Spaltung und der Wandel der Öffentlichkeit gefährden den Zusammenhalt der deutschen Gesellschaft und damit die Demokratie. Durch die Gesetzgebung in der Regierung Schröder und spätere Einschnitte unter der Kanzlerschaft Merkel hat Deutschland in den letzten 20 Jahren eine erhebliche und anhaltende soziale Spaltung der Gesellschaft erfahren. Die gesellschaftliche Spaltung erhält in jüngster Zeit ein neues Element durch die Tendenz von Migranten, assimilierungsablehnende Parallelgesellschaften zu bilden. Die Öffentlichkeit wird heute zunehmend von lautstarken Gruppen und dem Mainstream bestimmt. Zugleich sinkt die Toleranz gegenüber anderen Meinungen und die eigene Meinung wird oft mit Tunnelblick diktatorisch als einzige Wahrheit deklariert. Eine Entwicklung, die leider auch für wichtige gesellschaftliche Gruppierungen wie für die Aktivitäten des Umwelt-, Klima- und Artenschutz zutrifft. Durch einseitige Positionen der Regierung wird diese Entwicklung noch verstärkt. Inzwischen trauen sich mehr als die Hälfte der Deutschen in der Öffentlichkeit nicht mehr ihre Meinung frei zu äußern. Hier entsteht ein enormes Gefährdungspotential, denn die Meinungsfreiheit ist eine der wichtigsten Voraussetzungen für das Funktionieren einer Demokratie.

In Deutschland liegen die Geburtenzahlen seit etwa fünfzig Jahren unter der Sterbeziffer, so dass die Bevölkerung ohne Zuwanderungen schrumpfen muss. Die deutschen Regierungen haben dagegen nie wirklich ernsthaft angekämpft, sondern gemeinsam mit der Wirtschaft auf temporäre Zuwanderung von so genannten Gastarbeitern gesetzt, um die Wirtschaft mit Arbeitskräften zu versorgen. Aus der temporären Zuwanderung ist mit der Zeit immer mehr ein dauerhafter Verbleib der Zuwanderer geworden. Diese Entwicklung wurde seit 2014/15 durch enorme Flüchtlingszuwanderungen überlagert, die sowohl die Politik als auch die deutsche Gesellschaft spalten. Die Positionen reichen von weitgehender Ablehnung der Zuwanderungen, etwa durch die neue rechtskonservative Partei der AfD, bis hin zur Willkommenskultur durch Kanzlerin Merkel . Ein Teil der Bevölkerung stört sich vor allem an den damit verbundenen hohen Hilfeleistungen angesichts der recht begrenzten Leistungen für die ärmere deutsche Bevölkerung, weil Rentner und Alleinerziehende teilweise weniger als Flüchtlinge unterstützt werden.

Zweifel wirft auch die EU auf, wenngleich der Großteil der Bevölkerung hinter dem europäischen Zusammenschluss steht. Die hohen deutschen Zahlungen an die EU, die zunehmende bürokratischer Vorgaben der EU wie auch Folgen der zweifelhaften Geldpolitik der parlamentarisch nicht kontrollierten Europäischen Zentralbank sprechen gegen Erweiterungen der EU-Kompetenzen, zumal sich deshalb auch ein Urteil des Bundesverfassungsgerichts dagegenstellt und damit anders als der Europäische Gerichtshof urteilt. Das Vorgehen der EU zur Bewältigung der Folgen der Coronapandemie spricht für weiteren Konfliktstoff. Das gilt vor allem wegen der enormen Schulden, die zur Sicherung der heutigen Lebensbedingungen aufgenommen werden, für die aber vor allem die junge bzw. nachwachsende Generation aufzukommen hat.

Die Politik klammert das Konfliktpotential weitgehend aus, was vor allem auch für die Bundesregierung und die Kanzlerin gilt. Auf die Probleme, die den Großteil der Deutschen bewegen, wird kaum oder nicht eingegangen. So ist zur sozialen Spaltung nichts zu hören. Stattdessen wird der Armuts- und Reichtumsbericht (BAMS 2020) geschönt. Es gibt auch keine Verlautbarungen zur Steuerungerechtigkeit, obwohl der Großteil der Bevölkerung diese als ungerecht beklagt und dringenden Änderungsbedarf sieht. Zur Gefährdung der Meinungsfreiheit, zu der inzwischen bereits viele Publikationen erschienen und die von bald der Hälfte der Bevölkerung gesehen wird, gibt es ebenfalls keine Verlautbarungen. Genauso wenig äußert sich die Regierung zur auswuchernden Bürokratie, die längst unsere Entwicklung beeinträchtigt und sich dabei punktuell auch über die Verfassung hinwegsetzt.

Das ist jedoch kaum verwunderlich, da die Leitungsstellen politisch besetzt sind und somit diese Entwicklung von der Politik geduldet oder gar mit veranlasst wird. Zu den 2019 erfolgten, eigentlich unvereinbaren gegensätzlichen Gerichtsurteilen des Bundesverfassungsgerichtes gegenüber dem Europäischen Gerichtshof zur Finanzpolitik der EU ist von der Bundesregierung genauso wenig zu hören wie zum Gebaren der Türkei, das im Widerspruch zu Vorgaben der Vereinten Nationen oder zur EU-Politik im Mittelmeerraum sowie zu vielen Menschrechtsabkommen steht. Zu den eindeutigen, z. T. unvereinbaren Gegensätzen des Korans zum Grundgesetz ist von der Regierung und der Kanzlerin ebenfalls nichts zu hören, obwohl Moslems einen sehr hohen Anteil der hier lebenden Migranten ausmachen und Umfragen belegen, dass deren überwiegende Mehrheit den Koran über das Grundgesetz stellt. Statt klärender Worte hat die Kanzlerin den Ausspruch des Bundespräsidenten Christian Wulff „Der Islam gehört zu Deutschland" stärker betonend wiederholt *(ausführlicher 3.6, S. 265)*. Die Entwicklung der Bundesrepublik Deutschland zeigt, es besteht heute erheblicher Handlungsbedarf, um diesen Erosionen zur Sicherung der Zukunft unseres Landes entgegenzuwirken.

1.1 Die Zeit nach dem Krieg bis zur Wiedervereinigung

Nach dem von Deutschland entfachten Krieg lag das Land in weiten Teilen in Trümmern und wurde in vier Besatzungszonen aufgeteilt. Viele Innenstädte waren stärker zerbombt, als es die heutigen Fernsehberichte von 2018–2019 von den Kriegsschauplätzen im Nahen Osten zeigen. Die Not war groß. In Berlin sind 1945–46 manche Bürger wegen der viel zu geringen Nahrungsversorgung verhungert. Der Winter 45/46 hatte Minustemperaturen bis 20 Grad, die bei fehlendem Heizmaterial und oft nur notdürftige verschlossenen Fenstern (Das Glas war durch Druck von Bomben oder Granaten zerborsten) zu ertragen waren. Dennoch, die Bevölkerung machte sich an den Aufbau, häufig war Tatkraft statt jammern angesagt. Die Frauen, die so genannten Trümmerfrauen, räumten die Straßen frei, denn es fehlte an Männern. Die expansive Vereinnahmungspolitik der Sowjets führte alsbald zur deutschen Teilung, Blockade Berlins und Gründung der Bundesrepublik Deutschland mit der Währungsreform sowie zur Gründung der DDR mit ihrer Ostmark-Währung. In Europa fand eine stringente Teilung statt. Das sowjetisch beherrschte Osteuropa mit kommunistischer Ausrichtung stand dem demokratisch, kapitalistisch orientierten Westeuropa gegenüber. Die damit verbundene strikte Trennung wurde zutreffend als Eiserner Vorhang bezeichnet. Die sowjetische Blockade Westberlins verschärfte die Situation. Durch die Luftbrücke der Alliierten wurde die Stadt am Leben gehalten. Infolge des damals kaum behinderten Verkehrs in Berlin wurde aber durch die vielfachen Familienbeziehungen ebenfalls auch von Ostberlin die Versorgung Westberlins erheblich unterstützt. Zudem war die Ostberliner Versorgungslage während der Blockade deutlich besser als die

Westberlins. Trotz aller Leistungen hätte die Luftbrücke für die Versorgung kaum ausgereicht.

Weite Teile der Bevölkerung waren zunächst sowohl in Ostdeutschland als auch in Westdeutschland nach vorne ausgerichtet. Im Westen orientierte sich die Jugend vor allem an den USA. Das galt für die Musik vom Rock 'n' Roll bis zum Jazz und gleichfalls für Kleidung (Einzug der Jeans) und die lockeren amerikanischen Umgangsformen, die im Gegensatz zur damals noch sehr konservativ ausgerichteten deutschen Gesellschaft standen. Jeans und Freizeithemden begannen Anzug, weißes Hemd und Schlips abzulösen, wenngleich nur sehr langsam und über einen jahrzehntelangen Zeitraum. Für den Westteil galt: nicht in der Vergangenheit rühren, sondern am Aufbau mitwirken. Das Überwechseln ehemaliger Nazis in die neue Entwicklung und ihr Fußfassen in der neuen Politik waren zumindest in Westdeutschland verhältnismäßig problemlos. Ein Beispiel ist der baden-württembergische Ministerpräsident Filbinger, der als Kriegsrichter selbst noch nach der deutschen Kapitulation, also nach Kriegsende, einen fahnenflüchtigen jungen deutschen Soldaten hinrichten ließ. Zudem fanden etliche Juristen aus der NS-Zeit, einschließlich Richter und Staatsanwälte, wieder ein Unterkommen in der Justiz der neuen Bundesrepublik. Von den höchsten Bundesrichtern hatte die Mehrzahl eine NS-Vergangenheit. Die 50er Jahre waren zugleich die Aufbaujahre Westdeutschlands, in denen die wesentlichen materiellen Kriegsschäden behoben wurden. Auch in der DDR gab es trotz anderslautender Propaganda den Aufstieg von Personen mit NS-Vergangenheit, wenngleich in weitaus geringeren Anteil als in der Bundesrepublik.

Für die sechziger Jahre waren vor allem das wirtschaftliche Wiedererstarken Westdeutschlands prägend sowie die Wiederbewaffnung Deutschlands durch die neue Bundeswehr. Die erfolgte allerdings als fest integrierter Bestandteil im westlichen

Militärbündnis Nato. In Ostdeutschland vollzog sich sukzessiv eine Umstellung der Wirtschaft zur Planwirtschaft nach sowjetischem Vorbild. Diese Entwicklung war mit umfassender Enteignung der Wirtschaft und der Landwirtschaft verbunden. Gleichfalls fand auch in Ostdeutschland eine Wiederbewaffnung als NVA (*Nationale Volksarmee*) statt, die vergleichbar mit der Nato in einem osteuropäischen Militärbündnis, dem *Warschauer Pakt*, unter Führung der Sowjetunion eingebunden war. Der Berliner Mauerbau 1961 verschärfte die politische Situation und zementierte die Teilung der Stadt. Die Sowjets drohten den Viermächtestatus der Stadt und damit das Anwesenheitsrechte der Westalliierten aufzuheben. Durch den klaren Widerstand der USA, die nach dem Mauerbau symbolisch eine zusätzliche Brigade nach Berlin entsandten, wurde die Drohung gegen Westberlin nicht mehr verfolgt. Zudem stattete der damalige Vizepräsident der USA Johnson Berlin alsbald einen symbolischen Besuch ab. Der erste Besuch des damaligen Bundeskanzler Adenauers nach dem Mauerbau fand erst Wochen später statt.

In der zweiten Hälfte der sechziger Jahre begann in Deutschland endlich die juristische Aufarbeitung und Auseinandersetzung mit der NS-Vergangenheit. Sie war längst überfällig . Etliche andere Staaten haben auch Kriege begonnen, vor allem im Zuge des imperialistischen Kolonialismus im Jahrhundert vor der Naziherrschaft. Aber die furchtbaren Gräueltaten der Nazizeit übertreffen alles andere an Unmenschlichkeit. Deren mit der bürokratischen Akribie und Präzision von Industrieprozessen durchgeführte Mordmaschinerie in den Konzentrationslagern hat eine einmalige Dimension von Grausamkeit und ist die größte Schändung und Schande des deutschen Volkes und Deutschlands. Deshalb waren die Auseinandersetzung und Aufarbeitung dieser Zeit und juristische Ahndung der Täter unverzichtbar für die Entwicklung der Bundesrepublik Deutschland zu einem demokratischen Rechtsstaat. Von 1963 bis 1965 fand schließlich der

Auschwitzprozess statt, mit dem die Schrecken und Unmensch-lichkeiten des NS-Regimes selbst für politisch nicht interessierte Bürger/-innen in ihrem furchtbaren Ausmaß deutlich wurden. In Ostdeutschland kam es damals ebenfalls zu Prozessen, so 1966 gleichfalls zu einem Auschwitzprozess. In der Folge gab es in Westdeutschland eine Vielzahl weiterer Prozess. Die angeklagten Personen, oftmals ehemalige Entscheidungsträger und Offiziere, beriefen sich häufig auf Befehlsnotstand (d. h., sie waren für die Taten nicht verantwortlich, sondern die höheren Stellen, die ih-nen dazu den Befehl erteilten, den sie in ihrer soldatischen Pflicht auszuführen hatten). Die Prozesse führten daher längst nicht im-mer zur Verurteilung oder beinhalteten nur verhältnismäßig ge-ringe Strafen. Sie hatten aber zur Folge, dass weiten Teilen der Bevölkerung, vor allem der Jugend, die verheerenden Grausam-keiten der NS-Zeit verdeutlicht wurden. Häufig war damit die Frage nach der Vergangenheit der eigenen Eltern verbunden. Das stets auf Ordnung und Pflichterfüllung ausgerichtete Leben der Älteren bekam tiefe Risse. Ohne diese Bürokratie und büro-kratische Pflichtausrichtung eines Großteils der Elterngeneration wären die schrecklichen Auswüchse der NS-Zeit kaum möglich gewesen, selbst wenn die meisten Bürger nicht unmittelbar an den Gräueltaten beteiligt waren. Der Generationskonflikt war da und eskalierte zunehmend Ende der sechziger Jahre.

Der Vietnam-Krieg verschärfte die Generationskontroverse, da manches für Kriegsverbrechen durch die Amerikaner sprach. Der Besuch des persischen Schahs in Berlin 1967 führte zum „Überkochen". Vor dem Rathaus schlug eine persische Begleit-mannschaft mit Holzlatten auf deutsche Demonstranten ein, weil diese Anti-Schah-Plakate hochhielten. Diese Handlungen erfolg-ten direkt vor deutschen Polizisten (die zur geordneten Absper-rung der Zuschauer dort waren). Die Attacken der persischen Schlägertruppe waren ein eindeutiger Rechtsbruch, der unter den Augen deutscher Polizisten geschah, die aber in keiner Weise dagegen eingriffen. Für diese Untätigkeit hätten gegen die betreffenden Beamten strafrechtliche Ermittlungsverfahren eingeleitet werden müssen. Obwohl das Geschehen klar sichtbar vom Fernsehen übertragen wurde, blieben die Polizei und Justiz passiv und tatenlos. Wenig später kam es vor dem Deutschen Opernhaus dann zu dem besonders traurigen Ereignis. Der Kriminalpolizist Kujath erschoss mit einem Kopfschuss aus dichter Nähe den flüchtenden Studenten Benno Ohnesorg von hinten. Ohnesorg hatte zuvor an keinen Handlungen gegen Polizisten mitgewirkt. In Anbetracht seiner Kleidung, dünne Sommerhose und knappes T-Shirt, war auch eindeutig sichtbar, er ist unbewaffnet. Als der Todesschuss fiel, verfolgten Polizisten in Überzahl flüchtende Studenten und Passanten. Der Todesschuss war nicht zu begreifen, was wohl auch in ersten Reaktionen von anderen beteiligten Polizisten geäußert wurde. Dennoch, der Schütze wurde vor Gericht freigesprochen.

Das etablierte Berlin, einschließlich des Bürgermeisters Alberts, stand hinter dem Schahbesuch und gegen die Studenten. Einzig der damalige Präsident der Berliner Akademie der Künste, der international renommierte Architekt Hans Scharoun, wagte es Position zu beziehen. Scharoun sah die Tötung eines unbewaffneten Demonstranten durch eine gezielte Polizeikugel als ein derart gravierendes Ereignis an, dass er für die folgende Woche sämtliche Veranstaltungen der Berliner Akademie der Künste absagte. Das bekam in der vor allem durch die Bildzeitung und deren Berliner Pendant BZ (Berliner Zeitung) des Springerverlages nahezu beherrschten Öffentlichkeit kaum jemand mit. Die Reaktion der Berliner Polizeiführung war zudem äußerst zweifelhaft. Nach dem Todesschuss wurde offensichtlich gezielt das Gerücht verbreitet, von Seiten der demonstrierenden Studenten sei ein Polizist erschossen worden. Das heizte die Stimmung und Aggressivität der Polizisten noch an. Erst im Verlauf der nächsten vierundzwanzig Stunden sickerte nach und nach der wahre Sachverhalt durch, dass ein Polizist den Studenten Ohnesorg erschoss. Es ist zu vermuten, dass diese Vorgehensweise System hatte, denn die gleiche Gangart praktizierte später die Berliner Polizeiobrigkeit unter dem gleichen damaligen Innensenator Neubauer, als der terrorverdächtige, aber unbewaffnete *von Rauch* erschossen wurde.

Die Berliner Entwicklung ließ Zweifel an der Rechtsstaatlichkeit der Bundesrepublik aufkommen und war wohl letztlich auch die Initialzündung für die 68er Bewegung. Hinzu kam der Verdruss über das alte System und die Vorwürfe gegenüber den Älteren angesichts der Gräueltaten des NS-Regimes. Das Vorgehen der USA in Vietnam wurde in die Nähe der NS-Taten gerückt und entsprechend angeprangert. Gleichzeitig wandten sich die 68er gegen die traditionelle Familienstruktur. Die war geprägt durch den Mann, der als „Ernährer" arbeiten ging und das Sagen hatte, und die Frau, deren vorrangige Aufgabe in der Haushaltsführung und Versorgung der Kinder lag. Kinder galten für Familien als Selbstverständlichkeit. Jeder hatte da seine Pflicht zu erfüllen, was auch für die Arbeitsverhältnisse galt. Die 68er sahen in dieser Grund- und Pflichtstruktur und der damit verbundenen Bürokratie eine der Wurzeln, die letztlich mit die Gräueltaten des NS-Regimes ermöglichten. Statt Unterordnung zur Pflichterfüllung wurde Selbstverwirklichung proklamiert. Die traditionelle Familie mit der eindeutigen Benachteiligung der Frauen wurde abgelehnt, bis hin zur grundsätzlichen Infragestellung. Familie stellte die Presse danach lange Zeit als „Auslaufmodell" dar. Mit diesen Veränderungen setzten sich die 68er auch massiv für die Gleichberechtigung der Frauen ein, wie ebenfalls für die Ablösung der alten spießig, prüden Moralvorstellungen und für sexuelle Freizügigkeit. Letzteres erhielt durch das Aufkommen der Antibabypille einen zusätzlichen Schub. Der Zeitpunkt dieser Veränderungen im Rollenverständnis junger Frauen sowie die neue sexuelle Freizügigkeit (Wohnungen wurden vorher überwiegend nur an Ehepaare vermietet, Verstöße konnten nach dem sogenannten Kuppelparagraphen geahndet werden) und die unkomplizierten, sicheren Verhütungsmöglichkeiten sind identisch mit dem Zeitpunkt, von dem an in der Bundesrepublik der demografische Wandel einsetzte. Statt Bevölkerungswachstum fiel die Geburtenrate nun deutlich unter die Substanzerhaltung. Seitdem liegen die Geburten bis heute fast anhaltend etwa ein Drittel unter der Sterberate *(3.7, 236, 237-238)*. Die 68er stellten in vielen Bereichen die Vorgaben des alten Systems in Frage, insbesondere auch das Verwaltungshandeln. Bürgerproteste und Aktionen gegen reale oder auch vermeintliche Verwaltungswillkür nahmen zu. Sie hatten damals durchaus Folgen für die Verwaltungsbürokratie und bewirkten einen Rückgang von übermächtigem Verwaltungshandeln und Verwaltungswillkür .

Im Rückblick lässt sich heute resümieren, die 68er Bewegung hat Wichtiges vorangebracht und erreicht, aber eben nicht nur im uneingeschränkten positiven Sinne. Die deutsche Vergangenheit wurde von dieser Bewegung im Wesentlichen auf die Zeit 1933 bis 1945, mit den Naziauswüchsen in den zwanziger Jahren sowie auch mit deutlicher Kritik an die Zeit des letzten deutsche Kaiserreich reduziert. Die umfassenden kulturellen Beiträge und die Bereicherung, wie sie u. a. von Goethe und Schiller ausgingen, fanden nur sehr nachrangige Beachtung. Das Gleiche galt für viele deutsche Leistungen in Kultur und Wissenschaft, die mit der Kriegsführung des NS-Regimes nicht zu tun hatten. Die Wehrmacht und ihre Soldaten wurden fast grundsätzlich als Kriegsverbrecher oder Verbrechenbeteiligte eingestuft. Laut der Berechnung von Experten hatten sich schließlich etwa 20.000 Wehrmachtssoldaten an den Gräueltaten beteiligt. Das galt als Orientierung und nicht, dass demnach von den 3 Millionen deutscher Soldaten 2.980.000 Soldaten den Kriegsdienst leisteten, ohne sich an den Gräueltaten direkt zu beteiligen. Bei dem Großteil der Soldaten handelte es sich zudem nicht um Freiwillige, sondern um Personen, die eingezogen wurden. Dem konnten sie sich kaum entziehen, denn eine Wehrdienstverweigerung wurde damals mit der Todesstrafe geahndet.

Für die Zeit der 68er wird in den Publikationen fast immer ein massiver Generationskonflikt, vor allem zwischen Eltern und ihrem 68er Nachwuchs, unterstellt. Den hat es bestimmt vielfach gegeben, aber längst nicht in dem Ausmaße, wie ihn überwiegend die Presse und Literatur darstellen. Ich hatte selber überhaupt keine Probleme mit meinen nächsten Anverwandten über diese Zeit und Auswüchse zu reden und zu diskutieren, zumal mich meine Mutter von klein auf massiv gegen Hitler und die Taten der NS-Zeit erzog (Mein Vater, der damals wie die meisten Männer per Zwang zur Wehrmacht eingezogen wurde, fiel dem Krieg zum Opfer). Unsere Familie hat noch wenige Tage vor Kriegsende durch die auch dann noch anhaltende Bombardierung von reinen Wohngebieten ihre Wohnung und nahezu ihr gesamte/s Habe und Gut verloren. Ich war nicht der Einzige, in dessen Familien die Hitlerzeit kein Tabu war und über deren Schreckenszeit den Kindern berichtet wurde, wie mir aus den damaligen Gesprächen mit Freunden in Erinnerung ist. Es gab aber auch Gegenbeispiele. Die Mutter eines Freundes stellte an Hitlers Geburtstag ein gerahmtes Bild im Wohnzimmer auf, mit einer Kerze davor. Meine persönlichen Erinnerungen waren mit hoher Wahrscheinlichkeit keine außergewöhnlichen Ausnahmen. Vielmehr ist von sehr unterschiedlicher Betroffenheit und einem vielschichtigen Umgang mit der Vergangenheit in den einzelnen Familien auszugehen. Die Verleugnung der NS-Zeit und Vergangenheit und den daran angelehnten Generationskonflikt mag es in manchen Familien gegeben haben, aber in vielen auch nicht.

Die 68er bejubelten und glorifizierten auch den Massenmörder Mao. Gegen die Annexion Tibets gab es von ihnen genauso wenig Proteste wie von den damals etablierten Parteien. Umso stärker und intensiver waren die Proteste und Aktionen gegen die USA und den Vietnamkrieg. Die Stimmung hatte sich völlig gegen die USA gedreht. Als 1961 die USA nach der Grenzschließung und dem beginnenden Mauerbau zur symbolischen Unterstützung Westberlins über die Interzonenautobahn eine zusätzliche Brigade nach Berlin entsandten, warteten viele West-Berliner an der Autobahnkreuz Wannsee, um die Ankunft der Soldaten zu bejubeln. Ich war auch dabei. Bevor die Soldaten in amerikanische Kasernen fuhren, vollzogen die Fahrzeuge mit ihren Soldaten eine Rundfahrt über etliche Hauptstraßen Berlins. Sie wurden von der am Straßenrand wartenden begeisterten Bevölkerung beklatscht und mit Blumen beworfen. Nun, sieben Jahre später war das ganz anders. Beklatscht wurden sie nirgends mehr, aber auf etlichen Demonstrationen geschmäht. Als geborener Berliner, der die gesamte Zeit miterlebte, hatte ich ein sehr ungutes Gefühl, denn ohne die dezidierte Haltung der USA wäre wohl damals die Geschichte für Westberlin anders verlaufen. Fragwürdig war für mich auch manches Agieren der 68er Bewegung an den Universitäten, zumindest an der Technischen Universität in Westberlin. Studenten der 68er hatten zutreffend Mängel und Schwächen der Universität und deren Verwaltung aufgedeckt und vernünftige Konzepte zur Abänderung vorgeschlagen. Die wurden dann als Resolution zur Abstimmung gestellt, allerdings oft mit einem Zusatz. In dem wurde die amerikanische Politik, vor allem die Vietnam-Politik angeprangert. Studenten, die nun für die Resolution zu Verbesserungen an der Universität stimmten, gaben damit zwangsläufig auch ihre Stimme für die entsprechende antiamerikanische Resolution ab . Die antiamerikanische Haltung mag aber auch durch die Ermordung von Luther King und Kennedy verstärkt worden sein, wenngleich sich später herausstelle, dass Kennedy ein wesentlicher Befürworter für den amerikanischen Vietnameinsatz war.

Die 68erBewegung hat dann mit der Zeit an Schub und Zuspruch verloren, was zugleich mit der Radikalisierung einer kleineren Anhängerschaft einherging . In der Folgezeit bröckelte angesichts der Morde durch die RAF (*Rote Armee Fraktion*) die Sympathie. Auf Seiten der Ordnungskräfte fand damals die fragwürdige Erschießung des unbewaffneten *von Rauch* vor einem Laden in der Eisenacher Straße statt. Ich wohnte zu dieser Zeit in der Nähe und lief kurz danach zufällig die Kleistraße entlang. Erstaunt über die Polizeiabsperrung an der einmündenden Eisenacher Straße in die Kleistraße fragte ich höflich die Polizisten nach dem Absperrungsgrund. Die Polizisten antworteten aufgeregt, die Baader-Meinhof-Terroristen haben einen Kollegen, also einen Polizisten, erschossen. Das stellte sich alsbald als völlig falsch heraus. Von Rauch war unbewaffnet und stand vor einem Laden, wo ihn die Polizei bereits fixiert hatte, und wurde dann aus unerklärlichen Gründen, vermutlich versehentlich, in deren Aufregung erschossen. Rauch war völlig unbewaffnet, denn eine Waffe wurde trotz intensiver Suche im gesamten Tatortareal nirgends gefunden. Hier sehe ich unter dem damaligen Berliner Innensenator Neubauer wieder das gleiche Verhalten der falsch gestreuten Polizeigerüchte wie bei dem oben angeführten Todesschuss auf Benno Ohnesorg. Mein Zweifel an der deutschen Rechtsstaatlichkeit bekam Nahrung.

Die unter vielen Studenten zunächst durchaus vorhandenen Sympathie für die Aktionen der Baader-Meinhof-Gruppe schwächten sich mit deren zunehmender Radikalisierung und Taten der RAF (*Rote Armee Fraktion),* insbesondere durch deren Nachfolgeorganisation unter Christian Klar und Brigitte Mohnhaupt, massiv ab. Nach der Schleyerentführung mit der Exekution der sieben begleitenden Polizisten gab es in der Studentenschaft für die RAF kaum noch Sympathie. Damit waren auch die linken Ideen zunehmend diskreditiert und diese Terrorgruppe verlor die Unterstützung als wesentliche Voraussetzungen für das Leben im Untergrund. Ihr Ende war absehbar .

Heute ziehe ich das Resümee, die 68er waren wichtig für den Aufbruch, insbesondere zur Emanzipation der Frauen, zur Reduzierung falscher Pflichtgefühle und Veränderung der Persönlichkeitshaltungen, für sexuelle Freiheit und Selbstbestimmtheit, Reflexion und öffentliche Aufarbeitung der NS-Vergangenheit und zur Reduzierung von Bürokratie und Verwaltungswillkür. Sie haben zudem die breite Diskussion für viele Themen ermöglicht und geschaffen, die vorher eher ein Tabu waren. Umgekehrt wurden aber abweichende, gar konservative Meinungen und Gesellschaftsbilder, auch wenn diese nicht aus der rechten Ecke kamen, massiv abgelehnt, bis hin zu Beleidigungen der betreffenden Personen. Die Meinungserweiterung wurde ermöglicht, aber nicht, wenn sie anders war als die der 68er. Dann wurde die Meinungsfreiheit von dieser jungen Aufbruch-Generation nicht selten massiv missachtet.

Das Vorgehen der 68er war, wie bei den angeführten Resolutionen an der TU, außerdem nicht immer aufrichtig. Das einseitige Bejubeln von Massenmördern wie Mao, genauso wie das Ausbleiben jeglicher Kritik oder gar Proteste gegen die chinesische Annexion Tibets, ließen großen Zweifel aufkommen. Genauso kann die Quasi-Reduzierung der deutschen Geschichte auf 1890 bis 1945, oder noch gravierender auf die Zeit 1933–45 nicht überzeugen. Mit den Attentaten und Morden der Baader-Meinhof-Gruppe, RAF sowie insbesondere deren Nachfolgergruppierungen hat die 68er Generation jedoch nichts zu tun. Die anfänglichen Sympathien für diese Terroristen beschränkten sich zudem auf einen kleinen Teil dieser Generation. Sie hatte sich dann mit der Radikalisierung dieser Gruppen, wie dargelegt, sehr schnell aufgelöst. Ein großer Verdienst der 68er lag damals vor allem in den Erfolgen gegen übermächtiges, man kann fast sagen willkürliches Agieren des Staates und der Verwaltung. Davon ist leider nicht mehr viel verblieben, zumal die Digitalisierung heute der Verwaltung weit größere Möglichkeiten bietet. Die Gewaltenteilung des Staates in die drei Elemente Legislative, Exekutive und

Judikative wird inzwischen z. T. von einer „Verwaltungslative" überlagert, auf die die Judikative nur noch begrenzten Einfluss hat. Bürokratismus breitet sich immer mehr aus, wie auch der damals erkämpfte offene Sexualität zunehmend der Trend zur Rückkehr zum prüden Spießertum entgegen wirkt.

Für die 70er Jahre waren die Ablösung der bis dahin führenden CDU/CSU, durch die Kanzlerschaft von Willi Brandt und dessen Koalitionspartners FDP das prägende Ereignis. In dieser Zeit wurden umfassende soziale Verbesserungen durchgesetzt. Weite Teile der Bevölkerung hatten ein ausgeglichenes Auskommen. Es ging eindeutig weiter aufwärts. Der von der CDU/CSU in den 60er Jahren angeschobene Eigenheimbau boomte ebenfalls weiter. Das galt auch für mittlere Einkommen. Das wesentliche politische Geschehen bestimmte sich durch die Ost-Entspannungspolitik unter Brandt und die Berlin-Vereinbarungen, die den Reiseverkehr zwischen Westdeutschland und Berlin erheblich erleichterten. Konflikte bahnten sich im Umweltbereich an, insbesondere durch die kontroversen Positionen zur Energieversorgung auf Kernkraftbasis. Nach der weitgehenden Ausschaltung der Baader-Meinhof-Gruppe wurde die Öffentlichkeit jedoch durch die zunehmend radikaleren Aktionen und Morde der RAF-Nachfolgegruppierungen verunsichert, die in der Landshut-Entführung und der Ermordung von Hans Schleyer 1977 den leidigen Höhepunkt erfuhren. Dennoch, insgesamt war es ein Jahrzehnt der Aufwärtsentwicklung.

Zu dieser Zeit fand der Ausbau der Daseinsvorsorge im erheblichen Maße statt, der wegen den bereits Ende der 60er und später in den 70er Jahren zeitweilig auftretenden Schwächen im Wirtschaftswachstum zu nicht unwesentlichen Teil über Kreditaufnahmen finanziert wurde. Das entsprach damals durchaus der aktuellen, fortschrittlichen Finanztheorie. In Anbetracht steigender Preise und des zunehmenden Wirtschaftswachstums ging man davon aus, dass heute über Kredite finanzierte Ausgaben günstiger seien als ansparen. Denn der wahrscheinliche Preisanstieg in der Zeit des Ansparens ließ sich damit vermeiden und die Kreditzinsen über den so ersparten Preisanstieg finanzieren bzw. ausgleichen. Seit dieser Zeit hat sich dieses staatliche Ausgabenverhalten, quasi die Ausgaben über den staatlichen Einnahmen „auf Pump", als Dauererscheinung und zu einer immer größeren Staatsverschuldung geführt. Diese Entwicklung galt nicht nur für die Bundesrepublik Deutschland sondern genauso für die meisten westeuropäischen Länder, insbesondere für die Mittelmeerstaaten, und führte dort auch zur Abwertung nationaler Währungen. Diese Entwicklung wurde in der Bundesrepublik erst durch das 2009 erlassene *Haushaltsgrundsätzegesetz* sowie durch den Stabilitäts- und Wachstumspakt der EU bis zum Eintreffen der Coronapandemie beendet.

In den 80er Jahre setzte sich die Aufwärtsbewegung weiter fort. Westdeutschland ging es immer besser. Die Integration und Verflechtungen der EU-Staaten verdichteten sich. Das Konfliktpotential zu Umweltfragen nahm mit der Atompolitik der Regierung zu, insbesondere zu den Fragen, wo ein Endlager für abgebrannte Atombrennstäbe einzurichten sei und was dort mit den Brennstäben erfolgen solle. Anfang der 80er Jahre fand deshalb unter dem damaligen hessischen SPD-Ministerpräsidenten Holger Börner durch die landeseigene *Hessische Landesentwicklungs- und Treuhandgesellschaft* (HLT), in enger Zusammenarbeit mit der DWK (*Deutsche Gesellschaft für Wiederaufarbeitung von Kernbrennstoffen mbH. Hannover*), in Nordhessen eine intensive Standortsuche statt. Damit sollte eine Lösung der Entsorgungsfrage für abgrannte Kernbrennsoffe geschaffen werden, offensichtlich um die Energiepolitik des SPD-Kanzlers Helmut Schmidt zu stützen. Diese streng vertraulichen und von der Öffentlichkeit bis heute gut abgeschirmten Aktivitäten fanden ein sehr schnelles Ende, als Kanzler Helmut Schmidt durch Helmut

Kohl abgelöst wurde. Damit verlor sich sehr zügig die Unterstützungsbereitschaft der SPD-geführten hessischen Landesregierung. Die war nun bemüht, dieses konfliktreiche Thema schnell wieder loszuwerden. Dazu ist es dann sehr bald gekommen, und die Standortfrage fiel an die von CDU bzw. CSU regierten Bundesländer zurück.

Die damalige Entwicklung verunsichert, weil bei diesen wichtigen Fragen die Öffentlichkeit weitgehend ausgeschaltet wurde und wohl bis heute kaum etwas über die damalige Entwicklung weiß. So berichteten damals DWK-Mitarbeiter intern, wie sie die notwendigen Vermessungsarbeiten auf den relevanten nordhessischen Flächen durchführten. Da mit dem Widerstand der Eigentümer der Fläche, also den Bauern, zu rechnen war, führte der Kreis dort unter einem anderen Vorwand Vermessungsarbeiten durch. Die Bauern konnten dem Kreis das kaum verwehren, denn der Landkreis war berechtigt bei Bedarf wie überall im Kreisgebiet Vermessungen vorzunehmen. Zeitgleich war dort jedoch eine andere Gruppe von Vermessern tätig, die im Auftrag der DWK die für die Standorteingrenzung erforderlichen Vermessungen durchführte. Letztlich war das eine illegale Tätigkeit auf den Flächen der Landwirte, die diese aber durch die legalen Parallelvermessungen nicht erkennen konnten. Die Aktivitäten zur kerntechnischen Standortsuche fanden z. T. bei internen Kontakten und Absprachen mit nordhessischen Bürgermeistern statt, die sich von einer derartigen Anlage Steuereinnahmen und Arbeitsplätze in ihrem strukturschwachen Nordhessen erhofften. Als diese Kontakte dann irgendwie durchsickerten und halböffentlichwurden, stritten die betreffenden Kommunalpolitiker diese Vorgänge rundweg ab. Wesentlicher ist jedoch der Vorgang der Vermessungsarbeiten. Denn dieses Geschehen zeigt, dass ggf. staatliche Instanzen, d. h. auch von den zuständigen Verwaltungsspitzen bis zu verantwortlichen Politikern, die gesetzliche Legitimation verlassen, wenn sie es für ihre Ziele als wichtig erachten.

Im Gegensatz zur positiven westdeutschen Aufwärtsentwicklung befand sich die DDR zunehmend im Niedergang. Die DDR näherte sich dem Staatsbankrott. Das wirtschaftliche Verhältnis zur UDSSR drohte sich umzukehren. Seit Kriegsende, hatte die UDSSR nach den extrem hohen Kriegsreparationszahlungen nahezu über den gesamten Zeitraum der Existenz der DDR konstant Ressourcen aus Ostdeutschland abgezogen. Im Verhältnis zur Größe Ostdeutschlands und dessen Wirtschaftsleistung ein weitaus größerer Aderlass als die Zahlungen Westdeutschlands zur Wiedergutmachung der Nazi-Vergehen, an Israel, andere westeuropäische Staaten und ehemalige Kriegsgegner. Nun drohte sich das Verhältnis Sowjetunion zu Ostdeutschland umzukehren. Aus der maroden DDR war kaum noch etwas rauszuholen. Stattdessen wären massive Hilfen durch die UDSSR erforderlich, um dieses Staatssystem zu halten. Diese Situation hatte Gorbatschow als Wirtschaftsfachmann eindeutig erkannt und sich daher wohl aus der DDR zurückgezogen. Bei dem Aufbegehren der Ostdeutschen fand deshalb kein Eingreifen des russischen Militärs statt wie am 17. Juni 1953 in Berlin, 1956 in Ungarn oder 1968 in der Tschechoslowakei . Gorbatschow war Wirtschaftler und wollte die UDSSR und den Kommunismus im positiven Sinne durch wirtschaftliche und gesellschaftliche Reformen weiterentwickeln. Die Ereignisse haben sich alsbald überschlagen. Im Oktober 1989 fiel die Mauer. Der freie Verkehr der Bevölkerung zwischen Ost- und Westdeutschland war erreicht. Damals war nicht absehbar, dass damit alsbald die Wiedervereinigung erfolgt und das Großreich der UDSSR zerfällt und auseinanderbricht.

Das Jahr 1990 war gezeichnet von der deutschen Annäherung. Nach ersten Verlautbarungen zur Bildung einer deutschen Föderation und der Ablösung von Erich Honecker kamen in Ostdeutschland die Forderung nach freien Wahlen und sehr bald nach der Wiedervereinigung Deutschlands auf. Die westeuropäischen Verbündeten, insbesondere Großbritannien unter M.

Thatcher, sprachen sich deutlich dagegen aus (frühestens in 20 Jahren), aber der amerikanische Präsident Bush war dafür. Bundeskanzler Helmut Kohl, der lange belächelt und durch Witze im Volksmund verballhornt wurde, erkannte die einmalige Chance. Er hat mit seinem Außenminister Genscher die richtige Politik geleistet, um diese vermutlich einmalige Chance zu nutzen. Sein damaliger Oppositionsgegenspieler, der SPD-Chef Lafontaine, konnte mit dieser Entwicklung anscheinend wenig anfangen. Seine Äußerungen beschränkten sich vor allem auf den Verweis auf die hohen Kosten einer Wiedervereinigung.

1.2 Deutschland nach der Wiedervereinigung

Am 3. Oktober 1991 wurde Deutschland durch den Beitritt Ostdeutschlands bzw. der DDR zur Bundesrepublik wiedervereinigt. In Berlin fand dazu eine große Veranstaltung auf der Straße Unter den Linden bis zum Brandenburger Tor statt. Dort standen in Reichstagsnähe die Rednertribünen mit den Politikern. Als Besucher der damaligen Veranstaltung bin ich heute noch über so viel Unvermögen entsetzt. Als musikalische Untermalung wurde nicht etwas Heiteres gewählt, das Aufbruchsstimmung suggeriert, sondern für den Anlass eigentlich unpassende, vor allem durch dumpfes Trommeln geprägte Musik. Noch unangenehmer waren die in den Himmel gerichteten Laserstrahlen. Sie waren damals für größere Veranstaltungen modisch und gang und gäbe. Sie erinnerten aber in fataler Weise an die letzten Tage des Dritten Reiches. Berlin wurde noch bis zum 20. April 1945 von alliierten Bombern angegriffen, auch reine Wohngebiete. Die Abwehrwaffen, die bis zum Schluss funktionierten, waren die Flakgeschütze auf den großen Luftschutzbunkern, z. B. dem Bunker am Bahnhof Zoo oder am Humboldthain. Von dort wurde mit großen Scheinwerfern der Himmel abgeleuchtet, um alliierte Bomber abzuwehren. Deshalb suggerierten die Laserstrahlen ein z. T. nahezu identisches Himmelsbild wie in den letzten Tagen des

Untergangs des Hitlerreiches. Berliner, die 1945 diese Zeit miterlebten, waren über die Darbietung entsetzt. Wie konnte man so etwas machen? Dem dafür zuständigen Personen fehlte es offensichtlich an Geschichtskenntnissen. Das ist zwangsläufig auch für die für die Organisation dieser Veranstaltung verantwortlichen politischen Entscheidungsträger in Frage zu stellen. Zum Abschluss der Veranstaltung fand ein gewaltiges, langes Feuerwerk statt. Es war endlos, ohne große Höhepunkte, letztlich so langweilig, als wenn es von einem betuchten Neureichen stammt, der viel Mittel verpulvern kann, aber keine kreativen Ideen hat. Diese Ausrichtung ließ ahnen, dass die Wiedervereinigung noch erhebliche Probleme nach sich ziehen wird.

Durch den Beitritt Ostdeutschlands zur Bundesrepublik galt nun das Grundgesetz für das gesamte Deutschland. Ostdeutschland wurde zügig angepasst. Die Verhandlungen, auf westdeutscher Seite von Wolfgang Schäuble geführt, waren eindeutig auf Übertragung und Angleichung Ostdeutschlands an die westdeutschen Verhältnisse ausgerichtet. Damit wurden auch wichtige Chancen vertan. Letztlich gibt es kaum ein Staatssystem, in dem alles negativ ist, wie umgekehrt kein System fehlerfrei sein, nur Positives aufweisen kann. Deshalb hätte die Wiedervereinigung auch die Chance zur kritischen Bilanz der Bundesrepublik und zur Fortentwicklung bieten können. Bei Eliminierung der negativen Ausprägungen und Erhaltung und Fortentwicklung der positiven Ausprägungen Ostdeutschlands und Westdeutschlands war diese Chance zumindest theoretisch gegeben . Das wäre sicher auch für ostdeutsche Bürger ein Signal gewesen sich aktiv einzubringen. Entsprechende Vorschläge entwickelte eine gemeinsame Arbeitsgruppe Westberliner und Ostberliner Hochschullehrer, an der ich mitwirkte, in ihrer Resolution zum 3.10.1990. Die politische Reaktion darauf war enttäuschend, höfliche belanglose Antwortschreiben, einige auch von Staatssekretären. Eine Ausnahme war der neue brandenburgische Ministerpräsident Stolpe.

Er antwortete in einem vierseitigen handgeschriebenen Brief an Prof. Rainer Mackensen, den Organisator dieser Gruppe.

Zu den nicht genutzten Chancen gehört z. B. der starke Rückgang der zumindest in quantitativer Hinsicht hervorragenden Versorgung Ostdeutschlands mit Kindergärten und Krippen. Für die Krippen wurde die Versorgungsausstattung der ehemaligen DDR bis heute, also über 30 Jahre später, nicht wieder erreicht. Die Verkehrsanbindung ländlicher Regionen, die zwar heute wesentlich moderner und komfortabler ist, hat aber zugleich zum massiven Rückbau des Streckennetzes geführt. Als besonders nachteilig erweist sich die damalige massive Ausrichtung auf eine privatwirtschaftlich ausgerichtete ambulante Gesundheitsversorgung durch Einzelpraxen. Dafür wurden in ländlichen Regionen die Polikliniken flächendeckend aufgelöst, obwohl sich damals westdeutsche Experten nachdrücklich für deren Erhalt aussprachen (u. a. Knieps in BZ). Inzwischen sind die Folgen verheerend, denn in ländlichen Räumen bricht immer mehr die gesundheitliche Grundversorgung weg. Das gilt inzwischen auch für westdeutsche Regionen und dort selbst für die Randbezirke von Großstädten. Nun versucht man mit vergleichbaren Einrichtungen, die jedoch privatwirtschaftlich betrieben werden, gegenzusteuern, nur werden diese heute nicht mehr als Poliklinik, sondern als MVZ (*Medizinisches Versorgungszentrum*) bezeichnet. Ein Teil der Polikliniken hätte man damals auch privatisiert erhalten können, nur widersprach das der westdeutschen Ausrichtung. In Anbetracht der großen Probleme beginnt sich die strikte privatwirtschaftliche Ausrichtung der ambulanten medizinischen Versorgung zu lösen. Bei Bedarf kann heute ein MVZ auch in kommunaler Trägerschaft betrieben werden, wie es bereits in der Gemeinde Katzenellenbogen in Hessen erfolgte. Ähnlich war die Abwicklung der ostdeutschen Gemeindeschwestern. In Anbetracht der negativen Folgen wurden später an das System der Gemeindeschwester anknüpfende neue Modelle entwickelt.

Zunächst das AGnES-Konzept (Arztentlastende, Gemeindenahe, E-Health-gestützte, Systemische Intervention) mit dem Hausärzte Krankenbesuche EDV-gestützt an besonders ausgebildete Mitarbeiter delegieren können und einige Jahre später daran anknüpfend das Modell der (NäPa) *Nicht ärztliche Praxisassistentinnen*, die für ähnliche Aufgaben, nämlich vor allem für Hausbesuche , eingesetzt wird, nur anstatt Gemeindeschwester unter anderen Namen.

Die Probleme und Herausforderungen waren enorm. So fehlte das Landesrecht in den neuen Bundesländern, das erst aufgebaut werden musste. Die Zeit überbrückte man mit so genannten Vorschaltgesetzen, die aber nur begrenzt den Herausforderungen entsprachen. Außerdem fehlten dem ostdeutschen Personal auch die Praxis- und Anwendungserfahrungen. Diese Zeit wurde von den großen Handelsketten der Verbrauchermärkte genutzt, um auf der „grünen Wiese" fernab von den Siedlungszentren ihre großen Einkaufsstätten zu errichten. In Westdeutschland waren diese Märkte wegen der nachteiligen Wirkungen für die innerstädtischen Einkaufseinrichtungen stark reglementiert. In Ostdeutschland fand in dieser „rechtsfreien" Zeit ein derartiger Ausbau statt, so dass dort schon Ende der 90er Jahre die Verbrauchermärkte über mehr Einkaufsfläche verfügten als in Westdeutschland.

Die größten Herausforderungen lagen jedoch in der Wirtschaftsentwicklung, der Wohnversorgung und der angemessenen Ausstattung mit funktionierender, zeitgemäßer Infrastruktur. Die Wirtschaftsentwicklung führte sehr schnell zum Zusammenbruch des Großteils ostdeutscher Betriebe, soweit diese nicht durch westdeutsche Firmen übernommen wurden. Wesentliche Bereiche der Energiewirtschaft DDR wurden aufgelöst, damals diskret als Abwicklung bezeichnet. So vor allem der Braunkohleabbau. Die Kernprobleme lagen aber in der anderen Wirtschaftsstruktur und geringeren Produktivität.

In der DDR waren ca. 52 % der Beschäftigten im produzierenden und verarbeitenden Gewerbe beschäftigt und entsprechend weniger im Dienstleistungssektor. In der Bundesrepublik beschäftigte damals das produzierende und verarbeitende Gewerbe nur noch etwa 33 % der Arbeitnehmer, bei entsprechend höherer Produktivität. Allein durch die strukturelle Anpassung wurde etwa ein Drittel der ostdeutschen Arbeitskräfte, trotz guter Qualifikation, nicht mehr vom Arbeitsmarkt benötigt. Die ostdeutschen Betriebe, die diese Zeit der radikalen Umstrukturierung überlebten, hatten nun oft eine hochmoderne Ausstattung, teilweise mit höherer Produktivität als viele westdeutsche Betriebe. Deshalb war der Arbeitskräftebedarf in diesen Betrieben noch geringer. Außerdem brachen für die ostdeutschen Betriebe die Vertriebsstrukturen und der Großteil der angestammten Handlungsbeziehungen weg, denn der Großteil der Handelsverträge oblag in der DDR nicht den Betrieben, sondern dem zuständigen Ministerium. Das Ministerium und damit die nahezu ausschließlich in dessen Zuständigkeit liegenden Vertriebsstrukturen waren mit der Auflösung der DDR nicht mehr existent . Zudem befanden sich die Länder des ehemaligen Ostblocks im Umbruch mit umfassenden wirtschaftlichen Veränderungen, die ebenfalls zur weitgehenden Auflösung der alten Handelsbeziehungen Ostdeutschlands führten.

Die wirtschaftliche Umstrukturierung und Anpassung Ostdeutschlands war nicht vom uneingeschränkten Erfolg begleitet. Das Konzept, mit dem die weitgehend staatlichen Betriebe, Kombinate und Landwirtschaftlichen Produktionsgenossenschaften durch die Treuhandgesellschaft des Bundes in einem sehr kurzen Zeitraum radikal privatisiert wurden, musste nahezu zwangsläufig zum Zusammenbruch weiter Teile der ostdeutschen Wirtschaft führen. Dadurch wurden nur Betriebe gewinnträchtig, die sich mit begrenztem Aufwand dazu hochrüsten ließen oder die westdeutsche Firmen zur Liquidierung aufkauften, um sie zur

Marktbereinigung abzuwickeln (zu schließen) und sich so deren Konkurrenz zu entledigen. Zudem fand damit ein weitgehender Besitzübergang der überlebenden ostdeutschen Betriebe in westdeutsches und ausländisches Kapital statt, denn entsprechend dem Staatensystem der DDR fehlte es den Ostdeutschen an Privatkapital, um in diesen Prozess einzusteigen. In der frühen Nachkriegszeit der Bundesrepublik gab es da ganz andere Beispiele, wie die erst über einen längeren Zeitraum erfolgte Privatisierung des VW-Konzerns, zumal sich dort bis heute der Staat mit seinem immer noch bestehenden Firmenanteil Einfluss sichert. Aus dieser positiven Erfahrung hätte man lernen und die wirtschaftliche Umstellung etwas behutsamer und variantenreicher vornehmen können.

Eine wichtige Chance für die wirtschaftliche Entwicklung wurde zudem vertan. Damals waren die wachstumsstarken westdeutschen Regionen bereits vom zunehmenden Fachkräftemangel betroffen. Das hätte dazu führen können, dass sie dort Filialbetriebe errichten, wo es ausreichend freie Fachkräfte gab, also in Ostdeutschland. Stattdessen verfügte die Bundesregierung, wer innerhalb eines halben Jahres keine Beschäftigung findet, muss ein Arbeitsangebot in Westdeutschland annehmen, wenn nicht wesentliche familiäre oder soziale Gründe gegen den Umzug sprechen. Diese Vorgabe nutzten viele Firmen. Zu dieser Zeit fuhren u. a. Autobusse vor den ostdeutschen Arbeitsämtern vor und warben Interessenten für Vorstellungsgespräche bei großen westdeutschen Firmen an, einschließlich des kostenlosen Hin- und Rück-Transports. Die Offerten wurden häufig angenommen. Nur die westdeutschen Firmen rekrutierten längst nicht alle Interessenten, sondern vor allem die gut und überdurchschnittlich qualifizierten. Durch diese Maßnahmen fand am Arbeitsmarkt ein gewisses Ausbluten des ostdeutschen „Humankapitals" zum Vorteil der westdeutschen Entwicklung statt. Für mich war es unbegreiflich, dass sich dagegen die ostdeutschen Landesregierungen nicht massiv zur Wehr setzten. Diese Entwicklung hat mit anderen Einflüssen zu größerer Abwanderung aus Ostdeutschland geführt. Mehr als eine Million Ostdeutsche wanderten nach Westdeutschland, vor allem jüngere Personen, bei weitaus weniger Gegenbewegungen. Die Altersstruktur hat sich dadurch umgekehrt. Die Ostdeutschen, die zum Zeitpunkt der Wiedervereinigung ein deutlich geringeres Durchschnittsalter als die westdeutsche Bevölkerung aufwiesen, haben durch diese Abwanderungen und die damals gleichzeitig stark gesunkene Geburtenquote heute ein deutlich höheres Durchschnittsalter als die Einwohner Westdeutschlands.

Ostdeutschland wies nach der Wiedervereinigung größte Probleme in der Wohnraumversorgung auf. Eine Hinterlassenschaft der DDR. Der DDR gelang es im gesamten Zeitraum ihrer Existenz trotz größter Bestrebungen nicht, dieses Problem zu lösen. Deshalb bemühte sich der Bund nach der Wiedervereinigung massiv gegenzusteuern. Vor allem mittels großzügiger Steuerabschreibung sollte Kapital nach Ostdeutschland bzw. in die neuen Bundesländer gelenkt werden, um dort die Wohnversorgung zu lösen. Außerdem erhoffte man sich davon ähnliche positive Wirtschaftsimpulse, wie sie Westdeutschland nach dem Zweiten Weltkrieg durch die massive Wohnbauförderung der 50er Jahren erfuhr. Gleichfalls gab es umfangreiche, gut dotierte Förderprogramme zur Wohnhaussanierung, um die häufig maroden Bauzustände zu beheben. Die Wohnungsnot konnte so tatsächlich in wenigen Jahren in weiten Gebieten Ostdeutschlands beseitigt werden. Sie kehrte sich nun aber in eine Überversorgung um. In Anbetracht des hohen Bevölkerungsrückgangs Ostdeutschlands durch die hohe Abwanderung der Bevölkerung schrumpfte die Einwohnerzahl. Zudem wurde diese Entwicklung noch durch den starken Geburtenrückgang verstärkt. Als Folge standen alsbald in sehr vielen Gemeinden weitaus mehr neu gebaute und sanierte Wohnungen zur Verfügung, als nachgefragt wurden.

Auch diese Entwicklung war frühzeitig absehbar und Experten haben davor gewarnt. Ich gehörte damals als wissenschaftlicher Direktor eines Bund-Länder-Forschungsinstituts auch dazu. Die Bundesregierung brauchte aber noch Jahre, um zu reagieren. Es dauerte so lange, dass die Funktion des Wohnungsmarktes infolge des inzwischen weitaus zu hohen Überangebotes massiv gefährdet war. Zur Stabilisierung der Entwicklung wurde nun für Ostdeutschland ein milliardenschwer ausgestattetes Förderprogramm zum Abbruch von Wohngebäuden aufgelegt. Eine Geldvernichtung größten Ausmaßes, die bei zügiger Reaktion auf die warnenden Expertenstimmen vermeidbar gewesen wäre.

Die Entwicklung führte zu weiteren Auswüchsen. So stiegen z. B. die Verkaufspreise für neue Apartments nach der Bekanntgabe der neuen hohen möglichen Steuerabschreibungen enorm an. In einer der besonders nachgefragten ostdeutschen Metropolen erhöhten sich deshalb die Preise innerhalb einer Woche bis zu 40 %. Westdeutschen Kapitalanlegern wurden Hausprojekte durch hohe Steuerabschreibungen von Bauträgergesellschaften mit Garantiemiete von 26 DM/qm schmackhaft gemacht, obwohl damals in Ostdeutschland der durchschnittliche Mietpreis unter 6 DM/qm lag. Das wussten die meisten Westdeutschen nicht und griffen bei diesen garantierten traumhaften Offerten und hohen Steuerabschreibungsmöglichkeiten zu. Die Ernüchterung kam bald, als diese Miete bei weitem nicht am Markt realisierbar war und sich durch Auflösung der Bauträgergesellschaft die Garantie verflüchtigte. Verdruss gab es auch mit der großzügigen Sanierungsförderung. In der sächsischen Stadt Döbeln kamen z. B. Mitte der 90er Jahre die Experten zur Stadtentwicklung zu dem Ergebnis, dass bestimmte Wohnhochhäuser der ehemals städtischen Wohnungsgesellschaften (inzwischen privatisiert) zukünftig keine Marktchancen haben und deshalb aus Kostengründen abzubrechen seien. Die Vertreter der Gesellschaften waren entsetzt, denn davon waren über 80 Wohnungen betroffen, die wenige Jahren zuvor mit den günstigen Sanierungskrediten hergerichtet wurden. Eine Wirtschaftlichkeitsprüfung, wie sie eigentlich vor einer derartigen Kreditvergabe üblich ist, wurde von der Landesaufbaubank, die die Mittel vergab, wohl nicht verlangt. Die Kreditnehmer waren damit überfordert, denn diese Zusammenhänge und die Marktentwicklung konnten sie damals als Ostdeutsche, die Jahrzehnte nur Defizite in der Wohnraumversorgung zu bewältigen hatten, nicht erkennen. Aus meiner Sicht gab es hier große Unterlassungssünden der Bank, denn diese hätte den Überblick haben und entsprechende Prüfungen einfordern müssen. Es erscheint fast so, als wenn manche dieser Banken vor allem darauf aus waren, einen hohen Umsatz an Fördermitteln zu erreichen .

Ein weiteres zwiespältiges Feld war die Infrastrukturversorgung. Ostdeutschland wies große Defizite auf, von den oft maroden Straßen, fehlenden Gewerbeflächen bis zur Trinkwasserversorgung und Abwasserentsorgung oder auch den Wohnfolgeeinrichtungen der Daseinsvorsorge. Auch dagegen stemmte sich der Bund mit großzügigen, umfangreichen Förderprogrammen. Das wurde auch von unseriösen Akteuren genutzt. So wurden z. B. vielen Kommunen in Hinblick auf die hohen Fördergelder viel zu große Anlagen zur Trinkwasserversorgung, Abwasserentsorgung und Abwassersysteme oder große Gewerbegebiete an Standorten, wo diese nie benötigt werden, aufgeschwatzt. Das brachte Maklern bei Grundstücksgeschäften und sonstigen Akteuren sowie den Planern und Ingenieuren hohe Profite ein. Für die Kommunen folgten daraus aber oft gewichtige Nachteile. Zu große Trinkwassersysteme und Kläranlagen verursachen hohe Unterhaltskosten, so dass auf die Einwohner unverhältnismäßig hohe Gebühren zukamen oder die Kommunen die Kosten mit hohen Zuschüssen ausgleichen mussten. Die Gewerbegebiete verursachen ebenfalls Folgekosten, die an den Kommunen hängen blieben, wenn sich kaum Betriebe ansiedelten. Zudem wurden dort häufig nur Zweigbetriebe errichtet, deren Gewinne am Stammsitz des Unternehmens, also in den alten Bundesländern und nicht in der betreffenden Gemeinde, zu versteuern waren. Hier berieten, prüften und kontrollierten die Förderstellen und Aufbaubanken viel zu wenig.

Die Akteure der vielen übergroßen „Fehlplanungen", mit denen die Honorare in die Höhe getrieben wurden, kamen in der ersten Zeit weitgehend aus den alten Bundesländern. Ohne „Wessis" ging nichts. Manche Ostdeutschen haben aber schnell gelernt und ebenfalls entsprechend agiert. So gab es z. B. ein Förderprogramm für kommunale Entwicklungsplanungen, das erst bei 160.000 DM gedeckt war. Mir sind persönlich ostdeutsche Akteure in Erinnerung, die daraufhin ihnen bekannten Bürgermeistern die Wichtigkeit eines Entwicklungskonzeptes darlegten. Zugleich zeigten sie der Gemeinde auf, wie sie die Planung ohne eigene Kosten bekämen. Die Förderbestimmungen schrieben zwar der Gemeinde einen Eigenanteil von 25 % vor, aber der war zu umgehen. Dafür boten die Akteure der Gemeinde an, in dieser Höhe etwas abzukaufen. Damit es sich lohnt, sollte die Gemeinde den Höchstsatz von 160 Tsd. DM beantragen, denn damit konnte eher ein umfassendes Konzept erstellt werden. Der Eigenanteil der Gemeinde wurde z. B. damit beschafft, dass alte, nicht mehr benötigte Akten, unter der Voraussetzung der Auftragserteilung, von den Akteuren für 40.000 DM abgekauft wurden. Damit konnte die Gemeinde den vorgeschriebenen Eigenanteil für die höchste Fördersumme quasi ohne eigene Kosten leisten. Natürlich gab es neben diesem negativen Beispiel von West- und Ostakteuren etliche seriöse Akteure und Macher, die sich redlich um die Entwicklung Ostdeutschlands bemühten. Es gab aber eben auch die anderen – und dies leider häufig.

Fehlplanungen und deren bauliche Realisierung sind aber auch auf ostdeutsche Behörden zurückzuführen. Beispielhaft sind dafür die technische Infrastruktur wie auch der Neubau von Schulen. Es wurden nicht nur aufgrund falscher Beratungen zu große Trinkwasserversorgungs- und Abwasserentsorgungsanlagen gebaut, sondern auch weil Behörden für ländlichen Räumen häufig große zentrale Anlagen zur Trinkwasserversorgung und Abwasserentsorgung bevorzugten. Diese Anlagen entsprachen durchaus dem zum Zeitpunkt der Planung ermittelten Bedarf. Sie waren also nicht überdimensioniert – zunächst nicht. Die zukünftige Entwicklung des enormen ostdeutschen Einwohnerrückgangs wurde aber nicht einbezogen. Mit dem Einwohnerrückgang ging auch der Bedarf an Trinkwasser sowie an der Abwasserentsorgung zurück. Die neu errichteten großen zentralen Anlagen bedingen aber in ländlichen Räumen für die Auslastung ihrer Kapazitäten sehr große bzw. weite Ver- bzw. Entsorgungsnetze. Wenn das Trinkwasser aufgrund zu geringer Entnahme in den Netzen zu lange steht bzw. nur einen sehr langsamen Durchfluss aufweist, beginnen sich in den Rohren Schwemmstoffe zu lösen, die das Wasser verunreinigen. Es kann dadurch zu einer Verkeimung kommen. Dann müssen die Netze aufwendig gespült werden. Wenn der Durchsatz (Durchfluss) des Abwassers zu gering ist, kann es zu Verstopfungen und Geruchsbelästigungen kommen, was ebenfalls aufwendige Netzspülungen erfordert. Führen die Spülungen zur deutlichen Verdünnung des Abwassers, sterben in unseren modernen, vollbiologischen Kläranlagen die dafür erforderlichen Mikroorganismen ab und die Klärfunktion bricht zusammen. Auf diese Probleme wurde angesichts der ostdeutschen Einwohnerentwicklung von Experten frühzeitig hingewiesen, mit der Empfehlung dezentrale und semizentrale Anlagen mit flexiblen Nutzungskonzepten zu errichten. Damit hätte man die Probleme vermeiden oder zumindest stark vermindern können. Diese Warnungen und Empfehlungen wurden aber längere Zeit ignoriert, wie ich selbst bei meiner Beratung eines ostdeutschen Bundeslandes erfahren musste.

Ähnlich waren letztlich auch Fehlentscheidungen in der Schulplanung. Bei der Errichtung neuer Schulen, insbesondere in ländlichen Räumen die neuen großen, zentralen Berufsschulstandorte, wurde häufig die bevorstehende Schülerentwicklung nicht beachtet. Dabei war anhand der Anzahl der in Krippen und Kindertagesstätten betreuten Kinder eindeutig der bevorstehende Schülerrückgang und damit sinkende Kapazitätsbedarf ersichtlich. Die Folgen dieser Behördenausrichtung waren dann teilweise Berufsschulen, die nur noch zum Teil genutzt wurden, aber hohe, eigentlich vermeidbare Unterhaltskosten verursachten.

Ostdeutschland wies damals sowohl hervorragende Naturgebiete auf, die sich häufig im guten Zustand befanden, als auch erhebliche Umweltschäden. Umweltschäden gab es vor allem durch den Braunkohletagebau, aber auch durch den Uranabbau der WISMUT in Sachsen und Thüringen sowie durch punktuelle Einzelfälle wie die Teerseen bei Nobitz. Allein für die Sanierung der Hinterlassenschaft der WISMUT wurden Anfang der 90er Jahre etwa fünf Milliarden DM veranschlagt, damals eine gewaltige Summe. Diese Maßnahme ist inzwischen seit langem erfolgreich abgeschlossen. Die Landschaftsschäden der Braunkohlegebiete südlich von Leipzig sind mit enormem Aufwand in eine attraktive naturräumliche Freizeit-Seen-Landschaft umgewandelt worden. Dafür erfolgten die Flutung der einstigen Abbaugruben und eine massive Aufforstung der Landschaft.

Heute kann man resümieren, unter der Regierung Kohl fand ein enormer Mitteltransfer nach Ostdeutschland statt. Es wurde viel erreicht. Es gibt dort keine Wohnungsnot mehr. Die Warenversorgung entspricht dem westdeutschen Niveau. Die Ortsbilder haben sich durch umfassende Sanierungshilfen wesentlich verbessert. Die damals marode Infrastruktur befindet sich heute überwiegend im guten Zustand. Zugleich wurde aber auch durch falsche Konzepte und oft unzulängliche oder fehlende fundierte Prüfungen in enormem Ausmaß Geld vergeudet. Das Konzept zur wirtschaftlichen Angleichung wies große Schwächen auf, wie der immer noch bestehende Unterschied zwischen West- und Ostdeutschland zeigt. Viele Betriebe, die Probleme für die strukturelle Anpassung hatten oder an denen aus marktwirtschaftlicher Sicht keine Investoren aus Westdeutschland und dem Ausland Interesse fanden, wurden dichtgemacht, oder in der damaligen Sprache der dafür zuständigen Treuhandgesellschaft des Bundes „abgewickelt". Größere ostdeutsche Investoren gab es nicht, da in der DDR nur der ostdeutsche Staat über die erforderlichen Ressourcen verfügte und der war ja mit der Wiedervereinigung aufgelöst worden. Die Entwicklung führte zur umfassenden Freisetzung ostdeutscher Arbeitskräfte. In Ostdeutschland wurde damals etwa jeder dritte Ostdeutsche, trotz seiner im europäischen Vergleich guten Ausbildung und vieler Umschulungen, dauerhaft arbeitslos. Dabei hat sich die oben angesprochene Verpflichtung zur Umsiedlung arbeitsloser ostdeutscher Fachkräfte besonders nachteilig ausgewirkt. Hiermit entfiel ein möglicher wichtiger Anreiz für westliche Firmen, Betriebsstätten in Ostdeutschland zu übernehmen oder zu errichten. Dadurch und wegen konjunktureller Einbrüche waren die 90er Jahre, insbesondere die zweite Hälfte dieses Jahrzehnts, von hoher bis sehr hoher Arbeitslosigkeit geprägt. Sie betrafen nun auch Westdeutschland, wenngleich in geringerem Ausmaß. Zugleich bewirkte die Entwicklung eine anhaltende Abwanderung junger Menschen aus Ostdeutschland. Sie galt nun nicht nur wie anfangs für junge Männer, sondern später im fast noch stärkeren Maße für ostdeutsche Frauen. Diese Entwicklung hatte auch langfristige nachteilige Folgen. Spätestens seit der Jahrtausendwende bzw. 20 Jahre nach der Wiedervereinigung wird die Entwicklung in den neuen Bundesländern durch den Fachkräftemangel benachteiligt.

Besonders bedauerlich sind die nicht genutzten Chancen durch die Ablehnung jeglicher Errungenschaften Ostdeutsch-

lands zu Gunsten einer weitgehendsten Ausrichtung auf die westdeutschen Systeme. Als Beispiel sei auf die Verkehrsanbindung
in ländlichen Räumen verwiesen. Heute verfügen diese Räume
über hochmoderne, bequeme Verkehrsmittel, aber dafür werden etliche Ortschaften nicht mehr vom öffentlichen Personen-
nahverkehr angefahren, z. B. in der Region Greifswald über ein
Viertel der Dörfer. Die Grundversorgung im Gesundheitswesen
ist wie oben angesprochen *(S. 43-44)* gleichfalls ein Beispiel für
damaliges Versagen, vor allem die Schließung der Polikliniken
und Abschaffung der Gemeindeschwestern zugunsten rein pri-
vatwirtschaftlicher ambulanter Versorgungsstrukturen. Die inzwischen aufgetretenen Versorgungsprobleme wären vermeidbar
gewesen, wenn man die betreffenden DDR-Institutionen erhalten
und weiter entwickelt hätte anstatt sie zugunsten einer rein privatwirtschaftlichen Ausrichtung abzuschaffen. Aber es geht nicht
nur um ungenutzte Chancen, sondern um die Veränderungen in
der Wirtschaftspolitik. Wie die in der Einleitung angeführten Befürchtungen verschwindet mit der Ablösung der sozialistischen
Staaten die Systemkonkurrenz, die für Ludwig Erhards Modell
der sozialen Marktwirtschaft wesentlich war. Damit wird eine
Entwicklung in Richtung Kapitalismus begünstigt, wie das soziale Auseinanderdriften in Deutschland belegt.

1.3 Die Zeit der rot-grünen Regierung unter Kanzler Schröder

Im Verlauf der 90er Jahre stieg die Arbeitslosigkeit immer weiter an. Dieser Anstieg wurde vor allem durch den Wirtschaftsum-
bruch in Ostdeutschland mit den zahlreichen Betriebsschlie-
ßungen und freigesetzten Arbeitskräften sowie durch größere
konjunkturelle Einbrüche verursacht. Das Thema Arbeitslosigkeit hatte für Westdeutschland spätestens seit dem „Wirtschafts-
wunder" der 50er Jahre nahezu keine Bedeutung. 1998 waren
dann aber etwa 3,5 Mio. Menschen arbeitslos. Die Tendenzen

sprachen für einen weiteren Anstieg, ggf. auf 4 Mio. Der SPD-Kanzlerkandidat Schröder ging mit großen Ankündigungen zum Abbau dieses Problems in den Wahlkampf. Er versprach bei seiner Wahl, die Arbeitslosigkeit sehr bald zu halbieren und danach noch weiter zu reduzieren. Schröder hat dann tatsächlich die Wahl gewonnen. Der inzwischen altbacken wirkende Kanzler Kohl war zudem gegen den jugendlich, frisch auftretenden SPD-Kandidaten Schröder den Wählern nicht mehr zu vermitteln.

Der neue Kanzler Schröder bemühte sich intensiv um die wirtschaftliche Belebung und den Abbau der Arbeitslosigkeit. Dazu fand ein erheblicher sozialer Umbau statt. Schröder versuchte vor allem durch große steuerliche Vergünstigungen für Konzerne und Kapitalerträge sowie durch massiven Sozialabbau sein Wahlversprechen des Abbaus der Arbeitslosigkeit und zugleich einen wirtschaftlichen Aufschwung zu erreichen. Die unter seiner Regierung erfolgten Veränderungen der Einkommen-, Körperschafts- und Erbschaftsteuern hatten erhebliche Auswirkungen. Damit fand ein Wandel zugunsten der Wirtschaft, Wohlhabenden und Reichen zulasten der breiten Bevölkerung statt (Hartmann M., S. 128). Der Spitzensteuersatz der Einkommensteuer, der bislang dem in Dänemark entsprach, wurde um etwa einem Fünftel gesenkt (*3.4*, S. 225), die Körperschaftssteuer sogar um 37,5 %, also um mehr als ein Drittel. Hingegen erfuhren die Reichen mit hohen jährlichen Millioneneinkommen eine steuerliche Entlastung von etwa 25 %, die sehr Reichen um über 40 %. Aufgrund der neuen Steuergesetze verzichtete der Staat bei den reichsten Deutschen sogar auf jährliche Steuereinnahmen in der Höhe von fast 1,6 Milliarden € (Hartmann, M., S. 129).

Zugleich erfolgte unter Schröders Kanzlerschaft ein deutlicher Abbau der sozialen Errungenschaften seiner Vorgänger, insbesondere aus der Regierungszeit des Kanzlers Brandt, z. T. auch noch aus der Regierung unter Kanzler Schmidt. Der Arbeitgeberanteil für die Sozialversicherungen erfuhr eine erhebliche

Kürzung und es wurden die Voraussetzungen für befristet Arbeitstätigkeit und den Niedriglohnsektor geschaffen. Es waren Veränderungen, wofür die konservativen Parteien der CDU und CSU im Bundestag nie die notwendige Mehrheit erhalten hätten, solange die SPD Oppositionspartei war. Besonders gravierend waren die Zusammenlegung von Sozialhilfe und Arbeitslosenunterstützung sowie die starke zeitliche Begrenzung für das Arbeitslosengeld. Es waren letztlich die Regelungen, die der damit beauftragte Akteur, der frühere VW-Betriebsrat und SPD-Mitglied Peter Hartz, entwickelte. Sie werden bis heute als Hartz-4 bezeichnet. Peter Hartz wurden später erhebliche Unregelmäßigkeiten nachgewiesen, die er als Betriebsrat bei VW beging. Das Gericht ahndete diese Straftaten mit einer Geldstrafe in Höhe von 400.000 €. Der damalige Wirtschaftsminister Clement brachte weitere Veränderungen, wie die Abschaffung der Meisterpflicht für etwa 50 Berufsrichtungen und das Entgelt der 1-Euro-Jobber. Die Abschaffung der Meisterpflicht hatte nie die daran geknüpfte Erwartung eines deutlichen Anstiegs der Beschäftigtenzahlen gebracht. Stattdessen bewirkte sie einen deutlichen Qualitätsabbau bei handwerklichen Leistungen sowie sinkende Bereitschaft, eine Lehre zur Ausbildung zu absolvieren. Auch deshalb fehlt es heute an qualifizierten handwerklichen Fachkräften. Aus diesen Gründen hatte sich in den letzten Jahren die Handwerkerschaft zur Rückkehr zur Meisterpflicht ausgesprochen, die inzwischen in einigen Berufen wieder gegeben ist. Eine weitere Ausweitung wird von der Politik diskutiert. Die Möglichkeit einer Belebung durch Förderung der Selbständigkeit im Handwerk wurde hingegen unzulänglich genutzt.

Der damalige Wirtschaftsminister Clement führte zur Wiederbeschäftigung von Arbeitslosen die Entlohnung von 1 € / Stunde ein. Bei einer Vollbeschäftigung hätte 2002 damit der betreffenden Arbeitnehmer 165 € im Monat bzw. 1.980 € im Jahr verdient (2019 Google Angabe zur damaligen Jahresarbeitszeit von Vollbeschäftigten). Bei dem geschätzten Ministergehalt vom Wirtschaftsminister Clement hätte ein 1 €-Jobber über siebeneinhalb Jahre arbeiten müssen, um durch seine Arbeit den Betrag des Monatslohns von Minister Clement zu erreichen. Unter Einrechnung des Harz IV-Monatsregelsatzes (2005) sind immer noch je nach Regelbedarfssatz knapp zweieinhalb bis über drei Jahre Arbeit eines 1 €-Jobbers für den Monatsverdienst von Minister Clement erforderlich . In Ostdeutschland etwas mehr, weil dort die Regelsätze niedriger waren. Nun wird das verfügbare Einkommen des Ministers durch die Lohnabzüge merklich gekürzt. Das gilt aber noch stärker für 1 €- Jobber, denn die müssen von diesem schmalen Verdienst auch noch das Fahrgeld zum Arbeitsort begleichen. Unter günstigen Bedingungen sind das mindestens 2 €/Strecke, somit geht die Hälfte der 8 €, die er für 8 Stunden Arbeit erhält, an Fahrkosten drauf! Die Beschäftigung als 1 €-Jobber hat nach Presseberichten zudem für die meisten Betroffenen nicht den erhofften Wiedereinstieg in eine angestellte Berufstätigkeit gebracht. Sie ist fast eine Verhöhnung der betroffenen Personen. Es ist eigentlich unglaublich, dass diese Regelung von einer sozialdemokratischen Regierung eines SPD-Kanzlers stammt, denn zuvor war ein Leitmotiv dieser Partei soziale Gerechtigkeit.

In Anbetracht der erheblichen Ausweitung von beschäftigten Arbeitnehmern im Niedriglohnsektor sowie von Kurz- und Teilzeitarbeit warnten Experten schon damals vor einer anwachsenden Altersarmut, die diese Entwicklung nach sich ziehe. Dafür kam der zukünftigen Rentenpolitik eine wesentliche Schlüsselposition zu. Die Grundannahmen für die Renten hatten sich durch die Nazizeit, die demografischen Veränderungen und den steigenden Lebezeitraum wesentlich verändert. In der ursprünglichen Version lag das Kernanliegen darin, die Altersversorgung von den Unsicherheiten privater Vorsorge in eine staatlich garantierte, ausreichende Mindestversorgung umzuwandeln. Diese Ausrichtung erfolgte aufgrund der negativen Erfahrungen, die bei Schicksalsschlägen private Vorsorge vernichten können. Das Eintrittsalter wurde bei der Renteneinführung zur vorletzten Jahrhundertwende, trotz einer wesentlich längeren Wochenarbeitszeit als heute, mit 65 Jahren festgelegt. Der deutsche Mann erreichte zu dieser Zeit im statistischen Durchschnitt nur ein Lebensalter von 46,4 Jahren, die Frauen von 52,2 Jahren. Viele Personen erreichten also die Altersgrenze nicht, so dass die Anzahl der zu versorgenden Rentner entsprechend geringer war. Für die Finanzierung der Renten wurden jährlich aufgestockte Rücklagen gebildet. Diese Rücklagen plünderten aber die Nazis und brauchten sie zweckentfremdet zur Finanzierung ihrer Rüstung auf. Die braunen Machthaber gingen davon aus, nach einem gewonnenen Krieg die verausgabten Rentenbeiträge den besiegten Ländern aufzubürden.

Mit der Kriegsniederlage war das vorbei. In dieser Situation brauchte man ein neues Modell.

Die Regierung Adenauer deklarierte den Generationenvertrag. Der beinhaltet, dass aus den Rentenbeiträgen der Beschäftigten nicht mehr Rücklagen gebildet werden, sondern dass die Beiträge der aktuell zu versorgenden Rentnergeneration dienen, da ja für deren Finanzierung die Rücklagen nicht mehr vorhanden waren. Angesichts der in den 50er Jahren hohen Geburtenzahlen, noch mehr der Geburten im Zeitraum 1960 bis 1966/67, ein durchaus vertretbares Konzept. In der damaligen Zeit begannen dennoch einige Bundesländer zumindest für die zukünftige Beamtenversorgung Pensionsrücklagen zu bilden. Diese sinnvolle Maßnahme wurde bei Konjunktureinbrüchen mit dem Verweis auf die Praxis in den meisten anderen Bundesländern aufgegeben, um mit diesen Mitteln Haushaltsdefizite auszugleichen.

Inzwischen haben sich aber die Grundvoraussetzungen verändert. Die Geburten liegen seit Ende der 60er Jahre etwa ein

Drittel unter der Sterberate. Deshalb sind langfristig immer mehr Rentner von der dann verbliebenen nachwachsenden jungen Bevölkerung zu versorgen. Gleichzeitig stieg die Lebenserwartung enorm an. Je mehr sich der Geburtenrückgang als dauerhaftes Phänomen abzeichnete, desto mehr wurden die Probleme für den Generationenvertrag unübersehbar, zumal sie noch zusätzlich durch die gestiegenen und wahrscheinlich weiterhin steigenden Lebenserwartungen verschärft werden. Die Renten müssen also für immer längere Zeiträume von einer demografisch bedingt schrumpfenden Anzahl Berufstätiger gezahlt werden. Der Handlungsbedarf war eindeutig und dringlich. Zum Ende der Ära Kohl wollte deshalb der damalige Sozialminister Norbert Blüm die Rente von 67 % auf 64 % des letzten Nettolohns absenken. Dagegen lief die Opposition der SPD, geführt von Kanzlerkandidat Schröder und seinem Sozialexperten Riester, Sturm. Sie prangerten dieses Vorhaben als deutliche Verschlechterung für die Rentner an und polemisierten im Wahlkampf massiv gegen die Absenkungspläne Blüms.

Nachdem der neue Kanzler Schröder die Regierung führte, reduzierte der nun zum Sozialminister aufgestiegene Herr Riester sehr bald den Rentenanspruch sogar noch weiter, nämlich auf 60 %, also unter die Marge, die er zuvor von Norbert Blüm anprangerte. Damit aber nicht genug, er reduzierte zugleich die Rentenbezüge von Witwen auf 56 % (das von Riester kritisierte Modell Blüm sah auch für Witwen 64 % vor) der Bezüge ihres verstorbenen Mannes. Für mich ein unglaubliches, unehrliches, letztlich widerliches Verhalten. Erst gegen die verhältnismäßig moderate Rentenkürzung unter Norbert Blüm massiv polemisieren und kaum an der Regierung genau das Gegenteil, mit noch größerer Rentenkürzung bei zusätzlicher Kürzung der Witwenrenten. Diese Verhaltensweise übertrifft für mich noch bei weitem besonders unlautere Werbungen in der Wirtschaft. Bei derartig unaufrichtigem Taktieren sind das niedrige Ansehen von Politikern sowie die wachsende Politikverdrossenheit in der Bevölkerung verständlich. In Anbetracht dieser Unaufrichtigkeit kann ich seit dieser Zeit keinerlei Achtung für Herrn Riester aufbringen.

Herr Riester bot als Ausgleich für seine hohe Rentenkürzung eine staatlich geförderte Versicherung an, mit dem der/die Einzelne durch Ansparen seine/ihre Rente anheben kann. Damit erfolgt eine grundlegende strukturelle Veränderung des Rentenmodells, das die Erfahrungen aus der Zeit der Renteneinführung missachtete. Ein Kernpunkt der damaligen Renteneinführung war eben die staatlich garantierte ausreichende Altersversorgung anstelle der Unsicherheit privater Vorsorge. Genau dieser zentrale Punkt wurde durch Riesters Modell ausgehebelt. Dabei belegte die reale Entwicklung damals schon die Unsicherheit privater Rentenvorsorge. Angesichts der Veränderungen des Arbeitsmarktes unter der Kanzlerschaft Schröders und seinem Wirtschaftsminister Clement, mit der hohen Anzahl Personen, die im Niedriglohn beschäftigter waren, könnten viele zudem die erforderlichen Ansparmittel für das Riestermodell, der so genannten „Riesterrente" zur Rentenaufbesserung nicht aufbringen. Das gilt vor allem für die unteren Einkommensgruppen, die ohnehin nur niedrige Renten bekommen. Deshalb sinken deren Rentenansprüche unter das Niveau der sozialen Grundsicherung. Schröder und Riesters Rentenkonzept hat die Altersversicherung für die unteren Bevölkerungsgruppen wieder in Richtung der Altersarmut, so wie sie vor der Einführung der Rentenversicherung vor 1900 bestand, zurückgeworfen.

Inzwischen hat sich gezeigt, dass die Riesterrente bei weitem nicht die beim Abschluss zugesagte Rentenhöhe bringt. Eine Zeitung berichtete, dass eine Person mit Riester-Vertrag statt der ehemals in Aussicht gestellten monatlichen Renten von 542 €/ Monat nur noch mit einer Renten von 80 bis 120 €/Monat (unterschiedliche Angaben der zuständigen Stelle) rechnen kann, vorausgesetzt, dass sie bis zur Erreichung der Altersgrenze weiterhin jeden Monat 176 € in diese Versicherung einzahlt (WK 1.10.2020). Der Bezüge der Riesterrente müssen zudem noch versteuert werden. Der Finanzexperte H. Walz verweist darauf, dass durch die Regularien der Riester-Rente „… weitaus mehr Kapital vernichtet wird, als der Sparer an Förderung erhält" (WK 1.10.2020). Die Ursachen dafür liegen vor allem in dem falsch konzipierten Modell, dessen Mängel sich noch durch Außeneinflüsse wie die Finanzkrise 2008 oder die Einbrüche aufgrund der Coronakrise verstärkten. Dabei belegt die Richtigkeit der alten, auf garantierte staatliche Versorgungsleistungen ausgerichteten Rentenversorgung, wie verheerend und falsch die Umstellung auf eine privatwirtschaftlich basierenden Teil der Altersversorgung durch Riester war. Die Abkehr vom alten Rentenmodell ist sozialpolitisch ein katastrophaler Rückschritt sondergleichen und das von einer ursprünglich sozial ausgerichteten Partei!

Im Sozialbereich kam es unter der Gesundheitsministerin Schmidt zu weiteren Einschnitten. Um die im europäischen Vergleich hohe Anzahl der Praxisbesuche zu senken, wurde eine Gebühr von 10 € eingeführt. Sie musste je Quartal entrichtet werden, wenn darin ein Praxisbesuch erfolgte. Bei Aufsuchung mehrere Praxen z. B. von Allgemeinmedizinern und Zahnarzt entsprechend mehrfach. Für höhere und mittlere Einkommen war das unerheblich, für Personen mit niedrigem Einkommen nicht. Für Personen mit sehr niedrigen Einkommen, wie manche Rentner, war das eine massive Restriktion. Deshalb wurde ggf. selbst auf notwendige Arztbesuche verzichtet. Zudem erhielten die Ärzte für jeden Patienten pro Quartal nur noch einen Pauschalbetrag, egal wie oft der Patient zu behandeln war. Für Arztpraxen der Grundversorgung mit hohem Anteil ältere Patienten, die erfahrungsgemäß anfälliger sind und die Praxen häufiger aufsuchen müssen, wird der Betrieb unwirtschaftlich. Zudem wurde die Patientenzahl auf dem erreichten Stand festgeschrieben, damit die Praxen nicht durch Anwerbung zusätzlicher Patienten mehr Honorare einnehmen. Für die Verschreibung von Medikamenten musste sich die Arztpraxis an das zugebilligte Kontingent halten, sonst müssen sie die Kosten für die Medikamente, die das Praxiskontingent überschreiten, übernehmen, unabhängig davon wie medizinisch notwendig die Verschreibung war.

Diese Vorgaben waren ein wesentlicher Grund zur starken Orientierung von Praxen auf Privatpatienten, bis hin zur Aufgabe von Kassenzulassungen. Die Vorgaben der Ministerin Schmidt bewirkten zwar eine Kostendämpfung, die jedoch z. T. auf dem Rücken der Ärzte, aber auch der Patienten stattfand. Zudem wurde in diesen Maßnahmen nicht der anwachsende medizinische Betreuungsbedarf berücksichtig, der infolge der steigenden Lebenszeiträume der Bevölkerung entstand. Die Tagespresse zitierte damals eine Verlautbarung von Frau Ministerin Schmidt, dass der gesundheitliche Standard ohne Mehrkosten erhalten werden könne bzw. werde. Diese Verlautbarung kann nur als blanker Unsinn eingestuft werden, wenn man nicht von fehlenden Sachkenntnissen der damaligen Gesundheitsministerin ausgeht. Mit dem ansteigenden Alter der Bevölkerung nehmen eben zugleich die Erkrankungen und der Anteil multimorbider Patienten zu, die einen hohen und häufigen gesundheitlichen Betreuungsbedarf haben. Deshalb muss die Alterung zwangsläufig zu höherer Beanspruchung des Gesundheitswesens führen. Das gilt sowohl für ärztliche Betreuung als auch Medikamentenversorgung und Krankenhausaufenthalte. Unter diesen Gegebenheiten führt eine Deckelung der Kosten im Gesundheitswesen unvermeidlich zum Abbau von Versorgungsleistungen. Deshalb ist diese Verlautbarung der damaligen SPD-Ministerin für Gesundheit unglaublich, entweder falsch oder unsinnig. Die Folgen wirkten langzeitig. Der Berufsstand der Allgemeinmediziner, der im Wesentlichen die Grundversorgung trägt, hat erheblich an Attraktivität eingebüßt. Heute erreicht der jährliche Zugang junger Allgemeinärzte nur etwa die Hälfte der Anzahl ihrer älteren Kollegen, die innerhalb eines Jahres in den Ruhestand treten. Inzwischen wurden zwar einige der Vorgaben aus der Ära von Gesundheitsministerin Schmidt abgebaut, wie Deckelung der Patientenzahl von Praxen und die Entrichtung der 10 € Gebühren je Quartal, aber der Zugang an neuen Ärzten in der Grundversorgung ist weitaus zu niedrig geblieben. Heute besteht ein Notstand für die medizinische Versorgung nicht nur in manchen ländlichen Räumen, sondern erreicht zunehmend die Randlagen von Großstädten.

In dieser Zeit wurde Deutschland von zwei großen Spenden-/Schwarzgeldaffären erschüttert. 1999 flog ein illegales Spendenkonto auf, das die CDU seit 1994 unterhielt. Auf dem Konto wurden Parteispenden, teilweise ohne diese zu versteuern, gesammelt. Die Meldung dieser Spenden an den Bundestag unterblieb, ein eindeutiger Verstoß gegen geltende Gesetze.

In dieser Angelegenheit waren höchste CDU Politiker verstrickt, wie der Ex-Kanzler Kohl, der CDU Schatzmeister Leisler-Kiep und der frühere Bundesinnenminister Kanther, selbst der hessische Ministerpräsident Koch und der CDU-Politiker Schäuble standen unter Verdacht. Deshalb wurden Ermittlungsverfahren eingeleitet, die u. a. zur Bestrafung von Leisler-Kiep führten (Google 26.8.2020).

Im gleichen Jahr wurden aus dem Kölner Raum ebenfalls Spenden/Schmiergeldzahlungen an SPD-Politiker in leitender Stellung aufgedeckt, die sich damit teilweise sogar selber bereicherten. Die eingeleiteten Ermittlungen führten zu Verurteilungen, bis hin zu mehrjährigen Gefängnisstrafen(Google 26.8.2020). Mit diesen Auswüchsen hat jedoch die Regierung Schröder in keiner Weise etwas zu tun. Aber es sind dennoch sehr fragwürdige Erscheinungen, wenn Politiker, selbst Politiker der höchsten Ebene, zum Vorteil ihrer Partei, oder auf der kommunalen Ebene gar zum eigenen Vorteil, sich nicht an geltende Gesetze halten und strafrechtlich in Erscheinung treten.

Die Ausweitung des Euro auf Griechenland ist eine weitere unerfreuliche, teure Hinterlassenschaft der Regierungszeit des Kanzlers Schröder. Griechenland hatte damals bei weitem nicht die finanziellen Voraussetzungen für eine Mitgliedschaft in der Euro-Gemeinschaft. Trotz warnender Expertenstimmen unterblieb eine verlässliche Überprüfung. Die Regierungspolitik war vorrangig auf Ausweitung der Einheitswährung Euro auf möglichst viele der EU-Staaten gerichtet. Diese Leichtfertigkeit unter Kanzler Schröder und seinem Außenminister Fischer hat dann zu den bekannten Folgen geführt. Eine massive finanzielle Unterstützung Griechenlands durch die EU wurde unerlässlich. Bis Mitte 2018 waren das 263 Milliarden Euro (Tagesschau.de, 5.7.2018). Die Bundesrepublik steht für einen erheblichen Teil der Mittel, denn sie ist am Rettungsschirm des Euro mit ca. 27 % beteiligt. Das sind Gelder, die hier fehlen. Damit hätte sich die Problematik der Renten für einen längeren Zeitraum ausgleichen oder zumindest mindern lassen.

Die rot-grüne Regierung unter Kanzler Schröder hat mit ihren steuerlichen und sozialpolitischen Maßnahmen unzweifelhaft viel zur wirtschaftlichen Erstarkung der Bundesrepublik beigetragen. In den Lohnkosten nimmt Deutschland nicht mehr die Spitzenstellung in der EU ein. In Deutschland sind Investitionen wegen der erheblichen Steuerminderungen sowohl für Konzerne als auch für Vermögen durch die hohe Senkung der Körperschaftssteuer und des Spitzensteuersatzes sehr attraktiv geworden. Zugleich war damit aber auch der größte Sozialabbau mit tiefen Einschnitten seit der Gründung der Bundesrepublik Deutschland verbunden. Damit wurde zudem der Schwerpunkt der staatlichen Steuereinnahmen auf die Lohn- und Einkommensteuern verlagert, bei steuerlicher Schonung der Spitzenverdiener. Die neue Rentenausrichtung, die im krassen Widerspruch zu den SPD-Verlautbarungen vor der damaligen Wahl stand, leitet eine Abkehr von der staatlichen Versorgungsverantwortung ein. Damit wurden letztlich auch die wesentlichen Voraussetzungen für die erfolgreiche Wirtschaftsentwicklung in den Regierungsjahren unter Kanzlerin Merkel geschaffen. Angesichts der damals erfolgten gravierenden sozialen Einschnitte wird die SPD von vielen Bürgern längst nicht mehr als soziale Partei wahrgenommen, wie ihre verheerenden Wahlergebnisse zeigen. In Anbetracht des langen, anhaltenden Abwärtstrends der Partei bezichtigen manche kritische Stimmen die Kanzlerschaft Schröders als den Totengräber der SPD.

1.4 Die Zeit unter Kanzlerin Merkel

Frau Merkel hat die Bundestagswahl gegen den damaligen Kanzler Schröder mit einer bis dahin historisch äußerst knappen Mehrheit gewonnen. Ohne das Zerwürfnis Schröders mit Oskar Lafontaine wäre ihr das kaum gelungen. Der abgewählte Kanzler Schröder gratulierte seiner Konkurrentin nicht zum Erfolg, wie etwa Helmut Schmidt, der nach dem Misstrauensvotum dem zukünftigen Kanzler Kohl gratulierte. Stattdessen sprach er in der Fernsehübertragung nach der Wahl von einer israelischen Lösung (Mit der der unterlege Staatschef zunächst weiter regieren kann, bis er entsprechend der zuvor getroffenen gemeinsamen Vereinbarung durch seinen siegreichen Konkurrenten abgelöst wird). Das war für damalige deutsche Situation unsinnig. Wie auch immer, durch diesen Schrödervorstoß unterblieb eine kritische parteiinterne Reflexion des sehr knappen Wahlerfolgs von Angela Merkel, vielmehr stellte sich nun die CDU voll hinter die neue Kanzlerin Merkel. Die Kanzlerschaft von Frau Merkel hatte ich damals sehr begrüßt, wie später auch die Präsidentschaft von Joachim Gauck. Damit wurden die beiden höchsten politischen Positionen Deutschlands von zwei Ostdeutschen besetzt. Das erschien mir wichtig und richtig. Denn die Ostdeutschen konnten sich zunächst parteipolitisch kaum wirksam gruppieren, zum einen wegen der abgewirtschafteten SED, die sie ja quasi grade

„verjagt" hatten, und zum anderen, weil sie bei null anfangen mussten. Sie hatten nicht die Organisationsstrukturen und waren noch nicht mit dem eingespielten politischen Parteiensystem Westdeutschlands vertraut. In Sinne einer Wiedervereinigung war es gleichfalls wichtig, eine gemeinsame Parteienlandschaft aufzubauen. Mit der ostdeutschen Besetzung der Spitzenämter war aus meiner Sicht ein sinnvoller und richtiger Anfang erfolgt. In der Kanzlerschaft von Frau Merkel sah ich einen weiteren positiven Aspekt. Damit wurde dieses Amt endlich auch mal von einer Frau besetzt.

Die Kanzlerin Merkel regierte erfolgreich von 2005 bis 2009 in einer Koalition mit der SPD, von 2009 bis 2013 mit der FDP, von 2013 bis 2018 erneut mit der SPD, mit der sie in ihrer voraussichtlich letzten Phase auch bis 2021 regieren wird. In diese Zeit war Christian Wulff, der spätere Bundespräsident, Ministerpräsident des von der CDU regierten Niedersachsen. Herr Wulf schaffte es, die Landesfinanzen von Niedersachsen durch rigoroses Sparen zu stabilisieren, u. a. auch durch massive Kürzungen der Mittel im Wissenschaftsbereich. Er setzte dann an der Universität Hildesheim die Verleihung der Ehrendoktorwürde für seinen Freund Carsten Maschmeyer durch, obwohl dieser weder über ein abgeschlossenes Studium noch über wissenschaftliche Meriten verfügte (Beward, M., 2012, Google 28.3.2019). Angeblich hatte die Bürgerschaft die Verleihung vorgeschlagen. Für die betreffende niedersächsische Universität ein heikler Vorgang. Die Behandlung dieses Vorgangs konnte ggf. Auswirkungen auf die weitere Mittelausstattung haben. Herr Maschmeyer bekam die Ehrendoktorwürde. Ministerpräsident Wulff hielt dann an der Universität die Laudatio zur Verleihung der Ehrendoktorwürde an seinen Freund Maschmeyer. Als Wissenschaftler, der lange Vorsitzender der Promotionskommission seiner Fakultät war, kann ich diese Verleihung nur äußerst kritisch sehen. An meiner Universität hätte ich bei einem derartigen Vorgang mein Amt aus Protest vorher niedergelegt .

Nach dem plötzlichen Rücktritt von Bundespräsidenten Köhler 2010 wurde Christian Wulff zum neuen Bundespräsidenten gewählt. Die plötzliche Kandidatur und Wahl von Christian Wulff zum Bundespräsidenten ist irritierend. Ein Ministerpräsident ist in seinem Bundesland die Spitzenperson seiner Partei. Das spricht dafür, dass er sich mit Vollblut für das Amt und die Umsetzung der politischen Linie seiner Partei, die er letztlich selbst mitprägte und bestimmte, einsetzt. Herr Wulff konnte das anscheinend von einem Tag zum anderen ablegen und sich nun der Wahl des auf Neutralität verpflichteten Bundespräsidenten stellen. Das ist für mich absolut unglaubwürdiger Opportunismus. Frau Merkel unterstützte und befürwortete trotzdem diese Wahl. In Tageszeitungen gab es damals Mutmaßungen, dass Christian Wulf ein Konkurrent für die Kanzlerin werden könnte und sie deshalb seine Kandidatur für das Amt des Bundespräsidenten unterstützt. Rückblickend bin ich der Auffassung, Herr Wulff hatte nie das Format eines wirklichen Konkurrenten für Kanzlerin Merkel. Christian Wulff ist dann bekanntlich nach einer Kontroverse mit der Bildzeitung, in der er Drohungen gegenüber dieser Zeitung aussprach, sowie wegen eines gegen ihn gerichteten strafrechtlichen Ermittlungsverfahrens zurückgetreten. Aus meiner Sicht war erfreulich, dass nun Joachim Gauck zum neuen Bundespräsidenten gewählt wurde.

In der Zeit unter Kanzlerin Merkel gab es einige weitere einschneidende Veränderungen. Der unter Bundeskanzler Schröder 2002 eingeleitete Einsatz der Bundeswehr als Verbündeter der Nato in Afghanistan wurde zunehmend kriegerischer *(2.2.3, S. 149)*. In Anbetracht der wachsenden internationalen Aufgaben der Bundeswehr und der begrenzten Ressourcen erfolgt unter Verteidigungsminister von Gutenberg eine umfassende Reform mit der Abschaffung der Wehrpflicht und Umstrukturierung zu einer wesentlich kleineren Berufsarmee. Die Chance zur Umwandlung der nun erlassenen Wehrpflichtzeit in die Verpflichtung eines sozialen Jahres wurde wohl aus wahltaktischen Gründen von der Regierung nicht genutzt. Theo von Gutenberg verlor bekanntlich wegen nachgewiesener Plagiatsfälle seiner Dissertation den Doktortitel (Er hat 1919 mit einer neu erarbeiteten Dissertation zu Recht promoviert). Das führte zu seinem Rücktritt. Nicht viel später wies man der damaligen Ministerin für Bildung und Forschung, Annette Schavan, ebenfalls Plagiatsstellen in ihrer Doktorarbeit nach. Für eine Ministerin, die für den Wissenschaftsbereich zuständig ist, war das besonders verwerflich und enttäuschend. Frau Schavan trat aber erst nach ihrem nicht erfolgreichen juristischen Widerstand zurück.

Diese Ereignisse sind der Kanzlerin Merkel in keiner Weise anzulasten. In ihrer Regierungszeit war die wirtschaftliche Entwicklung in Deutschland von großem Erfolg geprägt und vom gleichzeitigem wachsenden Einfluss Deutschlands in der EU, in besonders enger Kooperation mit Frankreich. Allerdings muss anerkannt werden, dass trotz der Kritik an Kanzler Schröder mit dessen Sozialabbau und Steuerpolitik wichtige Voraussetzungen für den Erfolg der deutschen Wirtschaft geschaffen wurden. Den von Schröder eingeleiteten Wirtschaftserfolg schrieb die breite Bevölkerung aber der Regierung Merkel zu, denn unter ihrer Kanzlerschaft wurden die Erfolge realisiert. Die sozialen Opfer blieben hingegen an der SPD hängen, da der erhebliche Sozialabbau schließlich unter dem SPD-Kanzler Schröder stattfand.

Die Kanzlerschaft Merkel war aber zugleich auch mit steigenden deutschen Beiträgen zur Finanzierung der EU verbunden. In Deutschland wuchs der Wohlstand, aber die Verteilung veränderte sich allmählich scherenartig. Die Zahl der Wohlhabenden und sehr Wohlhabenden nahm zu, aber umgekehrt auch die Personenzahl der ärmeren Bevölkerung, etwa wie das Spreizen einer sich öffnenden Schere (*3.4 Soziale Spaltung*). Mit den nominal steigenden Einkommen stieg letztlich auch die Belastung durch die Steuerprogression, obwohl sich die Inflationsquote auf verhältnismäßig niedrigem Niveau bewegte. In Anbetracht, dass in der Steuerprogression die inflationsbedingte Geldentwertung keine Berücksichtigung fand und eine Anpassung der Steuersätze an die Entwicklung weitgehend unterblieb, wurden im zeitlichen Verlauf immer mehr Personen, vor allem auch Mittelständler, von höheren Progressionssätzen betroffen. Für Spitzenverdiener veränderte sich kaum etwas. Deshalb wird die soziale Einkommensspaltung im erheblichen Maße von der Steuerpolitik der Bundesregierung mit verursacht, wie im Abschnitt „Soziale Spaltung" näher dargelegt ist.

In der Rentenentwicklung und deren Perspektiven zeichneten sich neue Probleme und Herausforderungen ab. Durch die weiter angestiegene Dauer der Lebenszeiten und der langen Ausbildungszeiten müssen, wie oben dargestellt wurde (*S. 1.3, S. 58-59*), die Renten für immer mehr Rentner und diese für immer längere Zeiträume von einer demografisch bedingt rückläufigen Bevölkerung bei sinkender Lebensarbeitszeit erbracht werden. Jungen, die im Jahr 2000 geboren werden, haben statistisch eine Lebenserwartung von ca. 75 Jahren, Mädchen von ca. 81 Jahren. Für Kinder, die 2020 geboren wurden, erhöht sich die Lebenserwartung bereits auf etwa 79 bzw. 84 Jahre. Die Altersversorgung muss also immer länger gezahlt werden. Zudem haben sich die Ausbildungszeiten deutlich verlängert. Der Großteil der jungen Menschen tritt deshalb erst nach dem 20. Lebensjahr in die Berufsausübung ein. Erst dann zahlen sie Rentenbeiträge. 2010 lag die durchschnittliche Bezugsdauer der Versicherungsrenten bei 18,5 Jahren, 2018 war sie bereits auf 20 Jahre gestiegen (Angabe der Rentenversicherungsträger vom 17.6.2019). Bei Männern betrug der Anstieg 16,2 J. auf 18 J., bei Frauen von 20,9 J. auf 21,8 J. Deshalb werden für die Renten immer mehr Mittel benötigt. Zugleich steht eine ansteigende Altersarmut bevor. Aufgrund der unter Schröder und Riester eingeführten Rentenformel sind die

Rentenbezüge schon heute auf durchschnittlich 48 %, also weniger als die Hälfte des letzten Nettolohns, abgesunken. Zudem sind Renten zu versteuern und ebenfalls davon Sozialabgaben zu begleichen. Bei einer Beibehaltung der Schröder-Riester-Rentenformel steht ein weiteres Absinken der Renten mit entsprechendem Anstieg der Altersarmut bevor.

In Anbetracht der absehbar ansteigenden Rentenprobleme wurden von der Regierung Merkel zwei wichtiger Schritte zum Gegensteuern eingeleitet: die Anhebung der Lebensarbeitszeit und Grenzen für den Ruhestandseintritt. Der bis dahin geltende Ruhestandseintritt bei Vollendung des 65. Lebensjahres erfolgt zukünftig erst bei Vollendung des 67. Lebensjahres. Diese Veränderung vollzieht sich aber über eine langsame, allmähliche Anhebung, so dass der Ruhestandseintritt mit 67 Jahren erst 2030 erreicht wird. Der Weg ist richtig, denn die Rentenprobleme sind im hohen Maße auf die steigende Lebenserwartung zurückzuführen. Schließlich hat sich die Lebenserwartung seit Einführung des Ruhestandseintritts von 65 Jahren um nahezu 50 % erhöht! Außerdem sind viele Personen heute auch noch im Alter leistungsfähig, wie übrigens ein Großteil der Politiker älter als 65 Jahre ist. Die Gewerkschaften liefen gegen diese Veränderungen Sturm. Sie befürchteten, dass dadurch die Kündigungszahlen älterer Arbeitnehmer steigen und es verstärkt zu deren Altersarbeitslosigkeit mit entsprechenden sozialen Folgen kommen würde. Nun sind Altersrenten und Altersbeschäftigung zwei ganz unterschiedliche Sachebenen, aber die Befürchtungen der Gewerkschaften sind aufgrund der Arbeitsmarkterfahrungen verständlich und nachvollziehbar. Die Gewerkschaften setzten deshalb mit der SPD durch, dass Personen beim Nachweis von 45 Arbeitsjahren bereits bei Vollendung des 63. Lebensjahr in die Rente gehen können, also ein Schritt in die entgegengesetzte Richtung. Unter Rentenaspekten ist das katastrophal. Das gilt umso mehr, da jüngere Arbeitnehmer, die heute die Renten für diese Art von Frühverrentung erarbeiten, diese Vergünstigung mit Sicherheit nicht erfahren werden. Im Gegenteil, es spricht vieles dafür, dass sie später länger als bis zur Vollendung des 67. Lebensjahr arbeiten müssen.

Zur Begrenzung des Absinkens der Renten wurde in der 16. Wahlperiode des Bundestages von der Großen Koalition aus CDU/CSU und SPD gesetzlich geregelt, dass bis 2025 das Rentenniveau nicht unter 48 % sinken und die Rentenbeiträge der Beschäftigten nicht über 20 % steigen dürfen. Wenn es jedoch bei der unter Kanzler Schröder und seinem Sozialminister Riester geschaffenen Rentenformel bleibt, wird sich die Entwicklung danach sehr verschärfen. Nach diesen Festlegungen würden die Renten von ihrem heutigen Niveau von 48,1 % des Durchschnittslohnes bis 2030 stufenweise auf ca. 45,8 % und bis 2032 auf 44,9 % absinken(WK 29.11.2018). Die Entwicklung wird zusätzlich noch dadurch verschärft, dass immer mehr Arbeitskräfte vorzeitig aus dem Beruf ausscheiden und in Rente gehen. Zum einen weil der heutige hohe Arbeitszeitdruck und Terminstress zu physischen Leiden führen, wie die hohe Zunahme an Burnout -Patienten belegt, und zum anderen wegen der durchgesetzten Möglichkeit, bereits mit 63 Jahren in Rente zu gehen.

Angesichts der 2018 gezahlten Durchschnittsrenten von 1.193 € für Männer und 667 € Rente für Frauen ist das bevorstehende Absinken der Renten kaum zu verkraften, zumal von den Renten auch noch Krankenkasse und Steuern sowie die steigenden Mieten zu bezahlen sind. Außerdem werden bei Beibehaltung der Schröder/Riester Rentenformel die Renten auch nach 2032 weiter sinken. Es ist absehbar, etliche Altersbezüge würden dann unter die Höhe der Grundsicherung absinken. Daher kam die Forderung, dass das Rentenniveau zumindest bis 2025/2026 nicht unter die heutigen 48 % absinken darf. Aber wie geht es dann weiter? Die SPD versucht derzeit zumindest den Anspruch auf eine soziale Grundsicherung nach 35 Arbeitsjahren durchzusetzen. Der Arbeitnehmerflügel der CDU sprach sich dafür aus, Personen, die im Alter von der finanziellen Grundsicherung abhängen, einen Rentenzuschlag von 25 % zu gewähren. Sie argumentieren, dass Personen, die ihr Leben lang arbeiteten und für die Renten einzahlten, im Alter nicht weniger Einkommen erhalten dürfen als Personen, die nie Rentenbeiträge leisteten (WK 22.11.2018). Der SPD-Politiker und derzeitige Finanzminister Scholz forderte das Rentenniveau bis 2040 zu garantieren. Die Umsetzung dieser Forderungen würde aber erhebliche Zuschüsse an Steuermitteln erfordern, insbesondere, wenn in nächster Zeit die geburtenstarken Jahrgänge in das Rentenalter eintreten. Immerhin hat die Kanzlerin ihre vor zwei Jahren erfolgte Verlautbarung revidiert, dass sie bis 2030 keinen Handlungsbedarf für die Renten sieht.

Von der Regierung wurde 2019 schließlich eine so genannte Expertenkommission unter dem Namen *„Verlässlicher Generationenvertrag"* eingesetzt, die Vorschläge für die zukünftige Sicherung und Gestaltung der Renten erarbeiten sollte. Der 12-köpfigen Kommission unter der Leitung des Kanzleramtschefs gehörten die Fraktionsvorsitzenden bzw. deren Stellvertreter der Regierungsparteien CDU, CSU und SPD, die Gewerkschaft, die Arbeitgeberverbände sowie Experten aus Ökonomie und dem Sozialbereich an. Außerdem nahmen die Deutsche Rentenversicherung und das Bundesministerium für Arbeit und Soziales an den Sitzungen teil. Die Vertreter von Politik und Interessenverbänden hatten somit ein merkliches Übergewicht gegenüber den Experten. Die Ergebnisse im Abschlussbericht werden eher kritisch bewertet, vor allem wegen der überwiegend nur allgemeinverbindlichen, wenig präzisen Aussagen und Empfehlungen. In der Publikation des *Paritätischen Gesamtverbandes Fachinformation Arbeit-Renten*, Sozialpolitik heißt es dazu „Der Bericht ist damit eine Enttäuschung, notwendige Maßnahmen zur besseren und nachhaltigen Absicherung im Alter und zur Stärkung der

Rentenversicherung muss die Politik unabhängig davon treffen". Diese Ergebnisse können eigentlich nicht verwundern, die Politik hat sein längerem um dieses brisante Thema „einen Bogen gemacht". Mit fortschreitendem Zeitverlauf nimmt die Brisanz aber massiv zu. Deshalb wiegt es umso schwerer, dass die Politik seit Merkels Kanzlerschaft tunlichst vermeidet, sich mit diesem schwierigen Thema realistisch auseinanderzusetzen.

Die Regierung unter Kanzlerin Merkel hatte 2013/2014 eine weitere große Herausforderung zu bewältigen, den weltweiten Bankencrash. Nur mit dem Einsatz sehr hoher öffentlicher Mittel konnten die beteiligten deutschen Banken vor dem Zusammenbruch bewahrt und somit auch das Geld bzw. die Einlagen vieler Bürger gerettet werden. Dabei unterlief der Regierung jedoch ein schwerwiegender Fehler. Sie versäumte es, für die Hilfeleistungen aus Steuergeldern die finanzielle Mitwirkung der Vorstände zu vereinbaren, d. h. letztlich der Personen, die für das Debakel mit verantwortlich waren. So entrichteten die betreffenden Banken wie immer am Jahresende Bonuszahlungen in Millionenhöhe an ihre Vorstände. Das sind somit Zahlungen aus Mitteln der Steuerzahler, die von der Bundesregierung zur Bankenrettung eingesetzt wurden, mit denen nun aber auch die Boni an Personen bezahlt wurden, die für das Desaster verantwortlich waren . Ein unglaubliches Versäumnis der Regierung, das zu Recht großen Verdruss bei den Steuerzahlern bzw. der Bevölkerung brachte. An dieser Art unausgewogener Wirtschaftshilfe der Merkel-Regierung knüpfte auch die 10 Mrd. € Hilfe zur Lufthansarettung an. Trotz dieser hohen Staatshilfe kam die Lufthansa zunächst ihrer gesetzlichen Verpflichtung zur Ticket-Rückerstattungen nicht nach (WK 10.8.2020). Es bleibt völlig unverständlich, dass bei dieser hohen Staatshilfe nicht entsprechende Regelungen vereinbart wurden, die Bewilligung der Hilfe an die Einhaltung der gesetzlichen Regelungen durch die Lufthansa zu knüpfen.

Mit fortschreitender Regierungszeit konzentrierte sich Frau Merkel zunehmend auf die EU, zumindest soweit es die Zeitungsberichte wiedergeben. Zum Thema demografischer Wandel, trotz der Wichtigkeit bezüglich der Renten und der zukünftigen Fachkräfteversorgung und vieles mehr, hat sich Frau Merkel kaum geäußert, höchstens dahingehend, dass Zuwanderungen gegen den Fachkräftemangel notwendig seien. Gleichfalls nahm in ihrer Regierungszeit die Bürokratisierung und das Verbots- und Vorschriftenwesen der Verwaltung stark zu, was letztlich auch etwas an das Staatswesen und die Regierung der DDR erinnert. Frau Merkel kündigte zwar mitunter an, dagegen vorgehen zu wollen, aber offensichtlich ohne Nachdruck und Folgen, wie die wachsende Bürokratisierung belegt.

Große Herausforderungen brachte Mitte des letzten Jahrzehnts die Flüchtlingswelle, die zu bewältigen war. Die EU-Mitglieder Italien, später auch Spanien erfuhren zwar seit langem hohe Flüchtlingszuwanderungen, aber die hatten diese Länder selbst zu bewältigen. Nach den EU-Regelungen des Dublin Abkommens ist zunächst das Land für die Flüchtlinge zuständig, in dem diese zuerst einreisen . Die anderen europäischen Nationen, auch Deutschland, hielten sich zurück. 2014 schwoll der Flüchtlingsstrom bekanntlich extrem an und erreichte 2015 einen Höhepunkt. Die Flüchtlinge kamen nun nicht mehr wie bislang vorwiegend über das Mittelmeer, sondern auch auf dem Landweg. Der Großteil der Zuwanderungen wanderte über die Türkei, Griechenland und den Balkan ein. Deren bevorzugtes Ziel war Deutschland, in dem 2015 etwa 870.000 Flüchtlinge zuwanderten (siehe Abschnitt 3.6).

Diese Zahl war schwer zu bewältigen. Von Kanzlerin Merkel kam ihr bekannter, inzwischen auch berüchtigter Ausspruch „Wir schaffen das". Am Anfang war das aber kaum der Fall. Die zunächst nahezu unkontrollierten Zuwanderungen hatte die Verwaltung weit überlastet, zumal bei den zuvor erfolgten Personalabbau auch etliche Kräfte für Asylverfahren davon betroffen waren. Die Mutmaßung, dass mit den vielen unkontrollierten Zuwanderern auch gezielt Attentäter des IS (sogenannten Islamischen Staates) zuwandern, wies der damalige Innenminister Thomas de Maiziere als abwegig zurück. Der Innenminister hielt es für undenkbar, dass sich diese Personen den Gefahren der Meeresüberfahrt aussetzen und deshalb per Flugzeug einreisen. Für mich ein unglaublicher Unsinn, den der damalige Innenminister verlauten ließ. Es handelte sich schließlich um Personen, die bedingungslos ihr Leben für ein Attentat einsetzen wollten. Die Äußerung von de Maiziere erfolgten aber wohl kaum wegen fehlender Informiertheit und unfassbarer Fehleinschätzung, sondern im bewussten Taktieren, um der aufkommenden Kritik an der Flüchtlingspolitik der Kanzlerin und ihrer Regierung entgegenzuwirken. Derart unsinnige Aussagen von einem Minister sind aber schlichtweg als unwürdig und unglaublich einzustufen, zumal diese selbst einfältigen, uninformierten Bürgern auffällt und für die Glaubwürdigkeit der Regierung abträglich ist. Die späteren leidvollen Ereignisse belegen eindeutig die Fehleinschätzung der Verlautbarungen des Ministers.

In Abweichung von der Politik der Kanzlerin wollte Bayern als bundesdeutsches Grenzland die jährliche Aufnahme für die Bundesrepublik auf eine Maximalzahl begrenzen. Die Kanzlerin widersprach dem und bemühte sich um eine Quotenlösung zur Aufnahme und Verteilung der Flüchtlinge auf die EU-Mitgliedsstaaten, jedoch ohne die Ausrichtung zuvor hinreichend abzustimmen. Das trugen nicht alle EU-Staaten mit. Eine Flüchtlingsaufnahme stieß vor allem in den die osteuropäischen Staaten auf Ablehnung, da sie schon durch ihre junge Mitgliedschaft in der EU hoch gefordert waren. Sie mussten ihr Staatssystem wie auch die Wirtschaftsstruktur darauf umstellen und deren Bevölkerung war von den Reisebeschränkungen geprägt und daher noch längst nicht so weltoffen wie die Westeuropas. Deshalb hatten sie wegen der ganz anderen Kultur und Wertpräferenzen der meisten Flüchtlinge große Bedenken. Der Kanzlerin gelang schließlich ein Abkommen mit der Türkei. Mit hohen Hilfszahlungen und Beitritts- sowie Visabefreiungsoptionen für die Türkei sollte die Zuwanderung kontrolliert in überschaubare Bahnen gelenkt werden. Nach dem Putschversuch in der Türkei wandelte Staatspräsident Erdogan das Land zunehmend in ein undemokratisches Despotentum um, das mit den Werten der EU nicht vereinbar ist. Deshalb kam es nicht zur Visafreiheit für Türken und die Beitrittsverhandlungen mit der EU wurden quasi eingefroren, bei zunehmenden Spannungen mit Präsident Erdogan und seinem Land. Die offene, letztlich türkeifreundliche Zuwanderungspolitik der Kanzlerin und Bundesregierung führten bei dem massiven Demokratieabbau der Türkei in Deutschland zum gesellschaftlichen Verdruss und zur Polarisierung. Das gilt vor allem auch wegen der mäßigen Regierungsaktivitäten und des mäßigen Mitteleinsatzes gegen soziale Probleme in Deutschland, der zur Auseinanderspreizung der Sozialschichten führt.

Angesichts der niedriger Renten und wachsenden Armut vieler Deutscher sahen etliche Bürger die hohen deutschen Aufwendungen für Flüchtlinge und für hohe Zahlungen an die EU zunehmend kritisch. Deshalb stellt sich für viele die Frage, ob nicht ein Teil dieser Mittel besser zur Unterstützung der sozial schwachen eigenen deutschen Bevölkerung einzusetzen wäre. Das wird von der Regierung verneint, mit der Argumentation der menschenrechtlichen Verpflichtungen und der Wichtigkeit der EU-Beziehungen für die deutsche Wirtschaft. Viele Unternehmen haben durch die EU evtl. Marktvorteile und erzielen so hohe Gewinne, nur kommt davon bei denen „da unten" kaum etwas an. Thilo Sarrazin hat als ausgewiesener Finanzfachmann zudem nachgewiesen, dass sich damals mit der Einführung des Euro die Exporte der deutschen Wirtschaft nicht wesentlich erhöhten (Thilo Sarrazin: Europa braucht den Euro nicht, München 2012). Die hohen Beträge, die nun der Staat für die Flüchtlingspolitik plötzlich bereitstellen kann und die bei weitem über den Kosten einer Rentenaufwertung liegen, haben bei vielen Personen zum Umdenken geführt. Wieso sind dafür die Mittel offenbar problemlos da, aber nicht für uns, fragen sich viele aus den unteren Schichten und zunehmend auch aus der unteren Mittelschicht. Die Gesellschaft begann sich in einem Maß zu teilen, wie es seit der Gründung der Bundesrepublik nicht denkbar war *(3.4 Soziale Spaltung)*. Diese soziale Spreizung hat in der Regierungszeit unter Kanzlerin Merkel deutlich zugenommen, ohne dass dieser Entwicklung entgegengewirkt wurde.

Insgesamt hat sich die Bundesrepublik Deutschland unter der Kanzlerschaft Merkel vor allem wirtschaftlich und von der Beschäftigungsquote her gut entwickelt, nur die ungleiche Wohlstandsverteilung wirft schwerwiegende Fragen auf. Zudem wurden selbst in der CDU kritische Stimmen gegen die Kanzlerin laut, da das ursprünglich konservative Profil dieser Partei immer weniger zu erkennen ist. Die CDU hat sich unter der Führung von Merkel zur Partei der Mitte entwickelt und ist damit in vielen Bereichen der nach der Ära Schröder veränderten SPD -Politik nahe. Diese Entwicklung und die gute Bewältigung von Differenzen mit dem Koalitionspartner SPD wurden häufig als besonderes Verdienst und Politikvermögen der Kanzlerin hervorgehoben. Kritische Stimmen führen diesen scheinbaren Verdienst jedoch eher darauf zurück, dass die politische Ausrichtung für die Kanzlerin eher nachrangig ist und ihr Agieren sowie ihre Bestreben in erster Linie aus der Absicherung ihrer Macht und Stellung als Kanzlerin resultieren. Deshalb fallen ihr Kompromisse mit der SPD leicht. Zudem hielt sie sich aus dem Regierungsgeschehen der einzelnen Ministerien immer mehr raus, was ebenfalls das Konfliktpotential mit ihren Koalitionspartnern reduzierte. Zu wichtigen Themen, die die deutsche Bevölkerung sehr bewegen, wie die Wohnungsnot in den Verdichtungsräumen, die soziale Spreizung, Defizite in wichtigen Bereichen der Daseinsvorsorge,

Folgen des demografischen Wandels oder dass ein hoher Anteil der Bevölkerung die Meinungsfreiheit gefährdet sieht, hörte man kaum Verlautbarungen der Kanzlerin. Ihr Hauptinteresse hatte zunehmend die EU, wo sie aktiv an deren Entwicklung mitwirkte. Aufgrund der hohen Zahlungsverpflichtungen und vielfachen Mittelbeiträge Deutschlands wurde ihre dortige Mitwirkung von etlichen Mitgliedsstaaten, wie vor allem Beneluxländer oder des Baltikums auch sehr geachtet. Nach den Berichten der deutschen Medien man kann fast sagen auch hofiert.

Bei der einseitigen Regierungspolitik, insbesondere der Bereitstellung sehr hoher Mittel zur Bewältigung der Flüchtlingszuwanderungen und den teilweise gravierenden Defiziten für die Versorgungsbelange der deutschen Bevölkerung, fühlen sich viele Bürgerinnen und Bürger von der Politik nicht mehr vertreten. Da diese Entwicklung großenteils in einer Koalition mit der SPD stattfand, sprechen viele auch der sozialdemokratischen Partei die Vertretung sozialer Positionen ab. Der CDU und SPD wird die Migrationspolitik mit den enorm hohen Aufwendungen bei fehlender oder niedriger Unterstützung bedürftiger einheimischer Bürger angekreidet. Das gilt schon wegen der vielen Rentner, Kinder oder alleinerziehende Mütter, die unterhalb der Armutsgrenze leben. Die Folgen sind ein Heer von Verdruss- und Protestwählern, die sich nun oft der AfD zuwenden. Eine gefährliche Entwicklung, die im erheblichen Maße den etablierten Parteien zuzuschreiben und letztlich auch ein Resultat der Kanzlerschaft von Angela Merkel ist. Damit stellt sich wie oben angeführt die Frage: **Deutschland wohin?** Stimmt unser System noch? Stimmen die Bestandteile des Systems und dessen Elemente noch?

2. Das politische System: Schwächen, Änderungsbedarf, Zukunft?

Deutschland hat ein demokratisches föderales Staatssystem, das auf Gewaltenteilung von Legislative, Exekutive und Judikative und auf freie Wahlen der Bevölkerung basiert. Nach den verheerenden Erfahrungen aus der NS-Diktatur beschränkt der im Grundgesetz verankerte föderale Staatsaufbau die Machtbefugnisse der Regierung. Die übergeordnete Gesetzgebung obliegt dem Bundestag, an der aber der Bundesrat, der von den Bundesländern gebildet wird, beteiligt ist. Das Grundgesetz beinhaltet zudem das Subsidiaritätsprinzip, so dass im Wesentlichen nur Aufgaben, die von der Ebene der Gemeinde nicht zu bewältigen sind, von der nächst höheren Ebene, also dem Kreis, dem Bundesland oder darüber dem Bund wahrzunehmen sind. Die für Diktaturen charakteristische zentralistische Staatsführung wird damit ausgeschlossen.

Das Grundgesetz gibt den rechtlichen Rahmen vor, der als hervorragend bezeichnet werden kann und international anerkannt ist. Die einzigen beiden Schwachstellen, die ich in dem Gesetz sah bzw. sehe, waren die Regelungen zur Wehrpflicht und sowie die Dauer der Kanzlerschaft. Die Wehrpflicht galt damals, pragmatisch an berufliche Ausbildungserfordernisse angepasst, nach Vollendung des 18. Lebensjahres. Die Bevölkerung wurde aber erst mit der Vollendung des 21. Lebensjahres volljährig und damit als voll urteilsfähig angesehen. Das war ein Widerspruch. Wer notfalls im Auftrag des Staates töten soll, muss auch voll urteilsfähig sein. Dieses Manko ist inzwischen längst ausgeräumt. Der andere Schwachpunkt ist die unbegrenzte Dauer der Kanzlerschaft. Das hat schon zur überlangen Regierungszeit der CDU-Politiker Kanzler Adenauer und Kanzler Kohl und letztlich jetzt von CDU-Kanzlerin Merkel geführt. In allen Fällen wirkte der/die Kanzler/in in der Endphase verbraucht und unzulänglich innovationsfähig. Das näherte die Zweifel an ihren Fähigkeiten, zukünftig anstehende Aufgaben zu bewältigen. Hier wäre eine Grundgesetzänderung in Anlehnung an die USA oder das Amt des Bundespräsidenten wünschenswert, bei denen die Präsidentschaft auf maximal zwei Amtsperioden begrenzt ist.

Die Demokratie gilt in vielen Teilen der Welt als das fortschrittlichste und gerechteste Staatssystem, da jeder mündige Bürger seine politischen Vertreter wählen und sich zumindest theoretisch selbst zur Wahl stellen kann. Somit bestimmen die von der Mehrheit aller Bürger/innen gewählten Vertreter/innen die Entwicklung. Das in der Theorie hervorragende Staatssystem hat in der Umsetzung jedoch auch Schwächen und Mängel. Die Umsetzung erfolgt durch Menschen und die sind eben nicht vor Schwächen gefeit. Dennoch, trotz punktueller und zeitweiliger Defizite wird die Demokratie heute zumindest von der westlichen Welt als die vorteilhafteste Staatsform angesehen, denn sie bietet für jeden einzelnen Bürger die größte Mitsprache- und Einflussmöglichkeit. Deshalb bin ich ebenfalls ein überzeugter Anhänger der Demokratie. Problematisch ist jedoch die real existierende Unausgewogenheit bei der Umsetzung der Bevölkerungsinteressen, in denen sich die Politik im hohem Maße an die Belange und Interessen der führenden Elite von Wirtschaft und Wohlstand ausrichtet, aber weitaus geringer, man muss schon sagen minimal, an denen des unteren Drittels der Bevölkerung (Hartmann, M., S. 2018–2019). Gleichfalls problematisch ist die oft kurzzeitige Ausrichtung der Politik mit dem nachrangigen Stellenwert der längerfristige Entwicklung. So orientiert sich das Regierungshandeln in der Bundesrepublik hauptsächlich und zunehmend an den offensichtlichen Handlungserfordernissen der jeweiligen Legislaturperiode, plötzlich gravierenden Ereignissen oder politischen Strömungen. Die Reaktion der Bundesregierung auf die Freitags-Schüler-Klimaproteste ist ein aktuelles Beispiel. Eine kurzzeitige Orientierung traf für Monarchien und Diktaturen längst nicht in dem Maße zu, wie ein Rückblick der Geschichte belegt. Dennoch, gerade die geschichtlichen Erfahrungen belegen auch die negativen Einflüsse von Diktaturen und mancher Monarchien wie umgekehrt die Vorteile demokratischer Staatsformen.

Ein typisches Merkmal undemokratischer Regierungsformen ist der alleinige Gültigkeitsanspruch, den der Staat beansprucht. Das war ein zentrales Element der faschistischen Staatsform bzw. Diktatur sowie der kommunistisch regierten Länder („Diktatur des Proletariats"). Der alleinige Gültigkeitsanspruch gilt aber auch heute in Ländern, die sich stark am Islam ausrichten. Dort sind die allein gültigen Vorgaben gottgewollt, so wie es der Koran und die Scharia vorgeben, oder zutreffender, wie die Führungsriege dieser Länder diese auslegen. Der alleinige Gültigkeitsanspruch wird aber inzwischen auch, wie unten angesprochen *(3.9, S. 338-339)*, von vielen Umweltaktivisten beansprucht. Natürlich ist die Erhaltung unserer Umwelt von größter Bedeutung. Es gibt aber viele Wege dafür. Die Strategien und Konzepte zur Rettung der Umwelt werden letzlich von Menschen gemacht und Menschen unterliegen eben nicht selten Fehleinschätzungen und Irrtümern. Deshalb sind trotz deren wichtigen Bedeutung auch Umweltforderungen und Vorgaben kritisch zu hinterfragen und zu reflektieren. Damit wird hier nicht gegen Umweltbelange Position bezogen, sondern für kritische Reflexionen dogmatischer Vorgaben gesprochen.

Für demokratische Staatsformen sind außerdem die Meinungsfreiheit und Pressefreiheit eine unverzichtbare Voraussetzung, gerade auch um die politischen Aktionen und daraus hervorgehenden Handlungsaktivitäten kritisch zu reflektieren. Die Pressefreiheit stellt letztlich neben der Judikativen auch eine gewisse Kontrolle der Politik dar, da sie ggf. die Bürger mobilisieren kann. Zugleich bedarf es einer funktionierenden Administration, mit der die Vorgaben des frei gewählten Parlaments umgesetzt werden.

2.1 Die Legislative

Die Legislative ist die gesetzgebende Gewalt, die der Bundestag und Bundesrat hat. Den Rahmen für die gesetzlichen Regelungen, nach denen in der Bundesrepublik das Leben, das politische Geschehen, die Gesetzgebung und deren Umsetzung vollzogen werden, gibt das Grundgesetz vor. Die Gesetze werden nach der im Grundgesetz vorgegebenen Zuständigkeit für die gesamte Bundesrepublik vom Bundestag als höchstem Volksorgan beschlossen, wobei das Grundgesetz Regelungen für die Mitwirkung der Bundesländer vorgibt. Die Bundesländer verfügen wiederum, entsprechend der Rahmensetzung des Grundgesetzes, über Landesverfassungen, die von deren Parlamenten nach der Gründung der Bundesrepublik bzw. in Ostdeutschland nach dem Beitritt der ostdeutschen Bundesländer beschlossen wurden. Die Landesverfassungen beziehen sich im Wesentlichen auf die landesspezifische Umsetzung der Grundgesetzvorgaben. Den Bundesländern bleibt dadurch ein erheblicher Freiraum zur Regelung eigener Angelegenheiten, wie z. B. die Ausgestaltung ihrer jeweiligen Bildungspolitik.

Die Mitglieder des Bundestages wie der Landtage wählt die Bevölkerung jeweils für vier Jahre. Sie haben bei der Abstimmung zur Gesetzgebung die entscheidenden Stimmen. Das Grundgesetz gibt vor, dass die Parlamentarier einzig und allein ihrem Gewissen bzw. ihrer Verantwortung gegenüber verpflichtet sind, die sie zum Wohl des Volkes wahrnehmen und ausüben sollen. Theoretisch ist das eine hervorragende, überzeugende Regelung. Laut Presseberichten sieht die Realität aber z. T. anders aus. Bei Abstimmungen wird von den Parteien nicht selten Fraktionsdisziplin gefordert. Problematisch ist auch die personelle

Zusammensetzung des Bundesparlaments wie auch der Landtage zu erachten. In der ursprünglichen Ausrichtung sollte in den Parlamenten etwa ein Querschnitt der Bevölkerung vertreten sein. Das ist längst nicht mehr und zudem zunehmend der Fall. Der Großteil der Parlamentarier hat ein Hochschulstudium absolviert, im Bundestag fast 90 % (Hartmann, M.), bei hohem Juristenanteil und viele haben nie was anderes als Politik gemacht. Das wirkt sich auch auf politische Entscheidungen aus, die längst nicht mehr ausgewogen den Interessen der unterschiedlichen Bevölkerungsgruppen entsprechen (Hartmann, M., S. 2014, 2017–2018) und zum „Vorbeiregieren" an der Bevölkerung führen, wie viele Beispiele belegen, worauf noch eingegangen wird.

Die Parteien stellen weitgehend die Abgeordneten. Vor den Bundestagswahlen oder Landtagswahlen versuchen die Parteien mit ihrem Wahlprogramm Wähler zu überzeugen. Umgekehrt werden die Inhalte der Parteiprogramme konkurrierender Parteien kritisiert, um so möglichst viele Wählerstimmen für die eigene Ausrichtung und Partei zu bekommen. Außerdem beeinflusst auch das politische Image, das jede Partei entsprechend ihrer politischen Ausrichtung im zeitlichen Verlauf vieler Legislaturperioden bei der Bevölkerung erhalten hat, das Wählerverhalten. Die Parteien erwarten von ihren Abgeordneten, dass diese im Parlament bei Abstimmungen ihre Stimme im Sinne des Parteiprogramms oder der zuvor erfolgten parteiinternen Absprachen abgeben. Die Fraktionsdisziplin wird, wie oben angeführt, in der Realität nicht selten über das laut Verfassung maßgebliche Gewissen eines/einer Abgeordneten gestellt. Da die Abstimmungen größtenteils öffentlich sind, werden abweichende Stimmabgaben sofort erkannt. Wer dagegen verstößt, muss mit deutlichen Nachteilen rechnen. Ggf. stellt ihn seine Partei bei der nächsten Wahl nicht mehr als Kandidat auf oder er bekommt nur einen hinteren und damit unsicheren Listenplatz . Verschiedentlich berichtete die Tagespresse über parteiintern vorgegebene Fraktionsdisziplin in den große Parteien bei Parlamentsabstimmungen.

Das politische Handeln erfordert oft Kompromisse, um Mehrheiten zu erlangen. Das kann dazu führen, dass die/der Fraktionsvorsitzende nach interner Vorabstimmung vorgibt, bei Parlamentsabstimmungen zu einzelnen Sachbelangen sich nicht entsprechend der politischen Ausrichtung der Partei zu verhalten, wenn umgekehrt Vorhaben der eigenen Partei durch das Wahlverhalten der anderen Partei unterstützt werden. Bei einem derartigen Deal sind die Abgeordneten gefordert, sich ggf. ihrer Stimme zu enthalten oder ihre Stimme für Gesetze, unter Umständen auch gegen ihre Gewissensüberzeugung, abzugeben, also nicht allein aufgrund ihrer persönlichen Abwägung zum Wohl des Volkes, wie es das Grundgesetz vorgibt. Diese internen Vereinbarungen können wesentlich sein, insbesondere bei Regierungskoalitionen oder bei Gesetzen, die von kleineren Oppositionsparteien eingebracht werden. Zudem können bei den Parlamentsabstimmungen Sachaspekte gegenüber taktischen Wahlkampfüberlegungen nachrangig sein. Die Gesetzesinitiative der Gegenpartei soll ggf. zum Scheitern gebracht werden, weil die Gegenpartei sonst Imagevorteile bzw. Wählerstimmen gewinnen könnte. Ein Verhalten, das in den Parlamenten gegenüber der AfD häufig ist. Diese Verhaltensweise kann dazu führen, dass aus wahltaktischen Gründen gegen an sich sinnvolle Gesetzesvorlagen anderer Parteien gestimmt wird. Eine rein auf inhaltliche Sachgründen basierende Parlamentsabstimmung muss also nicht immer gegeben sein. Deshalb sind manche Gesetze, die später das Handeln der Bevölkerung bestimmen, nicht frei von Fragwürdigkeit.

Ein Beispiel könnte die Festlegung der Grenze sein, ab der eine Fahruntüchtigkeit für das Führen eines Kraftfahrzeugs gilt. Früher lag diese bei 1,2 Promille, was viel zu hoch war, später bei 1,0 Promille. Nach dem Regierungsantritt der Koalition der SPD mit den Grünen sollte der Wert zur Erhöhung der Fahrsicherheit erneut gesenkt werden. Zunächst standen 0,8 Promille zur

Diskussion. Zu dieser Zeit erschien eine neue wissenschaftliche Studie, die belegte, die Deutschen nutzen ihren Pkw weit mehr für den Freizeitbereich als bislang vermutet für Fahrten zu Arbeitsstätten. Für den Freizeitverkehr forderte aber schon damals die Partei der Grünen, dass dieser vor allem per Fahrrad, mit dem öffentlichen Verkehrsangebot oder zu Fuß zu bewältigen ist. Von daher sprachen sie sich alsbald für 0 Promille aus, der Wert der ehemaligen DDR. Dagegen liefen die Wirtschaft, vor allem die Gastwirtschaftsbranche, Sturm. Schließlich legte man die bis heute geltenden 0,5 Promille fest. Wenn heute die seitdem enorm zurückgegangene Zahl der Verkehrstoten auf die Absenkung dieses Grenzwertes zurückgeführt wird, ist das eine einseitige nicht zutreffende Polemik. Die Reduzierung des zulässigen Alkoholkonsums für Kraftfahrer hat unbestritten einen wichtigen Beitrag geleistet, aber für den Rückgang sind andere Gründe bzw. Maßnahmen noch ausschlaggebender. Das sind neben der längst obligatorischen und nun auch stärker kontrollierten Anschnallpflicht die erheblichen Verbesserungen der Fahrzeuge wie die Weiterentwicklung der energieaufnehmenden Knautschzone, die Ausstattung mit Airbags, die inzwischen nicht nur den Frontbereich, sondern meistens auch die Seitenbereiche der Pkws umfasst, sowie auch Veränderungen, die bei Zusammenstößen mit Fußgängern deren Verletzungsgefahr mindern. Für diese Einschätzung spricht auch, dass sich trotz der Verschärfung der Alkoholwerte die Unfallzahlen kaum vermindert haben. Hingegen konnte die Anzahl der Todesopfer sehr erheblich reduziert werden, was eben vor allem für den enorm verbesserten technischen Fahrzeugschutz bei Unfällen spricht.

Das politische Geschehen wurde in der alten Bundesrepublik lange Zeit von den großen (von ihrem Stimmenanteil her) Volksparteien CDU/CSU und SPD sowie mit deutlichem Abstand der FDP bestimmt. Die meiste Zeit regierte die CDU/CSU in Koalition mit der FDP, einige Zeit die SPD mit der FDP, später auch die Koalition SPD und Grüne und in jüngerer Vergangenheit die große Koalition der CDU/CSU mit der SPD bei einer Zwischenepisode mit der FDP. Inzwischen ist die Parteienlandschaft vielfältiger geworden. Die beherrschende Dominanz der alten großen Parteienmanchen schwindet, bei wachsendem Wählerpotential der Partei der Grünen und weiterer kleinerer Parteien. In dem lange Zeit mit absoluter Mehrheit der CSU regierten Bayern ist heute eine Koalition erforderlich. Die Partei der Linken ist nach der Wiedervereinigung im Bundestag und den meisten Landtagen vertreten und stellt in Ostdeutschland auch Ministerpräsidenten . Die Grünen wurden zuerst in Hessen an der Landesregierung beteiligt. In der Kanzlerschaft Schröder waren sie Koalitionspartner und stellten den Außenminister, in Baden-Württemberg seit Jahren den Ministerpräsidenten und für die 2021 anstehende Wahl stellen sie ihre Kanzlerkandidatin. Die rechten Parteien wie die DVU, Republikaner und NPD konnte sich trotz vieler Versuche nicht im Bundestag und in den Landtagen etablieren. Hingegen zog die neue rechte Partei, die AfD, in den letzten Jahren sowohl im Bundestag als auch in den meisten Landtagen ein.

Bis Ende der 90er Jahre ließen sich die großen Parteien weitgehend auch inhaltlich einordnen. Die CDU/CSU standen vor allem für eine eher konservative, zugleich wirtschaftsfreundliche Position. Sie steht auch dafür, dass Personen, die viel leisten, ein entsprechend höheres Einkommen erzielen. Zugleich strebt sie eine auskömmliche bzw. angemessene Grundsicherung für die Unterschichten an, wobei die Frage, was angemessen ist, zwischen den Parteien kontroversen Diskussionsstoff beinhaltet. Die konservativen Parteien strebten vor allem eine Unterstützung zur Selbsthilfe an.

Die SPD vertrat lange Zeit vorrangig soziale Belange. Das galt zumindest so lange, bis Kanzler Schröder regierte. Die SPD war (und ist?) die Partei der angestrebten Umverteilung. Es sollen vor allem die Lebensbedingungen der unteren Einkommensschichten bzw. der Bedürftigsten durch Umverteilung verbessert werden. Inzwischen richtet sie sich längst auch an die untere Mittelschicht. Ihre Umverteilungsforderungen zielen allein auf die Einkommensverteilung, ggf. auch den Besitz (Erbfolge) der Wohlhabenden zugunsten der niedrigen Einkommensschichten ab. Eine eigene Beteiligung wohlhabender SPD-Spitzenpolitiker (z. B. erlangte der ehemalige Kanzlerkandidat Steinbrück laut Zeitungsberichte zeitweilig jährlich bis zu 1. Mio. DM an Nebenverdienste oder Ex-Kanzler Schröder üppige Ruhestandsbezügen durch Nebenverdienste in Millionenhöhe vom russischen Staatskonzern sowie zeitweilig noch für Beraterhonorare von Weißrussland), etwa durch Spenden für Sozialprojekte, taucht in den Verlautbarungen der Tagespresse nicht auf . Ein ganz anders Beispiel ist die südamerikanische Popsängerin Shakira, die statt sozialer Sprüche in einer ärmlichen brasilianischen Region von ihrer Gagen eine Schule stiftete. Für das Image waren auch personelle Veränderungen von Spitzenämtern abträglich. Als A. Nahles den erfolglosen Parteivorsitzenden Schulz ablöste, hatte dieser Ambitionen auf den Posten des Außenministers. Deshalb musste der damalige Außenminister und frühere Parteivorsitzende Gabriel seinen Platz räumen, was er offensichtlich nur widerwillig tat. Dieses Postengeschiebe der obersten Parteiebene hatte in der Öffentlichkeit eine derart negative Wirkung, dass Schulz auf das Amt verzichtete. Angesichts der Entwicklung im Sommer 2020 scheint die Partei auch weiterhin zweifelhafte Stellenbesetzungen fortzuführen, wie die Reaktion verdrossener SPD-Politiker nach der Neubesetzung des Amtes der Wehrbeauftragten zeigt. Die SPD hat nicht nur unter Kanzler Schröder beim Wähler ihre sozialpolitische Akzeptanz eingebüßt, sondern auch das unter der Kanzlerschaft Brandt erworbene Image einer Partei des Aufbruchs. Die Einleitung neuer Wege und damit große Attraktivität für die jungen Wähler verlor sie an die Partei der Grünen.

Die FDP vertritt traditionsgemäß wirtschaftsfreundliche, vor allem mittelstandsfreundliche und liberale Positionen, wobei sie sich auch traditionsgemäß gegen Steuererhöhungen, selbst für Hochverdiener, stemmt. Außerdem widersetzt sich die FDP in vielen Bereichen der seit langem zunehmenden staatlichen Reglementierung. Sie ist die Bürgerrechtspartei, die sich am stärksten für den Erhalt von Freiräumen im Sinne des mündigen Bürgers einsetzt. Deshalb hat sie gerade in dieser Hinsicht für die Demokratie in Deutschland sehr wichtige Bedeutung. Vom Wählervolk wird das aber nur begrenzt honoriert. Viele Deutsche haben offenbar eher weniger Probleme mit der Reglementierung durch die Obrigkeiten . In den Koalitionsverhandlungen zur Bildung der letzten Regierung widersetzte sich diese Partei gegen eine Fortsetzung des Regierungshandelns im Sinne eines „weiter so" der Kanzlerin. Das Problem dieser Partei dürfte vor allem darin liegen, dass große Teile des Mittelstandes inzwischen sozial abgerutscht sind und sich der Unterschicht nähern. Deshalb empfinden auch wachsende Anteile des Mittelstands die Steuerpolitik der Regierung als ungerecht und sprechen sich für eine Umverteilung zu Lasten der Reichen aus. Derartige Belange waren aber bislang nicht Sache der FDP. Die Steuerausrichtung der FDP dürfte letztlich mit zum starken Wählerschwund dieser Partei beigetragen haben, denn laut Umfrageergebnissen sieht ein Großteil der Bevölkerung die bestehenden Steuergesetzgebung und Steuerpolitik als ungerecht und mit hohem Änderungsbedarf an. In Anbetracht dieser Probleme und des damit in weiten Teilen der Bevölkerung bestehenden Verdrusses wird die FDP mit ihrem strikten Kurs gegen steuerliche Veränderungen kaum ihr Wählerpotential erhöhen können.

Die Grünen Partei war die Partei, die als erste massiv Umwelterfordernisse in das deutsche Politikgeschehen eingebracht, vertrat und z. T. auch durchsetzte. Diese Partei hat gleichfalls frühzeitig für die Gleichberechtigung der Frauen und anfangs auch massiv für Bürgerrechte gekämpft und ihr Spektrum längst auf den Sozialbereich ausgeweitet. Sie plädiert für die Multi-Kulti-Kultur und unterstützt diese Richtung. Damit hat sie die politische Landschaft, die in der alten Bundesrepublik über Jahrzehnte im Wesentlichen von der CDU/CSU, der SPD und der FDP bestimmt und beherrscht wurde, nachhaltig verändert. Die Grünen sind vor allem eine Partei der Jugend . Bei den letzten Wahlen erreichten sie nach der CDU/CSU die zweithöchste Stimmenzahl. Ihre Spitzenpolitiker vertreten aber teilweise nicht nur unterschiedliche, sondern auch gegensätzlichen Positionen. Dafür sind z. B. die völlig unterschiedlichen Positionen zur Erfassung der Flüchtlinge vom Ministerpräsidenten Kretschmer und von dem Parteivorstand Hofreiter anzuführen, über die die Tagespresse berichtete. Auch der grüne Spitzenpolitiker Özdemir hat trotz seines moslemischen Hintergrundes gegenüber dem Islam eine weitaus kritischere Position als viele Verlautbarungen seiner Partei. In jüngster Zeit erfährt diese Partei durch die unübersehbaren Folgen des Klimawandels und den darauf ausgerichteten Schüler-Protestaktionen der Fridays for Future Bewegung einen großen Stimmenzuwachs, vor allem durch junge Wähler . Zugleich ist aber auch umgekehrt eine Abwendung junger Menschen zu beobachten, die mittlerweile die Grünen als gutbürgerliche Leute Mitte ihres Lebens mit noch gewissen grünen Etikette einschätzen.

Die Grüne Partei entwickelt sich mit ihren teilweise radikalen Umweltschutzanforderungen seit einiger Zeit zur Verbotspartei. Vom grünen Fraktionschef Anton Hofreiter berichtete die Presse, dass er zum Schutz vor Zersiedlung, Flächenverbrauch und dem dadurch erhöhten Verkehrsaufkommen ein Verbot neuer Einfamilienhäuser fordert (WK 16.2.2021; Bild, 13.2.2021). Die Restriktionen und Verbote in immer mehr Sach- und Lebensbereichen, für die sich diese Partei ausspricht , erinnern letztlich in mancher Hinsicht etwas an DDR-Zeiten. Die Fürsprache ihres Parteivorsitzenden Robert Habeck zukünftige Verschuldungen der EU-Staaten, zumindest in bestimmten Bereichen, gemeinsam zu tragen, werfen bei manchen Bürger wohl Zweifel auf.

Als bedenklich und fragwürdig wird hier auch die Forderung des Parteivorsitzenden Habeck erachtet, Jugendlichen ab Vollendung des 16. Lebensjahres bei Kommunalwahlen Stimmrecht zu gewähren. Die Arbeitsgruppe, die nach dem Zweiten Weltkrieg die hervorragende, international anerkannte deutsche Verfassung erarbeitete, hat das Stimmrecht nach den Erfahrungen aus der Nazizeit sehr bewusst an das in der Verfassung höher gesetzte Alter geknüpft. Den Nazis gelang es nachweislich, damals mit ihrer umfassenden Propaganda den Großteil der deutschen Jugend zu vereinnahmen, selbst wenn deren Eltern das braune System ablehnten. Wie die in etlichen wissenschaftlichen Studien aufgearbeiteten Erfahrungen aus dieser Zeit belegen, lassen sich Jugendliche weitaus eher und schneller beeinflussen und neigen eher zum einseitigen „Tunnelblick", anstatt die Gesamtzusammenhänge einzubeziehen. Die angestrebte Herabsetzung des Wahlrechts erfolgt mutmaßlich vor allem aus wahltaktischen Gründen, die sich über die berechtigten Bedenken zur Altersbeschränkung des Wahlrechts in unserer Verfassung hinwegsetzen. Bei dem Zuspruch der Grünen Partei bei jungen Wählern und deren leichte Beeinflussbarkeit dürfte diese Partei damit ein erhebliches zusätzliches Wählerpotential für sich mobilisieren können. Was machen da schon eher besonnene wahlrechtliche Überlegungen und die dahinter stehenden Erfahrungen, wenn es momentan der Sache der Partei dient?

Ein aktuelles Beispiel für die einseitige Orientierung mancher junger Aktivisten sind die Freitagsklimademonstrationen gegen den Klimawandel und das Artensterben. Sie wenden sich berechtigt, jedoch einseitig gegen die Industrieproduktionen und Mobilitätsabgase Hingen werden andere Ursachen für diese negativen Veränderungen auf den Demonstrationen völlig ausgeblendet werden. Die wesentlichste Ursache für das Artensterben innerhalb der letzten 50 Jahre lag in der Vernichtung von Naturräumen durch den enormen Flächenverbrauch für zusätzliche Agrarflächen, die zur Versorgung des enormen Bevölkerungszuwachses benötigt wurden. Diese Entwicklung betraf vor allem Afrika. Sie wird zudem erheblich vom Kinderreichtum beeinflusst, den muslimische Imame ihren Gläubigen predigen *(3.9, S. 341-343)*. Derartige Zusammenhänge werden bislang in den Freitagsdemonstrationen in ihrer Einseitigkeit völlig ausgeblendet.

Die neue Partei AfD *(Alternative für Deutschland)* wird als rechte Partei von den anderen Parteien grundsätzlich gemieden und ausgegrenzt. Neben dem Vorwurf des engen Bezugs zu Rechtsnationalen und Rechtsradikalen außerparlamentarischer Gruppierungen wird dieser Partei vor allem populistisches Agieren ohne echten Sachbezug und nicht hinzunehmende Instrumentalisierung der Straftaten von Migranten vorgeworfen, worauf unten noch näher eingegangen wird *(3.1, S. 198)*. Außerdem gibt es den Vorwurf einer unangemessenen Verschärfung des Umgangstones im Parlament. Infolge der Unzufriedenheit und der Ablehnung der Flüchtlingspolitik der Regierung sowie wachsender Staatsverdrossenheit vieler Wähler, die sich durch die etablierten Parteien nicht mehr vertreten fühlen, erhält die AfD einen hohen Stimmenanteil, vor allem Stimmen von Protestwählern. Inzwischen ist sie nicht nur im Bundesparlament, sondern in allen Landesparlamenten vertreten, in Ostdeutschland z. T. als zweitstärkste Partei. Dadurch wird in Landtagsparlamenten mitunter eine mehrheitsfähige Regierungsbildung schwierig. Infolge der Rückwirkungen der Coronapandemie verlor jedoch seit 2020 die Flüchtlingsfrage erheblich an Bedeutung. Hinzu kommt ihre unklare und wechselhafte Haltung zu den Maßnahmen des Lockdowns und ein agieren, dass vor allem aus wahltaktischem Grüngen gegen das Establishment bestimmt ist und bei dem Bürger zunehmend in Frage gestellt wird. Deshalb und wegen innerparteilicher Streitigkeiten und Zerrissenheit der AfD spricht einiges für schwindendes Wählerpotential .

Im Bundestag stellen seit der Kanzlerschaft von Frau Merkel die traditionellen Parteien die Regierung. Wie oben dargelegt, regierte die meiste Zeit eine Koalition aus CDU/CSU und SPD. Durch das Zusammengehen mit der SPD hatte die Regierungskoalition anhaltend einen hohen Stimmenüberhang im Bundestag, der ihr bei Abstimmungen stets eine deutliche Mehrheit sicherte. Dadurch war grundsätzlich ein „Durchregieren" der Koalition durch Überstimmung der kleinen Parteien möglich. Das wurde häufig praktiziert. Deshalb fehlte oftmals die politisch konstruktive Kontroverse, die eigentlich für das Funktionieren einer Demokratie wichtig ist, um aus möglichst breiter Sicht zu Entscheidungen zu kommen. Das wirkt sich anscheinend auch auf die Parlamentarier aus. Bei Fernsehausschnitten von Bundestagssitzungen war schon vor der Coronakrise nicht selten weniger als die Hälfte, teilweise noch unter einem Drittel der Parlamentariersitze besetzt. Das spricht nicht gerade für eine funktionierende Demokratie. Das Durchregieren ohne kritische Diskussionen und konstruktive Kontroverse nährt bei den Wählern auch Politikverdrossenheit. Viele Bürger sehen bei Wahlen mit ihren Stimmabgaben kaum noch Einflussmöglichkeiten. Zudem wird das politische Profil der einzelnen Parteien immer schwerer erkennbar. Das gilt vor allem für die CDU und SPD. Die SPD hat, wie oben angesprochen, unter der Kanzlerschaft Schröder ihr soziales Profil im hohen Maße verloren und für sehr viele Wähler bislang auch nicht wiedererlangt, wie die schlechten Wahlergebnisse zeigen. Die CDU hat unter Kanzlerin Merkel ebenfalls nach und nach ihr traditionelles Profil verloren. Das Regierungshandeln der Kanzlerin scheint beliebig zeitweilig eher SPD nah, als der konservativen CDU verbunden zu sein. Deshalb gab es in der Tagespresse schon Unterstellungen, der Kanzlerin gehe es vor allem um die eigene Machterhaltung und nicht um das angestammte Parteiprofil.

Das deutsche Wahlsystem ist seit längerem in der Kritik. Das Grundgesetz gibt eine zweigliedrige Wahl vor, was zum einen auf die Parteien und zum anderen auf deren Kandidaten ausgerichtet ist. Jeder Wähler hat zwei Stimmen. Mit der einen kann er der Partei seine Stimme geben, die am ehesten seinen Wählerinteressen entspricht. Die zweiten kann er wiederum dem Kandidaten geben, der ihn persönlich am meisten überzeugt. Mit dieser Ausrichtung sollte zum einen die parteipolitische Ausrichtung und zum anderen die personenbezogene, persönliche Ausrichtung in der Wahl Berücksichtigung erfahren. Wenn in einer Wahl mehr Politiker persönlich gewählt werden, als ihre Partei als Ganzes an Stimmen bekam, spricht man von Überhangmandaten, da diese über der Stimmenquote liegen, die die Partei erhielt. Sämtliche Überhangmandate bekommen ebenfalls einen Sitz als Parlamentsabgeordnete. Deshalb erhalten Partei letztlich mehr Abgeordnete, als ihr von der erhaltenen Gesamtstimmenanteil der Wahl zustehen würde. Die anderen Parteien erhalten dann zum Ausgleich ebenfalls entsprechende Überhangmandate. Diese Wahlergebnisse führen nicht selten zur Verzerrung, was gleichfalls auch die Wahlergebnisse aus Bundesländern belegen. Durch die Überhangmandate werden zudem die Parlamente und damit auch die Kosten aufgebläht.

Da die Überhangmandate auf dem engen Bezug zwischen kandidierenden Politiker und den Wählern basieren, sind für dessen Wahlerfolg seine Außendarstellung und Werbung wesentlich. Das bedingt erheblichen Aufwand, da es nicht um die gesamte politische parteiliche Ausrichtung geht, sondern um die Profilierung der einzelnen Kandidaten. Deshalb können größere Parteien diesen hohen Aufwand mit ihrem funktionierenden, leistungsstarken Organisationsstab weitaus eher bewältigen als kleine Parteien. Als Folge erreichen die großen Parteien die meisten Überhangmandate. Durch diese hat sich nach der letzten Wahl die Anzahl der Abgeordneten im Bundestag um 18,6 % erhöht.

Dementsprechend blähen sich auch die Kosten auf, ohne positive Rückwirkungen auf die Arbeitsfähigkeit des Parlaments. Bundestagsabgeordneten erhalten zum guten Salär von über 10.000 €/Monat und der sehr guten Altersversorgung (in Abhängigkeit zu ihrer Zeit als Parlamentsmitglied) eine Büroausstattung, Reisekosten, Sekretariat usw. Diese Ausstattung ist für den Steuerzahler mit hohen Kosten verbunden. Der Bundestag, der ursprünglich weniger als 500 Abgeordnete hatte, musste nach der Wiedervereinigung durch die zusätzlichen ostdeutschen Wahlkreise entsprechend vergrößert werden. Nach der letzten Wahl fand durch Überhangmandate eine erneute deutliche Vergrößerung um ca. 100 Parlamentssitze statt. Der Bundestag ist dadurch zu einem der größten Parlamente der Welt mit ca. 700 Abgeordnete angewachsen, bei entsprechendem Anstieg der Kosten, obwohl Deutschland von der Einwohnerzahl, noch mehr von der Fläche her nicht so groß ist.

Die Problematik der Überhangmandate gilt auch für die Landesparlamente, wie das Beispiel Hessen zeigt. Dadurch ist im derzeitigen hessischen Landtag die Anzahl der Parlamentsabgeordneten um 24,5 % gestiegen. Durch diese Überhangmandate erfuhr im hessischen Landtag die heutige hessische Regierungskoalition eine Einstimmenmehrheit, mit der sie seitdem regiert. Diese Regierungsbildung ist formaljuristisch unantastbar, aber sie lässt großen Zweifel aufkommen, ob das dem Wählerwunsch und einer wirklichen Demokratie entspricht. Der Staatsrechtler von Arnim sieht deshalb dringenden Reformbedarf für das Wahlrecht. Er befürchtet sonst großen Vertrauensverlust für die Politik und damit schweren Schaden für die Demokratie, wenn eine Änderung des Wahlrechts aus Eigeninteresse der Parlamentarier bzw. Landtagsmitglieder weiterhin verschleppt wird (WK 8.7.2019). Das Beispiel Hessen zeigt, dass die vom Verfassungsgericht vorgegebene Wahlrechtsreform auf Landesebene ggf. noch zögerlicher als auf Bundesebene angegangen wird (WK 9.9.2020), weil sich dort die Koalition aus CDU und Grüne dagegen sperrt.

Die Arbeit wird durch die Parlamentsaufblähung nicht besser, denn nun sind alle Parteien proportionsgemäß in den vielen Ausschüssen zu beteiligen. Die Arbeitsfähigkeit von Ausschüssen sinkt ab einer gewissen Teilnehmeranzahl (nach meiner Erfahrung aus jahrzehntelanger universitärer Seminararbeit ab etwa 12 Teilnehmern), da dann der Abstand zwischen Redezeiten und Wortmeldungen bei der Vielzahl der Personen schnell zu lange und damit unergiebig wird. Die erhöhte Anzahl der Parlamentsmitglieder lässt also kein effizienteres Arbeiten oder bessere Lösungen erwarten, eher umgekehrt auf jeden Fall entsprechend höhere Kosten. Natürlich wird seit langem eine Wahlrechtsreform gefordert und ist durch ein Urteil des Bundesverfassungsgerichts vorgegeben. Bis 2020 passierte aber nichts. Der zaghafte Reformansatz der Regierungskoalition von CDU/CSU und SPD vom Sommer 2020 wird zurecht von den Oppositionsparteien als Reförmchen bezeichnet, die nur wenig Substanz für eine tatsächliche Reform im Sinne des Urteils des Verfassungsgerichtes bringt (WK 6.10.2020) und den Bundestag ggf. sogar noch vergrößert.

Das weitgehende Festhalten an der derzeitigen Situation beinhaltet schließlich für die großen Parteien keine Nachteile, sondern eher Vorteile. Ohne Überhangmandate hätten sie mit hoher Wahrscheinlichkeit weniger Parlamentsabgeordnete. Das bringt Nachteile bei Abstimmungen und für die Chancen zur Regierungsbeteiligung, wie das Beispiel Hessen belegt. Außerdem könnte man dann nicht so viele bewährte Parteimitglieder in die lukrative Position eines/einer Abgeordneten bringen. Deshalb mahnen Staatsrechtler dringenden Reformbedarf an. Bislang tut sich wenig (WK 8.7.2019), obwohl bereits 2012 das Bundesverfassungsgericht das geltende Wahlrecht als nicht verfassungskonform beurteilte und bis 2013 die Schaffung einer Neuregelung vorgab. Die ist bis heute nicht erfolgt (s. a. Lembecke, O., Heber, F.: Vertagt, verdrängt, verfassungswidrig …). Bei einem derartigen Negieren von Gerichtsurteilen durch private Personen würden die staatlichen Stellen ganz anders und mit größtem Nachdruck reagieren. Eine derartige Ignoranz und Nicht-Beachtung des Urteils des höchsten deutschen Gerichtes durch das Parlament, als höchsten Gremien der deutschen Gesetzgebung, sind ein erschreckender Offenbarungseid für unsere Demokratie . Wenn die Spitzenpolitiker, die unseren Staat lenken, die höchste und wichtigste Rechtsprechung derart missachten, was sind dann Recht in Deutschland und damit unsere Demokratie noch wert? An dieser Ignoranz von Recht sind die Spitzenpolitiker der Parteien bis hin zur Bundesregierung und Kanzlerin beteiligt. Sonst hätten längst von dort entsprechende Aktivitäten kommen und umgesetzt werden müssen.

Die Voraussetzungen für das Handeln der Legislative, also für das Parlament, sind aber, wie dargelegt, auch aus anderen Gründen nicht immer überzeugend und fragwürdig für unsere Demokratie. Das gilt u. a. auch für Gesetze, die auf die gesamte Bevölkerung rückwirken, wie z. B. die Mehrwertsteuer (MwSt.). Es ist nicht nachvollziehbar, dass nach den im Bundestag beschlossenen, rechtskräftigen Gesetzen z. B. für Mineralwasser, Babynahrung oder Damenbinden eine MwSt. von 19 %, aber für Fleisch, Zucker oder Toilettenpapier 7 % gilt. Für das Übernachtungsgewerbe hatte damals die FDP unter Guido Westerwelle die Absenkung der MwSt. auf 7 % durchgesetzt. Die Kanzlerin hatte das schließlich akzeptiert, denn sie brauchte die FDP zur Regierungskoalition. Genauso wenig kann es überzeugen, dass große repräsentative Firmenfahrzeuge sowie ihr hoher Treibstoffverbrauch zu 100 % steuerlich absetzbar, aber die Aufwendungen für ein Kind – häufigen weit unter der Absetzbarkeit eines Firmenfahrzeuges – gedeckelt sind, oder dass Arbeitnehmer für ihre Fahrt zum Betrieb lediglich 30 c/km absetzen können. Es gibt etliche dieser zweifelhaften gesetzlichen Regelungen, deren Missachtung als Straftat verfolgt wird.

Problematisch ist auch plötzliches hektisches Regierungshandeln einzustufen. Das gilt vor allem dann, wenn nach langer Handlungsuntätigkeit unerwarteter, plötzlicher Handlungsdruck auftritt. Beispiele sind die Energie- und Klimapolitik. Der staatlichen Ausrichtung auf Atomkraft standen seit langem Zweifel entgegen. Die Problematik der Sicherheit, wie der Unfall 1982 in Tschernobyl oder über die endlose Zeit erforderlichen Sicherung ihrer strahlenden Hinterlassenschaft, sind seit langem bekannt. Sie führte aber nur zu sehr begrenztem Regierungshandeln. Erst der Atomunfall 2011 in Fukushima bewirkte eine plötzliche Handlungsbereitschaft, in der durch die Bundesregierung kurzfristig die Abschaltung der Meiler verfügt wurde. Die Haftungsansprüche die Betreibergesellschaften in Milliardenhöhe an den Bund durchsetzen konnten, wurde erst Ende 2020 bekannt. Evtl. wurden auch interne Vereinbarungen getroffen, mit denen den Gesellschaften andere Vorteile eingeräumt werden. Immerhin zahlen die Haushalte in Deutschland seit längerem die höchsten Strompreise in der EU.

Unbill lässt auch die Klimahektik erwarten, die 2018/2019 die Regierung Merkel entwickelte. Obwohl sich Frau Merkel lange Zeit als Klimakanzlerin gegeben hat wurde, wie oben angeführt, in der Vergangenheit viel zu wenig für den Klimaschutz getan. Deshalb waren die von der Regierung für 2020 gesetzten Ziele unerreichbar. In Anbetracht der jüngsten Entwicklung und der politischen Gewinne der Partei der Grünen hat die Kanzlerin hektisch die Initiative ergriffen. Es erscheint zweifelhaft, ob die neuen Regelungen und Maßnahmen im Gesamtkonzept stimmig sind oder zu neuer Unausgewogenheit und ungleich verteilten Belastungen der Bevölkerung führen.

Letztlich gilt das auch für das Regierungshandeln der Kanzlerin in der Flüchtlingskrise. Viele Maßnahmen und Aktionen erscheinen als hektisch, überstürzt und wenig überlegt. Das führte dann zu der enorm hohen Zuwanderung, an deren gesellschaftlichen und finanziellen Folgen Deutschland noch lange tragen wird. Ähnliches gilt für Aussagen der Kanzlerin in der Schlussphase von Bundestagswahlen, die dann später keine Folgen haben, wie zum Bürokratieabbau oder zu der Digitalisierung oder Zielsetzungen für Elektroautos auf deutschen Straßen.

Gleichfalls können die z. T. sehr großen Unterschiede der durch Landesgesetze und Verwaltungserlasse der jeweiligen Bundesländer Vorgaben kaum überzeugen. So weichen z. B. die Vorgaben für die Mindestgröße einer Schulklasse je nach Bundesland bis zu 100 % voneinander ab oder die vorgegebenen Einsatzzeiten der Rettungsdienste bis zu 350 %. In manchen Bundesländern müssen Grundschulen geschlossen bzw. aufgegeben werden, wenn die Schülerzahl nicht für die Klassenausbildung in allen vier Jahrgangsstufen ausreicht. In anderen Ländern gilt das nicht. Dort kommen eben andere Konzepte zur Anwendung. Genauso unterschieden sich die Grunderwerbssteuern in den Bundesländern sowie die Grundsteuern in den Gemeinden, selbst innerhalb eines Bundeslandes. Größte Unterschiede gibt es auch in den Belastungen der Bürger bei Straßensanierungen, je nachdem ob und wie diese per Anliegerbeiträge umgelegt werden (siehe a . Gutachten: Kennzahlen, Standardvorgaben der infrastrukturellen Daseinsvorsorge, die für das Bundesministerium für Verkehr Bau- u. Stadtentwicklung 2010 u. 2013 erstellt wurden). Fragwürdig erscheint zudem die neu zum Schutz von Flora und Fauna erlassenen Gesetze, die z. B. für das Töten von Wespen, je nach Bundesland, zwischen 5.000 und 50.000 € (in 10 Bundesländern), bei besonders geschützten Arten zwischen 5.000 € u. 50.000 € (in 12 Ländern), vorsehen. Diese Strafhöhe liegt weiter über den Strafen, die für schwere Körperverletzungen von Menschen verhängt werden. Das gilt ggf. selbst für Fälle, in denen Menschen zu Tode kommen. Die Wespenstrafe wird vom Großteil der Bevölkerung nicht angenommen und bewirkt nicht selten eher ein gegenteiliges Verhalten.

Fazit

Deutschland wird gemäß der Verfassung in einem demokratischen System der Gewaltenteilung aus parlamentarischer Gesetzgebung, Ausführung der Gesetze und Überwachung sowie rechtliche Umsetzung und Kontrolle durch die Justiz regiert.

Das international anerkannte demokratische deutsche Staatssystem weist aber auch Schwächen auf. Besonders gravierend: Das Parlament ignorierte lange das Urteil des Bundesverfassungsgerichts zur Wahlrechtsreform, um nach Jahren lediglich einen unzulänglichen Reformansatz vorzubringen. Eine schwerwiegende eigentlich unhaltbare Erosion der Legislative und Gefährdung der deutschen Demokratie, wenn die wichtigste Ebene der Gesetzgebung und Staatssteuerung den Gesetzesvorgaben des höchsten Gerichtsstandes derart unzulänglich nachkommt. Hier zählen die Vorteile der großen Parteien durch Überhangmandate offensichtlich mehr als ihre Verfassungstreue, das Verfassungsgerichtsurteil konsequent umzusetzen. Die Dominanz der Stimmenmehrheit der Koalition von CDU, CSU und SPD ermöglicht das Negieren der Oppositionsparteien mit der Tendenz zum Durchregieren der Koalition. Die Parlamentarier unterwerfen sich eher der Fraktionsdisziplin anstatt ihrer alleinigen Gewissensverpflichtung, wie es die Verfassung vorgibt. Deshalb sind Gesetze mitunter längst nicht immer frei von Fragwürdigkeit.

Die großen Parteien haben erheblichen an Profil verloren, die SPD vor allem unter Kanzler Schröder ihr traditionelles soziales Profil und CDU unter Kanzlerin Merkel ihr angestammtes konservatives Profil. Die Sorgen der Bürger wegen der sozialen Spaltung der Gesellschaft, schwindender Toleranz und Polarisierung kommen bei den Parlamentariern kaum noch an. Für Bürgerferne spricht auch der hohe Anteil von Berufspolitikern in den Parlamenten, die zunehmend eine immer mehr vom Bürger abgehobene politische Elite bilden. Durch die Kandidatenlisten geht der Bezug der Abgeordneten zum Wähler mehr und mehr verloren. Zudem werden viele Positionen der Bürgerbelange kaum noch besetzt oder nur mit Phrasen bedient. Den Parteien fehlt es auch an inhaltlichen Know-how was an dem oft einseitigen Hintergrund der Politiker fast nahe liegt. Viele Bürger sehen sich von den ehemals großen Parteien nicht mehr vertreten und wenden sich als Wähler ab, bei entsprechenden Stimmverlusten der alten/ehemaligen Volksparteien. Das führt zur Aufspaltung der Parteienlandschaft mit hohem Stimmenzuwachs für die Partei der Grünen und die rechtsnationale AfD.

2.2 Die Exekutive

Für die Funktion des Staates sind als oberste Lenkungsebene und zur Umsetzung der Gesetzte die Bundes- und Landesregierungen sowie Behörden und Verwaltungseinheiten erforderlich. Die Bundes- und Landesregierungen stellen dabei die höchste Ebene der Staatslenkung dar, denn ihre Minister leiten die Ministerien. Die Exekutive ist nach dem Staatsmodell der bundesdeutschen Demokratie an der Gesetzgebung nicht beteiligt. Sie hat ausschließlich die Aufgabe die Gesetze sowie deren Einhaltung zu überwachen und umzusetzen. Die oberste Ebene der Exekutive, die Bundesregierung und die Landesregierungen ist aber zugleich die Ebene, die zur Wahrnehmung ihrer Staatslenkung und aus Erfordernissen der Weiterentwicklung die meisten Gesetzesvorlagen in den Bundestag und in die Landtage einbringt. Deshalb und wegen der Parteizugehörigkeiten der Parlamentarier besteht eine sehr enge Beziehung zur Legislative, aber die Bundes- und Landesregierungen haben keine gesetzgebende Gewalt, denn diese geht ausschließlich von den Parlamenten aus. Deshalb gibt es im Gesetzgebungsverfahren bei Parlamentsentscheidungen kein Stimmrecht für Regierungsmitglieder. Bei der engen Nähe von Legislative und Exekutive wurde die Zusammenhänge zwischen Regierung und Legislative bereits oben behandelt. Deshalb behandeln die folgenden Ausführungen nur die Bereiche der Exekutive, in denen sich Fragen und auch Widersprüche für das

Staatsmodell Bundesrepublik aufzeigen. Die werden hier vor allem in den Sicherheitsbehörden, Überwachung/Datenschutz und Bundeswehr gesehen sowie in der Eigenmächtigkeit von Verwaltungen, die über die parlamentarisch beschlossenen gesetzlichen Vorgaben hinausgehen.

Für die umfassenden Aufgaben der Exekutive werden diese in Sachbereichen gegliedert, die durch den dafür eingesetzten Minister politisch geführt werden. Dafür unterstehen dem Minister Staatssekretäre und diesen wiederum nach Sachgebieten gegliedert Abteilungen mit Abteilungsleitern, Dezernate und Dezernenten , Referatsleiter usw. bis hin zum „Fußvolk" der Sachbearbeiter. In der ursprünglichen Ausrichtung des bundesdeutschen Staatsaufbaus hatte jeder Minister zwei Staatssekretäre, einen parlamentarischen, der für die Erfüllung der politischen Aufgaben zuständig ist, und einen sogenannten beamteten, dem die Umsetzung der fachlichen Aufgaben des Ministeriums obliegt. Die Stellen von Staatssekretären werden aber inzwischen vor allem parteipolitisch besetzt. Das gilt längst auch für beamtete Staatssekretäre, was nicht immer für die Fachbelange dienlich ist. Zugleich wurde die Anzahl der Staatssekretäre je Ministerium häufig erhöht. Das *Bundesministerium des Inneren für Bau und Heima*t nahm nach der letzten Wahl die Spitzenstellung mit drei parlamentarischen und fünf beamteten Staatssekretären bzw. Staatssekretärinnen ein. Das sind lukrative Posten, die aber auch die Kosten der Regierung hochtreiben. Noch problematischer kann die Besetzung von Ministern sein, wenn das politische Personalkalkül weit mehr Gewicht als die Fachqualifikation hat.

Ein besonders gravierendes Beispiel ist die Besetzung des Verteidigungsministeriums. 2013 berief die Kanzlerin Ursula von der Leyen auf den Posten. Frau van der Leyen hatte sich vorher als Sozialministerin (Soziales, Frauen, Familie u. Gesundheit) sowie danach als Bundesfamilienministerin (Familie, Gesundheit, Frauen u. Jugend) profiliert . Zu Wehrthemen trat sie überhaupt

nicht in Erscheinung, da die erfolgreiche Führung im Sozialbereich sie voll beanspruchte. Trotzdem berief die Kanzlerin Frau
von der Leyen 2013 auf den Posten der Bundesverteidigungsmi-
nisterin. Die Führung des „Kolosses" Bundeswehr und dessen
nicht einfach zu durchschauende Strukturen weiterzuentwickeln
und offensichtliche Mängel abzubauen ist eine Herkulesaufgabe,
die sehr wahrscheinlich auch für einen erfahrenen Wehrexperten
eine schwer zu bewältigende Herausforderung wäre. Damit aber
eine Politikerin zu betrauen, die auf diesem Sachgebiet weitgehend fachlich unerfahren war, konnte nicht gut gehen. Die politische Kontroverse wegen der hohen Aufwendungen von 150
Mio. € für externe Berater und Gutachter konnten eigentlich
nicht verwundern. Wie soll sich die im Wehrthema kaum qualifizierte Ministerin in den übermächtigen Bundeswehrstrukturen
sonst behaupten? Die Probleme sind jedoch viel gravierender.
Seit Jahren berichtet die Presse über Probleme, die eher zunehmen, anstatt sich zu verringern: Flugzeuge und U-Boote sind wegen technischer Defekte nicht einsatzfähig, was gleichfalls für die
Vielzahl nicht einsatzbereiter Panzer gilt, bis hin zu den völlig aus
dem Ruder laufenden Sanierungskosten für das Segelschulschiff
Gorch-Fock *(2.2.3, S. 151)*. In der Wirtschaft hätte ein Geschäftsführer oder ein Aufsichtsratsvorsitzender bei diesem anhaltenden Desaster längst seinen Job verloren. Einen Fußballtrainer
hätte man wohl noch viel schneller gefeuert. Dennoch, die für
diese Besetzung verantwortliche Kanzlerin Merkel hielt fünf Jahre unverdrossen an ihrer Besetzung dieses Ministeriums fest.

Doch diese Glosse geht noch weiter. Nach dem Wechsel von
Frau von der Leyen zur EU berief nun die Kanzlerin die neue
Parteivorsitzende Frau Annegret Kramp-Karrenbauer, kurz AKK
genannt, auf die Führung des Verteidigungsministeriums. Frau
AKK hat ebenfalls keine Qualifikationen für den Wehrbereich,
jedenfalls gab es dazu bislang keine Presseberichte. Sie muss das
Problemfeld Bundeswehr also ebenfalls ohne qualifizierte Sach-

kenntnisse und Erfahrungen mit der Bundeswehr übernehmen. Man fragt sich aber, wie soll sie mit so wenig Sach- und Vorkenntnissen die großen Probleme abbauen, die ihre Vorgängerin hinterlassenen hat? Durch diese Personalpolitik der Kanzlerin fühlen sich wohl nicht nur Soldaten, sondern auch manche Bürger verschaukelt. Nach meiner Meinung ging es der Kanzlerin vor allem um die Absicherung der eigenen Position. Laut Presseberichten rumorten in der CDU längst Stimmen, die für eine nahe Ablösung der Kanzlerin sprachen. Die nahe Ablösung wäre folgerichtig gewesen, denn dann hätte sich die oder der Nachfolger/in bis zur nächsten Wahl profilieren können, um einen Kanzlerbonus in der Wahl zu nutzen.

Mit der Berufung von AKK zur Verteidigungsministerin hatte sich Kanzlerin Merkel dieser möglichen Konkurrenz entledigt. AKK hatte nun absehbar enorme Aufgaben in der Bundeswehr zu bewältigen, um sich in diesem für sie neuen Inhaltsfeld zu behaupten. Das beansprucht Zeit. Ein zeitnahes Ausscheiden aus diesem Amt wegen einer Kanzlerkandidatur hätte sich katastrophal auf das politische Image von AKK ausgewirkt. Von daher konnte AKK an einer baldigen Ablösung der Kanzlerin nicht interessiert sein. AKK hat inzwischen die Konsequenzen gezogen und offiziell ihren Verzicht auf eine Kanzlerkandidatur erklärt und hat 2021 auch den Parteivorsitz abgegeben. Was aber anzuerkennen ist, sie arbeitet sich mit großer Intensität in ihr neues Aufgabenfeld ein. Sie scheut sich auch nicht, beherzt Forderungen zu vertreten, die deutlichen politischen Konfliktstoff beinhalten, wie mehr Mittelausstattung, die Anschaffung neuer Kampfjets oder bewaffneter Drohnen. Derartige Töne hat man von ihrer Vorgängerin von der Leyen kaum gehört. Es spricht vieles dafür, dass sich AKK als erfolgreiche verdienstvolle Verteidigungsministerin zum Vorteil der Bundeswehr entwickelt und die Mängel und Defizite in der deutschen Verteidigungsfähigkeit abbauen wird.

Die Besetzung wichtiger Ministerien ohne vorherige entsprechende Fachqualifikation hat aber seit Beginn dieses Jahrhunderts Tradition. Unter Kanzler Schröder reichte die Qualifikation als Taxifahrer und die gewisse Lebenserfahrungen eines Joschka Fischers für das Amt des Außenministers und Vizekanzlers. Immerhin, Außenminister Gabriel hatte internationale Politikerfahrungen. Sein Nachfolger, der Jurist Heiko Maas, musste sich da erst einarbeiten. Dagegen musste der damalige Wirtschaftsminister Brüderle der FDP seinen Ministerposten für den neuen Parteivorsitzenden, den Mediziner Rössler, räumen. Der FDP brachte das kaum Glück, sondern merkliche Verluste an Wählerstimmen.

Die Kritik an der Personalpolitik auf Bundesebene bzw. der bisherigen Bundesregierungen trifft auch mehr oder weniger für die Regierungsebene und Parlamente der Bundesländer zu. Mir sind z. B. persönlich Berufskarrieren bekannt, in denen allein aufgrund des Parteibuches und der persönlichen parteibedingten Bekanntschaft zum Minister Personen mit der Leitung einer Abteilung einer Landesstelle betraut wurden, die dafür nur wenig Vorkenntnisse hatten. Deshalb wurden sie erst von Mitarbeitern, die sie in ihrer Leitungsfunktion beaufsichtigen und anleiten sollten, in die wahrzunehmenden Aufgaben eingearbeitet. Es bestehen aber infolge des föderalen Staatsaufbaus durchaus Unterschiede. Deshalb müsste eine derartige Betrachtung dezidiert auf alle 16 Bundesländer und Stadtstaaten eingehen, was den Rahmen der vorliegenden Publikation sprengen würde. Es ist jedoch anzuführen, dass viele Vorgaben in den Ländern unterschiedlich sind. Deshalb weichen, wie oben angeführt, die Standards und Vorgaben der Länder für Daseinsvorsorge häufig voneinander ab. Nahezu einheitlich ist die ebenfalls oben angeführte Tendenz, möglichst viele dieser Vorgaben durch Verwaltungserlasse und nicht durch parlamentarisch beschlossene Gesetze festzulegen. Das Gleiche gilt für einzelne Sachaufgaben, die auf die Gemeinde, i. d. Regel in Abhängigkeit von deren Größe, verlegt oder auch entzogen werden, um sie beim Kreis oder Regierungspräsidium anzubinden. Kritik verdient auch der Umgang leitender Politiker mit Gerichtsurteilen des Bundesverfassungsgerichts. Der Bundesinnenminister und die Landesinnenminister, die höchsten Politiker, die die Exekutive leiten, setzen sich so aus pragmatischen Gründen über das Urteil des Verfassungsgerichtes zum Staatstrojaner hinweg *(2.2.2, S. 146-147)*. Ein höchst bedenkliches Verhalten von Politikern, denen die Verantwortung für die Einhaltung des Rechtssystems obliegt, wenn sie sich über höchste Bundesrechtsprechung hinwegsetzen.

Problematisch ist auch die wuchernde Bürokratie der Verwaltung. Es wird möglichst alles mit Vorgaben und Vorschriften und das möglichst detailliert geregelt. Das mag auch daran liegen, dass in der Verwaltung viele Führungspositionen mit Juristen besetzt sind. Das bedingt z. T. fehlendes Sachwissen, was noch durch die bevorzugte Stellung des Parteibuchs vor Fachqualifikation verstärkt wird. In der Verwaltung geht es offenbar nicht selten vor allem darum, Gesetze möglichst exakt umzusetzen und nicht um das Anliegen zum Wohl des Bürgers, für das die Gesetze mal erlassen wurden. Zudem neigt die Verwaltung nicht selten dazu Vorschriften und Regelungen zu entwickeln, ohne die später davon Betroffenen partiell zu beteiligt, ggf. werden sie nicht mal gehört, wie sich u. a. die Landwirte häufig beklagen. Deshalb monieren inzwischen weite und unterschiedlichste Bereiche der Wirtschaft die Entwicklungshemmnisse, die dadurch entstehen, sowie den hohen materiellen und zeitlichen Mehraufwand, der daraus hervorgeht. In der Verwaltungsbürokratie geht es anscheinend vor allem darum möglichst weitreichend und genau vorzugeben, warum etwas nicht geht, anstatt aufzuzeigen, wie etwas unter den gegebenen Gesetzen dennoch umzusetzen ist.

Auf der kommunalen Ebene rangiert bei Personalentscheidungen parteipolitisches oder auch persönliches Taktieren ebenfalls nicht selten vor Sachaspekten. Manche Aktionen liegen durchaus nahe der persönlichen Vorteilsnahme. Beispielhaft wurde das kürzlich von Hetrodt aufgezeigt (Hetrodt, E., 2019). Er zeigt am zurückliegenden Geschehen einer Großstadt auf, wie mittels der Ausgliederung von städtischen Sachbereichen neue städtische Gesellschaften geschaffen werden, in denen dann hoch dotierte Posten für langgediente Parteisoldaten geschaffen wurden, oder wie zu Gunsten bestimmter Anbieter die Vorschriften für die Ausschreibung öffentliche Leistungen umgangen werden. Der Autor, Journalist der Frankfurter Allgemeinen Zeitung, hält die negativen Erscheinungen in der betreffenden Landeshauptstadt aber keinesfalls für eine Ausnahme, sondern eher für ein weit verbreitetes Phänomen in deutschen Kommunen. Zum Jahreswechsel 2019/2020 wurde in der Presse gleichfalls über umfassende Strukturen der AWO (*Arbeiter Wohlfahrt*) berichtet, mit denen sich die Vorstandsmitglieder und Geschäftsführungen in Frankfurt a. M. und Wiesbaden durch extrem hohe Gehälter und weitere Sondervergütungen bedienten. Zugleich wurde inzwischen die engere Beziehung dieser AWO-Mitarbeiter zu einigen Politikern bekannt, die daraus ebenfalls zumindest indirekt materielle Vorteile bezogen.

Fazit

Eine funktionierende Verwaltung ist unerlässlich für die Funktion des Staates und die Umsetzung politischer Willensbildung. Eine enge Verknüpfung von Politik und Verwaltungsfachwissen ist dafür gleichfalls unerlässlich. Deshalb gab es früher in den Ministerien den politischen und den beamteten Staatssekretär. Inzwischen werden längst beide Positionen weitgehend parteipolitisch besetzt. Das gilt sowohl für den Bund als auch die Bundesländer und leider auch für etliche Entscheidungsstellen auf kommunaler Ebene. In Deutschland zählt offensichtlich zunehmend das Parteibuch vor Sachqualifikation, bei engen Bezügen zwischen Politik und Verwaltung, vor allem, wenn es um die Besetzung höher dotierter Leistungsstellen geht. Zudem sprechen längst Seilmannschaften und Klüngel nicht ganz selten für die Umgehung kommunaler Parlamente bis hin zu fragwürdigen Ausschreibungen und Vergaben kommunaler Aufträge. Das lässt auch auf Korruption schließen. Zudem weitet die Verwaltung ihre bürokratischen Vorgaben zunehmend und nur begrenzt parlamentarisch kontrolliert immer weiter aus. Damit werden die Funktionsweisen des Staates wie auch die Umsetzung von Demokratie zum Nachteil der Bürger und deren Glauben an den deutschen Staat und unsere Demokratie geschwächt.

2.2.1 Sicherheitsbehörde Polizei

Die Sicherheitsbehörden sind für die Umsetzung der Vorgaben der Legislative und somit für die Einhaltung der Gesetze zuständig. Die Gesetze werden von der Exekutive und ihren Behörden grundsätzlich nicht hinterfragt, denn das würde dem Modell der Gewaltenteilung der Bundesrepublik widersprechen . Es gibt zwar das Remonstrationsrecht nach dem die Polizisten die Durchführung von Maßnahmen verweigern können, wenn diese nach ihrer Meinung dem Grundgesetz entgegenstehen. Dieses Recht ist aber eher nur theoretisch gegeben, wie das von oben angeordnete oder tolerierte rechtswidrige Verhalten damals beim Berliner Shahbesuch sowie die nachfolgenden Gerichtsentscheidungen bei anderen Polizeieinsätzen belegen. Außerdem sind über derartige Verweigerungsfälle keine Presseberichte bekannt.

Die Hauptaufgabe, die allgemeine Sicherheit, ist Aufgabe der Bundespolizei und Landespolizei. Die Polizei hat das Monopol der ausübenden Staatsgewalt, die sie zur Durchsetzung von Recht und Ordnung ausübt, notfalls gewaltsam, auch unter Anwendung des Waffengebrauches. Die Aufgabe der Polizei ist jedoch ausschließlich auf die Überwachung der Gesetzeseinhaltung beschränkt, wozu auch präventive Maßnahmen gehören können. Diese Aufgabe hatte sie seit dem letzten Jahrhundert schon in den unterschiedlichen deutschen Staatssystemen. So hatte die Polizei im letzten Kaiserreich für die Gesetzeseinhaltung zu sorgen, ohne die Gesetze zu hinterfragen. Im NS-Staat war das genauso wie gleichfalls in der DDR und heute in der Bundesrepublik Deutschland. In allen diesen deutschen Staatssystemen nahm jede Regierung für sich in Anspruch, einzig und allein richtig zu handeln. Die Polizei hatte die Umsetzung der Regierungsvorgaben durchzusetzen, womit in der NS-Zeit auch grausige Verbrechen verbunden waren (Ausführungen dazu: Kiel, H.: Wie wurden „ganz normale Männer" zu Mördern? Browning, Goldhagen, 2011; Bromning, C., Krause, J. P., 2011). Zweifel an den Regierungsvorgaben waren nicht zulässig, die Polizei hatte auszuführen. Die Bundesrepublik führt dazu an, dass es sich im Gegensatz zur heutigen deutschen Demokratie zuvor um Unrechtssysteme handelte.

Die Gesetze, deren Einhaltung die Polizei in der Bundesrepublik Deutschland zu überwachen hat, erlässt schließlich die Legislative, d. h. entsprechend der Verfassung das vom Volk frei gewählte Parlament, und die Parlamentarier sind per Eid der Verfassung verpflichtet. Deshalb ist es heute etwas ganz anderes und richtig, wenn sich die Polizei konsequent auf die Durchsetzung dieser Gesetze ohne Zweifel oder gar Infragestellung ausrichtet. Nur ganz so ist das aber nicht, denn das System der Gesetzgebung hat auch in Deutschland Schwächen, wie die vorangestellten Ausführungen belegen. Außerdem bewegt sich selbst die höchste Staatsebene ggf. nicht rechtsstaatskonform, wie u. a. die vom Verfassungsgericht angemahnte Wahlrechtsreform, der Umgang des Verfassungsgerichtsurteils zum Staatstrojaner oder die Verfehlungen von Spitzenpolitikern 1999 in der Spendenaffäre oder weitere Verfassungsgerichtsurteile gegen staatliches Handeln belegen. Die dadurch zu Recht bestehenden Zweifel gelten aber nicht für die Polizei. Die hat daran nicht zu kritisieren oder gar zu rütteln. Sie ist ohne Wenn und Aber für die Einhaltung der vom Bundestag und den Landtagen verabschiedeten Gesetze zuständig, egal wie diese dort zustande kamen. Trotz der hier geäußerten Kritik ist es unstrittig, dass die Exekutive und deren Organe, wie die Polizei, für das Funktionieren des Staatswesens und damit der Demokratie unerlässlich und wichtig sind.

Die Arbeitsbedingungen der Polizei sind in den Ländern unterschiedlich. Bei den Stelleneinsparungen und der damit verbundenen Personalausdünnung gibt es deutliche Unterschiede zwischen den Bundesländern. So wiesen 2016 Baden-Württemberg, Hessen, Niedersachsen, Nordrhein-Westfalen und Rheinland-Pfalz 224 bis unter 250 Polizisten je 100.000 Einwohner auf, Bayern und Brandenburg über 300 bis unter 400 und Hamburg, Berlin und Bremen zwischen 418 bis 473 (WK 16.1.2016). Inzwischen, im Zeitalter der Terroristenabwehr und der großen Fußballkrawalle, fehlt es in den meisten Bundesländern der Polizei an Personal. Eine kurzfristige Aufstockung ist in Anbetracht der Ausbildungszeiten des Polizeinachwuchses nicht möglich. Die Presse berichtet über ein enormes aufgelaufenes Quantum an Überstunden, ohne entsprechendes Entgelt an die Beamten. Hessen hatte zeitweilig noch eins draufgesetzt. Das Land hatte vor einigen Jahren eine Null-Runde für seinen öffentlichen Bediensteten und damit auch den Polizisten angekündigt, anstatt die Tarife zu erhöhen, die Überstunden zügig anzubauen und für deren Entgelt zu sorgen. Das führte schließlich zu großen Protesten bis hin zu Demonstrationen.

Seit Beginn dieses Jahrhunderts fand in den Bundesländern sukzessive eine umfassende Umstrukturierung ihrer Polizei statt. Früher waren viele Polizisten zu Fuß unterwegs und es gab noch Wachtmeister und Hauptwachtmeister usw. Die Ausbildung der Polizisten umfasst heute meistens ein Fachhochschul-Studium an einer Polizeihochschule. Die Dienstgrade sind größtenteils Kommissar, Hauptkommissar usw., damit steigt auch der Verdienst der Polizisten, aber in vielen Gegenden eher nur nominal und nicht real. In Großstädten wie Frankfurt a. M. können Kommissare und Hauptkommissare von ihren Gehältern kaum die teuren Mieten bezahlen und wohnen deshalb ggf. eher im Umland. Polizisten sind heute vorwiegend als motorisierte Streifen unterwegs, um die Effizienz der Beamten zu erhöhen. Zugleich herrscht heute eine nahezu fast alles umfassende Regelungsdichte vor. Damit wird ein einheitliches Handeln der Beamten weitgehend sichergestellt, aber zugleich gibt es für die Beamten nur noch wenig Abwägungs- und Entscheidungsspielraum. Die Umstrukturierung mag zur Vereinheitlichung, damit zu mehr Gerechtigkeit und Effizienz der Polizeiarbeit geführt haben, sie bewirkte aber zugleich auch eine deutliche Verringerung der ehemals oft vorhandenen Bürgernähe. Die Krawalle der letzten Jahre sprechen dafür. Dort wurden Übergriffe gegen Polizisten von außenstehenden Passanten teilweise sogar bejubelt, was eindeutig für die Entfremdung des ehemals guten Verhältnisses zwischen Bürgern und Polizei spricht.

Die Arbeitsbedingungen der Polizisten haben sich trotz der Umstrukturierung seit langem verschlechtert. Die Polizisten sind heute oft Respektlosigkeit, Beleidigungen bis hin zu körperlichen Angriffen ausgesetzt. Vor einigen Wochen wurde über derartige Missstände in der Tagespresse berichtet, beispielhaft dazu ein Zeitungskommentar: „Jeden Tag wird irgendwo in Frankfurt ein Polizist angegriffen, bedroht, beleidigt oder bespuckt. Der Respekt vor den Ordnungshütern befindet sich seit Jahren auf ungebremster Talfahrt, eine Trendwende ist nicht in Sicht. Das belegen auch die jüngsten Massenkrawalle in Frankfurt a. M. vom Juli 2020, bei denen gezielt Polizisten attackiert und etliche verletzt wurden. An den Ausschreitungen war laut Presseberichten ein hoher Ausländeranteil beteiligt. Ein unhaltbarer Zustand, wenn Personen nach Deutschland flüchteten, um hier Schutz zu suchen, sich so gegenüber deutschen Ordnungskräften verhalten. Nachts bedroht ein 30-jähriger Hanauer im Frankfurter Hauptbahnhof

Reisende mit einem Schlagstock. Nach seiner Festnahme beleidigt er fortwährend Polizisten und nahm einen Mülleimer, den er gegen die Tür der Polizeiwache warf …" „… jetzt galten seine Attacken den eingesetzten Polizisten. Mit Ellbogen und Kopfstößen versuchte er seine Kontrolle zu verhindern." So liest sich ein kurzer Auszug aus dem täglichen Polizeibericht Frankfurt a. M. (WK 13.1.2016). Unter der Hand ist von Polizisten, die täglich auf der Straße eingesetzt werden, zu hören, dass die Zustände immer schlimmer werden. Das wird von E. Gerk, dem stellvertretenden Landesvorsitzenden der Polizeigewerkschaft Hessen, bestätigt. Die Ausfälle betreffen nicht nur direkte Amtshandlungen, oft bleiben auch Unbeteiligte stehen und beleidigen die Polizeibeamten im Einsatz. Immer öfter müssen Polizeibeamten Sätze hören wie: „Guck dir die blöden Bullen an." Der Respekt gegenüber der Polizei befindet sich im rasanten Sinkflug. Die Kollegen fühlen sich von der Politik und auch der Justiz immer öfter im Stich gelassen. „Wir werden stellvertretend als Buhmann für den Staat angesehen, die gesellschaftlichen Probleme werden auf unseren Rücken ausgetragen", stellt Gerk abschließend fest. „Es brodelt unter Frankfurts Polizisten. Sie sind fassungslos, wenn die Frankfurter Justiz Strafanzeigen gegen Täter wegen Beleidigung, Körperverletzungen oder Widerstandshandlungen gegen Vollstreckungsbeamten wegen angeblicher Geringfügigkeit einstellt" (WK 13.1.2016). Die Tagespresse berichtete 2016, dass in Rheinland-Pfalz 2015 Polizisten 83-mal bespuckt wurden. Die Gewerkschaft der Polizei schreibt der Justiz eine Mitschuld zu. Sie führt dazu an, dass es in einem Gerichtsverfahren so hingestellt wurde, dass Spucken oder andere Beleidigungen zu dem dazugehören, was ein Polizist in seinem Beruf aushalten muss. Mit entsprechend gestärkten Rücken verließen die Freigesprochenen das Gericht (WK 10.3.2016).

Die Polizei hat es nicht einfach, angesichts des Verhaltens von Justiz und Politik. Für Polizisten ist es besonders empörend, wenn Fehlverhalten quasi nicht verfolgt wird, festgenommene Straftäter in kürzester Zeit wieder frei sind, oder ausländischen Straftätern bei der Ahndung quasi ein Bonus eingeräumt wird. Der damalige Berliner Bezirksbürgermeister Buschkowsky berichtete von Polizisten (Buschkowsky, 2012), die er in seinem Bezirk ansprach, weil sie offensichtliche Verkehrsverstöße nicht ahndeten. Die Polizisten erklärten ihm, bei einer Ahndung wird der Betroffene per Handy innerhalb kürzester Zeit einen Auflauf anzetteln, was bei Ausländern dort durchaus üblich ist. In dem Fall müssen die Polizisten Verstärkung herbeirufen, um sich durchzusetzen und nicht selbst in Bedrängnis zu geraten. Später vor Gericht werde ihnen dann vorgehalten, wegen einer derart kleinen Übertretung/Straffälligkeit einen derart großen Polizeieinsatz zu veranlassen, also unterlassen sie die Ahndung. Bei einem deutschen Täter sei das nicht der Fall, denn der erhalte nicht derart schnell massive Unterstützung aus seinem Clan und Bekanntenkreis.

Die Justiz hat sich in derartigen Fällen z. B. in Berlin Neukölln mitunter gegen die Durchsetzung des Rechtes ausgesprochen, zum Verdruss der Polizei. Andere Beispiele sind aus Frankfurt a. M. bekannt, wo Drogendealer, auch Räuber, Schläger u. dgl., nach ihrer Festnahme durch die Polizei alsbald häufig wieder ihrem Gewerbe bzw. ihren Taten nachgehen. In Darmstadt wurde eine Ausländerin beim hundertfünfundachtzigsten Ladendiebstahl festgenommen. Nach der polizeilichen Aufnahme der Anzeige kam die Frau wieder frei (WK 5.6.2014). Das Verfahren gegen Kleinkriminelle wird oft wegen Überlastung eingestellt, sogar bei eindeutig identifizierten Tätern. Die Tatverdächtigen haben überwiegend Migrationshintergrund und werfen den Polizisten häufig Rassismus vor, allein schon weil sie wegen ihrer Taten festgenommen werden. Anfang dieses Jahres berichtete die Presse über den Dauerfrust bei der Polizei, weil z. B. der Richter einen gerade festgenommenen nordafrikanischen Rauschgifthändler wieder freiließ und so der Dealer ruckzuck munter weiter dealte. Laut Pressebericht vom Januar 2019 warf Herr Wendt, der Chef der Deutschen Polizeigewerkschaft, dem deutschen Staat vor, nichts gegen kriminelle Ausländer zu tun (WK 26.1.2019).

In Hanau beantragte 2014 die Ermittlungsbehörde nach der Festnahme eines Täters wegen gefährlicher Körperverletzung einen Haftbefehl. Der Täter hatte zuvor eine Schwangere mit seinem Auto angefahren und danach mit einem Messer verletzt. Da das Gericht keine Fluchtgefahr sah, wurde der Täter wieder auf freien Fuß gesetzt. (WK 10.1.2018). Ebenfalls 2014 berichtete die Presse über den türkischstämmige Carner B., der bereits mit 16 Jahren wegen schwerer räuberischer Erpressung zu dreieinhalb Jahren Jugendstrafe verurteilt wurde. Aufgrund neuer Taten, er schlug und würgte seine Freundin, weil er sie offensichtlich als sein Eigentum betrachtete, erhielt er erneut eine einjährige Jugendstrafe. Später drangsalierte er seine Exfreundin erneut, indem er ihr Auto rammte, sie schlug und mit dem Tode bedrohte. Carner erhielt lediglich wegen versuchter Nötigung, vorsätzlicher Körperverletzung, Bedrohung und gefährlichen Eingriffs in den Straßenverkehr eine Gesamtstrafe von 10 Monaten, die zur Bewährung ausgesetzt wurde, und muss an einem Antigewalttraining teilnehmen (WK 5.6.2014). Für viele Polizisten ist das Verhalten der Gerichte unverständlich und verdrießlich, worüber die Gewerkschaft der Polizei seit langem klagt. Hinzu kommen die häufigen Verfahrenseinstellungen gegen Linksextreme oder bei Verstößen gegen das Versammlungsgesetz.

In einem Pressebericht wurde Anfang 2019 dargelegt, dass viele Polizisten den Eindruck haben, gegenüber Ausländerkriminalität auf verlorenem Posten zu stehen. Das befördert Ressentiments in der Polizei. Der Wissenschaftler Jaschke stieß in der Frankfurter Polizei nicht nur auf erhöhte Bereitschaft, rechtsextreme Parteien zu wählen, sondern auch auf fremdenfeindliche Stimmung. Als Hauptursache machte er dafür das ständige Erleben der eigenen polizeilichen Ohnmacht aus. So führen Festnahmen oft nicht zu Strafverfolgungen, insbesondere in der Dealer-Szene, wie Jaschke darlegt. Die liberale Justiz diskriminiert sogar die Polizeiarbeit. In der heutigen Polizei stellte er zwei unterschiedliche Positionen fest. Die einen Beamten setzen darauf, dass die AfD sich schon für Recht und Ordnung einsetzen wird, und die anderen Beamten (vor allem Gewerkschaftler und SPD-Anhänger) sind entschiedenen Gegner dieser Partei. Laut Jaschke sind viele Polizisten angesichts der Flüchtlingsentwicklung und der Folgen der Auffassung, dass die Parteien, auch die CDU, nicht mehr für Wohlstand und Sicherheit eintreten, dass Recht und Gesetz in Deutschland kaum noch Geltung haben und politische Entscheidungen über der Rechtsordnung stehen. Anstatt die Dinge beim Namen zu nennen, wird von der Politik krampfhaft behauptet, dass sich die Zuwanderungen in der Kriminalstatistik nicht niederschlagen „Unsere Wahrnehmung ist eine ganz andere." Der Verdruss der Polizisten wird noch dadurch verschärft, dass ausländische Straftäter auf eine nachsichtige deutsche Justiz zählen können. Nach Darstellung der Regionalpresse scheitern viele Verfahren, weil der Staatsanwalt überlastet ist und keinen Bock auf eine weitere Haftsache hat! Einbrecher kommen schnell wieder frei. Die Täter machen sich dann gegenüber der Polizei lustig, es passiert ihnen ja nichts. Beamten der Schutzpolizei werden tagtäglich von Ausländern beleidigt, bespuckt, erniedrigt, beworfen, gebissen oder sonst wie körperlich angegriffen. Viele Aversionen gingen von einer wachsenden ausländischen Gemeinde aus, die fast machen kann, was sie will, und die keine Polizisten akzeptiert. Das gilt überwiegend für junge Männern mit Migrationshintergrund, wie der Wiesbadener Kurier Anfang 2019 über das Rhein-Main-Gebiet berichtete (WK 26.1.2019).

Der Journalistik Prof. T. Schulz kommt zu einer ähnlichen Einschätzung, angesichts der rechtsextreme Strömungen und des fremdenfeindlichen Gedankenguts innerhalb der Frankfurter Polizei. An der Rechtstreue der Polizei ist demnach nicht zu zweifeln, aber es sympathisieren offenbar immer mehr Polizisten mit der AfD. Die Hauptursache vermutet er ebenfalls in der steigenden Frustration, die größtenteils auf ein als zu lasch empfundene strafrechtliche Verfolgung von Ausländerkriminalität zurückzuführen ist. Aus der Sicht mancher Kollegen steht die AfD für Recht u. Ordnung, ohne radikal zu sein. „Die politischen Verantwortlichen wollten nicht hören, dass wir es als Polizisten hauptsächlich mit Ausländern zu tun haben. So ist es nun mal. Doch aus Gründen der Political Correctness wird alles schöngeredet." Der Frust sitzt inzwischen so tief, dass es bei der Polizei nicht mehr viele gibt, die liberal oder politisch links eingestellt sind, so die Wahrnehmung eines Dritten. Der Berliner Politikwissenschaftler H. G. Jaschke sieht die Tendenz seit Jahren. Er mutmaßt, dass an der Erstellung einer aktuellen Studie dazu offenbar weder die Politik noch die Polizei interessiert seien, „… weil die Ergebnisse auf sie selbst zurückfallen könnten" (WK 2.1.2019). Die immer wiederkehrenden offiziellen Verlautbarungen der Politik, dass keine höhere Ausländerkriminalität belegt sei, erscheint wenig glaubhaft in Anbetracht der Gefängnisinsassen wie z. B. in Hessen. Dort sind mehr als die Hälfte der einsitzenden Straftäter Ausländer oder Personen mit Migrationshintergrund, obwohl deren Bevölkerungsanteil viel kleiner ist. Offensichtlich gehört das Schönreden von Tatsachen, die politisch unerwünscht sind, inzwischen zur innerdeutschen Politik. Dafür werden eben ggf. auch Realitäten verzerrt oder falsch dargestellt. Das führt anscheinend auch dazu, dass sich die Beamten der Exekutive wegen der Untätigkeit der Judikative bei Rechtsverletzungen zurückziehen, wie das oben angeführte Berliner Beispiel aus dem Bezirk Neukölln belegt. Damit wird aber letztlich das Rechtssystem unseres Staates untergraben. Das ist ein eindeutiges massives Versagen der Politik, denn sie könnte durch entsprechende Gesetze dieser Entwicklung sehr wohl entgegenwirken. Manch Bürger fragt sich zu Recht, was hat der langjährige Justizminister Heiko Maas in seiner Amtszeit dagegen unternommen?

Die Respektlosigkeit von Ausländern gegenüber der Polizei, über die die Presse berichtet, kann angesichts anderer Vorgänge kaum verwundern. In Deutschland akzeptiert schließlich die Politik, dass moslemische Schüler aus religiösen Gründen ihrer

Lehrerin gegenüber den Handschlag zur Begrüßung verweigern dürfen. Man kann sich vorstellen, wie diese später einer Polizistin gegenübertreten. Deshalb verwundert es kaum, dass die Tagespresse über die Zunahme rechter Tendenzen bei manchen Polizisten berichtet, auch wenn diese Einstellung bei Polizeibeamten nicht sein darf. Es ist nicht ganz unwahrscheinlich, dass diese Entwicklung auch vereinzelt zu ungesetzlichen Übergriffen durch Polizisten führt. Sie können aber schnell den Falschen treffen. Derartige Erscheinungen haben aber laut Presse bislang kaum Folgen für den Polizeibeamten. Der Spiegel berichtete 2019 (Spiegel Nr. 31, 27.7.2019), dass bei über 2.000 gegen Polizisten eingeleitete Strafverfahren weniger als 2 % vor einem Gericht endeten.

Die Presse berichtet auch über zweifelhafte bis oberflächliche Polizeiarbeit, die nicht gerade im Sinne des Schutzes der Bürger ist, wie am 21.11. 2013 aus Ballingen. Dort sollte eine 17-Jährige 35 € Strafe für zu lautes Lachen am Abend bezahlen (Bescheid der Stadtverwaltung in ihrem Briefkasten). Sie hatte sich auf einem Parkplatz mit Freunden/-innen getroffen. Eine Anwohnerin fühlte sich gestört. Der Pkw-Halter wurde aufs Revier bestellt und hat die Namen der anderen Jugendlichen nennen müssen, die dann alle den Bescheid über 35 € bekamen. Den Betroffenen war die Störung nicht bewusst, da weder die Anwohnerin noch die Polizisten die jungen Leute darauf hingewiesen hatten (WK 21.11.2013). Der Person, die mit Hilfe ihres Vaters Widerspruch einlegte, wurden die Gebühren erlassen, den anderen jedoch nicht. Noch drastischer war 2014 die gebührenpflichtige Verwarnung eines einarmigen Fahrradfahrers, weil er nur eine Handbremse am Lenker hat. Angesichts der öffentlichen Kritik entschuldigte sich dann aber die Polizei und erstattete das Verwarnungsgeld in Höhe von 25 € zurück. In einem anderen Fall wurde auf fragwürdiger Grundlage und Zeugenaussage ein Pkw-Fahrer die Schuld für einen Unfall zugesprochen, weil er alkoholisiert war. Das spricht dafür, dass bei Alkoholfahrten nicht nur eine Teilschuld wegen geringeren Reaktionsvermögen, sondern die gesamte Schuld dem Alkoholsünder zugesprochen wird, denn damit ist der Fall mit geringem Arbeitsaufwand abgearbeitet.

Viel schwerwiegender waren 2018 die Folgen eine Radler-Romanze. Ein Mann und eine Frau lernten sich kennen und tranken dazu ganz ordentlich. Bei der Heimfahrt fährt die Frau auf dem Radweg auf den vorausfahrenden Mann auf, beide stürzen, bleiben aber unverletzt. Eine zufällig vorbeifahrende Polizeistreife sieht das und hält an, um Hilfe zu leisten. Die Radfahrer benötigen keine Hilfe, da der Zusammenstoß nicht erheblich war. Die Polizisten stellen Alkoholgeruch fest und ordnen nun eine Alkoholkontrolle an. Der Mann hat 1,53 Promille. Das ist zulässig und hat keine Folgen. Bei der Radfahrerin stellen die Polizisten 2,5 Promille fest, da eine Frau je Stunde nur etwa halb so viel Alkohol wie ein Mann abbauen kann. Für eine Führerscheininhaberin bedeutet das länger als 1 Jahr Führerscheinentzug, *Medizinisch Psychologische Untersuchung* und Kosten von mindestens 3.000 € oder mehr. Früher hätten die Beamten den beiden nahegelegt, die Fahrräder zu schieben oder anzuschließen und am nächsten Tag abzuholen. Heute läuft alles genau nach Dienstvorschrift mit entsprechenden Konsequenzen. Bei den Betroffenen gibt es dafür wenig Verständnis. Sie werden mit größter Wahrscheinlichkeit zukünftig nie eine Polizeimaßnahme unterstützen, z. B. sich als Zeugen melden usw. (WK, 17.4.2018) und voraussichtlich auch frohlocken, wenn Polizisten Schaden nehmen. Die Vorgehensweise der betreffenden Polizisten entsprach mit Sicherheit den Dienstvorschriften. Sie trägt aber nicht zum Zusammenhalt von Polizei und Bürgern bei, sondern bewirkt eher das Gegenteil.

Die Presseberichte belegen etliche Beispiele für polizeiliches Fehlverhalten. Im Hannover ermittelte 2015 die Staatsanwaltschaft gegen Bundespolizisten, die verdächtigt wurden Ausländer gezielt gequält und gedemütigt zu haben und sich damit in sozialen Medien brüsteten (WK 19.5. und 6. 2019). In Frankfurt sollen Bundespolizisten zwei Männer aus Marokko und Afghanistan auf der Fahrt zur Hauptwache im Hauptbahnhof Frankfurt geschlagen haben. In Frankfurt ist 2014 ein Polizist nach einer kontroversen Fahrscheinkontrolle wegen Körperverletzung im Amt und Beleidigung eines Afro-Amerikaners zu 8.400 € Geldstrafe verurteilt worden. Der Afro-Amerikaner wurde bereits bei der Kontrolle von Polizisten geschlagen. Als er diese Angelegenheit auf dem nächsten Polizeirevier zur Anzeige bringen wollte, wurde er aus dem Revier verwiesen. Da er dieser Aufforderung ohne jegliche aggressive Reaktion nicht nachkam, wurde er mit heftiger Gewalt auf den Boden gedrückt und nach Einsatz von Pfefferspray und Schlägen aus dem Revier geworfen. Zudem erstatteten die Polizisten wegen angeblichen Widerstands gegen ihn Strafanzeige. Sein Glück: Eine am Vorgang völlig unbeteiligte Lehrerin war in anderer Angelegenheit auf dem Revier und erstattete eine entsprechende Zeugenaussage. In Anbetracht der nun anstehenden eidesstattlichen Zeugenaussagen zogen sich die Kollegen des betreffenden Polizisten zurück, denn im Falle eines nachgewiesenen Meineids wären sie für den Polizeidienst nicht mehr tragfähig gewesen. Erst darauf hin knickte auch der Täter ein und es kam zu der verhängten Geldstrafe (WK 9.6.2012), (WK 26.3.2013). Im August 2020 häuften sich die Presseberichte über polizeiliche Übergriffe und deren Fehlverhalten, so in Ingelheim, Frankfurt a. M., Düsseldorf, Hamburg und Freiburg.

So wenig wie derartige Übergriffe zu entschuldigen und zu rechtfertigen sind, so sehr trifft die Politik und Justiz eine Mitschuld. Angesichts der häufigen Verfahrenseinstellung gegen Straftäter, insbesondere auch nach Beleidigungen von Polizeibeamten oder weil polizeibekannte Mehrfachtäter nach ihrer Festnahme schnell wieder frei sind und ggf. weiterhin mit Rauschgift dealen, ist es nachvollziehbar, dass mancher Polizist sich bei einer Festnahme dazu hinreißen lässt, die Person körperlich zu bestrafen. Von derartigem Polizeiverhalten berichteten schon Anwälte aus der Zeit der 68er. Damals konnten die Betroffenen dagegen wenig ausrichten, denn dann standen ggf. gegen ihre Aussagen die von mehreren Polizisten, welche sich gegenseitig deckten. Durch die neuen Medien ist das anders geworden. In den hier angeführten Orten polizeilichen Fehlverhaltens wurden die Ereignisse kaum widerlegbar mit Handys gefilmt und führten teilweise zur Einleitung von Ermittlungs- und Disziplinarverfahren. Dennoch, hier bedarf es endlich Handlungen der Politik und Justiz, um den teilweise berechtigten Frust von Polizisten entgegenzuwirken. Dann würden vermutlich derartige Übergriffe weitaus seltener vorkommen.

Zu Übergriffen kommt es aber nicht nur gegenüber Ausländern, sondern laut Presseberichten auch gegenüber anderen Personen und Kollegen. Fast drei Monate nach dem Tod eines 37-Jährigen in Mittelhessen dauern die Ermittlungen an. Der physisch kranke Mann war nach dem Festnahmeversuch der Polizisten gestorben. Er hatte zuvor randaliert. Der 37-Jährige sei erstickt, wohl weil ihn die Beamten in die Bauchlage gebracht hatten (WK 14.7.2014). Bei einer häuslichen Auseinandersetzung eines polizeibekannten Mannes, der seine Freundin drangsalierte, ließ ein Polizeihundeführer seinen Hund auf den am Boden liegenden Betrunkenen los. Obwohl der Hund laut ärztlicher Untersuchung ihm Gewebeteile herausriss, sah der Hundeführer untätig mit verschränkten Armen zu, bis ein anderer Polizist einschritt. Der Hundeführer wurde zu einer Geldstrafe von 7.000 € verurteilt. Im März 2019 wollten Ermittler interne Zugriffsdaten von „Bild"-Lesern im Auftrag des hessischen Landeskriminalamtes und der Staatsanwaltschaft Frankfurt im Rahmen eines internen Ermittlungsverfahrens gegen einen Polizisten, der im Verdacht der Volksverhetzung stand, beschlagnahmen. Die Beamten konnten aber keinen richterlichen Durchsuchungs- u. Beschlagnahmebeschluss vorweisen und wurden deshalb bereits im Pförtnerbereich abgewiesen (WK 26.3.2019). 2018 bedrohte ein Polizist seine Kollegin mit der Dienstwaffe, als sie ihm in der Weiberfastnacht die Krawatte abschneiden wollte. Der Beamte wurde versetzt. Gegen ihn läuft ein Disziplinarverfahren (WK 27/28.2.2016). In Bochum haben interne Kontrollen in acht Wachen des Zuständigkeitsbereichs Alkohol gefunden (Bier- u. Schnapsflaschen). Laut Dienstanweisung ist Alkohol trinken und Aufbewahren in Diensträumen untersagt (WK 16.2.2017). 2018 wurde in Eschwege gegen zwei Polizeianwärter ermittelt, weil sie sich an einen minderjährigen Kollegen sexuell vergangen haben. In Saarbrücken bekam 2014 ein Polizist eine Bewährungsstrafe, weil er heimlich Kollegin/en beim Umziehen filmte oder wenn sie zur Toilette gingen (WK 28.2.2014). Diese Übergriffe sind erschreckend, dennoch dürfte es sich eher um Einzelfälle handeln. Sie deuten auf menschliche Schwächen hin, wovor auch einzelne Polizisten davor nicht gefeit sind. Deshalb sind diese Beispiel keinesfalls für das Verhalten des Großteils der Polizisten repräsentativ.

Polizeiliche Übergriffe fanden aber nicht nur auf der unteren Ebene statt. Auch die Führungsebenen verhalten sich nicht immer rechtsstaatlich. Das gilt vor allem, wenn die Maßnahmen von der Leitungsebene der Polizei angeordnet oder gar noch durch die Politik beeinflusst werden. Dazu einige Beispiele: Stuttgart 21: Die Polizei setzte widerrechtlich aus dichter Nähe Wasserwerfer gegen Demonstranten ein. Das führte bei einem Demonstranten zu Verletzungen, an denen er erblindete. In dem Fall wurde der verantwortliche Stuttgarter Polizeipräsident Sigfried Stumpf wegen fahrlässiger Körperverletzung mit einem Strafbefehl zu einer empfindlichen Geldbuße in Höhe von 90 Tagessätzen verurteilt. In Berlin kam es 2016 zu großen Straßenkrawallen, als die Polizei die Teilräumung eines besetzten Hauses durchzog. Das Berliner Landgericht erklärte danach die Räumung als rechtswidrig, da der Eigentümer der Immobilie den dafür erforderlichen Rechtstitel nie vorgelegt hatte (WK 14.7.2016).

Nach den großen Krawallen anlässlich des G 20-Gipfels in Hamburg wurden 35 Ermittlungsverfahren gegen Polizisten eingeleitet, davon 27 wegen Körperverletzungen. Sieben dieser Verfahren hat die innere Ermittlung, also die Polizei selbst, angestoßen (WK 15.7.2017). Nach den sexuellen Übergriffen in der Kölner Silvesternacht 2012 kritisierten die damit betrauten Richter die Polizei scharf. Wegen der schweren Fehler, die bei der Vernehmung der betroffenen Frauen unterliefen, konnten kaum Täter rechtsfest überführt und verurteilt werden. In Frankfurt a. M. kam es am 1.6.2013 bei der Blockupy-Demonstration zu einer über 8-stündigen Einkesselung von Demonstranten durch die Polizei, die von vielen Seiten als unverhältnismäßig kritisiert wurde. Für die betroffenen Frauen und Männer bedeutet das auch eine derart lange Zeit ohne jeglichen Sanitärzugang bzw. Toilette und Wasser auszukommen. Bei der folgenden Befragung im Landesparlament bzw. dem Landtag beantwortete der hessische Innenminister Rhein die gestellten Fragen nur unzureichend. Deshalb beantragte die Linke einen Untersuchungsausschuss, um Akteneinsicht zu bekommen, den jedoch die CDU und FDP verhinderten (WK 21.6.2013). Ein Beispiel für fragwürdiges Rechtsverhalten auf der höchsten Ebene einer Landeslegislative bzw. von Landesparlamentariern. Zu einem ähnlichen polizeilichen Verhalten wie in Frankfurt kam es im August 2020 in Rheinland-Pfalz in Ingelheim. Laut Pressebericht kesselten Polizisten etwa 300 Demonstranten ein, obwohl sie sich zuvor friedlich verhielten. Der Polizeikessel um die Demonstranten blieb zweieinhalb Stunden, in denen die so gefangenen Personen ohne Schatten in praller Sonne bei 30 °C ohne Sanitärzugang ausharren mussten. Demnach wurden auch Demonstranten grundlos geschlagen, u. a. ein 16-jähriges Mädchen, von Polizisten zu Boden gestoßen und dann auch noch getreten . Über weitere Übergriffe zirkuliert inzwischen im Internet ein Handyfilm, der zur Einleitung von Ermittlungen durch die höhere Polizeibehörde führte (WK 17.8.2020).

Ein besonders sensibler Bereich ist der Schusswaffeneinsatz der Polizei. Zunächst ist festzustellen, dass deutsche Polizisten ausgesprochen selten Schusswaffen gegen Menschen einsetzen. So haben z. B. Polizisten im Jahr 2014 in Deutschland 7 Menschen erschossen und 31 durch Kugeln verletzt (WK 18.7.2015). Diese im EU-Vergleich niedrigen statistischen Zahlen belegen, dass sich deutsche Polizisten in der Ausübung diese höchste Stufe staatlicher Gewalt ausgesprochen zurückhalten. Die Statistiken belegen aber auch, dass es sich bei zwei von drei durch Polizeikugeln zu Tode gekommenen Personen nicht um Kriminelle oder Terroristen handelt, sondern um psychisch Kranke. Da die frei verkäuflichen Deko-Waffen sowie Gas- und Schreckschusswaffen sowie waffenähnlichen Spielzeugprodukte oft nur aus sehr dichter Nähe von scharfen Schusswaffen zu unterscheiden sind, kann das erhebliche Folgen haben. Die Waffen dürfen zwar nur von Inhabern des kleinen Waffenscheins außerhalb der Wohnung mitgeführt werden, aber selbst in Wohnungen können sie folgenschwere Irritationen bewirken. Laut Presseberichte hantierte (er reinigte die Waffe) ein Wohnungsinhaber an einem Sonntag im Juni 2018 mit einer Pistole auf seinem Balkon. Ein Nachbar sah das und informierte die Polizei. Er wies darauf hin, es könnte sich „nur" um eine Schreckschusswaffe handeln. Dennoch, die Polizei rückte mit einem Großaufgebot an, da sie im Zeitalter des Terrorismus die Gefahr nicht abschätzen konnte. Sie nahm den Waffenbesitzer zunächst fest, obwohl für die Bewohner zu keiner Zeit Gefahr bestand und der Mann gegen kein Gesetz verstoßen hatte. Schreckschusswaffen bereiten der Polizei laut Presseberichten auch häufig bei türkischen Hochzeiten Ärger. Dort hupt der Hochzeitskorso nicht nur wie in Deutschland üblich, sondern es wird auch häufiger mit Platzpatronen geknallt, so wie eben im Orient oft üblich. Dann gibt es ebenfalls häufig Großeinsätze, um die Teilnehmer des Korsos zu kontrollieren, bis der Schütze gefunden und die Schreckschusspistole eingezogen wird. Viel problematischer als die Knallerei dürfte aber die Verkehrsblockade sein, die manche dieser Hochzeitskorsos „zur Feier des Tages" vornehmen. Dadurch werden selbst Hauptstraßen bis zu einer Viertelstunde blockiert, wie in der Schwalbacher Straße im Rhein-Main-Gebiet. Im Ruhrgebiet blockierte die Hochzeitsgesellschaft kurzfristig selbst eine Autobahn durch quergestellte Pkws. Ein ähnlicher Vorfall war ein Sportwagenrennen mit Ausbremsen anderer Verkehrsteilnehmer bis hin zur Blockierung der Autobahn A 66 anlässlich einer Hochzeit im Sommer 2020.

Der polizeiliche Einsatz von Schusswaffen mit verheerendem Ausgang erfolgt vor allem, wenn bewaffnete Personen trotz Aufforderung ihre Waffe nicht ablegen und sich Beamte bedroht fühlen. Im Raum Hagen/Duisburg/Moers hat ein Mann einen blutenden Kontrahenten mit einem Schwert verfolgt. Als er trotz polizeilicher Aufforderung die Waffe nicht ablegte, wurde er erschossen. Genauso erging es 2015 einem Mann, der mit seinem Messer bereits vorher andere verletzte und der Aufforderung, die Waffe niederzulegen, nicht nachkam. Er verstarb noch vor Ort an den Polizeikugeln, ebenso wie ein Mann, der 2016 mit einem Messer bewaffnet auf den Polizisten zuging (WK 19.10.2016). In Berlin saß 2014 Manuel L. nackt in einem öffentlichen Brunnen und verletzte sich dort selber mit einem Messer. Die von Passanten alarmierte Polizei umstellte den Brunnen. Ein Beamter stieg in das Wasser und verlangte das Niederlegen des Messers. Der nackte Manuel L. reagierte nicht darauf und ging auf den Polizisten zu. Laut Pressebericht erschoss der Beamte ihn ohne Abgabe eines Warnschusses mit mehreren Kugeln in den Oberkörper. Ebenfalls trafen 2015 einen 39-Jährigen tödliche Schüsse, der nach einer Messerattacke auf einen Kontrahenten auf die Wache gebracht wurde. Dort bedrohte er die Beamten mit dem Messer und kam der Aufforderung, dieses abzulegen, nicht nach. Im Mai 2015 saß der 53-jährige Berliner Kunstmaler Andre C. auf dem

Bürgersteig mit einer Axt im Gürtel und einem Messer in der Hand. Weit und breit war kein Mensch, den er gefährden könnte. Polizisten umzingelten ihn. Trotz dreier Warnschüsse, Einsatz von Pfefferspray, Tritt in den Rücken und Bisse von einem Polizeihund wurde der Maler mit sechs Einschüssen in die Brust erschossen! Ein besonders drastischer Fall ist der Tod der 53-jährigen Andrea H., die im betreuten Wohnen in Berlin Reinickendorf lebte. Sie sollte vor Gericht vorgeführt werden, wobei das Gericht inzwischen den Befehl zurückgenommen hatte. Trotzdem stürmte die Polizei mit Ramme, Stahlschild und Pfefferspray die kleine Wohnung der 53-Jährigen und erschoss sie dabei! Dass es bei den seltenen Schusswaffeneinsatz von Polizisten häufig zu Todesfällen kommt, liegt vor allem daran, dass meistens mehrere Schüsse auf den Oberkörper des Delinquenten abgegeben werden, was meistens zum tödlichen Ausgang führt.

Im Juli 2020 berichtete wieder die Presse von zwei derartigen Polizeieinsätzen mit tödlichem Ausgang. Eine unverständliche Handlungsweise für einen ausgebildeten Schützen. Bei einem geübten Sportschützen dürfte die Staatsanwaltschaft kaum den Abwehrschuss in den Oberkörper als letztes Mittel akzeptieren, vor allem wenn gleich drei bis sechs Schüsse wie von manchen Polizisten auf den Oberkörper des Angreifers abgegeben werden. Dass es durch verantwortungsbewusste Polzisten auch anders geht, belegt ein Zeitungsbericht aus der zweiten Aprilwoche 2020. Ein Mann mit Messern in beiden Händen stand zwei Polizisten gegenüber. Anstatt der Aufforderung, die Messer abzulegen, zu folgen, ging er auf die Beamten los. Der eine Beamte zog schnell seinen Kollegen aus der Gefahrenzone und stoppte dann den Messermann mit einem gezielten Schuss ins Bein. In Düsseldorf setzte ein Polizist ebenfalls einen bewaffneten Angreifer mit einem gezielten Schuss ins Bein außer Gefecht (WK 19.8.2020). Es geht also auch anders.

Zudem müsste eigentlich jeder Polizist, der einigermaßen fit ist, sich aufgrund seiner Jiu-Jitsu-Ausbildung einem Angreifer problemlos mit bloßen Händen das Messer sicher entwinden können. Ich habe in jungen Jahren längere Zeit Jiu-Jitsu bei dem Altmeister Erich Rahn, der wesentlich an der Einführung und dem Trainingskonzept der Polizei zu diesem Kampfsport mitwirkte, erlernt und trainiert. Einen Messerangriff hätte ich damals ruckzuck mit bloßen Händen abwehren und kontern können. Eigentlich müssten Polizisten das ebenfalls beherrschen, anstatt tödliche Schüsse mit der Waffe abzugeben. Die beim Schusswaffeneinsatz fast üblichen Schüsse auf den Brustbereich sprechen dafür, dass das in der Polizeiausbildung vermittelt wird. Hier hätte es längst ein Umdenken mit entsprechendem Handeln in der Polizeiführung wie auch durch die dafür zuständigen Innenminister der Länder geben müssen.

Besonders problematisch und fragwürdig ist der Schusswaffeneinsatz von polizeilichen Sondereinheiten, wenn es sich um ein MEK *(Mobile Einsatzkommando), SEK (Sondereinsatzkommando)* oder vergleichbare Einheiten handelt. Die Presse berichtete Ende 2018 von einem derartigen Sondereinsatz. Schwer bewaffnete Polizisten hatten morgens um 6:00 Uhr früh die Wohnungstür einer 88-jährigen Dame gestürmt und eine Blendgranate gezündet. Wie sich dann herausstellte und die zuständige Staatsanwaltschaft bestätigte, hatten sie sich in der Hausnummer vertan (WK 12.12.2018). Man kann sich vorstellen, wie verheerend dieser Irrtum für einen jungen Mann als Wohnungsinhaber hätte ausgehen können. Über einen ähnlichen Fall berichtete das Fernsehen in der dritten Maiwoche 2020, als ein Sonderkommando sich wieder in der Adresse irrte und die falsche Wohnung stürmte. Im Wiesbaden rammten die verdeckten Ermittler eines MEK *(Mobilen Einsatzkommandos)* einen Fiat und schossen. Angeblich hätten die Männer aus dem Auto zuerst geschossen. Es wurde aber trotz intensiver Spurensuche weder im Auto noch in der Umgebung eine Schusswaffe gefunden, aber ein Kilogramm Drogen. In einem Hamburger Prozess wegen versuchten Mordes stellten die Richter in dem Indizienprozess fest, dass von den von der SOKO-Hamburg ermittelten vier Indizien drei nicht als Schuldnachweis taugen. Daraufhin verzichteten sie auf die Überprüfung des vierten. Zudem kam laut Zeitungsbericht heraus, dass die SOKO „Cold Cases" Zeugen getauscht und sogar mit einer Belohnung zu Aussagen bewegt hatte.

Die Zeitschrift Focus berichtete von einem desaströsen Einsatz auf einen Gemüsehändler auf einem Kölner Großmarkt. Der Gemüsehändler sollte im Sorgerechtsstreit um die Tochter seine Frau mit dem Tod bedroht haben. Die Polizei hatte in Erfahrung gebracht, dass der Händler nach mehreren Raubüberfällen zum Selbstschutz eine Schusswaffe besaß. Die Polizei löste einen Großalarm aus, obwohl der Händler weder vorbestraft noch aktenkundig war. Der Händler sollte bei einer vorgetäuschten Fahrzeugkontrolle festgesetzt werden. Doch es kam anders. Das SEK stürmte und schoss in einem halbminütigen Dauerfeuer 106 Patronen auf das Fahrzeug des Händlers ab. Er überlebte, weil er schwer verletzt mit seinem Auto davonrasen konnte. Die Polizei behauptete, dass der Händler zuerst schoss, und berief sich auf eine Notwehrsituation. Der Händler wurde deshalb wegen versuchten Totschlags angeklagt. Eine Video-Aufnahme aus einer Überwachungskamera des Großmarktes widerlegte aber die Polizeiversion und zeigte, dass die Polizei zuerst schoss. Zudem wurde nur ein Teil der am Einsatz beteiligten Polizisten noch am Tattag vernommen bzw. befragt. Sie verfingen sich in Widersprüchen und trafen gleichzeitig klaren Fehlaussagen was durch die eindeutigen Beweismittel, wie die Video-Aufnahmen, belegt wurden. Sie waren wohl schlicht als „Falschaussagen" einzustufen. Die Zeitschrift Focus führte den Video-Film einen Offizier der Spezialeinheit GSG 9 vor, der den Einsatz „als unter aller Sau" befand und auf dem Video nicht das Vorgehen einer Spezialeinheit erkennen konnte (FOCUS 28, 2015). Später wurde der Fall der Kölner Staatsanwaltschaft entzogen und die Aachener Staatsanwaltschaft damit betraut. Der Ausgang des Verfahrens ist mir unbekannt.

Noch größere Fragen wurden beim Einsatz von Sondereinheiten gegen politisch brisante Straftaten aufgeworfen. Laut der offiziellen Berichterstattung hatten die NSU-Mörder,nachdem sie von der Polizei in ihrem Wohnwagenversteck gestellt wurden, sich angesichts ihrer aussichtslosen Lage selbst erschossen und den Wohnwagen zuvor in Brand gesteckt. In einem Fernsehbericht wurde 2018 darauf verwiesen, dass die beiden NSU-Täter in ihrem Versteck über Maschinenpistolen verfügten und damit den beiden Polizisten bewaffnungsmäßig kaum unterlegen waren, also für Ausbruch und Flucht durchaus Chancen bestanden. In der Tagespresse stand zudem etwas von einer evtl. beteiligten dritten Person, die es aber in der offiziellen Darlegung der Polizei eben nicht gab. Der Wohnwagenbrand wurde von der herbeigerufenen Feuerwehr schnell gelöscht, wobei diese wie üblich zur Dokumentation Fotos auch vom Inneren des Wagens anfertigte.

Die hinzugezogene Polizei führte nicht wie üblich eine genaue Untersuchung vor Ort durch. Stattdessen wurde ein Abschleppwagen herbeordert und der Wohnwagen über eine Rampe von ca. 30 Grad Steigerung auf diesen gezogen. Eine 2018 ausgestrahlte nachgestellte Fernsehdokumentation zeigte, dass bei dieser schrägen Steigung das Inventar des Wohnwagens derart durcheinanderfällt, dass danach keine Tatrekonstruktion mehr möglich ist. Erstaunlicher Weise wurde diese Vorgehensweise von einem erfahrenen Polizeioffizier angeordnet. Nun blieben noch die Dokumentationsfotos der Feuerwehr. Die hatte aber die Polizei bereits bei ihrem Einsatz unmittelbar von der Feuerwehr beschlagnahmt. Seitdem sind die Fotos verschwunden oder zumindest nicht öffentlich zugänglich. Bei diesen Pannen, die in der Fernsehdokumentation besonders deutlich wurden, liegt es nahe, hier wird etwas vertuscht. Damit soll hier keineswegs einer neuen Verschwörungstheorie das Wort geredet werden. Dennoch bleibt einiges an dem Vorgang unglaubwürdig. Durch die Freigabe der Feuerwehrfotos, vorausgesetzt sie wurden nicht retuschiert, wäre das wenigstens zum Teil ausräumbar.

Noch fragwürdiger ist der Tod der RAF-Terroristen Wolfgang Grams im Jahre 1993. Der Terrorist, der wahrscheinlich für verschiedene Morde der RAF als Täter oder Mittäter verantwortlich ist, wurde durch den Einsatz eines V-Manns des Verfassungsschutzes auf einem Bahnhof in Bad Kleinen gestellt. Bei dem Einsatz, der offensichtlich aus dem Ruder lief, verfolgte ein GSG 9 Kommando schießend den Terroristen, als dieser die Treppe zum Bahnsteig hoch flüchtete. Der Gruppenleiter hatte den Terroristen fast eingeholt, als dieser auf der Flucht wohl ungezielt (zum Zielen hätte er kaum Zeit gehabt) hinter sich schoss und leider den Leiter dieser Polizeigruppe Newrzelle tödlich traf. Der Terrorist Grams brach dann von Polizeischüssen getroffen auf den Gleisen neben dem Bahnsteig zusammen. Nach offizieller Version hat er sich in Anbetracht seiner aussichtslosen Lage selbst erschossen. Die Illustrierte Stern befragte kurz danach die Pächterin des Bahnhofs-Kiosk, die gehemmt von ganz anderer Wahrnehmung berichtete. Sie betonte demnach, dass sie ja nichts Falsches sagen möchte, aber sie hätte doch gesehen, wie ein Polizist eine Pistole neben Grams aufhob und diesen damit erschoss. Die Beobachtungen der Frau des Bahnhofskiosks zeigen laut dem Bericht der Illustrierten Stern also einen ganz anders Ablauf des Geschehens. Eine genaue Tatortuntersuchung, wie sie in derartigen Fällen üblich ist, mit Überprüfung der Schmauchspuren auf den Händen der Polizisten, unterblieb. Die Hände des toten Grams wurden ebenfalls darauf nicht untersucht (Rhein Main Presse, 27.6.2013). Stattdessen wurden noch vor Ort, angeblich für einen Fingerabdruck, die Hände des toten Grams gewaschen, womit wichtige Indizien für den Beweis eines Selbstmordes verloren waren. Die polizeiliche Spurensicherung war so oberflächlich, dass danach Bahnreisende noch Geschossteile am Bahnhof fanden. Der Untersuchungsbericht der Bundesregierung listet 17 derartige Schlampereien auf, was sehr erstaunlich ist bei dem

Einsatz einer Polizeielitegruppe. Die SEK-Männer trugen wenig zur Aufklärung bei. Obwohl sie dabei waren, will keiner etwas gesehen haben. „Erkenntnisse, wonach eine Schramme an Grams Hand dafür spreche, dass ihm die Waffe gewaltsam entwunden wurde, misst die Behörde keine Bedeutung bei."

In den Polizeivernehmungen bzw. Zeugenbefragungen berichteten Augenzeugen von einer dritten Person, die an den Vorgängen beteiligt war. Die Polizei verneinte das in der Befragung und beharrte darauf, dass sich die Zeugen in ihrer Wahrnehmung getäuscht haben müssen. Laut dem Fernsehbericht (Sendung ZDF im Jahr 2019) war diese Behandlung und Behauptung durch die Polizisten für die Zeugen unglaubwürdig und unfassbar. Viel später stellte sich dann heraus, dass es die dritte Person, so wie es die Zeugen von Anfang an berichteten, tatsächlich gab. Die Zeugen hatten also richtig berichtet, aber diese Aussage wollte die Polizei nicht, da der besagte Mann vom Verfassungsschutz war und in der offiziellen Version nicht auftauchen sollte.

Die Aussagen der Kioskpächterin passten auch nicht in die offizielle Polizeiversion. Dass diese brisanten Aussagen dann nicht weiterverfolgt und berücksichtigt wurden, begründete die Staatsanwaltschaft mit häufigen Widersprüchen in den Aussagen bei der Vernehmung der Frau. Die Aussage wäre extrem brisant und peinlich für die Polizeiführung, ja selbst für den bundesdeutschen Staat gewesen. Deshalb durfte es nicht so sein, genauso wenig wie zunächst der Verfassungsschützer nicht dagewesen sein durfte. Die Aussage hätte für Selbstjustiz durch die deutsche Polizei gestanden, auch wenn es sich bei der getöteten Person mit größter Wahrscheinlichkeit um einen mehrfachen Mörder handelte. Deshalb musste die Zeugin unglaubwürdig sein, wofür eben häufige Widersprüchen sprechen. Dazu ist jedoch anzumerken, wenn ein geschickter Vernehmer Widersprüche bei der Befragung erzeugen will, braucht er nur neben dem eigentlichen Tatverlauf vielfache Nebensachen nachfragen. Die wird die vernommene oder befragte Person nur ungefähr beantworten, da sie sich diese als Nebensache nicht genau gemerkt hat. Bei häufiger Wiederholung der Befragung werden sich dafür immer wieder etwas andere Versionen ergeben, so dass dann tatsächlich etliche Widersprüche auftauchen. Wenn das Ganze in einem Protokoll geschickt einfließt, wird so eine einfache Frau wie die Kiosk-Pächterin das nicht mehr überblicken und ggf. das Ganze unterschreiben, nur um die Sachse vom Hals zu bekommen. Ob das so war, ist nirgends bewiesen. Aber in Anbetracht der Fragwürdigkeit und vielfachen Unkorrektheiten spricht schon einiges dafür, dass es so gewesen sein könnte. In dem Fernsehbericht stellten sich die beiden verantwortlichen Polizeileiter (evtl. war einer der beiden auch vom Verfassungsschutz, ich erinnere mich nicht mehr genau) voll hinter diesen Einsatz. Der wegen seiner präzisen Leistungen im Aufbau und beim Einsatz der GSG 9 wie die Befreiung des Entführten Lufthansaflugzeuges Landshut äußerst profilierte und auch international anerkannte ehemalige Kommandeur Wegener kritisierte laut dem Fernsehbericht diesen Einsatz massiv. Immerhin hatte der damals dafür zuständige Innenmister so viel Rückgrat und trat als Konsequenz für das Debakel in Bad Kleinen vom Amt zurück. Der Rücktritt wurde von den für den Einsatz verantwortlichen Polizeiführern laut Fernsehen aber auch später noch als unangemessen und verfehlt bezeichnet.

Ein ganz anderes Kapitel ist die Anwerbung des Polizeinachwuchses. Inzwischen werden auch Personen mit Migrationshintergrund und wohl auch Migranten, die keine deutsche Staatsbürgerschaft haben, für den Polizeidienst angeworben. Laut Aussage des Berliner Innensenators vom November 2017 sei die Polizei ein Spiegelbild unserer multikulturellen Gesellschaft und brauche deshalb auch Bewerber mit Migrationshintergrund. Eine ähnliche Aussage kam 2018 vom hessischen Innenminister. Das ist eine deutliche Abkehr vom früheren Grundsatz, dass hoheitliche Aufgaben, insbesondere die Ausübung staatlicher Gewalt nur von deutschen Staatsbürgern wahrgenommen werden dürfen. Die Begründung des Berliner wie des hessischen Innenministers ist äußerst unpräzise und damit fragwürdig. Was heißt Spiegelbild der Gesellschaft? Die Aussage kann sich auf einen Migrantenanteil von 1% wie genauso von 5%, 10% oder mehr beziehen. Deshalb ist diese Aussage eine auf jede Gesellschaftsstruktur anwendbare „Luftnummer." Es gibt bislang keine wissenschaftlichen Untersuchungen, die dazu klare Aussagen treffen. Wenn der Innenminister das zur Begründung für die Öffnung des Polizeizugangs anführen, müsste diese Aussage präzisiert und untersetzt werden, was bislang völlig fehlt. Die Öffnung des Polizeidienstes mag pragmatisch hilfreich sein, um ausreichend Bewerber für den Polizeidienst zu bekommen, aber sie dürfte den überwiegenden Teil der deutschen Bevölkerung kaum überzeugen und tendenziell die Akzeptanz der Polizei schwächen.

Von den 120 Anwärtern auf der Polizeiakademie für den mittleren Dienst haben in Berlin 45 % einen Migrationshintergrund, also wesentlich mehr als der Ausländeranteil der Berliner Bevölkerung. Der Innenexperte Dregger verweist darauf, dass in der Hauptstadt die organisierte Kriminalität starkes Interesse habe, Leute in die Polizei zu bekommen. Der Polizeipräsident und seine Sprecherin weisen derartige laut Pressedarstellung (WK 9.11.2017) anonyme Vorwürfe zurück und der Innensenator A. Geisel fragt, ob hier Stimmung gegen Migranten in der Polizei gemacht werden solle. Laut Presse sei es aber Tatsache, dass etliche dieser Anwärter respekt- und disziplinlos sind, Hass verbreiten, schlechtes Deutsch sprechen und sich abfällig über Frauen äußern oder sogar straffällig werden. Der Vizepolizeipräsident Koppers wischt das vom Tisch und meint: „Es gibt dieselben Disziplinlosigkeiten wie an jeder anderen deutschen Schule." Doch ganz so harmonisch ist das nicht. In diesem Jahr wurden an der Akademie 33 Disziplinarverfahren eingeleitet, etwa wegen Täuschung bei Prüfungen, Beleidigung, Körperverletzung oder Fernbleiben vom Dienst. Drei Fälle sind abgeklärt, davon einer mit Verweis und zwei mit Entlassung. Nach Aussage des Polizeipräsidenten seien jedoch 80 % der künftigen Polizisten „völlig pflegeleicht", es gebe aber Bewerber, bei denen Respekt, Disziplin und die Rücksichtnahme nicht ausreichen. Für die Sprachprobleme gebe es Deutsch-Nachhilfekurse (WK 9.11.2017).

In Hessen besitzen etliche der Polizeianwärter, die im Februar 2018 eine Ausbildung begannen, eine ausländische Staatsbürgerschaft (unter ihnen Türken, Polen, Spanier, Kroaten und Russen). Das hessische Innenministerium betont ebenfalls, die Polizei sei eben ein Spiegelbild der Gesellschaft. Deshalb seien Polizisten mit unterschiedlichen Nationalitäten und anderem kulturellen Hintergrund nicht nur ein Beispiel für gelungene Integration, sondern sie können oftmals Bürger mit Migrationshintergrund gezielter erreichen. Die hessische Polizei ist daher seit langem bemüht, auch Personen ohne deutsche Staatsangehörigkeit für den Polizeiberuf zu gewinnen. Mit der Änderung des hessischen Beamtengesetzes besteht seit Dezember 1994 die Möglichkeit, Ausländer dafür einzustellen. Diese Gesetzesregelung galt ursprünglich nur für EU-Ausländer, damit sie unter den gleichen Voraussetzungen wie Deutsche in das Beamtenverhältnis berufen werden können. Das ist in Hinblick auf einen gemeinsamen Staat Europa überzeugend. In diesem Zusammenhang wurde aber auch das dringende dienstliche Interesse anerkannt, das für die Einstellung von Nicht-EU-Ausländern notwendig ist (WK 10.3.2018), was schon manchen Zweifel in der Bevölkerung auslösen dürfte. Aufgrund gezielter Werbung verzeichnet Hessen innerhalb von sechs Jahren einen Anstieg der Bewerber mit Migrationshintergrund von 11,8 % auf 21,9 % im Jahre 2018. (WK 13.2.2019), also mehr als der Migrationsanteil seiner Bevölkerung. Die hier angeführten Beispiel Berlin und Hessen sind sehr wahrscheinlich keine Ausnahmen, sondern spiegeln einen Trend wider, der jedoch in der Ausprägung in den einzelnen Bundesländern durchaus abweichen kann. Die Fragestellung, wie weit durch nicht deutsche Beamten, insbesondere bei Sprach- und Formulierungsproblemen, die Polizei an Akzeptanz in der Bevölkerung verliert, wurde meines Wissens nie gestellt oder gar untersucht.

Eine weitere kritische Entwicklung der öffentlichen Ordnungsverwaltung ist die Nutzung von Denunziantentum. In der hessischen Landeshauptstadt Wiesbaden zeichnet sich 2018 im Staatsparlament eine Mehrheit ab, dass jeder Bürger per Smartphone Verkehrsverstöße direkt an das Ordnungsamt melden kann. Die Befürworter führten an, dass die zuständigen Behörden, in dem Fall die kommunale Verkehrspolizei, nicht mehr Herr der Lage seien (WK 17.2.2018). Die Diskussion des Wiesbadener Stadtparlaments ist unglaublich und erschreckend, denn Denunziantentum war eines der wesentlichen Elemente der Stasi (Staatssicherheitsdienst) der DDR mit ihren vielen Inoffiziellen Mitarbeitern. In der NS-Zeit war Denunziation nahezu ein Volkssport mit fürchterlicher Tragweite, dem auch das jüdische Mädchen Anne Frank trotz seiner Jugend zum Opfer fiel. Wenn die Verkehrspolizei ihre Aufgabe nicht mehr erfüllen kann, ist das eine Herausforderung für die Politiker, die Verwaltung der Stadt Wiesbaden entsprechend aufzustellen. Stattdessen auf das unheilvolle Denunziantentum zu setzen, ist aus meiner Sicht bei der deutschen Vergangenheit katastrophal und eine beleidigende Schande für diese Stadt.

Fazit

Der Ordnungsbehörde Polizei kommt besondere Bedeutung als wesentliche Ebene für die Durchsetzung der Gesetze und staatlicher Gewalt zu. Die Arbeitsbedingungen sind wegen Überlastungen und teilweise zu geringer Personalstärke schwierig. Viele Polizeibeamten fühlen sich bei der Verfolgung und Ahndung von Straftaten von der Politik und Justiz im Stich gelassen. Aufgrund ihrer Nähe zum Geschehen hat die Polizei oft einen ganz anderen Blick als die Politik, die politisch unerwünschte Realitäten schönredet anstatt zu handeln. Besonders fragwürdig ist das Verhalten der Justiz bei Straftaten gegenüber Polizisten, das wiederum mit Anlass für polizeiliche Übergriffe sein kann. Sowohl Übergriffe gegen Polizisten als auch von Polizisten werden strafrechtlich häufig nicht oder kaum verfolgt. Von der Polizeiführung werden mitunter rechtswidrige Einsätze angeordnet, die von den Innenministern meistens verteidigt werden, selbst wenn Gerichte diese teilweise als Rechtsbruch verurteilen. Die Polizei setzt nur sehr selten Schusswaffen ein, wenn aber häufig mit tödlichen Folgen.

Besonders fragwürdig sind Einsätze von polizeilichen Sonderkommandos, insbesondere mit Todesfolgen für politische Straftäter, bei denen offensichtlich der Tathergang verschleiert wurde . Ebenso fragwürdig sind Reformen der Polizei, die durch umfassendere Ausbildung, allumfassende Regelvorschriften, Einsatz von mehr Technik und Öffnung des Polizeidienstes für Personen ohne deutsche Staatsbürgerschaft auf mehr Effizienz der eingesetzten Beamten abzielen. Dadurch verschwindet die früher bestehende Nähe zwischen Polizei und Bürger, was wahrscheinlich politisch durchaus gewünscht ist, um ein einheitliches Vorgehen in der Strafverfolgung durchzusetzen. Der Verlust der Bürgernähe bringt aber auch Nachteile für die Polizeiarbeit, denn damit verliert sie auch die früher verbreitete Unterstützung durch Zusammenwirken mit den Bürgern. Letztlich sinkt auch ihre Akzeptanz beim Bürger. Heute wird die Polizei öfter eher als abgehobene Elite wahrgenommen. Diese Erscheinungen und die Entwicklungen sprechen für eine merkliche Erosion des deutschen Rechtsstaates. Zudem wird im 24. Grundrechtsreport zur Lage der Bürger und Menschen, an dem u. a. die Organisation „Die neue Richtervereinigung" mitwirkte, ein Versagen von Grundrechten aufgrund der Ausweitung polizeilicher Befugnisse festgestellt (WK 3.6.2020). Eine sehr bedenkliche Feststellung über das Wirken der Institution, der die Durchsetzung des Rechts im demokratischen Deutschland obliegt. Das kann weder der Polizeiarbeit noch dem inneren Zusammenhalt des deutschen Staates dienen. Diese von der Politik eingeleitete äußerst fragwürdige Entwicklung ist jedoch der Polizei nicht anzulasten, denn sie hat darauf kaum Einfluss, weil sie nach unserem Staatsmodell alleine ausführendes Organ ist.

2.2.2 Der Überwachungsstaat?

Die Sicherheits- und Ordnungskräfte waren schon immer an möglichst umfassende Informationen über die Bevölkerung interessiert. Das ist verständlich. Je mehr sie über die/den Einzelne/n wissen, umso eher können sie bei Straftaten den/die Täter erkennen, ermitteln und fassen. Bei entsprechendem Datenzugang gibt es ganz andere Möglichkeiten zur Prävention. Geplante Taten lassen sich ggf. bereits im Zeitraum der Planung und Vorbereitung erkennen. Durch Abschöpfung und Auswertung der heute vorhandenen umfassenden Daten sind die Verhaltensmuster nahezu jedes Bürgers frühzeitig erkennbar, auch wie weit dieser zu Straftaten neigen könnte, so dass man ihn im Auge behalten kann. Das große Dateninteresse von Polizei und Ordnungsbehörden genauso von Finanzämtern ist somit von der Aufgabenstellung dieser Staatsbereiche völlig verständlich und nachvollziehbar. Dadurch können die Beamten ihre Aufgaben effizienter, sicherer und wirksamer wahrnehmen. Das war schon immer so. Das galt im letzten Kaiserreich, wie unter der NS-Herrschaft oder für die DDR, wobei hier in keiner Weise die NS-Zeit mit ihren schrecklichen Gräueltaten mit den anderen ehemaligen deutschen Staatssystemen auf eine Stufe gestellt werden soll.

Die Brisanz liegt heute in den umfassenden Datenmengen, die von jedem Bürger durch unterschiedliche Institutionen erhoben werden. Sie haben längst ein weitaus umfassendes Niveau erreicht als in den angeführten früheren deutschen Staatssystemen. Mit den heute von den unterschiedlichen Systemen erfassten Date, wie auch denen der Krankenkassen, der Handys oder der Navigationsgeräte und Daten von den Steuerungscomputern, die in den Autos eingebaut sind, oder vom bargeldlosen Zahlungsverkehr, haben wir das Potential für eine totale Bürgerüberwachung, das längst über die Horrorversion hinausgeht, die Orwell in seinem Buch „1984" darstellt. Orwell beschrieb vor 74 Jahren eine totale Staatsdiktatur, die auf räumlicher, visueller und phonetischer Erfassung sämtlicher Lebensbereiche der Bürger beruhte, der sich keiner entziehen kann. Als das Buch erschien, war die Nazi-Herrschaft erst wenige Jahre her. Deshalb waren viele entsetzt angesichts des enormen Machtpotentials, dass der gläserne Bürger Diktaturen ermöglicht. Nun, die Bundesrepublik Deutschland ist keine Diktatur, aber zweifelsfrei sind unser Staat und seine Handlungen auch nicht mehr. Das belegen auch die oben angeführten Rechtsbrüche auf höchster Politikebene oder dass die Parteidisziplin bei Parlamentsentscheidungen meistens noch vor dem Gewissen der Parlamentsabgeordneten steht. Wie oben dargelegt wurde, basieren unsere Gesetze mitunter durchaus auf fragwürdigen Grundlagen. Deshalb wirft deren uneingeschränkte Umsetzung durch umfassende Informationen über jeden Bürger, im Sinne des „gläsernen Bürgers", Zweifel auf.

Die riesigen Datenmengen der unterschiedlichsten Erhebungsinstitutionen umfassen also nahezu alles. Von daher ist die Neigung der Ordnungsbehörden darauf zuzugreifen nur verständlich, denn damit könnten sie eben ihre Aufgaben wesentlich effizienter und wirksamer wahrnehmen. Ein Zweifel oder gar Kritik an den Vorgaben und Gesetzen und Verwaltungserlassen, deren Einhaltung sie überwachen, kann ihnen wie oben angesprochen (2.2.1) nach dem deutschen Staatsmodell der Gewaltenteilung kaum obliegen. Deshalb gelten für sie die angeführten Zweifel nicht. Für den Bürger sieht das anders aus. Die Daten können zwar durchaus bei der Aufklärung von Straftaten helfen, sie können aber auch umgekehrt schnell zu seinem Nachteil Verwendung finden. Wie hilfreich sie bei der Aufklärung von Straftaten sein können, wurde 2019 in einem Strafprozess einer Innenstadtraserei deutlich. Die Auswertung der Autodaten ergab, dass der angeklagte Fahrer des gemieteten 500-PS starken Autos mit bis zum Anschlag durchgetretenen Gaspedal über eine Innenstadtkreuzung gerast ist. In dem Fall hat die Datenerfassung zu einem gerechten Urteil beigetragen. Zugleich wurde damit aber auch deutlich, wie genau Autofahrten sich im Nachhinein sichtbar machen lassen. Das gilt letztlich für jede Fahrt mit einem moderneren Auto. Im Frühjahr 2020 berichtete eine Zeitung von einem Anwalt, der deshalb ein recht altes Auto aus einer Zeit fährt, in der es diese Datengeräte noch nicht gab. Mit den heutigen Steuerungscomputern in Autos lässt sich schließlich auch ohne eingebautes Navi jede Fahrt, einschließlich der Aufenthaltsorte und Aufenthaltsdauer bis hin zu der Art, wie das Fahrzeug chauffiert wurde, rekonstruieren. Hier wurde ein enormes Überprüfungspotential geschaffen. Das gilt auch, weil bei einem Großteil der Bundesbürger die Steuerehrlichkeit eher rückläufig ist, da sie die Steuern und auferlegten Abgaben schon lange als ungerecht empfinden. Deshalb wird es nur eine begrenzte Zeit dauern, bis die Finanzämter Zugriff auf die Daten beruflich genutzter Kraftfahrzeug nehmen wollen, zunächst als seltenen Ausnahmefall, der bald danach zum Regelfall wird. Die Handhabung der Finanzämter für den Zugang zu den Bankdaten der Bürger hat sich schließlich binnen weniger Jahre von der ursprünglichen Ausnahmeanfrage längst zunehmend zur Regelabfrage gewandelt. Das dürfte auch für andere Bereiche bevorstehen, wenn die Behörden erstmal den Datenzugang haben.

Die Bereitstellung sehr persönlicher Daten erfolgt aber selbst durch sehr viele Bürger, oft sogar noch weitaus umfangreicher als von staatlichen oder anderen Institutionen. Die Selbstdarstellung in den sozialen Medien, wie Facebook oder Twitter, bietet eben auch für Dritte umfassende Einblicke in die Lebensumstände, die Gewohnheiten und Lebensausrichtung vieler Person. Je nachdem, in welchem Maße sich jemand dort vor- und darstellt, können Psychologen und ggf. andere daraus Persönlichkeitsprofile entwickeln. Die können nicht nur Behörden, sondern durchaus auch private Akteure interessieren und nutzen. Das geschieht u. a. längst für Werbezusendungen und Werbestrategien bis hin zur politischen Agitation oder auch für „Durchleuchtungen" bei Arbeitsplatzbewerbungen. Beispielhaft sind auch die Möglichkeiten, die in Staubsaugerroboter liegen. Durch die Saugbewegungen des Roboters lassen sich selbst die Wohnungsgrundrisse seiner Einsatzorte exakt rekonstruieren (WK 13.12.2019).

Seit 2018 sind Sprachassistenten auf dem Markt, die vom Phonogerät, der Fernbedienung wie vom Fernseher oder auch vom Handy aus eingesetzt werden. Damit können aber letztlich auch Gespräche belauscht werden und je nach Gerät auch Bildübertragungen visuell erfolgen, obwohl sie mit dem betreffenden Gerät nichts zu tun haben, aber eben in dem gleichen Raum getätigt werden. Das gilt auch für Spielzeug, z. B. für Puppen, mit denen Kinder eine eingeschränkte Kommunikation führen können. Die Anbieter wie Amazon versichern zwar, dass Daten/Infos nicht gespeichert werden oder nur kurzfristig, um daraus Erkenntnisse zum Nutzen des/der Kunden zu ziehen. Laut Presseberichten gibt es inzwischen dafür auch großes Interesse von Polizei und Staatsanwaltschaften. Im Sommer 2019 war angestrebt, dass die Innenministerkonferenz einer entsprechenden Empfehlung erteilt (WK 6.6.2019). Die Begründung dazu: um die Daten zur Aufklärung schwerwiegender Verbrechen wie Terrorismus zu nutzen. Aus dem Haus des Bundesinnenministers erschallte der Ruf: „Zum Wohle der Kriminalitätsbekämpfung dürften Daten smarter Haushaltsgeräte den Sicherheitsbehörden nicht verschlossen bleiben." Die Innenministerkonferenz in Kiel wird sich damit befassen. Das zeigt eine beängstigende Richtung der Politik. In Anbetracht der in Deutschland äußerst geringen Opferzahl durch Terroranschläge, die seit längerem jährlich nicht mal 0,01 % der Verkehrstoten ausmacht, wird die gesamte Bevölkerung unter Verdacht gestellt, um diesen Zugang zu rechtfertigen. Das ist derart absurd, dass die Akteure von Polizei und Politik das selbst kaum glauben dürften, zumal Attentäter wie Amri ja durchaus überwacht wurden, aber die Attentate dennoch nicht verhindert werden konnten. Hier wird vielmehr die angebliche Terrorgefahr als Vehikel zur Einführung von Voraussetzungen für umfassende Bürgerüberwachung genutzt. Eine Erosion und gefährliche Entwicklung für eine rechtsstaatliche Demokratie!

Die heute häufiger getragenen Fitnessarmbandbänder machen ebenfalls Versicherte zu gläsernen Patienten. In New York sammeln z. B. Krankenversicherer damit die Daten ihrer Kunden. Sie zahlen den Leuten Prämien, wenn sie damit nachweisen, ihren Körper gut in Schuss zu halten. Die Tagespresse berichtet bereits 2015, dass auch deutsche Krankenkassen schon länger „Aktiv-Prämien" als Fitness-Anreiz anbieten. Bislang liefen die Angebote ganz klassisch mit Scheckheft und Sammelpunkten, wobei vor fünf Jahren dagegen noch erhebliche Vorbehalte bestanden (WK 26.2.2015). Die Entwicklung geht aber auch in Deutschland weiter. Manche Krankenversicherer schicken inzwischen auch in Deutschland ihren Versicherten Smart-Watches zu und zahlen Prämien, wenn sie bestimmte Fitness-Ziele erreichen.

In dem Zusammenhang kommt auch der Diskussion über die Einführung einer elektronischen Patientenakte Bedeutung zu. Dadurch wird ein Arzt schnell und umfassend informiert und es können viele ansonsten anstehende Doppeluntersuchung vermieden werden. Das überzeugt, denn die Vorteile sind offensichtlich. Aber zugleich können sich daraus für den einzelnen Bürger gravierende Nachteile ergeben, so z. B. bei Führerscheinentzug nach einer Alkoholfahrt. Wenn bei dem Alkoholsünder über 1,6

Promille festgestellt werden, ist eine so genannte MPU (Medizinisch-Psychologische-Untersuchung) erforderlich. Dabei wird von der Grundannahme ausgegangen, dass eine Person, die noch mit 1,6 Promille oder höheren Alkoholgehalt Auto fahren kann, alkoholabhängig ist und dass bei Alkoholabhängigkeit die Verlässlichkeit fehlt, die für die Erlaubnis zum Führen eines Kraftfahrzeuges erforderlich ist. Deshalb muss die betreffende Person i. d. Regel peinlichst überprüft den Nachweis erbringen, dass sie mindestens ein Jahr lang absolut abstinent gelebt hat.

Eine elektronische Patientenakte würde die Blutwerte über einen längeren Zeitraum, ggf. über etliche zurückliegende Jahre erfassen und damit ganz andere Rückschlüsse erlauben, nämlich wie viel und über welchen langen Zeitraum Alkohol konsumiert wurde. Die Führerscheinbehörde hätte zwar keine Zugriffe darauf, was auch heute gilt, aber ohne die Freigabe zur Dateneinsicht erteilt die Führerscheinbehörde bei Alkoholverfehlungen keine Fahrerlaubnis. Deshalb liegt in der elektronischen Patientenakte ein weiter Schritt zum gläsernen Bürger, der mit hoher Wahrscheinlichkeit später von den Behörden genutzt wird. Ggf. gehört die Überprüfung der Gesundheitsdaten dann zum Regelvorgang bei Alkoholsündern und der Algorithmus im Behörden-PC sortiert automatisch die Delinquenten aus, denen aufgrund der langen Zeitdauer vorangegangenen Alkoholkonsums dauerhaft die Fahrerlaubnis entzogen wird. Die Problematik liegt in der Interpretation der Daten auf dem der Algorithmus begründet ist. Das gilt umso mehr, da in der Verwaltung, oft auch in der Politik ein völlig falsches Objektivitätsverständnis für Wertungen besteht, dass sich schon der Formulierung Wertung nach objektiver Kriterien oder gar nach wissenschaftlich objektiver Kriterien ausdrückt. Die Werttheorie weist eindeutig nach, dass Wertungen nie objektiv sondern letztlich stets nur subjektiv erfolgen, was weiter unten noch erläutert wird *(2.4, S.181-183)*.

Welchen hemmungslosen Eifer die Polizei für den Datenzugriff entwickelt, wurde auch im Juli 2020 wegen des Zugriffs auf Coronadaten ersichtlich. Die Vorgaben für die Öffnung von Gaststätten verlangen, dass jeder Gast seinen personenbezogenen Daten, nämlich Namen und Anschrift sowie seine Aufenthaltszeit, auf den dafür ausgegebenen Frageblättern angibt. Laut Berichten des SWR (Südwestdeutschen Rundfunks) dienen diese Angaben jedoch nicht allein zur Nachverfolgung evtl. Coronainfizierungen, sondern werden auch für polizeiliche Ermittlungen genutzt. Die Polizei kann ohne richterlichen Beschluss auf die Gästelisten zurückgreifen. Das gilt ggf. zur Aufklärung von Sachbeschädigungen, aber auch eines Falschparkens in der Nähe einer Gaststätte (WK 23.7.2020). Presseberichte belegen, dass ein derartiger Datenzugriff längst Praxis ist (WK 3.8.2020). Dafür spricht die Empörung einer rheinland-pfälzischen Ordnungsbehörde, dass die Zeitung diese übliche Vorgehensweise der Polizei in ihrem Bericht publik machte (WK 29.7.2020). Für den Großteil der vielen Datenerhebungen scheinen sich die deutschen Ordnungsbehörden immer zu interessieren. Deshalb ist es verständlich, dass Personen bei personenbezogener Datenerfassung zunehmend mehr falsche Angaben machen . Daher sind auch die großen und steigenden Bedenken gegen die an sich sinnvolle elektronische Krankenakte nachvollziehbar und verständlich. Der Staat handelt im gesetzlichen Graubereich und wundert sich, dass der Bürger das dann ebenfalls macht.

2015 wurde in der Presse auch vom Einsatz von verdeckten Ermittlern in der Heidelberger Studentenszene berichtet. Ihren Einsatz begründete die Polizei mit ihrem Bemühen Straftaten zu verhindern. Da sich der Einsatz aber nicht nur auf Zielpersonen beschränkte, sahen das die Kläger aus der Studentenschaft anders. Es ging es wohl vielmehr darum, die Beziehungen von politisch aktiven Menschen in der Region zu erforschen. Das Gericht ließ erkennen, dass es den Angaben der Kläger und nicht denen der Polizei Glauben schenkt (WK 27.8.2015).

Laut Presse des letzten Jahres testete die Polizei und Zoll seit 2010 ein Programm zur Fahndung digital automatisierte Gesichtserkennung. In diesen Test wurden damals 1.673 Fälle erfasst. Damit können an publikumsfrequentierten, sicherheitsrelevanten Örtlichkeiten, wie Bahnhöfen, die Gesichter sämtlicher Personen gescannt werden, um sie mit einem Programm mit den Gesichtern gesuchter Personen abzugleichen. Bis 2017 stieg die Anzahl der Überprüfungen auf 27.436 Fälle. Die Trefferquote betrug zunächst gerade 6,6 % und stieg bis 2017 lediglich auf 12,7 %. Inzwischen konnten bereits 18 % der Personen identifiziert werden. Da das Programm darauf basiert, jede Person abzuscannen, haben Datenschützer erhebliche Bedenken (WK 21.3.2018). Das Programm fundiert schließlich auf einem anlasslosen Anfangsverdacht gegenüber jedem Bürger. Deshalb ließ der Innenminister diesen Passus aus dem Entwurf für das neue Bundespolizeigesetz streichen (WK 31.1.2020). Es fragt sich, wie lange? Einer anderen Polizeimaßnahme dient zur Geschwindigkeitskontrolle. Dazu erfassen am Anfang und Ende einer Strecke mit Geschwindigkeitsbeschränkung Radargeräte die Kennzeichen jedes vorbeifahrenden Autos, um daraus die Durchschnittsgeschwindigkeit zu ermitteln und bei Übertretungen zu ahnden. Aufgrund der erheblichen Bedenken vom Datenschutz wurde aber dieses Verfahren im Gegensatz zu Österreich, Niederlanden und Belgien bislang in Deutschland nicht angewandt. Nach neuen, im September 2020 erfolgten Gerichtsentscheidungen ist diese Überprüfung nun auch in Deutschland rechtlich zulässig.

Inzwischen werden so genannte Staatstrojaner eingesetzt. Mitglieder des Chaos Computer Clubs haben das Ausspähprogramm des Staatstrojaners gehackt und analysiert. Der große Bruder sieht und hört mit, durchleuchtet nicht nur den Computer, sondern die gesamte Privatsphäre. Demnach ermöglicht der Staatstrojaner eine totale Überwachung von Computern bis hin zum großen Lausch- und Spähangriff per Audio- u. Videoüberwachung. Genau das hatten die Richter des Karlsruher Verfassungsgerichtes 2008 mit einem richtungsweisenden Urteil, dem sogenannten Computerrecht, zur Online-Überwachung ausdrücklich ausgeschlossen. „Grundrechtsverletzungen über Internet und der damit programmierten Verfassungsbruch durch Eindringen in die

Privatsphäre auf ganz neuen Wegen sollten ausgeschlossen werden. Der Regierungstrojaner sei offenbar ein bewusster und gewollter Verstoß gegen ein Urteil des Bundesverfassungsgerichtes, klagt der Ex-Innenminister Burkhard Hirsch, der in seiner Amtszeit dazu auf die Klarstellung durch das Verfassungsgericht gezielt hinwirkte und diese dann auch erreichte. Aber, man hält sich heute nicht mehr daran." Der Experten Andreas Herholz sieht den Verdacht, „… dass Politik und Polizei den Richterspruch und die verfassungsrechtlichen Grenzen schlichtweg ignorieren". „Nicht nur das Grundgesetz und ein Urteil des Bundesverfassungsgerichtes werden dann missachtet. Es steht letztlich nicht weniger als der Vorwurf des staatlich gebilligten oder gar angeordneten Verfassungsbruchs im Raum." (WK 11.10.2011). Wenn die Behörden die Vorgaben des Bundesverfassungsgerichts nicht einhalten, schwinde das Vertrauen der Bürger, warnte 2011 die FDP-Bundesjustizministerin S. Leutheusser-Schnarrenberger (WK 11.10.2011). Da werden Rechte und Verfassung von Ermittlern mit Füßen getreten und die politischen Verantwortlichen wiegeln ab. Hier müsste viel mehr Druck von Presse und Medien auf die verantwortlichen Politiker ausgeübt werden.

Zudem bescheinigte der Chaos Computer Club den staatlichen Überwachungsprogrammen eklatante Sicherheitsmängel, wegen offenbar dilettantischer Verschlüsselung. Nach Einschätzung von Experten wie A. Herholz sind damit große kaum kontrollierbare Unsicherheiten für den Bürger verbunden (WK 10.10.2011). Wenn der Staatstrojaner derartige Sicherheitsmängel aufweist, werden auch Kriminelle diese Schwachstelle zum Nachteil von Bürgern nutzen. Die Sicherheitslücken des Trojaners bringen die Gefahr von Manipulation. Über die Staatstrojaner können zudem auch leicht weitere Spähsoftwaren von anderen Akteuren auf den PC eingespielt werden, so Nachladefunktionen, mit denen eine Durchsuchung der Festplatte ermöglicht wird (WK 17.10.2011). Der damalige Bundesinnenminister Friedrich verteidigte den Trojanereinsatz, den er damals trotz des Urteils des Bundesverfassungsgerichtes für rechtlich zulässig hielt. Bundesinnenminister Friedrich gab aber an, dass der Bund den Trojaner nicht einsetzt. Die Verantwortung liegt somit auf Landesebene. Von zwei Bundesländern wurde bereits der Einsatz bekannt.

Ein Rechtsanwalt aus Bayern belegte, dass bei einem seiner Mandanten der Trojaner auf einer seiner Festplatten gefunden wurde. Die Software ist laut Auskunft des bayrischen Innenministers Hermann einem Ermittlungsverfahren von 2009 zuzuordnen. Nach Einschätzung des betreffenden Anwalts hatten Zollbeamte bei einer Kontrolle auf dem Flughafen München die Spionage-Software auf den Computer seines Mandanten gespielt. Die Zollbeamten unterstanden dem damaligen Bundesinnenminister Friedrich. Für die Telefonüberwachung kann das zulässig sein, aber es wurden von den Beamten auch Screenshots von der Bildoberfläche gemacht. Das war eindeutig rechtswidrig, denn alles, was der Bildschirm abbildet, können dann die Fahnder auch lesen (WK 11.10.2011).

In Hessen hat eine Initiative von mehreren Institutionen gegen den Einsatz des Staatstrojaners Beschwerde beim Bundesverfassungsgericht eingereicht. Ihr Vorwurf: Damit nutze die Polizei Sicherheitslücken auf fremden Rechnern, um dort ihren Trojaner zu praktizieren. Es ist aber nicht Aufgabe des Staates solche Lücken zu nutzen, sondern sie zu schließen, um die Sicherheit der Bundesrepublik und ihrer Bürger zu gewährleisten. Laut Presseberichte gibt es mittlerweile einen regelrechten Schwarzmarkt für Schwachstellen von IT-Systemen. Wenn die hessische Polizei solche Schwachstellen kaufen kann, kann das auch die organisierte Kriminalität. Das hessische Trojanerprogramm ermöglicht umfassende Persönlichkeitsbilder mit lückenlosen Einblicken in die Privatsphäre. Ein solcher schwerer Grundrechtseingriff sei nur bei konkreter Gefahrenabwehr rechtmäßig. Das Programm wird aber schon bei Verdachtsfällen eingesetzt. Damit werde den Strafverfolgungsbehörden ermöglicht, den technischen Fortschritt zur frühzeitigen Verhinderung schwerer Straftaten zu nutzen. Die Beschwerde richtete sich auch gegen das hessische Verfassungsschutzgesetz mit weitreichenden Möglichkeiten verdeckter Ermittlung wie der Ortung von mobilen Funkgeräten und Überwachung von Reiserouten. Diese Daten können zudem nahezu voraussetzungslos an andere öffentliche Stellen und ausländische Regierungen weitergeleitet werden (WK 3.7.2019).

Die Finanzämter entwickeln gleichfalls großes Ausspähinteresse. Aus der 2001 für Finanzämter zur Terrorismusbekämpfung geschaffenen Möglichkeit der Abfrage von Bankkonten ist längst, wie oben angeführt, nahezu eine Regelabfrage geworden. Mit der Terroristenbekämpfung hat das nichts mehr zu tun, denn derart viele Terroristen und Terrorunterstützer gibt es hier nicht. Hier wurde der Terrorismus offensichtlich als Mittel zum Zweck für den weitgehenden Einblick des Staates in die Bankgeschäfte des Bürgers missbraucht. Zudem bekamen für den Datenzugang längst weitere Stellen das Recht, neben den Finanzbehörden nun auch die Sozialbehörden und seit 2005 Gerichtsvollzieher. Die Zahl der Kontenabrufung, die 2005 noch etwa bei 10.200 lag, ist bis 2018 bereits auf 796.600 Abfragen gestiegen. Steuerbehörden haben 196.000 Konten von Bürgern eingesehen, 108.000 davon waren Finanzämtern und 556.000 Gerichtsvollzieher. Jedes Jahr klettert die Anzahl der Abfragen, aber die Bundesregierung setzt der Entwicklung kein Ende, wie die Fraktionsvorsitzende von Bündnis 90/Die Grünen K. Göring-Eckhardt darlegte. Sie sieht die Notwendigkeit einer gesetzlichen Klarstellung, damit die Kontenabfrage eine Ausnahme ist und nicht die routinemäßig eingesetzte Regel (WK 1.4.2015). R. Breidenbach bemerkte 2019, das Bankgeheimnis im ursprünglichen Sinn gebe es nicht mehr. Bürger und Bankkunden sind gläsern. Die Steuerprüfung ist nahe am Schnüffelstaat. Man kann auf den folgenden Gedanken zur Konteneinsicht kommen: „Schau mer mal, wird sich schon was finden." Wenn das so ist, ist die Explosion der Abfragen erklärbar, und der Staat greift auch gerne mal bei solchen Bürgern zu, die nicht in der Lage sind mit Anwälten dagegenzuhalten (WK

10.4.2019).

Die Gefahren des in der heutigen digitalen Welt möglichen Datenzugriffs werden im Ausland deutlich. Staaten wie China und Saudi-Arabien haben Social Scoring eingeführt, die das Wohlverhalten aller oder ausgewählter Bürger staatlich erfasst, bewertet und ggf. sanktioniert. In China werden z. B. Bürgern Zugfahrten mit der Begründung untersagt, sie hätten das Vertrauen der Regierung gebrochen. Wer in China drei Knöllchen für Falsch-Parken erhalten hat, darf nicht mehr mit dem dortigen ICE fahren. Die Regierung hat dort eine Datenbank angelegt, in der das Fehlverhalten der Bürger gespeichert wird. Umgekehrt kann Wohlverhalten auch belohnt werden. In Deutschland setzt der Datenschutz dem strenge Grenzen – aber einige Dammbrüche gab es schon. Unter dem ehemaligen Justizminister Heiko Maas wurde ein Gesetzesentwurf vorgelegt, mit denen Väter, die sich um ihre Unterhaltszahlung drücken, mit Führerscheinentzug bestraft werden sollen. Gleichfalls gibt es Überlegungen jungen Straftätern als Sanktion den Führerschein zu entziehen, auch wenn deren Tat nichts mit dem Führen eines Kraftfahrzeuges zu tun hat. Die Privatwirtschaft zieht nach. Amazon gibt laut Pressebericht Noten in Call-Centern, nach denen Kunden, die häufig Waren zurückschicken, nicht mehr beliefert werden sollen (WK 15.3.2016). In Anbetracht der für den Online-Handel dominierenden Stellung der Vertriebsplattform von Amazon, beinhaltet das eine erhebliche Einschränkung für betroffene Kunden. Bei der Einführung einer digitalen Gesundheitsakte dürfte, wie oben dargelegt, ebenfalls schnell großes Interesse für einen Zugriff, etwa durch die Führerscheinbehörden, entstehen. Besonders alarmierend sind neuste Forschungen, die aus Gehirnströmen die Rekonstruktion von Daten ermöglichen, denn dann ist es nur noch ein kleiner Schritt, um Gedanken lesbar zu machen.

Das Bedenkliche an dieser Entwicklung ist, dass die Innenminister von Bund und Ländern, also die Personen, die die höchste Verantwortlichkeit für die Einhaltung unserer Verfassung und die

Umsetzung des darauf basierenden Rechtes haben, sich nicht danach verhalten. Aus pragmatischen Gründen setzen sie sich über Recht hinweg, selbst wenn es sich um Urteile des Verfassungsgerichts handelt. Das ist eine ausgesprochen schwerwiegende Gefährdung unserer Demokratie und des deutschen Rechtsstaates. Das gilt umso mehr, da diese Übertretungen bzw. Missachtungen höchsten Rechts ausgerechnet auch von Ministern erfolgen, deren Amtsbereich an erster Stelle für die Einhaltung der Rechtsstaatlichkeit zuständig ist. Sie setzen sich anscheinend bedenkenlos über das in der Verfassung verbriefte Recht hinweg. Eine bedauerliche, beängstigende Abwärtsentwicklung. Früher war das mal anders, etwa als die ehemalige FDP-Bundesinnenminister Burkhard Hirsch 2007 und Bernhard Baum dafür zuständig waren.

2008 hat Hirsch gegen das Ausspähen der Bevölkerung durch Behörden das Bundesverfassungsgericht mobilisiert. Seine Aktivitäten waren der Anstoß für eine gesetzliche Klärung des Bundesverfassungsgerichts, nachdem eben der Staatstrojaner nicht verfassungskonform und zulässig ist. Baum hatte ebenfalls gegen das Bundeskriminalamtsgesetz von 2008 erfolgreich Verfassungsbeschwerde eingelegt, was 2009 zu einem entsprechenden Urteil des Verfassungsgerichtes führte. Inzwischen gilt aber offenbar die Rechtsstaatlichkeit nicht mehr, die gegenüber früheren deutschen Staatssystemen, etwa der DDR, so gern hervorgehoben wird. Außerdem, wenn sich die Spitzen der Politiker nicht an geltendes Recht halten, warum soll das dann der einfache Bürger tun? Hier zeichnet sich eine höchst bedenkliche marode Entwicklung in unserem Staatswesen ab.

Fazit

Der Datenzugang ist eine wichtige Arbeitsvoraussetzung für Sicherheits- und Ordnungsbehörden. Je umfassender die Möglichkeiten sind, umso günstiger sind die Voraussetzungen dieser Behörden für erfolgreiches, effizientes Handeln zur Aufklärung von Straftaten bis hin zur verhindernden Prävention. Deshalb ist deren „Datensucht" verständlich. Die digitale Entwicklung brachte enorme Möglichkeiten, die dem „gläsernen Bürger" nahe kommen. Dessen Gesetzestreue und -einhaltung sind damit umfassend und zeitnah überprüfbar, wenn die Ordnungsbehörden umfassenden Datenzugriff erhalten. Einen derart umfassenden Zugriff lässt das Grundgesetz aus wohldurchdachten Überlegungen seiner Verfasser nicht zu. Dennoch hält das die Ordnungsbehörden nicht von der sukzessiven Ausweitung ab, selbst wenn dadurch die Verfassung, geltende Gesetze und Vorgaben des Bundesverfassungsgerichts missachtet werden. Dieses Handeln ist ein Angriff auf die Rechtsstaatlichkeit der Bundesrepublik. Umso bedenklicher ist das Verhalten der zuständigen Minister und Politiker, die nicht derartige Aktivitäten unterbinden und auf die Einhaltung der Verfassung und Verfassungsgerichtsurteile hinwirken, obwohl ihr Amtseid sie dazu verpflichtet. Deshalb sind manche Aktivitäten der Sicherheitsbehörden und der dafür verantwortlichen Politiker angesichts der enormen Entwicklung im IT-Bereich äußerst beunruhigend. Wenn hier nicht von der Politik massiv und im Sinne der Verfassung verantwortungsbewusst gegengesteuert wird, spricht vieles für eine wachsende Gefährdung der deutschen Demokratie.

2.2.3 Außensicherheit Bundeswehr

Die Bundesrepublik Deutschland wurde 1956 mit der Einführung der Wehrpflicht bei umfassender Einbindung in die Nato wiederbewaffnet. Die Bundeswehr umfasste damals 600.000 Soldaten, die einen Beitrag zum Gegengewicht gegenüber dem Ostblock leisteten. Die Einbindung in die Nato ist angesichts der militärischen deutschen Vergangenheit aus meiner Sicht wichtig und richtig. Mit der Auflösung des Ostblocks sprachen sich Anfang der 90er Jahre manche Politiker, vor allem der Grünen, für die Abschaffung der Bundeswehr aus. Die Bundeswehr schien ihnen nun nicht mehr erforderlich. Das galt auch für manchen

SPD-Politiker oder Mitglieder anderer Parteien. Wie kurzsichtig diese Argumentation war, zeigt die geschichtliche Entwicklung mit der russischen Annexion der Krim. Da Russlands Präsident Putin für sein Land den Zerfall der Sowjetunion als die größte Katastrophe des letzten Jahrhunderts bezeichnete, nicht etwa den Überfall Hitlers mit Millionen von sowjetischen Opfern, steht die Besetzung der Krim im ganz anderen Licht. Ohne das militärische Gegengewicht der USA und Nato könnte es sonst zu weiteren derartigen Agitationen kommen, etwa gegenüber den baltischen Staaten. Angesichts dieser Entwicklung wird deutlich, dass militärischer Bedarf nie kurzfristig zu beurteilen ist, sondern die Langfristigkeit einbezogen werden muss.

Mit der deutschen Beteiligung am Afghanistaneinsatz seit 2002 und die Berufung von v. Gutenberg 2009 als Verteidigungsminister fanden zwei wesentliche Veränderungen statt. Der deutsche Einsatz wurde zunächst von der Kanzlerin und der Bundesregierung als friedenssichernde Maßnahme bezeichnet, weil eine Kriegsbeteiligung für die deutsche Politik nicht tragbar erschien. Der Verteidigungsminister stellte aufgrund der realen Gegebenheiten aber sehr bald klar, dass dieser Einsatz nach langläufigen Sprachgebrauch als Kriegseinsatz zu bezeichnen ist. Für die Soldaten war das ein positives Signal. Nun fühlten sie sich für ihren Einsatz wenigstens vom Verteidigungsminister ernst genommen. In Anbetracht der hohen Aufwendungen für diesen Einsatz sowie für weitere Einsätze reichten die bereitgestellten Haushaltsmittel bei weitem nicht aus. Deshalb setzte sich v. Gutenberg dann für die 2011 erfolgte Umwandlung in eine Berufsarmee ein. Besser eine kleine, aber gut ausgebildete und ausgerüstete Armee als eine große, der es an allen Ecken und Enden fehlt. Die Umstellung erfolgte bei gleichzeitiger Reduzierung der Truppenstärke von 600.000 auf 163.000 Soldaten.

Vor der Abschaffung der Wehrpflicht hatten viele junge Menschen in dem Dienst in der Bundeswehr einen Kriegsdienst gesehen, den sie aus Gewissensgründen verweigerten. Stattdessen leisteten sie ein soziales Jahr, insbesondere in der Alten- und Gesundheitspflege, Rettungsdiensten oder für ähnliche Einsätze. Mit dem Wegfall der Wehrpflicht ist die Bereitschaft für diese Dienste stark zurückgegangen, weil viele junge Menschen nach Schulabschluss verständlicher Weise lieber gleich in die Berufsausbildung gingen oder ein Studium begannen. Deshalb wirkte sich die Abschaffung der Wehrpflicht für den ohnehin darbenden sozialen Bereich nahezu katastrophal aus. Es gab größte personelle Einbußen für die laufenden Aufgaben, aber auch für den beruflichen Nachwuchs. Manche Zivildienstleistenden sahen in dieser Arbeit ihre Erfüllung und damit für ihre spätere Berufslaufbahn. Diese Problematik wurde von vielen Erkannt. Deshalb gab es alsbald Stimmen, die anstelle der angeschafften Wehrpflicht für die Verpflichtung für ein *Soziales Jahr* plädierten. Diese Überlegungen fanden in der Regierung unter Kanzlerin Merkel kein Gefallen, denn sie hätte Wählerstimmen kosten können. Heute, in Anbetracht des extremen Personalnotstandes in der Pflege und Altenhilfe, bedauert man das, aber nun ist diese Chance vertan. Eine heutige Einführung eines sozialen Pflichtjahres würde mit Sicherheit wesentlich mehr Wählerstimmen kosten, als damals zu befürchten war. Immerhin hat die CDU-Vorsitzende und Verteidigungsministerin im Sommer 2020 die Einführung eines Sozialen Jahres in die Diskussion gebracht, allerdings als freiwillige Leistung. Wenn die Konjunktur nach der Coronakrise wieder anläuft, fragt sich aber, welcher Widerstand dagegen von der Wirtschaft kommt, angesichts des demografisch bedingten Nachwuchsmangels.

Eine wesentliche Veränderung bewirkte die von 2014 bis 2019 amtierende Verteidigungsministerin von der Leyen. Frauen bekamen nun uneingeschränkten Zugang zum Dienst in allen Waffengattungen. Sie können somit auch Soldatinnen in Kampfeinheiten werden. Diese Veränderung wurde als großer Beitrag zur Gleichberechtigung der Frauen hervorgehoben, zumal damit auch die Bewerberzahl für den Militärdienst erhöht werden konnte. Diese Entwicklung und Neuerung stimmen aber zumindest ältere Bürger nachdenklich. Immerhin, selbst Hitler hat, als ihm durch die enormen Verluste der letzten Kriegsjahre die Soldaten ausgingen, sich bis zum Schluss davor gescheut, Frauen zum Kriegsdienst einzusetzen. Militärdienst kann spannend und unterhaltsam sein, solange es sich nur um eine Übung, also ein „Sandkastenspiel", handelt. Im Kriegsfall ist das schnell etwas ganz anderes. In Anbetracht von Fernsehberichten, wo junge Soldatinnen z. T. geschminkt und gut frisiert an Bundeswehrübungen teilnahmen, erscheint es fraglich, ob denen vermittelt wird, was Krieg in der Realität bedeutet. Krieg heißt auch andere Personen ggf. mit der Waffe in der Hand umzubringen, selbst zum Krüppel geschossen zu werden oder im Kampfeinsatz ggf. die Notdurft in die eigene Hose abzulassen und darin noch Stunden auszuharren, weil man die Deckung nicht verlassen kann. Was die Gegner, insbesondere wenn es sich um Islamisten handelt, an gefangenen weiblichen Soldaten mit sexuellenÜbergriffen anrichten, ist kaum vorstellbar.

Seit einigen Jahren berichtet die Presse vor allem über Pannen bei der Bundeswehr. Neue Ausrüstungen sind noch vor dem ersten Einsatz defekt. Piloten können nicht die vorgeschriebene Mindestzahl an Übungsflugstunden absolvieren, weil nicht genügend Flugzeuge einsatzfähig sind. Ähnliche Probleme gibt es bei den Panzern, die meisten U-Boote können wegen Defekten nicht tauchen. Das neue Transportflugzeug hebt oft nicht ab. Für das Segelschulschiff Gorch-Fock werden die in Millionenhöhe veranschlagten Sanierungskosten mindestens um das 13,5-Fache überschritten. Selbst die Regierungsflieger, die von der Bundeswehr gewartet werden, weisen hin und wieder größte Pannen auf. So konnte der Außenminister Maas wegen eines Maschinenschadens nicht wie vorgesehen auf einer UNO-Versammlung sprechen. Ein Bombardier Regierungsflugzeug ließ sich im Landesanflug wegen eines falsch eingebauten Teiles nur noch bedingt steuern. Den Piloten gelang es zwar das Flugzeug ohne Personenschaden notzulanden, aber danach war die Maschine schrottreif. Die Presse berichtet von weiteren Problemen. So ist die für manchen Auslandseinsatz erforderliche militärische Ausrüstung mitunter nur durch das Ausleihen entsprechender Ausrüstung von den in Deutschland stationierten Truppenverbänden zu beschaffen. Die Pannenserie setzt sich seit langem fort. Die für die Bundeswehr zuständige Ministerin von der Leyen hat das in ihrer langen, über fünfjährigen Amtszeit nicht in den Griff bekommen. Unter Frau v. der Leyen wurden immerhin erste Drohnen für die Bundeswehr angeschafft, aber nur zur Aufklärung und nicht bewaffnet für Kampfeinsätze. Dagegen sträuben bzw. stimmen etliche Parlamentarier im Bundestag. Der Widerstand gegen bewaffnete Drohnen schlägt auch der neuen Verteidigungsministerin Kramp-Karrenbauer entgegen, wie im Sommer 2020 vom Grünen Parteivorsitzenden Robert Habeck.

Nach deren Argumentation entscheiden statt Menschen beim Drohneneinsatz Algorithmen über den Waffeneinsatz (WK 14.6.2018), womit die Schwelle zum Töten gesenkt wird. Deshalb stellen sie sich gegen bewaffnete Drohnen. Der Einsatz von Algorithmen ist zwar nicht zwangsläufig durch die Bewaffnung von Drohnen gegeben. Das kann ausgeschlossen werden. Entscheidend ist die Festlegung der Algorithmen und die macht der Mensch auch für den Einsatz von Kampfdrohnen. Die Vorstellung und Argumentation mancher Politiker, dass für eine Drohnenbewaffnung erst der konkrete Bedarfsfall nachgewiesen werden muss, worüber dann der Bundestag zu entscheiden hat, ist absurd und völlig realitätsfern. Wenn die Bundeswehr im Kriegseinsatz, wie in Afghanistan, in einem Kampf verwickelt wird, dann geht es darum, schneller als der Gegner zu handeln und diesen auszuschalten. Wie, ob nur verwunden oder töten, dazu bleibt gar keine Zeit, wenn ein Soldat und seine Kameraden überleben wollen. Zudem handeln die Gegner auch nicht anders. Bei Islamisten ist außerdem damit zu rechnen, dass diese ganz gezielt möglichst viele Gegner töten, da es sich um Ungläubige handelt.

Die politischen Bemühungen müssten sich deshalb vor allem darauf ausrichten, die eigenen Soldaten optimal auszurüsten. Damit können sie eher ihren Einsatz optimal mit möglichst niedriger Selbstgefährdung leisten, so wie auch in jedem anderen Beruf eine optimale Ausrüstung/Ausstattung die Leistungsfähigkeit erhöht. Über den Einsatz der Ausrüstung sollten die entscheiden, die dafür umfassende Kenntnisse durch eine lange und gründliche Ausbildung haben und so umfassend und fundiert am besten in der Lage sind, Notwendigkeit und Angemessenheit für die jeweilige örtliche Situation einschätzen. Das sind nun mal weitaus eher die Soldaten vor Ort.

Darüber im Bundestag zu entscheiden, ist absurd. Denn das heißt, dass weitgehend militärische Leihen, die auch die jeweilige örtliche Situation nicht kennen können, darüber entscheiden, welche Waffentechnik an der Front eingesetzt werden darf. Zudem dürfte im Konfliktfall die für eine Parlamentsentscheidung erforderliche Zeit ohnehin viel zu lange dauern. Die politische Argumentation ist schon erstaunlich. In anderen Sachbereichen gibt es bezüglich der Qualität und Leistungsfähigkeit der Ausrüstung höchstens wegen der damit verbundenen Kosten Konflikte, aber kaum wegen Sachaspekten. Im militärischen Bereich, wo es schnell auch um das Leben der dort zum Einsatz hingeschickten Bundeswehrsoldaten geht, wollen jedoch fachliche Laien die Entscheidung treffen. Eine derartige Argumentation kann nur von Parlamentariern kommen, die bequem im Sessel des Bundestags sitzen und von Krieg und der jeweiligen Situation in Afghanistan keine Ahnung haben. Man sollte sie zwangsverpflichten, die Truppe in Afghanistan oder in Mali zu besuchen und mindestens an einem Einsatz außerhalb des Camps teilzunehmen.

Ich war zwar selbst nie im Krieg und auch nicht bei der Bundeswehr, aber ich habe mich in Anbetracht der vielen Verwandten, die im letzten Krieg als Soldaten ums Leben kamen (keine freiwilligen, sondern zwangsrekrutiert), und der großen materiellen Verluste, die meine Familie erlitt, mit dieser Materie ausgiebig beschäftigt. Für mich ist die Drohnendiskussion eine Verhöhnung der Soldaten und zugleich eine Leichtfertigkeit, die deren Leben kosten kann. Hier wäre es angebracht, wenn Politiker den Mut haben, ohne Wenn und Aber eine optimale Ausrüstung für die Soldaten zu fordern und denen die Einsatzentscheidung bei Kampfhandlungen freizustellen .

Fragwürdig sind für mich aber auch die vielen Traumatisierungsfälle der Soldaten. In Afghanistan und Mali werden schließlich nur Soldaten eingesetzt, die sich freiwillig dafür meldeten. Wenn die dann tatsächlichen an Kämpfen teilnehmen, sind einige danach traumatisiert. Das gilt inzwischen selbst für Soldaten, die lediglich Luftbilder auswerteten, auf denen auch die Opfer von Kampfhandlungen bzw. deren Reste abgebildet waren. Wie kann das sein? Wer sich als Soldat freiwillig meldet, lässt sich als Krieger ausbilden, d. h. im Schießen auf evtl. zukünftige Gegner. Genauso muss ihm bewusst sein, dass es im Kampf Tote und Schwerverletzte bis hin zum Krüppel gibt, sowie dass er und seien Kameraden dabei selbst zu Tode kommen können oder Krüppel werden. Wenn man das Buch von Jörg Friedrichs über den Bombenkrieg auf Deutschland liest und dazu das Fotobuch ansieht, bekommt man einen Eindruck, was die ältere Generation, die damals Kinder waren, erlebte, ohne dass da groß Traumatisierungen behandelt wurden. Ich habe selbst einen nahen Verwandten, der bei Greifswald mit sieben Jahren den Einschlag einer Bombe in einem Behelfsbunker miterlebte. Dabei wurde eine Familie – Eltern und ihre beiden Kinder –, die er gut kannte, derart zerrissen, dass ihre Reste wie Gulasch in den nahen Bäumen hingen. Nur einem puren Zufall hatte er es im letzten Moment zu verdanken, nicht dort selbst mit seiner Mutter und Geschwistern zu sterben. Genauso berichtet er mir vom Angriff auf das V-2-Gelände Peenemünde. Die Dorfkinder sahen zu, wie noch Tage danach die im Wasser aufgedunsenen Leichen der Besatzungen abgeschossener englischen Bombern geborgen wurden. Jörg Friedrichs berichte in seinem Buch *Der Brand* von

12- bis 14-jährigen Kindern, die sich morgens von ihren Eltern zum Schulbesuch verabschiedeten und am Nachmittag zu ihrem weggebombten Wohnhaus kamen und dann die Reste ihrer sehr verbrannten Eltern auf einen Handwagen in einer Wanne zum Friedhof brachten. Das hatten Kinder damals zu ertragen .

Für den Kampf ausgebildete Bundeswehrsoldaten sind ggf. schon nach dem ersten Kampfeinsatz traumatisiert oder gar, wenn sie nur Fotos davon sehen. Hier stimmt etwas nicht. Bei der Einstellungsprüfung der Bundeswehr müsste auch die psychische Eignung der Soldaten geprüft werden, ob sie sich wirklich mit diesem Beruf einschließlich seiner belastenden Schattenseiten vorab beschäftigt haben und sich dafür psychisch stark genug fühlen. Wenn nicht, sollte es die Einstellungsprüfung zeigen. Dabei könnte man auch den Bildband von Jörg Friedrichs über den Bombenkrieg mit vorlegen. Dann würden wohl zukünftige Bundeswehrsoldaten nicht schon durch die Auswertung von Luftbildern traumatisiert werden. Dann würden sich aber evtl. noch weniger junge Menschen für den Wehrdienst melden, und wahrscheinlich auch noch weniger Frauen.

Ein neues Konfliktfeld bahnte sich mit der Nachfolge des hoch betagten Bundeswehrjägers Tornado an. Einige Politiker, vor allem die Vorsitzenden der SPD, lehnen die Beschaffung eines Nachfolgermodells ab, wenn das, wie der alte Tornado, auch für den Einsatz mit Atomwaffen geeignet ist, ab. Sie begründen die Ablehnung mit dem Plädoyer für die Ächtung von Massenvernichtungswaffen und so von Atomwaffen. Ihr Anliegen der Ächtung ist berechtigt, nur läuft die weltweite Entwicklung umgekehrt. Die Anzahl der Atommächte wächst, wie sich auch der türkische Präsident Erdogan die Verfügbarkeit über diese Bombe wünscht. Die russische Annexion der Krim berechtigt Befürchtungen für die Staaten des Baltikums, wenn diese nicht durch eine gut gerüstete Nato gesichert werden. Zudem gehören Atomwaffen seit der Gründung der Nato zu deren Grundarsenal, schon um den Russen die Stirn bieten zu können. Über eigene

Atomwaffen verfügen zwar nur drei Nato-Staaten, aber für einen Kriegsfall ist der Einsatz dieser Waffen auch durch Flugzeuge von anderen Mitgliedsstaaten, wie eben auch der Bundeswehr, vorgesehen. Wenn die Bundeswehr diese Aufgabe für das deutsche Hoheitsgebiet nicht mehr wahrnimmt, würde die Luftwaffe anderer Nato-Staaten diese Aufgabe übernehmen. In dem Fall hätte Deutschland kaum noch Einflussmöglichkeiten über das Wann und Wie eines Atombombeneinsatzes von oder über seinem Gebiet.

Ein neues Thema ist die vom US-Präsident Trump geforderte Erhöhung der Bundeswehretats, was auch seine Vorgänger hin und wieder thematisierten. Natürlich spricht viel dafür, das Geld für viel sinnvollere, friedliche Maßnahmen auszugeben. Zugleich sollte man jedoch nicht außeracht lassen, dass wir ohne den Schutzschild der USA, gerade in Hinblick auf Russland, wesentlich mehr für die Rüstung aufwenden müssten. Unsere derzeitige Bundeswehr, in der ein erheblicher Teil – in einigen Bereichen über 50 % der schweren Waffen – wegen Defekten nicht einsatzfähig ist, dürfte Herr Putin kaum ernst nehmen. In Anbetracht der hohen Aufwendungen, die die USA für ihre in Deutschland stationierten Truppen leisten und die die deutschen Ausgleichszahlungen an die Amerikaner bei weitem überschreiten, war die Ankündigung Trumps über seinen Truppenabzug, trotz aller Vorbehalt gegenüber diesem Präsidenten, nachvollziehbar und verständlich. Warum soll er seine Soldaten hier zum Schutz eines Landes belassen, dass trotz bester Wirtschaftslage weit weniger als die USA für seine Verteidigung ausgibt und dessen Militär sich in einem jämmerlichen Zustand befindet. Hier hat unsere Regierung offensichtlich voll versagt. Um die Bundeswehr wieder zu einer hinreichenden Einsatzstärke zu bringen, mit der ein halbwegs ausreichender Landesschutz für Konfliktfälle zu sichern ist, sind vermutlich weit mehr als die von Trump geforderten 2 % der Landeswirtschaftsleistungen aufzuwenden. Hier zeichnen sich erhebliche Herausforderungen und Kosten für die Zeit nach dem Ende der Merkel-Kanzlerschaft ab.

Die Bundeswehr dürfte bei der Kanzlerin ohnehin einen nachrangigen Stellenwert haben. Sonst hätte sie wohl kaum die in diesem Feld unerfahrene Sozialpolitikerin von der Leyen mit diesem Ministeramt betraut und bei den anhaltenden, zudem noch zunehmenden Wehrproblemen diese längst abgelöst. Aus den brisanten Fragen, wie zum maroden Zustand wichtiger Ausrüstungsteile, zur politische Kontroverse wegen der erforderlichen Beschaffung neuer Düsenjäger und der im Konfliktfall möglichen Mitwirkung am Atombombeneinsatz, hält sie sich ebenfalls raus, anstatt hier zur Unterstützung der Bundeswehr und ihrer Ministerin klare Position zu beziehen. Das Gleiche gilt für den Mittelbedarf der Wehr und ihr bisheriges Schweigen zu dem vom Präsidenten Trump angekündigten Abzug seiner Soldaten. Hier wäre ein anderes Verhalten der Kanzlerin wünschenswert, um möglichen Schaden von Deutschland abzuwenden. Das könnte aber neue politische Konflikte hervorrufen, die ihr kaum nutzen. Deshalb ist in der ihr noch verbleibenden Amtszeit eher nicht mit einer klaren Positionierung zu rechnen. Inzwischen ist Trump jedoch nicht mehr im Amt. Der neue amerikanische Präsident verfolgt eine ganz andere Politik statt Truppenabzug eher eine Verstärkung, die voraussichtlich auch größere deutsche Verteidigungsaufwendungen mit großen Nachdruck einfordern wird.

Fazit

Die Bundeswehr ist vom Grundsatz her ein wichtiger Beitrag Deutschlands zur europäischen Partnerschaft in der Nato. Die Bundeswehr wurde vor allem aus Kostengründen von der großen Armee mit vielen Wehrpflichtigen zu einer kleinen gut gerüsteten Berufsarmee umstrukturiert. Nur die verkleinerte Armee ist inzwischen längst nicht mehr gut gerüstet, sondern infolge vieler Mängel und Defizite nur noch bedingt einsatzbereit. Das bringt für die Bundeswehr wegen der wachsenden Auslandeinsätze in Konfliktgebieten zusätzliche Probleme. Die Problematik der Mängel und Defizite wurde in der langen Amtszeit der

Verteidigungsministerin von der Leyen nicht bewältigt, sondern entglitt ihr offenbar immer mehr. Das könnte auch an den geringen Sachkenntnissen liegen, mit denen die Ministerin dieses Amt übernahm. Die Gleichstellung von Frauen für sämtliche Militäreinsätze kann auch fragwürdig und zweifelhaft gesehen werden. Das gilt gleichfalls für den Anspruch des Parlaments, über den Waffeneinsatz fernab vom Handlungsort zu entscheiden. Genauso fragwürdig ist die hohe Traumatisierungsquote nach Kampfeinsätzen der Soldaten, die selbst schon durch Fotos hervorgerufen werden kann. Hier stimmt etwas nicht. Ein Militär mit erheblichen materiellen Schwächen und Soldaten, die bereits bei wenigen Kampfeinsätzen oder selbst Fotos davon traumatisiert sind, oder Parlamentarier, die selbst als militärische Laien über den Waffeneinsatz bei Kampfhandlungen in fernen Einsatzgebieten bestimmen wollen, ist kaum noch glaubwürdig und wird wenig Einfluss auf das Verhalten eines aggressiven Nachbarn wie ggf. Russland haben. Bei dieser Entwicklung war der von Präsident Trump angekündigte Truppenabzug der USA nachvollziehbar. In Anbetracht der leider wachsenden Spannungen in unsere Welt wird sich die Bundeswehr verändern müssen. Vermutlich werden dafür weit mehr Mittel aufzuwenden sein, als sich das Frau Merkel und einige andere Parteien bisher vorstellen können .

2.3 Die Judikative

Die Judikative hat die Aufgabe, die Kompatibilität der Gesetze mit dem Grundgesetz zu prüfen, juristisch die Einhaltung der Gesetze sicherzustellen und bei Verstößen auf der Grundlage der von den Parlamenten (Bundestag, Landtage) beschlossenen Gesetze ggf. Strafen zur Durchsetzung und Ahndung zu verhängen. Diese Aufgabe ist nach Sachgebieten gegliedert, vom Strafrecht, Familienrecht, Vertragsrecht bis zum Verwaltungsrecht usw. Die höchste Instanz ist das Bundesverfassungsgericht und darunter auf Landesebene das Landesverfassungsgericht des jeweiligen Bundeslandes, die in Zweifelsfällen über die Verfassungsrechtlichkeit von Vorgängen urteilen sowie für neu eingebrachte Gesetze Grundsatzentscheidungen treffen. Nach der Verfassung sind die Politik und die staatlichen Organe an diese Urteile gebunden. In der Realität halten sie sich jedoch nicht immer daran, indem sie manche Urteile nur zögerlich umsetzen, uminterpretieren bzw. anders interpretieren. Für die Judikative gilt der Grundansatz, jeder ist vor dem Gesetz gleich und dementsprechend gleich zu behandeln. Der Grundsatz ist zweifelsohne richtig und uneingeschränkt zu begrüßen. Es gibt aber auch Schwächen und Fragwürdigkeiten, die teilweise schon auf Fehlentwicklungen hindeuten.

Die Rechtsprechung hat sich im Entwicklungsverlauf der Bundesrepublik deutlich verändert. Die Urteile weisen verschiedentlich extreme Abweichungen auf, die kaum noch als einheitliche Gerechtigkeit verständlich sind. Straftaten werden nicht verfolgt, weil die Gerichte überlastet sind, oder Straftaten gegenüber Polizisten bleiben wegen angeblicher Geringfügigkeit ungeahndet. Es wurden, wie oben dargestellt, auch Verfahren wegen Beleidigungen von Ordnungskräften eingestellt, weil nach Auffassung der betreffenden Richter Polizisten eben Beleidigungen von Berufswegen hinnehmen müssen. Umgekehrt werden Übergriffe durch Polizisten kaum verfolgt, was fast die Regel ist. Ein besonders gravierendes Beispiel ist der oben angeführte Todesschuss auf den Studenten Benno Ohnesorg sowie der Todesschuss auf Georg v. Rauch durch Polizisten *(1.1, S. 30-35)*. Obwohl beide unbewaffnet waren und keine Angriffshaltung gegenüber den Polizisten einnahmen, wurden die Polizisten vor Gericht dennoch freigesprochen. Dadurch ging damals für viele der Glaube an eine gerechte deutsche Justiz verloren.

Ein Kernproblem der deutschen Justiz ist der geringe Personalbestand, der oft zu langer Prozessdauer führt. Zudem erfordern die neuen kriminaltechnischen Verfahren, die zwar immer bessere Möglichkeiten zur lückenlosen Aufklärung von Straftaten bieten, deutlich mehr Zeitaufwand (WK 24.8.2015). Das belastet die Justiz zusätzlich. Hinzu kommen die Personalausdünnung aus früherer Zeit sowie die zunehmende Regeldichte der Gesetze, die wiederum ein weites Feld für juristische Einsprüche und damit für endlos lange Verfahren eröffnet. Die vielen Asylverfahren, mit denen sich Migranten gegen eine Abschiebung wehren oder für Anerkennung ihres Flüchtlings- oder Aufenthaltsstatus kämpfen, sowie die vielen kleinen Strafverfahren stellen ebenfalls eine sehr hohe Belastung dar. Wegen der permanenten Überlastung von Richtern und Staatsanwälten mussten Verdächtige, trotz eindeutiger Beweislage, wegen zu langer Untersuchungshaft entlassen werden. Das waren z. B. laut Pressemeldungen 2015 in Baden-Württemberg 82 Personen. In Hessen berichtete die Presse 2019 ebenfalls von derartigen Fällen (WK 4.4.2019). Aus diesem Grund hoben 1985 Oberlandesgerichte bundesweit gegen dringend Tatverdächtige in mindestens 65 Fällen die Untersuchungshaft auf (Deutscher Richterbund). Der Grund liegt in der hohen Beanspruchung der Strafgerichte u. Staatsanwälte sowie dem gestiegenen Aufwand für die Verfahrensbearbeitung (WK 25.3.2019). Diese Entwicklung bedingt oft einen sehr langen Zeitraum zwischen Tat und Verurteilung. Dadurch werden gerade bei jungen Straftätern die Zusammenhänge zwischen Tat und Strafe immer mehr verwischt.

Der Chef des Deutschen Richterbundes (DRB) stellte in seinem 2017 veröffentlichen Buch „Das Ende der Gerechtigkeit" fest: ... die Politik habe die Justiz auf beunruhigenden vielen Ebenen geschwächt. Unsere Volksvertreter seien dabei „eine der wichtigsten Säulen der Demokratie, die unabhängige Rechtsprechung, einzustürzen". Nach dem DRB fehlen deutschlandweit 2000 Richter und Staatsanwälte. Von den 5,18 Mio. Verfahren im Jahre 2016 wurde 2,9 Mio. durch Einstellung wegen mangelnden Tatverdacht oder Geringfügigkeit oder unter Auflagen eingestellt *(2.2.1, S. 111–112)*. In gerade mal 8,4 % der Fälle kam es zur Anklage. In den Verwaltungsgerichten droht vor allem wegen 230.000 Klagen gegen Asylbescheide die Überforderung (Focus 22/2018, S. 47). Die Bundesländer sind von Problemen der Personalnot ebenfalls betroffen. So fehlen z. B. in Hessen wegen der zunehmenden Verfahrensanzahl und langen Dauer von Prozessen ca. 200 Richter und 95 Staatsanwälte (WK 23.3.2019). Fragwürdig ist auch manche Kritik von Politikern an der Justiz. So die Kritik an der Gerichtspräsidentin Ricarda Brands, weil sie für den nach dem Gesetz zu Unrecht abgeschobenen Islamisten Samali S. eine Rückholaktion verfügte (WK, 2019). Die Gerichtspräsidentin hat dabei nur das getan, wozu die Justiz zur Einhaltung der Gesetze verpflichtet ist. Wenn Politiker das anders sehen, müssten sie über das Bundesparlament die Gesetze ändern, anstatt die Justiz zu kritisieren.

Verfahrenseinstellungen erfolgen aber häufig auch in ganz anderen Bereichen. Das gilt sowohl für Taten gegen Polizei- und Ordnungskräfte wie auch bei Übergriffen durch die Polizei. Wie oben dargelegt wurde *(2.2.1, S. 111-116)* werden Verfahren wegen Übergriffen von Polizeibeamten fast i. d. Regel eingestellt oder führen nur zu niedrigen Strafen. Das Gleiche gilt leider umgekehrt auch häufig für Attacken, die von Beleidigungen, Bespucken, Belästigen bis hin zum Einsatz körperlicher Gewalt gegen Polizisten reichen *(2.2.1, S. 111-112)*. Besonders gravierend ist der oben angeführte Freispruch eines Täters, der Polizisten bespuckt und beleidigt hat. Den Freispruch begründete das Gericht damit, dass die Vorgänge zum Berufsalltag eines Polizisten gehören und deshalb eben ausgehalten werden müssen. Im September 2019 hat ein Gericht noch fragwürdiger geurteilt. Die grüne Politikerin Renate Künast wurde in einem Facebook Kommentar neben weiteren beleidigenden Schmähungen als „Stück Scheiße" und „Drecksfotze" bezeichnet (WK 25.9.2019), worauf sie eine Anzeige erstattete. Das Landgericht Berlin entschied, dass der

Kommentar zwar haarscharf an der Grenze liege, Frau Künast diesen jedoch hinnehmen müsse. Das Gericht hat sich dabei einseitig auf einen Leitsatz des Bundesverfassungsgerichts bezogen, der aussagt, dass bei einer in der Öffentlichkeit interessierenden Sachdebatte die Messlatte, wann eine Schmähung oder Beleidigung vorliegt, sehr hoch anzusetzen ist (WK 25.9.2019). Dabei liegt von einer Entscheidung des Bundesverfassungsgerichtes der Leitsatz vor, dass Äußerungen nicht hinnehmbar sind, wenn sie diffamieren und es nur um die Herabwürdigung der Person geht. Die Entscheidung des Landgerichtes Berlin sehen Rechtsexperten und etliche Bürger als katastrophal an. Laut Presseberichten vom Mai 2020 wird nun doch gegen den Verfasser ermittelt, der Frau Künast derart beleidigte.

Die zunächst erfolgte Einstellung des Gerichtsverfahrens im Beleidigungsfall Künast irritiert umso mehr, da Äußerungen von Bürgern gegen Zuwanderungen und Überfremdung sowie für Rückführung von Ausländern bei Staatsanwaltschaften Anlass zu Ermittlungsverfahren wegen angeblichen Fremdenhass geben können. Diese Entwicklung, wie auch die Gerichtsurteile, die Beleidigungen und Übergriffe gegen Polizisten als berufsüblich einstufen und die Täter freisprechen oder die Verfahren einstellen, sind für einen Rechtsstaat unakzeptabel. Dadurch kann letztlich auch das Fehlverhalten von einigen Polizisten provoziert werden. Wie oben dargelegt, ist es für Polizisten besonders verdrießlich, wenn frisch erwischte Straftäter, trotz eindeutiger Beweislage, binnen kürzester Zeit wieder freikommen und ihren kriminellen Geschäften, wie Rauschgiftdealen, weiter nachgehen. Für den Rechtsstaat ist aber auch die nahezu übliche Verfahrenseinstellung bei Übergriffen seitens der Polizei mehr als fragwürdig und eigentlich nicht hinnehmbar.

Einer der Gründe für den Frust der Beamten liegt auch in der kettenhaften Verhängung von Bewährungsstrafen, wie die Tagespresse z. B. berichtet: Ein Ausländer, der geduldet in Deutschland lebt, wird 2018 in einem Mainzer Restaurant erwischt, als er Gäste beim Mittagessen bestiehlt. Sein Strafregister belegt, der Täter ist mit dieser Diebstahlmasche schon länger in verschiedenen Städten unterwegs. Noch nach der Mainzer Tat war der nordafrikanische Täter auch in Wiesbaden aufgefallen und kam dort in Untersuchungshaft. In Wiesbaden wurde er im September zu 7 Monaten auf Bewährung verurteilt und kam wieder auf freien Fuß. Diese Strafe wurde nun aufgelöst und mit der Mainzer Tat zu einer neuen Strafe zusammengefasst, zu 10 Monaten auf Bewährung. Das Gericht blieb damit sogar einen Monat unter dem Antrag der Staatsanwaltschaft und zwei Monate unter dem Antrag, den die Verteidigung stellte (WK 24.1.2018). Ähnlich großzügig wurde, wie oben dargelegt, der türkisch stämmige Carner B. trotz vorangegangenen längeren Einsitzens in einer Jugendstrafanstalt und weiterer Straftaten nach versuchter Nötigung und vorsätzlicher Körperverletzung lediglich zu einer 10-monatigen Bewährungsstrafe verurteilt, wie eben auch die oben erwähnte Ladendiebin nach ihrem 185. Diebstahl. Diese Strafurteile wirken auf potentielle Straftäter überhaupt nicht abschreckend und erzeugen verständlicher Weise Frust bei Polizeibeamten.

Die Überlastung der Justiz wird noch durch kleine Straffälle, die wie jede Straftat von der Staatsanwaltschaft und den Gerichten zu verfolgen sind, erhöht. Das gilt selbst dann, wenn es sich um Bagatelldiebstähle im Wert unter 5 € handelt. Vor längerer Zeit gab es zwar einen Anlauf, diese Delikte als Ordnungswidrigkeit zu verfolgen, aber der scheiterte damals an der Rechtsauslegung. Somit müssen diese Taten weiter verfolgt werden, auch wenn größere Supermarktketten, wie z. B. Globusmärkte, zugleich von sich aus eine Strafgebühr von 100 € für die Diebstahlbearbeitung erheben und der verursachte Schaden nur einen minimalen Bruchteil dieser Summe ausmacht und zudem vom Täter/in längst beglichen ist. Es fragt sich, warum in der langen Amtszeit vom vorletzten Justizminister Heiko Maas kein neuer Vorstoß erfolgt ist. So könnten z. B. Bagatelldiebstähle von Ersttätern mit einer festgesetzten Ordnungsstrafe, ähnlich wie bei Verkehrsübertretungen, geahndet werden und erst im Wiederholungsfall die lange Prozedur eines Ermittlungsverfahrens mit Einschaltung der Staatsanwaltschaft und Gerichte eröffnet werden. Warum hat der damalige Justizminister angesichts der hohen Überlastung der Justiz in seiner langen Amtszeit in dieser Richtung nichts unternommen?

Zugleich ist anzumerken, dass seit gut einem halben Jahrhundert die größeren Einkaufsstätten für ihre Warenplatzierung Psychologen einsetzen, um den Kunden zu möglichst vielen Einkäufen zu verleiten, ggf. für Sachen, die er eigentlich gar nicht kaufen möchte. Nicht zufällig sind kleine Kinderartikel und Zigaretten immer nahe der Kasse platziert, wo sich Kunden, ggf. mit ihren Kindern, etwas länger aufhalten. Diese Beeinflussung des Unterbewusstseins ist zulässiges Recht, aber der Bagatelldiebstahl eben nicht. Natürlich bleibt Diebstahl ein nicht zu billigendes Unrecht. Es wären aber eben auch Verfahren vorstellbar, mit denen bei kleinen Eigentumsdelikten eine zügige Ahndung erfolgt, ohne Staatsanwaltschaften und Gerichte zu überlasten und jene damit von ihrem Einsatz zur Verfolgung schwerer Straftaten abzuhalten. Der Bedarf wird u. a. an der angeführten Ausländerin, die trotz ihrer hohen Zahl von Ladendiebstählen auch nach einem erneuten Diebstahl kurzfristig wieder freikam. Die Anzeige zum neuen Diebstahl belastet die Justiz, aber für die Täterin bleibt sie bei der kurzfristigen Freisetzung ohne Wirkung.

Es wäre auch dringend geboten, dass ein/e Justizminister/in seinen Amtsbereich gegen die oben angesprochene zunehmende Regeldichte in der Strafgesetzgebung bzw. den Strafgesetzen mobilisiert, um der enormen Belastung durch fast ausufernde Widerspruchsmöglichkeiten gegen Gerichtsurteile entgegenzuwirken. In Asylverfahren wird diese Problematik besonders deutlich. Dadurch wird die Abschiebung nicht anerkannter Asylanten ggf. fast endlos hinausgezögert. In dieser Zeit sind dessen

Lebenshaltungskosten wie auch die Kosten des Asylverfahrens vom deutschen Steuerzahler zu tragen. Die Justiz wird überlastet und dadurch in der Wahrnehmung anderer wichtiger Aufgaben massiv behindert.

Diese Rechtsprechung stößt außerdem bei vielen Bürgern auf Unverständnis, was ein Leserbrief an eine Zeitung veranschaulicht: „… Empörung, dass jemand, der bereits unter Bewährungsstrafe steht, bei neuem, zudem ähnlichem Delikt, nicht die Strafe antreten muss, sondern lediglich eine Verlängerung der Bewährungsstrafe erhält." (WK 17.2.2019) Er folgert daraus, dass die Justiz Mitschuld an der Entwicklung des Rechtsempfindens der Bürger hat, das schwer enttäuscht wird und so zum Zuspruch für Gruppen führt, die diese Schwächen des Staates massiv ablehnen (WK 17.2.2018). In Wiesbaden wurde bei einem Diebstahl in einem öffentlichen Parkhaus einem Piloten die Jacke mit 13.000 € Bargeld gestohlen. Die Diebe hatten ihr Opfer in einer Bankfiliale ausgespäht und bis in eine Tiefgarage verfolgt. Dort hatten sie unbemerkt einen Reifen am Auto des Piloten zerstochen. Bei dessen Reifenwechsel erfolgte dann der Diebstahl. Der Pilot konnte einen der Diebe festhalten, der aber zuvor noch das gestohlene Geld seinen Komplizen übergab. Nach einer Nacht im Polizeigewahrsam kam der Täter, der als durchreisender Kolumbianer keinen festen Wohnsitz in Deutschland hat, gegen eine Sicherheitskaution von 400 € frei. Für den Geschädigten und die Polizei ist das völlig unverständlich und nicht nachvollziehbar, mit entsprechendem Frust. Der Pilot hat den Glauben an die deutsche Justiz verloren, was evtl. nicht nur für ihn gilt (WK 2018).
Die deutsche Justiz lässt auch aus anderen Gründen Zweifel an der Rechtsstaatlichkeit aufkommen. Gegen den frühere SPD-Politiker Edathy wurde wegen des Verdachts von Kinderpornografie ermittelt. Laut Zeitungsbericht hatte er sich von einem ausländischen Verlag Nacktbilder von Kindern zusenden lassen, die aber nicht der Pornografie zuzuordnen waren. Deshalb war

diese Handlung keine Straftat. Da der gleiche Verlag aber auch mit pornografischen Bildern von Kindern handelte, erwirkte die Staatsanwaltschaft bei Edathy einen Wohnungsdurchsuchungsbefehl. Nach den Grundsätzen der deutschen Strafgesetzgebung gilt für einen Beschuldigten zunächst die Unschuldsvermutung, solange nicht das Gegenteil bewiesen ist. Herr Edathy hatte mit seiner Bilderbestellung keine Straftat begangen. Dennoch konnte die Staatsanwaltschaft bei dem zuständigen Richter den Durchsuchungsbeschluss für seine Wohnung erlangen, allein weil er die legitim erworbenen Bilder bei einem Verlag bestellte, der auch strafrechtlich relevante Abbildungen vertreibt. Das reichte aus, um den in der Verfassung grundgesetzlich verbrieften besonderen Schutz der Wohnung auszuhebeln. Aus meiner Sicht ein ungeheuerlicher Vorgang. Mit derartigen Algorithmen, die sich auch schnell bei anderen Sachverhalten anwenden lassen, kann der Rechtsstaat massiv ausgehebelt werden. In meinen Ausführungen geht es nicht etwa um eine Verharmlosung von Kinderpornografie, sondern allein um den Sachverhalt, dass bei einer strafrechtlich nicht relevanten Handlung ein Richter den Durchsuchungsbefehl für eine Wohnung ausstellt. Bei der Durchsuchung bei Herrn Edathy wurden keine belastenden Materialien gefunden. Die Presse berichtet aber, dass er vor der Durchsuchung eine Warnung erhielt. Da Herr Edathy dann eine Strafzahlung zur Einstellung des Verfahrens akzeptierte, spricht einiges dafür, dass der Verdacht gegen ihn berechtigt war. Dennoch steht der Vorgang der gerichtlichen Durchsuchungsverfügung im krassen Widerspruch zu dem gesetzlich festgeschriebenen besonderen Schutz der eigenen Wohnung.

Die Ausstellung eines Strafbefehles gegen einen bayrischen Notarzt ist gleichfalls äußerst fragwürdig. Der Arzt fuhr mit Blaulicht und Martinshorn zu einem Notfall: Ein Kind war in Lebensnot und drohte zu ersticken. Ein Autofahrer des Gegenverkehrs sah eine Verkehrsgefährdung in der Fahrweise des Arztes und zeigte den Arzt an. Der zuständige Staatsanwalt belangte den Arzt mit einem Strafbefehl über 4.500 €. Ein unglaublicher Vorgang! Nach den Verkehrsvorschriften müsste ein Autofahrer, der ein im Einsatz befindlichen Rettungswagen sieht, sofort dicht an den Straßenrand, langsam fahren oder anhalten, was der betreffende Autofahrer offensichtlich unterließ. Damit hat er sich nach dem Verkehrsrecht wegen Behinderung des Rettungsfahrzeuges strafbar gemacht. Aber anstatt gegen diesen Autofahrer vorzugehen, ging der Staatsanwalt gegen den Notarzt vor. Nach meiner Auffassung grenzt das wahrlich an Rechtsbruch der Strafverfolgungsbehörde. Der Notarzt akzeptierte den Strafbefehl nicht und machte den Fall öffentlich. Binnen weniger Tage hatten sich im Internet 160.000 Personen hinter den Notarzt gestellt. Daraufhin forderte die Münchener Generalstaatsanwaltschaft die Akte an und stellte bald darauf das Verfahren ein.

Eine besondere Fragwürdigkeit der deutschen Gerichtsbarkeit und Rechtsprechung, die der Journalist Holger Möhle als Schandfleck der deutschen Justiz bezeichnete, ist die Einstellung des Love-Parade-Prozesses am 5.5.2020 (WK 5.5.2020). In dem Prozess ging es um die Schuldfrage einer Großveranstaltung, bei der 21 Personen zu Tode kamen und über 650 verletzt wurden. In dem Prozess wurden eindeutige Fehler des Veranstaltungskonzeptes, Kommunikationsprobleme zur Abstimmung der Akteure während der Veranstaltung wie auch einer Polizeianordnung, die letztlich zur Katastrophe führte, belegt. Dennoch endete der Prozess nach zehnjähriger Dauer mit der Einstellung, ohne eine einzige Schuldzusprechung. Ein unglaublicher Vorgang, der kaum einer funktionierenden demokratischen Rechtsprechung entsprechen kann. Bei derartigen Großveranstaltungen ist das Konzept von den zuständigen Stellen der Stadt vor der Genehmigung eingehend zu prüfen. Die Prüfung hat offensichtlich versagt, was unverständlicher Weise keine Konsequenzen nach sich zog. Eine Ermittlung oder gar Anklage gegen die für die verheerende Anordnung der verantwortlichen Führungspersonen der Polizei hat es wohl nie gegeben. Die Richter betonen in ihrer Begründung zum Prozessende, dass die Verantwortlichen nicht grob fahrlässig und sorglos gehandelt haben. Das gilt aber für viele Straftaten mit weitaus geringerem Personenschaden, in denen es gerechter Weise zur Verurteilung kommt. Das Gericht konnte wohl auf der Grundlage der Ermittlungen kaum anders urteilen. Es hätte aber auf Ermittlungsdefizite hinweisen und Nachbesserungen verlangen müssen. Die lange Prozessdauer erscheint fast gewollt, denn wäre dieses Prozessende zeitnäher nach der Katastrophe erfolgt, hätte es vermutlich erheblichen Unmut und Proteste in der Öffentlichkeit ausgelöst. Die Verantwortlichen konnten zu Recht darauf hoffen, dass sich nach zehn Jahren vieles beruhigt und geglättet hat. Dennoch wirft der Prozess einen sehr dunklen Schatten auf die deutsche Rechtsprechung und ist, wie Holger Möhle schreibt, ein Schandfleck für die deutsche Justiz. Das Prozessergebnis erinnert an die Rechtsprechung sogenannter „Bananenrepubliken" oder Diktaturen. Mit der fundierten, funktionierenden Rechtsprechung einer Demokratie ist das Urteil wohl kaum vereinbar.

Fragwürdig sind zudem extrem krasse Unterschiede in der Strafbemessung bei Straftaten, wie z. B. die Ahndung eines Flaschenwurfes. Bei den G20-Krawallen hat das Hamburger Amtsgericht einen Mann wegen vorsätzlicher Körperverletzung zu dreieinhalb Jahren Haftstrafe verurteilt. Er hatte zuvor einer Bierflasche den Boden abgeschlagen und die nun scharfkantige Flasche gegen einen Polizisten geworfen, der an der Hand leicht verletzt wurde (WK 20.1.2018). Ganz anders nehmen sich andere Urteile für gefährlichere oder vergleichbare Körperverletzungen aus. Bei einer Polizeikontrolle fuhr der betrunkene Hakan A. auf einen Polizisten zu, der gerade noch etwas zur Seite springen konnte, über das Auto geschleudert wurde und mit Prellungen und einem Bruch des linken Unterarmes davonkam. Es hätte schlimmer ausgehen können. Das Gericht verurteilt den Täter wegen vorsätzlichen, gefährlichen Eingriffs in den Straßenverkehr, Widerstand gegen Vollstreckungsbeamte, Trunkenheitsfahrt und gefährlicher Körperverletzung zu 2 Jahren Haft auf Bewährung (WK 24.8.2018). Ein 44-Jähriger wurde von einem 21-Jährigen ohne Grund angegangen. Kurze Zeit darauf fügte der Schläger nun gemeinsam mit seinem Vater dem Opfer durch Schläge und Tritte lebensgefährliche Kopfverletzungen zu. Der Vater wurde dafür mit zwei Jahren und sein Sohn mit einem Jahr und acht Monaten auf Bewährung „bestraft". Eine Sanitäterin wurde im Notfalleinsatz am Frankfurter Hauptbahnhof von einem Mann angegriffen und verletzt. Er hatte sie geschlagen und das Handgelenk verdreht. Das Gericht ahndete diese Straftat mit 8 Monaten Bewährungsstrafe und einer Geldstrafe von 500 € (WK 30.1.2019).

Ein Pirat aus Somalia, der 2012 mit Komplizen die Besatzung eines Schiffes mit Waffen bedrohte und als Geisel nahm, wurde wegen Tatbestand und Beihilfe zum erpresserischen Menschenraub und zur besonders schweren räuberischen Erpressung zu zweieinhalb Jahren verurteilt (27.7.2028). In Berlin sollen die Räuber, die 2015 das KaDeWe überfielen, 13 Personen verletzten und zunächst mit über 800.000 € entkamen, nach dem milden Jugendstrafrecht verurteilt werden, da sie noch bei ihren Eltern leben (BZ-Berlin, 13.10.2016). Immerhin wurden zwei junge Männer bzw. Heranwachsende, die Pflastersteine und schwere Holzpaletten von einer Brücke auf die Autobahn warfen, wegen versuchten Mordes und Körperverletzung sowie gefährlichen Eingriffs in den Straßenverkehr zu Haftstrafen verurteilt. Der 17-jährige Täter bekam dreieinhalb Jahre und der 20-jährige Täter vier Jahre, also gerade mal ein halbes Jahr länger als der oben angeführte Flaschenwerfer auf den Polizisten! Derart gravierende Unterschiede in der Straftatbemessung sind mit einem Rechtsstaat kaum vereinbar, was z. T. auch für Urteile bei Verkehrsstraftaten oder schweren Personenschäden, wegen unsachgemäßer

Tieraufsicht gilt, wie hier beispielhaft aufgeführte Presseberichte belegen:

Ein Müllwagenfahrer, der schon früher selbstverschuldet mit einem Müllfahrzeug einen Unfall verursachte, war zu schnell in eine Kreuzung gefahren. Dadurch kippte das Müllfahrzeug um und begrub einen Pkw unter sich, in dem alle 5 Insassen starben. „Das Gericht verurteilt den Angeklagten zu 1 Jahr Haft auf Bewährung und 1.000 € Zahlung an die Notfallseelsorge sowie 3.500 € Geldstrafe. Laut Staatsanwalt ein angemessenes Urteil" (WK 20.3.2018). Ein Geisterfahrer aus Polen fuhr stark alkoholisiert mit seinem Leihlastwagen auf der Autobahn entgegen der Fahrtrichtung. Nach zwei Kilometern krachte er mit 90 km/h gegen einen Pkw, in dem eine dreiköpfige Familie aus den Niederlanden starb. Der Unfallverursacher hatte zur Tatzeit laut Pressedarstellung 3,02 bis 3,37 Promille Alkohol. Deshalb sah das Gericht eine verminderte Schuldfähigkeit und verurteilte den Polen lediglich zu drei Jahren und vier Monate Gefängnisstrafe sowie zu mindestens fünfjährigem Führerscheinentzug. In Hessen hat ein betrunkener Autofahrer im August 2020 einen Motorroller gerammt, dessen Sozius dadurch sofort verstarb. Er erhielt neben der Geldstrafe eine zweijährige Gefängnisstrafe, die auf Bewährung ausgesetzt wurde. In Baden-Württemberg hat das Amtsgericht Sigmaringen nach einem tödlichen Hundeangriff auf eine 72 jährige Seniorin den Hundehalter zu einer Bewährungsstrafe verurteilt. Der Hund der Rasse Kangal hatte die Dame in Kopf und Hals gebissen. Die angeklagte Hundebesitzerin bekam wegen fahrlässiger Tötung eineinhalb Jahre Haft auf Bewährung und ihr Ehemann, der den Hund beschafft hatte, zwei Jahre auf Bewährung (WK 11.7.2018). Fragwürdig ist auch das Verfahren im Fall Gustl Mollath. Laut Presseberichte saß der Mann wegen falscher Gutachten und juristischer Fehler jahrelang unschuldig im psychiatrischen Maßregelvollzug. Die Auseinandersetzung führte zum Vorwurf der Rechtsbeugung, des Amtsmissbrauchs der

Staatsanwaltschaft einschließlich Strafanzeige und Verfassungs-beschwerde bis hin zur Bildung eines Untersuchungsausschusses (WK 17.11.2018) sowie endlich zur Freilassung von Mollath . In einem anderen Verfahren erhielt ein Arzt fälschlicher Weise we-gen zu schnellen Fahrens eine Geldstrafe und Punkteintragung in Flensburg, obwohl er zu dieser Zeit nachweislich in seiner Pra-xis Patienten behandelte. Anstatt bei dieser Beweislage den Arzt freizusprechen, sah das Gericht die Notwendigkeit, einen Gut-achter einzubeziehen. Das wurde dann als zu aufwendig erachtet und führte lediglich zur Einstellung des Verfahrens. Damit hatte der Arzt keinen Anspruch auf Erstattung seiner Unschuldsauf-wendungen. Derartige Gerichtsverfahren sind kaum als Rechts-staatlichkeit zu bezeichnen und werfen ein denkbar schlechtes Licht auf die Judikative der Bundesrepublik Deutschland. Zweifel kommen auch bei Gerichtsentscheidungen im Sozialbereich auf. Demnach ist es zulässig, dass die Zahlung von Kindergeld auf die Bezüge von Harz-IV-Empfängern angerechnet werden darf, genauso wie Kommunen den Tafel-Besuch ihrer ärmsten Bevöl-kerung auf die Sozialhilfe anrechnen dürfen.

Zweifel wirft auch die deutsche Rechtsprechung zur Vergan-genheitsbewältigung auf. Die grauenhaften, unentschuldbaren Taten vieler Kommandeure der Nazizeit, die ohne Zweifel als schwerwiegendste Verbrechen einzustufen sind, wurden von der bundesdeutschen Justiz nicht oder nur milde betraft. Die Täter beriefen sich auf Befehlsnotstand. Zudem waren in den Anfangs-jahren der Bundesanwaltschaft noch viele Stellen durch Juristen mit NS-Vergangenheit besetzt. 1953 traf das noch für 22 der 28 Mitarbeiter des höheren Dienstes der Bundesanwaltschaft zu (WK 3.7.2019: Daten aus einem Forschungsprojekt im Auftrag von Generalbundesanwalt Peter Frank, das Ende 2017 vergeben wurde). Die ersten vier ehemaligen Chefs des Landeskriminal-amtes Westfalen waren nach Ansicht der Historikers Martin Hölzl an NS-Verbrechen beteiligt. Laut NRW-Innenminister Herbert Reul haben diese Personen zudem Seilschaften aus NS-

Zeit gepflegt. Sie hätten nach Ansicht von Reul niemals mehr als Polizisten arbeiten dürfen.

Immerhin hat es Anfang der 60er Jahre in der Bundesrepublik die Gerichtsverfahren zur Ahndung der Auschwitztäter gegeben *(1.1, S. 28-29)*. Die Anzahl der Prozesse und der Anklagen gegen damalige Täter und Tatverdächtige ist aber extrem klein, in Anbetracht der Vielzahl von Verbrechen und damit der vielen Täter der NS-Zeit. Der Bundesgerichtshof urteilte aber am 20. Februar 1969, dass jedem Täter ein konkreter Beitrag zum Töten nachgewiesen werden müsse. Das hatte zur Konsequenz, dass nur wenige KZ-Aufseher verurteilt werden konnten. Der Generalstaatsanwalt Fritz Bauer, der den Auschwitzprozess führte, vertrat hingegen eine andere Auffassung. Nach dieser könne bereits die Anwesenheit von Personal der Vernichtungslager als Mittäterschaft an einem einheitlichen Tatgeschehen gewertet werden. Letztlich bleibt die Tatsache, dass die Kommandeure und Entscheidungspersonen dieser Schreckensherrschaft oft in keiner Weise zur Verantwortung gezogen wurden. Inzwischen hat sich die Rechtsauffassung in der Bundesrepublik verändert, obwohl wir immer noch der gleiche Staat sind. Die jüngsten Prozesse gegen ehemaliges Wachpersonal der KZ belegen, dass heute eher die Rechtsauffassung von Fritz Bauer gilt.

Da die eigentlichen Täter, die Kommandeure und Entscheidungsträger nun nicht mehr belangt werden können, weil sie altersbedingt längst verstorben sind, richtet sich heute die Justiz gegen ehemaliges Wachpersonal, auch wenn es nicht selbst aktiv an den Mordtaten beteiligt war. Dafür steht u. a. nun nach 75 Jahren die Verurteilung eines ehemaligen KZ-Wachmannes wegen Beihilfe zum Mord in 36.000 Fällen. Der damals 21-Jährige wird beschuldigt vom Sommer 1944 bis zum Frühjahr 1945 als Mitglied einer SS-Einheit im Konzentrationslager Mauthausen Häftlinge bewacht zu haben (WK 24.11.2018). Im Lüneburger Auschwitz-Prozess von 2017 wurde der heute 96-jähriger ehemaliger SS-Mann Oskar Gröning wegen Beihilfe zum Mord an 300.000 Fällen zu 4 Jahren Haft verurteilte, da er im KZ das Geld aus dem Gepäck der Verschleppten zählte und weiter leitete. Seine Beschwerde wegen seines Gesundheitszustandes gegen den Antritt der Haft sei abgewiesen worden, teilte das Bundesverfassungsgericht in Karlsruhe mit (WK Silvester 2017). Der Gesundheitszustand war tatsächlich kritisch, denn Oskar Gröning ist noch vor dem Haftantritt verstorben. In einem anderen Prozess wurde gegen einen heute 94-Jährigen wegen seines Dienstes in der SS-Wachmannschaft im KZ Auschwitz-Birkenau Anklage erhoben, er war damals 18 Jahre alt (WK 17.4.2018). In einer Pressemitteilung vom 2.10.2019 wird über die Ermittlung der Staatsanwaltschaft gegen eine heute 94-jährige ehemalige Schreibkraft des Konzentrationslagers Stutthof bei Danzig wegen des Verdachtes der Beihilfe zum Mord ermittelt.

Diese Personen, damals 21 oder 18 Jahre alt, waren von ihrem zehnten bzw. siebenten Lebensjahr an der NS-Propaganda ausgesetzt und entsprechend beeinflusst. In einem ZDF-Film vom 3.1.2018 wurde belegt, dass die NS-Propaganda in Deutschland es damals weitgehend schaffte, Kinder für sich zu vereinnahmen. Das galt demnach selbst dann, wenn die Eltern versuchten dem entgegenzuwirken, z. B. weil sie überzeugte Kommunisten waren. Die Kinder und Jugendlichen sind unter dieser Propaganda vereinnahmt und aufgewachsen und mit ihren 18 oder 21 Jahren konnten sie das Unrecht, an dem sie mitwirkten, kaum erkennen, zumal sie als Wachpersonal selbst keine Mordtaten begingen. Laut jüngsten Presseberichten vom Oktober 2019 brüstet sich die bundesdeutsche Justiz damit, dass derzeit noch 24 Ermittlungsverfahren wegen Beihilfe zum Mord gegen frühere Schreib- und Hilfskräfte von Konzentrationslagern laufen.

Die heutigen Aktivitäten, die auch die strafrechtliche Verfolgung von fast 100-jährige für die NS-Verbrechen betreffen, haben mit Gerechtigkeit kaum etwas zu tun, wenn man bedenkt, dass die wirklichen Täter, die die Befehle gaben und oft selbst bei den Mordtaten Hand anlegten, von der bundesdeutschen Justiz weitgehend ungestraft blieben. Das ist aber die gleiche Bundesjustiz, die heute die noch wenigen lebenden alten SS-Wachmänner und selbst das Schreibpersonal verfolgt! Hitlers Sekretärinnen wurden nie von der bundesdeutschen Justiz belangt oder gar verfolgt, aber jetzt Frauen, die in Konzentrationslagern Schreibdienste verrichteten. Hier liegt der Eindruck nahe, dass angesichts der schwerwiegenden früheren Versäumnisse in der Strafverfolgung der schrecklichen NS-Taten nun an den letzten Mitwirkenden ein Exempel zum Wohl des Ansehens der Bundesrepublik stattfinden soll. Das gilt wohl auch deshalb, um von den extremen früheren Versäumnissen abzulenken .

Mit Gerechtigkeit hat das aus meiner Sicht nichts zu tun. Die Großen, die eigentlichen Akteure der Gräueltaten, ließ man weitgehend laufen und die Kleinen, letztlich die Nachgeordneten ohne eigene Befehlsgewalt und ohne selbst begangenen Mordtaten, werden nun stellvertretend für die Versäumnisse der bundesdeutschen Justiz strafrechtlich verfolgt. Hier wäre es weitaus richtiger zu recherchieren, welche Personen, Richter, Staatsanwälte, Staatssekretäre und Justizminister bis hin zu den Kanzlern der damaligen Regierungen dafür verantwortlichen waren, dass die eigentlichen Täter, also die Personen an den Entscheidungsschaltstellen, weitgehend straffrei blieben. Ggf. müsste dann manche öffentliche Auszeichnung nachträglich aberkannt oder Bilder vergangener Würdenträger der Bundesrepublik abgehangen werden. Eine derartige Aufarbeitung wäre wohl weitaus überzeugender, als jetzt die letzten KZ-Veteranen, die zudem eben keine unmittelbaren Tatbeteiligungen begingen, strafrechtlich zu verfolgen. Für die Bundesrepublik wäre dann aber eine peinliche Bloßstellung zu erwarten, wenn die damalige seichte Strafverfolgung der Haupttäter eindeutig belegt deutlich wird. So wie z. B. der Ministerpräsident Filbinger von Baden-Württemberg, der als Kriegsrichter noch nach der deutschen Kapitulation und dem Kriegsende einen zuvor wegen Fahnenflucht zum Tode verurteilten jungen Soldaten hinrichten ließ. Oder Erich Mix, der 1932 in die NSDAP eintrat, zum SS Obersturmbannführer aufstieg und von 1937 bis 1945 Oberbürgermeister der hessischen Landeshauptstadt Wiesbaden war. In dieser Zeit hatte er die unmittelbare Verantwortlichkeit für die Zwangsenteignung von Juden und Kasernierung von Sinti. Trotz dieser Vergangenheit war er von 1954 bis 1960 erneut der Oberbürgermeister dieser Stadt (WK1.11.2019).

Für Zweifel an der bundesdeutschen Justiz sorgt auch der Umgang mit Rechtsabweichungen durch Ausländer. Die Soziologin und Menschenrechtlerin Neclar Kelek stellt in einem Pressebeitrag (WK 28.9.2019) die Frage, ob in Deutschland Frauen und Kindern aus religiösen Gründen Freiheit, Gleichberechtigung und Entwicklungsmöglichkeiten vorenthalten werden. Sie verweist zugleich auf Zwangsheiraten, auch von Minderjährigen, die laut Gesetz in Deutschland nicht zulässig sind. Nach Umfragen des Arbeitskreises gegen Zwangsheirat gab es 2018 allein in Berlin 570 dieser Fälle. Der Bundestag hat zwar 2017 ein Gesetz gegen Ehen unter 18 Jahren verabschiedet, aber laut Frau Kelek geschieht nichts. Die Frauenrechtsorganisation Terre des Femmes hat sogar 813 Fälle von Frühverheiratungen gemeldet, von denen lediglich in 10 Fällen die Ehe aufgehoben wurde. Frau Kelek, die selbst aus einer moslemischen Familie stammt, hält einen Diskurs über orientalische Familien und den Grundrechten von Frauen und Kindern für dringend angeraten. „Aber wer dies anmahnt, gerät schnell in den Verdacht des Kulturrassismus" (WK 28.9.2019). Nach ihrer Auffassung müssen in der Demokratie die staatlichen Stellen gemäß der Verfassung dafür sorgen, dass die Gesetze zur Wahrung der Grundrechte durchgesetzt werden und auch junge moslemische Frauen hier nach den Grundrechten leben können. Der Islamwissenschaftler, Politologe und Migrationsforscher Ralph Ghadban beklagt laut einer Pressedarstellung, „… dass Deutschland in seinem Bemühen um „Multikulti" die Rechtsstaatlichkeit „ein Stück weit ausgehebelt" habe und man sich nach wie vor weigere, den Zusammenhang zwischen Kriminalität und Ethnien zu sehen."

Die „Toleranz" zur Einhaltung des deutschen Rechts gegenüber Ausländern wie Reise junger Mädchen zur Frühverheiratung in ihr Heimatland oder gar dort zur Beschneidung steht zudem im krassen Gegensatz zu mancher Praktizierung des Jugendschutzes. Wegen des kurzen Gesangauftritts eines vierjährigen Mitgliedes der Kelly Familie verhängte ein Gericht gegen den Vater Angelo Kelly eine Geldbuße, weil es darin eine abendliche Kinderarbeit sah (WK 13.2.2021). Nach deutschen Gesetzen ist die Mitwirkung von Personen unter 15 Jahren Kinderarbeit, die nur als behördlich beantragte Ausnahme in der Zeit zwischen 8:00 und 17:00 Uhr zulässig ist. Dazu ist anzumerken, dass etliche Größen der deutschen Musikszene wie noch mehr der internationalen Musikszene im Kindesalter mit Auftritten nach 17:00 Uhr ihre Musikkarriere gestartet haben. Das Gesetz geht an der realen Szene vorbei und behindert eher manchen deutschen Musiknachwuchs. Der Richter hat dennoch richtig geurteilt, denn das Gesetz ist ebenso. Der fragwürdige Unsinn liegt in der Gesetzgebung, d. h. letztlich in der Gesetzgebung des Parlaments und dem Justizminister, unter dem dieses Gesetz in das Parlament eingebracht wurde. Auch dieser Vorgang ist ein Beispiel des ausufernden deutschen Bürokratismus und wie weit an den realen Gegebenheiten des Lebens und der Bevölkerung vorbeiregiert wird. Von dem damaligen Justizminister Maas, in dessen Amtszeit die meisten der hier angeführten Gerichtsentscheidungen getroffen wurden, ist mir nicht bekannt wie er dazu steht, in der Presse konnte ich dazu nichts finden.

Fazit

Eine unabhängige Justiz ist für die auf Gewaltenteilung in Legislative, Exekutive und Judikative basierende Demokratie unverzichtbare Grundvoraussetzung. Die bundesdeutsche Justiz weist aber eindeutig Schwächen auf. Vergleichbare Straftaten werden mitunter mit völlig unterschiedlichem Strafmaß geahndet, bei desaströsen Großveranstaltungen mit vielen Opfern gibt es keine Verurteilungen. Die Nichtverfolgung von Straftaten oder zu niedrige Ahndung ist unglaubwürdig und wirft Zweifel wie die kettenhafte Verhängung von Bewährungsstrafen auf zuvor bereits erteilte Bewährungsstrafen. Recht wird z. T. nicht durchgesetzt, was auch für Straftaten gegen Polizei und Ordnungskräften wie umgekehrt bei polizeilichen Übergriffen gilt, wie die Vielzahl von Verfahrenseinstellungen oder niedrigen Strafen belegt. Die Polizei setzt sich laut Pressedarstellungen mitunter auch über geltendes Recht hinweg, das teilweise auf Anordnungen der Leitungsebene erfolgt. Das wird später ggf. von den dafür politischen Verantwortlichen bis hin zu Innenminister noch verteidigt.

Zugleich beklagt die Polizei die viel zu geringe Unterstützung von Politik und der Justiz und fühlt sich alleingelassen, insbesondere beim Umgang mit Rechtsbrüchen durch Migranten. Die Politik will nicht wahrhaben, was politisch nicht sein darf, und unterlässt etwaige Gesetzesinitiativen dagegen. Multi-Kulti steht mitunter offenbar politisch gewollt vor Rechtsstaatlichkeit. Die Erosionen und Fehlentwicklungen sind im hohen Maße auf die Politik zurückzuführen, so auf die Personalausdünnung, die die Arbeit und Wirksamkeit der Justiz erheblich vermindert. Das gilt auch für Politiker in Leitungsverantwortung bis hin zu Innenministern, die ihrer politischen Verantwortung zur konsequenten Durchsetzung der Rechtsstaatlichkeit und Verfassungstreue in diesem wichtigen Bereich staatlicher Aufgabenwahrnehmung teilweise nicht überzeugend nachkommen, wie etwa zur Umsetzung von Urteilen des Bundesverfassungsgerichtes zum Datenschutz, wegen der Nichtverfolgung von Straftaten oder wenn eindeutige Missachtungen des Grundgesetzes wegen religiöser Belange nicht verfolgt werden. Das mag auch wegen der Verquickung von Politik und Justiz so sein, da missliebige Erscheinungen die der offiziellen politischen Ausrichtung entgegenstehen unbeachtet bleiben, weil eben nicht sein kann, was politisch nicht gewollt ist. In einer Demokratie kommt der Unabhängigkeit der

Rechtsprechung zentrale Bedeutung zu. Die ist aber in Deutschland wegen des massiven Einflusses der großen Parteien bei der Besetzung von Richterpositionen längst nicht mehr vorbehaltlos gegeben. Die Probleme werden zudem zunehmen, denn für den alsbald bevorstehenden Ruhestandseintritt vieler Richter und Staatsanwälte hätte angesichts der langen Ausbildungszeiten die Politik längst reagieren müssen. Die deutsche Judikative weist eindeutig Schwächen und Fehlentwicklungen auf. Hier sieht der Deutsche Richterbund wohl zu Recht eine Gefährdung der Demokratie. In Anbetracht vieler gerichtlicher Entscheidungen dürften für einen Großteil der Bevölkerung der bei einer Verurteilung einleitende Satz „Im Namen des Volkes …" kaum noch glaubhaft sein. Die bundesdeutsche Justiz weist eindeutig erhebliche Erosionserscheinungen auf, die kaum für eine funktionierende Rechtsstaatlichkeit sprechen .

2.4 Eigenmacht der Administration/Verwaltung

Die Exekutive und die Justiz benötigen zur Durchsetzung ihrer Aufgaben, also zum Vollzug und zur Überwachung der vom Bundesparlament bzw. Bundestag sowie der von den Länderparlamenten beschlossenen Gesetzen, wie im Abschnitt Exekutive dargestellt, eine leistungsfähige Verwaltung. Die Leitungspositionen sollten vom Minister/in, Staatssekretär/in bis runter zu Leitung von Abteilungen und Referaten für ihren jeweiligen Aufgabenbereich qualifiziert und erfahren sein. Das trifft aber heute längst nicht immer zu. Wie oben angesprochen, erfolgt die Führungsbesetzung ggf. allein aus politischem Kalkül (*2.2, S. 101-102*). In dem Fall können bereits Sachqualifikation keine oder nur nachgeordnete Bedeutung haben, wie beispielhaft die letzten beiden Besetzungen des Bundesverteidigungsministeriums belegen. Die Zuordnung der Aufgabenfelder kann flexibel gestaltet werden. Dafür rangieren Sachbelange oft hinter politischen. So werden bei Koalitionsverhandlungen z. B. auf Bundes- oder Landesebene Sachbereiche anders verteilt, etwa wenn man sich in der Koalitionsverhandlung zur Regierungsbildung bei der Aufteilung der Ministerien nicht einigen kann. In dem Fall wird dann ggf. der Aufgabenbereich eines Ministeriums durch Abgabe von Abteilungen an ein anderes Ministerium reduziert. Dann bekommt der Koalitionspartner eben die gewünschte erhöhte Ministerzahl, aber letztlich ohne oder nur mit recht beschränktem Kompetenz- bzw. Machtzuwachs. Ein Beispiel für dieses Verschieben sind auf Bundesebene die häufig veränderten Zuordnungen der Raumordnung sowie die genaue Abgrenzung der Aufgabenfelder des Sozialministeriums oder in der jetzigen Regierung die erweiterte Funktion des Bundesinnenministeriums. Bei diesen Verhandlungen werden mitunter auch neue Ministerien geschaffen, die ggf. weitgehend aus der Abgabe von Abteilungen anderer Ministerien bestehen. Diese Verfahrensweise gilt genauso auf der Ebene der Bundesländer und darunter auch häufiger auf der Ebene größerer Kommunen.

Die Administration, die von der Aufgabe her der Umsetzung der von den Parlamenten beschlossenen Gesetze dient, entwickelt z. T. eigene Aktivitäten, die nicht oder nur sehr weitläufig oder auch fragwürdig der Umsetzung der Gesetze dienen. Daher prangert, wie oben angeführt (*2.2.1, S. 134-135*), der 24. Grundrechte-Report zur Lage der Bürger- und Menschenrechte in Deutschland die Einschränkung von Grundrechten durch staatliche Institutionen an (WK 3.6.2020). Die grundsätzlichen Probleme und Fragwürdigkeit werden hier im Bereich der Verwaltungserlasse, der Ausrichtung auf Kennwerte bzw. Algorithmen sowie in Bezug auf fragwürdige Gutachten, im gezielten Umgehen von Vorgaben der Judikative oder Fehlentscheidungen aufgrund von Fahrlässigkeit oder Qualifikationsdefiziten des Personals gesehen. Zudem besteht in der deutschen Verwaltung, wie oben angeführt, anhaltend die Tendenz zur bürokratischen Regelsucht, nach der möglichst alles mit bestimmenden Vorschriften eindeutig zu regeln ist. Deutschland entwickelt sich wie oben bereits angeführt offenbar in eine Richtung, wo alles verboten ist, was nicht durch entsprechende Regelungen ausdrücklich erlaubt ist. Dazu gehört auch die immer weiter ausufernde Dokumentationspflicht. Ärzte wie auch Pflegepersonal oder Landwirte benötigen dafür bereits 30 % oder mehr ihrer knappen Arbeitszeit. Das geht an verfügbarer Arbeitszeit verloren. Eine unsinnige Entwicklung, die gerade in ärztlich unterversorgten Gebieten die benötigten medizinischen Leistungen zusätzlich reduziert. Die dadurch verursachten Probleme und Nachteile werden inzwischen auch von Verbänden der Wirtschaft beklagt. Aber anstatt etwas dagegen zu unternehmen, setzt die Politik eher noch eins drauf, wie mit der 2019 eingeführten Bonpflicht, die selbst für kleinste Beträge gilt. Eine Entwicklung, die an die frühere DDR erinnert. Für Innovationen, Kreativität und spontanes Bürgerhandeln ist das schlichtweg katastrophal. So wird schon wegen der Vorgaben für digitale Buchführungen für junge Unternehmer der Start in die Selbständigkeit erschwert, oder die aufwendige Dokumentationspflicht schreckt junge Mediziner von einer Praxisübernahme ab. Die Politik bis hin zur Kanzlerin versprechen zwar immer wieder dem Einhalt zu gebieten, aber es passiert nichts.

Die umfassenden administrativen Tätigkeiten auf der Grundlage von Verwaltungserlassen wiegen schwer, denn sie haben im Verwaltungshandeln nahezu eine vergleichbare Wirkung wie Gesetze. Verwaltungserlasse werden aber jeweils von dem zuständigen Ministerium erlassen, so dass die parlamentarische Einbeziehung der anderen Parteien wie im Parlament entfällt. Das verkürzt die sonst oft langwierigen Gesetzgebungsverfahren. Dadurch entfällt aber auch weitgehend die parlamentarische Kontrolle. Die Erlasse sind häufig nötig, etwa dann, wenn sich die Vorgaben eines Gesetzes bei der Umsetzung als unzureichend erweisen und deshalb nachzubessern sind. Verwaltungserlasse dienen jedoch oftmals auch der aktiven Politik. Ein Beispiel auf Länderebene ist der Kultusbereich. Die Mindestschülerzahl und die maximale Schüleranzahl einer Klasse werden in nahezu sämtlichen Bundesländern (Abweichungen zwischen den Bundesländern bis 100 %) per Verwaltungserlass und nicht durch Landesgesetze geregelt. Dadurch kann eine schnelle, flexible Anpassung erfolgen. Wenn z. B. die Zuwanderung vieler Flüchtlingskinder die Kapazitäten der Schulen eines Landes übertrifft, kann per Verwaltungserlass die maximal zulässige Schülerzahl je Klasse oder je Schule erhöht werden, wobei natürlich die machbaren Raumverhältnisse an den Schulen zu berücksichtigen sind. Umgekehrt kann aber auch die Mindestschülerzahl je Klasse abgesenkt werden, um den Schulbetrieb in ländlichen Regionen zu erhalten. Der wesentliche Vorteil für ein praktikables Regieren liegt eben darin, dass diese Erlasse i. d. Regel nicht der parlamentarischen Gesetzgebung unterliegen und somit auch kurzfristig durchsetzbar sind. Wegen des pragmatischen Vorteils greift man gerne darauf zurück, auch wenn damit die evtl. Zuständigkeit von Parlamenten umgangen wird.

Die Administration nutzt bei ihrem Handeln häufig Kennwerte. Häufig sind das Erfahrungswerte oder auch Aussagen wissenschaftlicher Studien, aber genauso auch pragmatische, letztlich unfundierte Festlegungen, um einen Maßstab für das Verwaltungshandeln vorzugeben. Die Problematik liegt in der oft fehlenden Transparenz, die erkennen lässt, woraus sich der Richtwert ableitet. Die Verwaltung verwendet derartige Kennwerte gerne als Algorithmen, mit denen sie die Erfüllung bzw. Einhaltung von Vorgaben fast automatisch, d. h. auch allein schon mit Hilfe eines Computerprogramms bestimmen kann. Viele Behörden, aber auch Politiker überschätzen jedoch die Verlässlichkeit von Kennwerten. Das gilt insbesondere, wenn diese scheinbar auf wissenschaftlicher Grundlage erstellt wurden. Diese Vorgaben werden dann häufig als „objektiv" oder gar als „objektive wissenschaftliche Kriterien" bzw. „wissenschaftlich objektive Kriterien" bezeichnet. So sprach z. B. der derzeitige Oberbürgermeister der hessischen Landeshauptstadt im September des Jahres 2019 von „…objektiven Kriterien…"(WK 25.11.2019) in einem Stellenbesetzungsverfahren der Stadt. Vor einigen Jahren führte der Ordnungsdezernent der gleichen Stadt für die Richtigkeit der in seiner Zuständigkeit erstellten Stadtreinigungssatzung ebenfalls an, dass diese auf wissenschaftlich objektiven Kriterien basiere. Derartige Aussagen gibt es nicht nur aus dieser Stadt. Sie werden häufig auch von Politikern und Verwaltungspersonal in etlichen anderen Kommunen und Bundesländern getroffen. Das zeugt von Fehleinschätzungen aufgrund von Kenntnisdefiziten. Hier werden offensichtlich die Begriffe „objektiv prüfbare Kriterien" mit „objektiven Kriterien" gleichgesetzt, was unsinnig ist. Für die Wiesbadener Stellenbesetzung mögen objektiv prüfbare Kriterien zur Anwendung gekommen sein, aber die Auswahl und das Gewicht der Kriterien ist objektiv nicht möglich und bleibt letztlich immer eine subjektive Wertung.

Dazu sei angeführt, ich habe an zwei Universitäten, die inzwischen den Status einer Exzellenz-Universität bekamen, den Studenten Entscheidungstheorie und damit als unerlässliche Grundlage Werttheorie vermittelt. Die Werttheorie belegt, Wertungen entstehen aus dem Verhältnis Subjekt zum Objekt. Subjekte werten den Nutzen (materiell, immateriell oder institutionell), den ein Objekt für sie darstellt. Deshalb sind Wertungen grundsätzlich subjektiv, da die Wertung vom Bedarf des wertenden Subjektes nach dessen situationsgegebenen Bedürftigkeit, den Rahmenbedingungen und seinem Kenntnisstand beeinflusst wird bzw. davon abhängt. Da diese Einflüsse nie statisch sind, sondern sich im stetigen Wandel befinden, so wie sich Bedürfnisse, Erkenntnisse und Informationen ständig verändern, u. a. auch auf Grund neuer wissenschaftlicher Erkenntnisse, wandeln sich Wertungen. Bei der Wertung gesellschaftlichen Handelns gibt es das grundsätzliche Problem, die Vielzahl subjektiver Wertungen zu aggregieren.

Damit beschäftigt sich die Wissenschaft seit langem und versucht Kriterien dafür zu entwickeln, wie z. B. das Pareto-Optimum. Letztlich ist mit keinem dieser Verfahren eine objektive Wertung möglich, sondern nur eine Näherung. Man versucht der Objektivität nahe zu kommen, in dem alle wesentlichen Einflüsse einbezogen werden (z. B. eine Vorgehensweise gerichtlicher Überprüfung im Normenkontrollverfahren). Dennoch bleibt auch dann die kaum eindeutig zu klärende Frage, was ist alles wesentlich und was unwesentlich. Trotz des Einsatzes entsprechender mathematischer Methoden ist diese Frage nicht exakt lösbar. Zudem haben die Einflussfaktoren unterschiedliches Gewicht, das sich wiederum wandeln kann und in der Wertung zu berücksichtigen ist. Deshalb sind die Faktoren zu gewichten, was ebenfalls nur bestenfalls näherungsweise objektiv möglich ist. Diese Problematik gilt genauso für die Wertung in wissenschaftlichen Gutachten, insbesondere weil neue, vorher nicht erwartete Erkenntnisse oder neue Theorien größten Einfluss haben können. Aus diesen Gründen ist es nicht möglich, objektiv zu werten oder objektive wissenschaftliche Kriterien zu entwickeln, sondern nur sich der Objektivität zu nähern.

Das Stickoxid von Dieselfahrzeugen ist eindeutig eine Luftverunreinigung, die für Menschen und auch für Flora und Fauna schädlich ist. Aber welche Wirkungen bzw. Bedeutung diese Schädigungen haben können, ist eine Wertung und „Wertungen" sind objektiv nicht möglich. Das wird letztlich auch durch die unterschiedlichen Expertenaussagen zum EU-Grenzwert deutlich. Anders ist das mit dem Begriff „objektiv überprüfbaren Kriterien". Wenn die EU einen bestimmten Grenzwert vorgibt, kann anhand der Messungen eindeutig und objektiv dessen Einhaltung, Überschreitung oder Unterschreitung festgestellt werden. Bei eindeutigen Messvorschriften ist mit der Messung die Einhaltung der Messwerte eindeutig und damit objektiv bestimmbar. Deshalb kann es sich dann um objektiv prüfbare Kriterien handeln. Der Grenzwert, also das Kriterium selbst, bleibt aber auch in dem Fall eine Wertung. Die kann eben nicht objektiv sein, was die Werttheorie eindeutig belegt. Mit diesen Ausführungen soll hier nicht gegen den EU-Grenzwert polemisiert oder dieser in Frage gestellt werden, ggf. ist der Grenzwert sogar noch zu hoch. Die Ausführungen gelten allein der Verdeutlichung der Subjektivität, die jede Wertung, auch die der Umweltgrenzwerte, innehat. Es soll damit der Bedarf für den notwendigen kritischen Umgang und für eine kritische Reflexion von Kennwerten und Algorithmen, auf den Verwaltungen gerne ihre Handlungen stützen, verdeutlicht werden.

Diese Problematik gilt aber auch für andere Akteure. So ist z. B. die Hochrechnung von Umweltschützern, dass in Deutschland jährlich 6.000 Todesfälle durch Dieselabgase zu beklagen sind, schlichtweg Unsinn. Die Berechnung entspricht nicht im Entferntesten wissenschaftlichen Maßstäben. Sie gehen davon aus, dass die Stickoxide der Dieselabgase die Lebenszeit einer Person um 14 Stunden verkürzen. Die errechneten 6.000 Todesfälle basieren darauf, dass die 14 Stunden mit den 82 Millionen Einwohner der Bundesrepublik multipliziert und durch die durchschnittliche Lebenslänge dividiert wurden. Das ist eine völlig unsinnige Berechnung, zumal der Großteil der deutschen Bevölkerung nicht oder nur extrem kurzzeitig den hohen innerstädtischen Belastungen ausgesetzt ist. Die Gerichte zielen nun mit ihren Urteilen darauf ab, die vorliegenden Grenzwerte für Umweltbelastungen durchzusetzen und entsprechendes Handeln der Administration zu veranlassen. Das ist ohne Wenn und Aber richtig. Diese Werte sind nun mal von den mehrheitlich gewählten Volksvertretern vorgegeben und die Gerichte haben die Aufgabe, sie mit ihren juristischen Möglichkeiten durchzusetzen. Eine Infragestellung dieser Werte obliegt den Gerichten nicht. Das hätten die Bundestagsabgeordneten bzw. die deutschen Vertreter in der EU machen können, aber nicht die Gerichte . Sonst wäre das ein Eingriff in die Legislative, zu dem die Judikative nicht befugt ist. Den Gerichten verbleibt theoretisch jedoch die Prüfung der Verhältnismäßigkeit dieser Vorgaben. Nach meinen Kenntnissen fand das bislang kaum statt, wohl auch wegen der sehr schwierigen Beweislage, was als verhältnismäßig einzustufen ist.

Die Administration hält sich zudem nicht immer an gerichtliche Vorgaben, sondern scheint diese mitunter, ggf. auch mit politischer Billigung, gezielt zu umgehen. Ein Beispiel war die oben angeführte Kontroverse um die Abschiebung eines als Gefährder eingestuften ehemaligen Leibwächters des Terroristen Bin Laden nach Tunesien und die gerichtlich verfügte Rückholaktion *(2.3, S. 161)*. Das zuständige Gericht hatte aufgrund der geltenden Gesetzeslage die Abschiebung untersagt. Diese Verfügung des Gerichts brauchte ungewöhnlich lange Zeit, um die für die Abschiebung zuständige Behörde zu erreichen. Die Presse mutmaßte eine bewusste Verzögerung seitens der Verwaltung bei der Zustellung der Gerichtsverfügung, um vorher die Abschiebung doch noch zu vollziehen (WK 17.8.2018). Für eigenmächtiges Verwaltungshandeln, das sich über gerichtliche Vorgaben und Entscheidungen hinwegsetzt, steht auch der Umgang mit dem Datenschutz, wie oben *(2.2.2, S. 147-148)* dargelegt wurde.

Ein krasses Beispiel von der Eigenmacht der Administration kann im Verkehrsbereich im Umgang mit Alkoholsündern liegen. Die Verwaltungsauflagen übersteigen mitunter sowohl die finanzielle Höhe der gerichtlichen Strafe wie auch die Zeitdauer des gerichtlich verfügten Führerscheinentzuges. Dazu ein Beispiel aus Hessen: Bei einem Autofahrer, der der Polizei zwar nicht beim Fahren auffiel, aber mutmaßlich aufgrund des Hinweises von Tankstellenpersonal von der Polizei kontrolliert wurde, ergab der Alkoholtest 1,63 Promille. Das hatte den Einzug des Führerscheins zur Folge. Als Ersttäter ohne jegliche Eintragungen in Flensburg erhielt er ein 11-monatiges Fahrverbot und einen

Strafbefehl über 2.200 €. Nun geht die Verwaltung davon aus, dass Personen, die mit diesem Alkoholgehalt noch verhältnismäßig sicher Auto fahren, alkoholabhängige Suchtkranke sind. Alkoholabhängigen Suchtkranken ist zum Schutz der Bürger die Fahrerlaubnis zu entziehen bzw. diese zu verweigern. Die Fahrerlaubnis und den Führerschein kann die Verwaltung wieder ausstellen, wenn der Nachweis erbracht wird, dass die Suchtgefahr nicht mehr besteht wofür sie eine MPU (Medizinisch-Psychologisch-Untersuchung) anordnet, in der der Nachweis zu erbringen ist, nicht mehr alkoholabhängig zu sein. In der MPU wird wiederum der Nachweis einer mindestens einjährigen Alkoholabstinenz verlangt. Allein dieser Nachweis schlägt etwa mit 1.000 € zu Buche. Zur Überprüfung der Abstinenz muss der Delinquent während der gesamten Zeit, also mindestens für ein Jahr, zu jeder Zeit für die Einbestellung zu einem kurzfristigen (nächster Tag) Alkoholkontrolltest erreichbar sein. Davon ist lediglich eine zu beantragende Urlaubszeit ausgenommen, deren Dauer etwa der üblichen Zeit eines Jahresurlaubes eines Arbeitnehmers entspricht. In der Konsequenz heißt dass, der Delinquent muss sich zehneinhalb Monate an seinem Wohnort aufhalten, damit er jeder Zeit für eine Kontrolle erreichbar ist und diese ablegen kann. Dadurch wird seine Lebensqualität noch deutlich stärker als durch den Einzug der Fahrerlaubnis eingeschränkt.

Dann muss eine MPU erfolgreich abgelegt werden. Da dort nahezu jeder zweite Delinquent durchfällt, empfiehlt es sich, an einem Vorbereitungsseminar teilzunehmen. Das kostet wiederum etwa 1.000 bis 1.500 €. Dann muss die MPU bezahlt werden, die ebenfalls eine Computersimulation einschließt. Ältere Delinquenten ohne PC-Erfahrungen fallen da schnell durch. Das bedingt wiederum eine Fahrprüfung unter Aufsicht eines Verkehrspsychologen. Da bei dieser Prüfung das Fahren nach aktuellen Verkehrsregel unerlässlich ist, bedingt das zur Vorbereitung Fahrstunden bei einer Fahrschule und verschlingt weitere Prüfungsgebühren. Wie fragwürdig die Computerteste sind, zeigt sich daran, dass die praktische Fahrprüfung des bei diesem Test am Computer durchgefallenen älteren Delinquenten schon sehr bald von dem Verkehrspsychologen abgebrochen wurde, weil dessen Fahrleistungen überaus überzeugend waren. Insgesamt dauerte die Prozedur für den Delinquenten nochmal so lange wie der gerichtlich verfügte Führerscheinentzug und war mit weiteren Kosten von über 3.500 € verbunden.

Von Frauen mit gefärbten Haaren (bei ungefärbten Haaren kann die Probe an einer Haaranalyse erfolgen) wird auch noch deren Würde verletzt. Zum Abstinenznachweis muss die Person bei Kontrollterminen unter Aufsicht bzw. im Beisein einer anderen Person Urin ablassen. Dabei steht im Grundgesetz: „Die Würde des Menschen ist unantastbar." Diese längst üblichen Praktiken aufgrund von Verwaltungsvorgaben stehen eindeutig im Widerspruch zur Verfassung. Von der Verwaltung ist das weniger verwunderlich, denn was der Sache dient, wendet sie gerne an. Aber der Verwaltung stehen Politiker vor, die letztlich das Verwaltungshandeln verantworten müssen. Von denen kommt aber dazu nichts. Natürlich könnte sich dagegen ein/e Delinquent/in auf dem Rechtsweg zur Wehr setzen. Anwälte raten jedoch davon ab. Dann wäre ein langes Verfahren zu erwarten, oder die Verwaltung gibt andere geld- und zeitaufwendige Vorgaben zum Abstinenznachweis vor. Dann könnte schnell die Frist für eine evtl. Neuausstellung des Führerscheins überschritten werden, so dass der völlige Neuerwerb mit Pflichtfahrstunden wie bei einem Anfänger ansteht. Das weiß natürlich die Verwaltung. Sie kann deshalb nahezu ungehemmt ihre Allmacht ausüben. Bei dem hier angeführten Vorgang legte die Verwaltung den Delinquenten noch weitere Hindernisse und Hürden in den Weg, die aber ggf. zu den Einzelfällen des Verwaltungshandelns gehören und nicht zu verallgemeinern sind. Für einen Rechtsstaat ist das schon fragwürdig, wenn bei Straffälligkeiten die Restriktionen und Vorgaben der Verwaltung sowohl bezüglich der Zeit als auch der Kosten sowie der auferlegten Zusatzerschwernisse die Gerichtsstrafe deutlich überschreiten. Nahezu ungeheuerlich ist, dass dabei die im Grundgesetz verbriefte Menschenwürde als Regelvorgang missachtet wird. Das gilt umso mehr, da der Betroffene sich dagegen auf dem Rechtsweg weitaus weniger wehren kann als gegenüber einem vom Gericht verhängtem Urteil. Wo bleiben da die Verfassungstreue und das Rechtsverständnis der dafür verantwortlichen Politiker/innen? Warum unternimmt die Bundesjustizministerin nichts gegen diese Verletzung der Menschen würde, oder warum hat der frühere Justizminister Heiko Maas, in dessen Amtszeit die Verwaltung diese Praxis einsetzte dagegen nichts unternommen?

Im Oktober 2019 berichtete eine hessische Zeitung, dass die Polizei in Aßlar eine Frau, die auf einem der neuen Tretroller (Scooter) fuhr, wegen des fehlenden Versicherungszeichens anhielt. Die Polizisten stellten Alkoholgeruch fest. Die durchgeführte Alkoholkontrolle ergab 1,35 Promille. Das hatte den Einzug des Führerscheins zur Folge. Das ist letztlich, wie oben angeführt wurde, ein absurder Vorgang, denn die Fahrt auf einem Fahrrad bleibt bis zu einem Alkoholwert von 1,59 Promille straffrei, soweit es nicht zur Verkehrsgefährdung oder zum Unfall kam. Zudem fahren in den Städten moderne Fahrräder oft deutlich schneller als die bei 20 km/h abgeriegelten Scooter und sind mitunter auch vom Gewicht her vergleichbar. Hier kommen offensichtlich willkürliche Maßstäbe zur Anwendung. Nicht der Sachverhalt ist entscheidend, sondern die Behördenfestlegung, dass es sich bei dem Scooter um ein motorangetriebenes Fahrzeug handelt. Mit Gerechtigkeit dürfte das nichts zu tun haben (WK 5.10.2019), aber die Politik bzw. zuständigen Minister halten sich da raus.

Zu folgenschweren Entscheidungen können auch Nachlässigkeiten der Administration führen, wenn man dafür nicht fachliche Defizite annimmt. So wurde z. B. wiederum in Wiesbaden vor etwa 20 Jahren neben dem alteingesessenen Gewerbebetrieb der Holzhandlung Blum in einem neuen Bebauungsplan der Stadt ein Baugebiet für Eigenheime ausgewiesen. Als die Häuser im Bau waren, klagte der Holzhändler dagegen. So dich neben dem Gewerbebetrieb darf eine Wohnnutzung nicht zugelassen werden, denn wenn die Häuser erstmal realisiert und bewohnt sind, hat die Schutzwürdigkeit der Wohnbelange Vorrang. Der Bebauungsplan war offensichtlich fehlerhaft. Das Gericht folgte der Klage des Holzhändlers und die längst begonnenen Bautätigkeiten mussten eingestellt werden. Das Unglaubliche war daran, wie konnte eine an sich qualifizierte Stadtplanung einer Großstadt einen derartigen Fehler begehen, was gleichfalls für die ausführende Planungsgesellschaft der Stadt Wiesbaden, die STEG, galt? Der damalige Baudezernent ging sogar gegen das Gerichtsurteil in Widerspruch. Das ist noch unglaublicher, denn in seiner Amtsfunktion hätte er eigentlich wissen müssen, dass die Rechtsprechung im Falle derartiger Konflikte in Gemengelagen seit Ende der siebziger Jahre dem bereits ansässigen Gewerbetreibenden Recht gibt. Der Widerspruch verursacht Kosten. Die Kosten für den für Planungsexperten absehbar chancenlosen Widerspruch des Dezernenten kommen nach meiner Auffassung letztlich einer vermeidbaren, unsinnigen Vergeudung städtischer Mittel gleich.

Das ARD Fernsehprogramm Hessen 3 berichtete im August/September 2019 von einem folgenschweren Fall im Ortsteil Wallrabenstein der Gemeinde Hünstetten (WK 2.10.2019). Dort hatten mehrere Familien in Ortsmitte in nächster Nähe zu bereits bestehenden, bewohnten Eigenheimen für ihren geplanten Bau Grundstücke erworben. Der Gemeinde war deren Vorhaben bekannt. Von Mitarbeitern des Kreises kam die mündliche Auskunft, dass sei Bauland. Bei der beantragten Baugenehmigung kam die schlimme Überraschung. Das Gebiet ist trotz der darauf bereits bestehenden vielfachen Eigenheimbebauung als Trinkwasserschutzgebiet Zone II ausgewiesen. Deshalb hat das Wasserwirtschaftsamt die neuen Bauvorhaben abgelehnt. Das Amt hat gesetzestreu und richtig entschieden. Für die Grundstückskäufer sind damit ruinöse Kosten von 80 Tsd. € bis 180 Tsd. € entstanden, denn bei dieser Sachlage sind die Grundstücke nicht bebaubar und nur wenige hundert Euro wert. Bei einer genauen Informationsweitergabe der Gemeinde sowie keiner Fehlaussage von Kreismitarbeitern wäre dieses Desaster vermeidbar gewesen. In der Fernsehsendung defakto oder konkret wird seit langem nahezu wöchentlich von zweifelhaften Entscheidungen bis hin zu Fehlentscheidungen von Behörden oder behördenähnlichen Institutionen wie Jobcentern, Krankenkassen und dgl. berichtet, jedoch ohne die dafür letztlich zuständigen politischen Mandatsträger zu benennen. Der Bürger fragt sich, wie so etwas möglich ist und warum die zuständigen Ministerien nicht von sich aus für Abhilfe sorgen.

Dagegen nehmen sich andere Verwaltungshandlungen, die auf zweifelhafter Einhaltung von Vorschriften ohne Ermessensabwägung beruhen, eher harmlos aus. So erhalten in einer hessischen Großstadt die ehrenamtlichen Mitarbeiter eine Tafel für Minderbemittelte laut Tagespresse regelmäßig Strafmandate, wenn sie die zulässige Parkzeit von zwei Stunden auf einem tagsüber wenig genutzten freien Platz überschreiten. Die zwei Stunden können sie schwer einhalten, da ihre ehrenamtliche Tätigkeit eine vierstündige Vollbeanspruchung ist. Wenn das so bleibt, wird wohl ein Teil der Ehrenamtlichen seine Mitarbeit einstellen. Das wäre für die Stadt weit nachteiliger, als auf die kleine Summe der Parkstrafen zu verzichten (WK 15.3.2019). Aber dafür ist ein anderer städtischer Amtsbereich zuständig, deshalb wird wohl nichts passieren. In Frankfurt a. M. habe ich selber beobachtet, wie Personal des Ordnungsamtes bereits neben parkenden Autos wartete, um nach wenigen Minuten (in einem Fall gerade eine Minute) der Parkzeitüberschreitung ein Strafmandat unter den Scheibenwischer zu klemmen. Das spricht für eine obrigkeitsorientierte Administration und nicht für eine Verwaltung zum

Wohl der Bürger. Wenn diese Kontrollen privaten Diensten übertragen werden, wird dieses Verhalten zunehmen, insbesondere wenn die Anzahl der Strafmandate Einfluss auf die Honorierung des Kontrollpersonals bekommt.

Als fragwürdig wird hier auch der Ankauf von Adressdateien und Konten von deutschen Steuersündern gesehen. Diese Dateien wurden in der Schweiz illegal beschafft, letztlich den betreffenden Banken gestohlen und dann Finanzbehörden in Deutschland zum Kauf angeboten. Bei dem Erwerb von gestohlenem Gut handelt es sich um Hehlerei, was nach dem Gesetzbuch eine Straftat ist. Damit soll Diebstählen entgegengewirkt und Nachahmung abgeschreckt werden. Da es aber der Fahndung nutzt, trat die betreffende Finanzverwaltung letztlich wie ein Hehler auf. Die Folgen waren weitere Datendiebstähle und deren Verkauf an deutsche Finanzbehörden. Der Nachahmungseffekt war da, zunächst zum Nutzen der deutschen Finanzbehörden. Inzwischen werden aber auch anderweitige Daten wie illegal abgezogen und veräußert, etwa an Firmen, die mit Adressen handeln. Damit wird letztlich indirekt auch das Unterlaufen des Datenschutzes gefördert. Die finanziellen Vorteile und die berechtigte Verfolgung von Steuersündern sollen hier in keiner Weise bestritten werden, aber der Vorgang entspricht fast Hehlerei und ist daher aus meiner Sicht für einen Rechtsstaat äußerst zweifelhaft . Hier wäre zumindest eine gerichtliche Klärung angebracht, wie weit diese Art von Datendiebstahl und quasi Hehlerei mit unserem Rechtsstaat vereinbar ist.

Fazit

Eine funktionsfähige Verwaltung ist unerlässlich, aber sie sollte konsequent auf die Umsetzung und Einhaltung der Gesetze, die von Parlamenten beschlossen wurden, ausgerichtet sein. Die Handlungen der Verwaltung sind jedoch z. T. fragwürdig, wie die Grauzone der parlamentarisch nicht immer kontrollierten Verwaltungserlasse belegt. Zudem weitet die Verwaltung ihre

Handlungsaktivitäten und Allmacht immer weiter aus, mit einer wahren Regelsucht. Das erinnert mitunter schon an die Verwaltungspraxis in der ehemaligen DDR, fast so, dass alles verboten ist, was nicht durch eine Vorschrift ausdrücklich erlaubt ist. Dadurch werden mitunter gerichtlich verfügte Strafen zusätzlich sowohl finanziell, zeitlich wie auch durch weitere Lebensbeeinträchtigungen übertroffen. Die Verwaltungen verwendet Kennwerte z. T. als Algorithmen und jene unterliegen auch Fehleinschätzung hinsichtlich der möglichen Objektivität. Ihre Fehlaussagen können ruinöse Folgen für Bürger haben. Höchstgerichtliche Vorgaben bzw. Urteile, selbst Grundsatzurteile werden ggf. wohl auch gezielt von der Verwaltung umgangen. Die Finanzbehörden schrecken nicht vor einem Datenaufkauf in Hehler-Manie zurück. In der Überprüfungspraxis von Alkoholdelinquenten wird auch eindeutig gegen die im Grundgesetz verbriefte Achtung der Menschenwürde verstoßen. Das Verhalten der für die Verwaltung verantwortlichen Politik ist besonders problematisch. Statt rechtlich zweifelhaften Verwaltungshandlungen oder gar Gesetzesübertretungen Einhalt zu gebieten, lässt sie eher der Verwaltung freie Hand oder steht hinter diesen Aktivitäten, in ähnlicher Weise wie beim zweifelhaften und unzulänglichen Verhalten der Politik beim Datenschutz. Wir haben längst einen Rückfall in die Verwaltungsallmacht, gegen die sich die 68er-Generation damals so auflehnte. Heute spricht vieles eher für eine Fortsetzung dieser Entwicklung, zum Nachteil der deutschen Demokratie und Zukunftschancen unseres Landes.

3. Der Status quo – Deutschland vor der Coronakrise

Die Bundesrepublik ist heute ein international anerkannter, geachteter und wirtschaftlich erfolgreicher Staat, mit einer hervorragenden, Verfassung, der die dunklen Schatten des „Dritten Reiches" weitgehend überwunden hat und fest in die Nato eingebunden ist. Deutschland hat einen hohen Wohlstand erreicht, nach den oben angeführten Worten der Kanzlerin und anderer führender Politiker vom Herbst 2019 ging es Deutschland so gut wie nie. Die Erfolgsgeschichte hat aber, wie eingangs angeführt, auch Schattenseiten, denn dieser Wohlstand ist fragwürdig verteilt und kommt längst nicht überall an. Zudem weisen die drei Säulen der Gewaltenteilung unseres Staates die dargelegten Erosionserscheinungen auf.

Das gilt für die Legislative, die selbst ein wesentliches, richtungsweisendes Urteil des Bundesverfassungsgerichts jahrelang ignoriert oder dafür, dass die im Grundgesetz verbriefte Gewissensfreiheit der Abgeordneten bei Abstimmungen hinter der Partei- bzw. Fraktionsdisziplin rangiert. Zudem sinkt im Parlament wie auch in weiten Teilen der Gesellschaft die Toleranz. In den Parlamenten dominieren längst Berufspolitiker, die nicht selten bei zunehmender Entfremdung zur Bevölkerung eher in einer eigenen Welt leben. Viele Bürger fühlen sich nicht mehr von der Politik verstanden und vertreten.

Die Exekutive wiederum nimmt z. T. ihre Aufgaben wegen jahrelanger Personalausdünnung nur unzureichend wahr oder rechtlich fragwürdigen Anordnungen der Leitungsebenen beeinträchtigen die Aufgabenwahrnehmung, was wohl politischer Einflussnahme geschuldet ist. Die Polizei kreidet mangelnde politische Unterstützung sowie gegenüber politisch problematischen Gegebenheiten ein Hinwegsehen und Schönreden der Politik an. Erscheinungen, die aus politischen Gründen nicht sein sollten, „können deshalb nicht sein".

Die neuen Kommunikationsmedien und Digitalisierung ermöglicht umfassende Informationen zur Ausspähung jedes Bürgers, an denen die Polizei- und Sicherheitsbehörden größtes Interesse haben. Die Behörden möchten selbst den Zugang zu Mikrofonen in Kinderspielzeugen, mit denen sie das Geschehen in jeder Wohnung mit Kindern über deren Spielzeug abhören können. Nach einem Urteil des Bundesverfassungsgerichts sind diese Ansätze zur totalen Bürgerüberwachung mit dem geltenden Grundrecht nicht vereinbar und somit ein unrechtmäßiger Verstoß gegen die Verfassung. Anstatt dieses Urteil umzusetzen, setzt sich die politische Führung teilweise über das Urteil hinweg, wie der damalige Bundesinnenminister Friedrichs das Urteil mit seiner sehr fragwürdigen Urteilsinterpretation unterlief oder die gemeinsame Sitzung der Bundesinnenminister zur Nutzung von Smart-Informationen für den Wohnungszugang. Damit greifen sie nach Möglichkeit zum totalen Ausspähen des Bürgers, obwohl das eindeutig einen Rechtsbruch der Verfassung darstellen würde. Für die Leitung der Bundeswehr, die nationale Außensicherheits-Institution, werden Ministerinen ohne entsprechende Sachvorkenntnisse und Qualifikation berufen. Die Bundeswehr weist seit Jahren zunehmende materielle Defizite und Schwächen auf, die inzwischen auch die mentale Funktion von Soldaten betreffen. Zugleich beanspruchen Parlamentarier und meistens ohne fundierte Sachkenntnisse zur parteipolitischen Profilierung über den Einsatz von Waffen fernab vom Geschehen zu entscheiden.

Die Justiz kann ihre Aufgabe wegen der politisch zu verantwortenden erheblichen Personalausdünnung nur noch bedingt erfüllen. Viele Straftaten bleiben ungesühnt bis hin zur häufigen Verfahrenseinstellung bei Übergriffen gegen Polizisten oder durch Polizisten. Leitende Richter sorgen sich um die Schwächung und Gefahr, die sie für die Justiz und die Rechtsstaatlichkeit in unserem Lande sehen. Justizurteile weichen teilweise für vergleichbare Straftaten derart extrem voneinander ab, oder bei Katastrophen mit hoher Opferzahl ist die Justiz nicht fähig die

Schuldfrage zu klären. Die Entwicklung beinhaltet z. T. Willkür, die kaum einem Rechtsstaat entsprechen kann.

Die Verwaltung gewinnt seit langem zunehmenden Einfluss und Macht. Deshalb kam man heute fast schon von einer vierten Säule der Gewaltenteilung des deutschen Staates sprechen, von der „Verwaltungslative ". Das Handeln der Verwaltung wird längst weitaus mehr von Verwaltungserlassen, Durchführungs- und Ausführungsbestimmungen sowie ähnlicher Vorgaben bestimmt, die kaum einer Parlamentskontrolle unterliegen, als von gesetzlichen Vorgaben. Deshalb ist es oft sehr schwierig bis chancenlos dagegen anzugehen. Zugleich lässt sich seit längerem eine massiv fortschreitende Bürokratisierung und Regelungssucht feststellen beim gleichzeitigen Bemühen um möglichst umfassenden Datenzugang. Dabei kommen zunehmend Kennwerte als Algorithmen zur Anwendung, mitunter bei falscher Annahme über deren Wahrheitsgehalt oder gar einer unterstellten Objektivität. Die Verwaltung neigt häufig zur wortgetreuen Rechtsauslegung anstatt zur vernünftigen Interpretation der Sachauslegung.

Die enorme Macht der Verwaltung wird auch darin deutlich, dass ggf. ihre Restriktionen und Ahndung von Straftätern deutlich die gerichtliche Strafe übertreffen können. Verfassungsgerichtsurteile, die den Aktivitäten der Verwaltung entgegenstehen, werden ggf. ignoriert oder umgangen, bis hin zu Praktiken, die sich über die im Grundgesetz verbrieften Unantastbarkeit der Menschenwürde hinwegsetzen. Für diese Entwicklung ist die Politik im hohen Maß verantwortlich. Zum einen weil seit Jahrzehnten die Besetzung von Führungs- und Leitungspositionen vor allem vorrangig nach dem Parteibuch und nicht Sachqualifikation erfolgt und zum anderen weil sich die politische Führung diesen Entwicklungen kaum entgegenstellt, sondern sie vielmehr aus scheinbarer Sachargumentation eher unterstützt. Das kann selbst bei eindeutigem Verfassungsverstoß zutreffen. Hier zeichnen sich schwerwiegende Erosionen ab, deren Andauern die Demokratie und damit die Zukunftschancen unserem Lande beeinträchtigen dürfte.

3.1 Veränderungen der politischen Landschaft

Die politische Landschaft hat sich seit 2014/2015 in einem bisher nicht gekannten Maße verändert. Den hohen Flüchtlingszuwanderungen standen viele Deutsche ablehnend gegenüber, was vor allem für Ostdeutschland galt. Hinzu kamen massive Hilfen und Unterstützungen für die Migranten, die z. T. deutlich die Hilfen für die ärmere Deutsche Bevölkerung übertrafen. Beispielhaft sind die Regierungsverlautbarungen zu einem erwogenen Bauprogram, um den zusätzlichen Wohnungsbedarf für die vielen Zuwanderer zu bewältigen. Ähnliche Verlautbarungen gab es weder davor noch danach für die ärmere deutsche Bevölkerung.

Warum wird von der Regierung auf die Wohnversorgungsprobleme von ca. einer Million zugewanderter Flüchtlinge reagiert, aber nicht auf die großen Wohnversorgungsprobleme von 1,5 Mio. deutschen Alleinerziehenden, die unterhalb der Armutsgrenze leben und deren Kinder die Zahl der Armutsbetroffenen noch erhöhen? Gelten hier unterschiedliche Maßstäbe für die Kanzlerin und Regierung? Flüchtlinge erhalten nach ihrem erfolgreichen Asylantrag Bezüge in Höhe der Grundsicherung und weitere Unterstützung, wie für die Wohnungsmiete oder die Nutzung des öffentlichen Nahverkehrs, ggf. freien Schwimmbad- und Museumsbesuch, Hilfen, die es für arme Deutsche, wie alleinerziehende Personen mit ihren Kindern, kaum gibt. In Deutschland leben zugleich sehr viele alte Menschen, deren Rentenbezüge unterhalb der Grundrente liegen. Personen, deren Rente für die Unterbringung in Pflegeheimen nicht ausreicht, erhalten nur noch ein kleines Taschengeld für ihre persönlichen Bedarfe, aber für Flüchtlinge wurde 2020 das Taschengeld auf 150 €/Monat erhöht. Bürger, die aufgrund ihrer schmalen Einkünfte für ihre Versorgung die günstige Lebensmittelausgabe von Tafeln nutzen müssen, werden dafür in manchen Gemeinden ihre schmalen Sozialbezüge gekürzt. Flüchtlinge, die gleichfalls häufig Tafeln aufsuchen, erfahren diese Kürzungen nicht. Das Jobcenter Dortmund kürzte 2017 einem Hartz-IV Empfänger seine Bezüge um 270 €/Monat, weil er betteln ging. Nach heftigen Protesten wurde die Kürzung schließlich auf 65 €/Monat reduziert (Hartmann, M., S. 2019). Das sind unglaubliche Vorgänge der Verwaltung gegenüber armen Mitbürgern, die es hingegen gegenüber Flüchtlingen nicht gibt. 2017 gab es gegen Kürzungen von Hartz-IV Leistungen 640.000 Widersprüche und 110.000 Klagen, von denen 40 % erfolgreich waren. Hinzu kommt die große Problematik der niedrigen Renten. Die Regierung blendete das Themalange aus. Für Verbesserungen und Hilfe mit Steuergeldern fehlen angeblich die Mittel. Dafür ist kein Geld verfügbar, aber für die Hilfe an Flüchtlinge schon. Die Presse berichtete zudem häufig von Straftaten durch Migranten und zugewanderte Flüchtlinge, insbesondere von sexuellen Übergriffen gegenüber Frauen. Diese Meldungen wurden laut Regierungsverlautbarungen als unzutreffend runtergespielt und dargestellt, wenngleich die tatsächlichen Fakten inzwischen mitunter anderes belegten.

Diese Entwicklung führte in Ostdeutschland zur Pegida-Bewegung mit Demonstrationen gegen die Flüchtlingspolitik der Regierung. In denen sprach man sich z. T. sogar für eine nationale Abschottung Deutschlands aus, was schon aufgrund der wirtschaftlichen Interessen und Verflechtungen ein absoluter, realitätsfremder Unsinn war. Es gab aber zugleich auch große Gegendemonstrationen für ein weltoffenes, tolerantes Deutschland, wie in Dresden. Dennoch, die ostdeutsche Volksmeinung richtete sich durchaus nicht immer grundsätzlich gegen die Pegida-Bewegung. Das galt umso mehr, wenn die Demonstrationen im Zusammenhang mit Straftaten von zugewanderten Flüchtlingen standen. Rechtsradikale Kreise nutzten die Stimmung bis hin zu Gewalttätigkeiten gegenüber Migranten.

Unter diesen Rahmenbedingungen erhielt die neu gegründet rechte Partei der AfD massiven Zuspruch. Ein erheblicher Teil der Bevölkerung fühlte sich von den etablierten Parteien nicht mehr vertreten. Das galt vor allem für die CDU/CSU und SPD, insbesondere wegen der Flüchtlingspolitik. Die Jüngeren wandten sich ohnehin eher der Partei der Grünen zu. Die anscheinende Bevorzugung von Flüchtlingen sowie das Erscheinungsbild etlicher Flüchtlinge, das von der Kleidung her und der fast stetigen Handy-Benutzung nicht gerade für notleidende Zuwanderer sprach, sowie die Presseberichte über Straftaten bewirkten für größere Teile der Bevölkerung einen Wandel. Die anfängliche Willkommenskultur ging zurück, bei zunehmender Ablehnung der Flüchtlingspolitik. Die AfD nutzte diese Entwicklung geschickt. Bei Straftaten von Migranten, insbesondere mit Todesfolgen, organisierte sie Protestaktionen sowie Demonstrationen. Darin wurden derartige Straftaten tendenziell als typisch für die zugewanderten Migranten und gegen die Regierungspolitik dargestellt. Deshalb gab es sehr bald den berechtigten Vorwurf, dass die AfD diese Taten als Argumentation für ihre Ausrichtung instrumentalisiert.

Durch ihre massiv vorgebrachte Ablehnung der Flüchtlingspolitik sowie massiven Kritik an der Regierung gewann sie zunehmend Befürworter in der deutschen Bevölkerung. Die AfD vertrat rechtskonservative Positionen. Sie richtete sich damit gegen den Mainstream. Sie entsprach aber z. T. eher der Meinung vieler Bürger. Das drückte sich in den Wahlen aus, bei denen sie deutliche Stimmenanteile erlangte. Inzwischen ist diese Partei, wie oben dargelegt *(2.1, S. 91)*, im Bundestag und nahezu in jedem Landtag vertreten ist. Dabei dürfte es sich bei den meisten Wählern jedoch nicht um wirkliche Anhänger der AfD handeln, sondern um Protestwähler, die sich von den Regierungsparteien nicht mehr vertreten fühlen. Ich habe selber in unzähligen Gesprächen in der Öffentlichkeit oder als stiller Zuhörer in Gaststätten und bei Bahnfahrten etliche Personen erlebt, die die AfD wählten oder sie wählen wollten. Aber nicht ein Einziger von diesen wollte die AfD tatsächlich in der Regierung sehen. Vielmehr lag ihrem Verhalten die Hoffnung zu Grunde, dass die Wahlerfolge der AfD die Regierungsparteien doch endlich aufschrecken möchten , damit sie ihre Politik überdenken und zukünftig stärker auf die Bürgerbelange eingehen würden .

Die AfD wird von den anderen Parteien soweit als möglich strikt ausgegrenzt. In den politischen Reden wird vor allem die Abgrenzung zur AfD hervorgehoben und betont statt einer inhaltlichen Auseinandersetzung. Deshalb hat das Wahlverhalten der Protestwähler nicht zum erhofften Umdenken in den etablierten Parteien geführt. Vielmehr verstärkt sich noch ihre Ausrichtung durch ihr Zusammenwirken gegen die AfD. Man wirft der AfD vor allem die Rechtsausrichtung sowie eine nahezu verfassungsfeindliche Ausrichtung vor. Die Argumentation: In Anbetracht der verheerenden Folgen des früheren Rechtsradikalismus in der Nazizeit ist diese neue Partei nicht tragbare. Angesichts ihrer Verbindung zu rechtsradikalen Gruppierungen sind die Vorbehalte nachvollziehbar. Bei diesen Gruppen handelte es sich bislang offenbar um Randgruppen, die es seit langem gibt, die aber kaum politischen Einfluss hatten. Der früheren Versuch der Republikaner, der DVU (Deutsche Volksunion) und der NPD (Nationale Partei Deutschlands), sich politisch wirksam zu etablieren, erwies sich wie oben angeführt als nahezu völlig erfolglos. Mit der AfD kehren aber rechte Orientierungen in die politische Landschaft zurück. Durch geschickte Argumentation, vor allem bezüglich der Flüchtlingsentwicklung, konnte die AfD ihren Einfluss massiv ausweiten. In einigen Bundesländern wurde sie die drittstärkste oder sogar die zweitstärkste Partei. Diese Ausgrenzung ist angesichts der Rechtsausrichtung dieser Partei verständlich, aber dennoch auch fragwürdig. Schließlich handelt es sich um eine nach unserer Verfassung bislang zugelassene Partei, die von Millionen von Wählern gewählt wurde. Der Bundestagsvizepräsident W. Kubicki verweist deshalb darauf, dass in unserer Demokratie Meinungsfreiheit und vor allem die argumentative Auseinandersetzung gelten. Deshalb spricht er sich eher für eine inhaltliche Auseinandersetzung aus, um die Positionen dieser Partei zu widerlegen und deren falschen Gehalt zu verdeutlichen (Kubicki, S. 31–32).

In Anbetracht der Formulierungen in ihren Redebeiträgen in den Parlamenten wurde der AfD vorgeworfen, dort massiv das Umgangsniveau zu unterlaufen. Durch respektlosen Umgang und Polarisierung hat sie freilich zur Verschärfung des Umgangstones in den Parlamenten beigetragen. Von den anderen Parteien wird die AfD nahezu konsequent gemieden. Die AfD wird quasi zur Unpartei stigmatisiert, mit der in keiner Weise zusammenzuarbeiten ist. Beispielhaft ist die Wahl eines Vizepräsidenten, der von der Anzahl ihrer Wählerstimmen her dieser Partei zusteht. Bei sämtlichen Wahlgängen verweigerten die Parlamentarier der anderen Parteien den/der AfD Kandidaten/ Kandidatin die Stimmen. Das persönliche politische Profil des jeweiligen AfD Kandidaten spielt dabei offensichtlich keine Rolle, allein die Parteimitgliedschaft ist für die Ablehnung ausschlaggebend. Ohne hier für die AfD Partei zu beziehen, ist das schon ein fragwürdiger Vorgang. Eine laut Verfassung zulässige Partei mit Millionen Wählerstimmen wird auf diesem Weg von ihrer laut Parlamentsordnung zustehenden Parlamentsfunktionen ausgeschlossen. Die Ausgrenzung der AfD geht so weit, dass AfD-Parlamentariern von den anderen Abgeordneten nicht gegrüßt werden und eine dezidierte Auseinandersetzung mit den politischen Aussagen dieser Partei unterbleibt, geschweige ein Reden miteinander möglich ist. Der Vorwurf einer Polarisierung durch die AfD trifft außerdem auch für die etablierten Parteien zu, wie das Geschehen in den Parlamenten belegt. Denn der Vorwurf an die AfD bezüglich unwürdiger und fragwürdiger Auslassungen ihrer Politiker in den Parlamenten trifft ebenfalls auch für die Politiker andere Parteien zu. Nach Ansicht des Bundestagsvizepräsidenten Kubicki erfolgen die Verfehlungen und Beleidigungen eher wechselseitig. Der damalige Vorsitzende der AfD Gauland wollte die SPD-angehörige Bundesintegrationsbeauftragte Aydan Özoguz nach einem fragwürdigen Zeitungsbeitrag *(3.1, S. 200-201)* nach Anatolien entsorgen, aber Jahre zuvor sprach sich auch ein SPD-Politiker für die Entsorgung von Frau Merkel aus. Der Hamburger SPD-Politiker Johannes Kahrs hat zu Gauland, nach dessen Angriffen auf die Integrationsbeauftragte auf Twitter kommentiert: „Dieser Gauland ist ein mieser, dreckiger Hetzer, solche Arschlöcher braucht niemand." Laut einer Parlamentsrede des SPD-Politikers Maas gehört Gauland auf den Misthaufen der deutschen Geschichte. Der frühere SPD-Chef Martin Schulz hat gleichfalls Gauland auf den Misthaufen der Geschichte gewünscht. Große Aufmerksamkeit erhielt der inzwischen fast berühmte Ausspruch der früheren SPD-Vorsitzenden Angela Nahles „Ab morgen gibt's was in die Fresse". Die Einschätzung von Herrn Kubicki dürfte wohl zutreffen, dass sich die unwürdigen Auslassungen in Parlamenten und bei öffentlichen Verlautbarungen nicht nur auf AfD-Politiker beschränken. Diese Auswüchse sind aber von keiner Seite entschuldbar und sprechen für einen infantilen Verfall demokratischer Parlamentskultur .

Eine absolut nicht hinnehmbare Äußerung ist jedoch Graulands Verlautbarung, die NS-Zeit sei nur ein Vogelschiss in der deutschen Geschichte. Die Taten der NS-Zeit waren kein Vogelschiss, sondern ein bürokratisch perfektionierter, industriemäßiger, in der Weltgeschichte einmaliger, grauenhafter, menschenverachtender Massenmord, der die größte Schande und Schändung der deutschen Geschichte ist. Die Arbeitsgemeinschaft der Ausländerbeiräte hat daraufhin Gauland wegen Volksverhetzung angezeigt (WK 14.11.2018). Das Verfahren wurde jedoch von den Ermittlungsbehörden eingestellt. Aus meiner Sicht trotz dieses völlig abwegigen Vergleichs eine richtige Entscheidung. In einer freien Demokratie muss auch eine völlig unsinnige Meinung möglich sein, soweit damit nicht bestimmte Personen oder Personengruppen verunglimpft oder gar zu Handlungen und Tätlichkeiten gegen diese aufgestachelt wird.

Der CDU-Politiker F. Merz hatte das Ausgrenzen der AfD-Parlamentarier (WK 3.1.2019) bereits mit den Hinweis kritisiert, dass hinter deren Abgeordneten letztlich auch Millionen Wähler stehen, vermutlich weil er eine andere Sicht hat als Dauer-Berufspolitiker. Der FDP-Vizepräsident Kubicki führt das ebenfalls an. Selbst die linke Spitzenpolitikerin Sahra Wagenknecht gab zu bedenken, dass hinter der AfD Millionen von Wählern stehen. Der Bundespräsident Steinmeier forderte im Frühjahr 2020 dazu auf, in der Politik miteinander zu reden und sich auch andere Meinungen anzuhören und damit auseinanderzusetzen. Wie seine Aufforderung angesichts seiner eigentlich für das Amt eines Bundespräsidenten unsäglichen Ausgrenzung einer Partei für den Umgang mit AfD-Politikern zu interpretieren ist, darüber schweigt sich der Präsident jedoch aus. Er hat vielmehr die AfD bislang ebenfalls ausgegrenzt. Die Abgrenzung gegenüber der AfD reicht bis in die Kommunalparlamente. Im Juli 2020 berichteten Zeitungen über Abstimmungsprobleme. In einem Kommunalparlament fand ein durchaus sachlich fundierter Antrag der CDU erst eine Mehrheit, als dieser Antrag unerwartet von den AfD-Mitgliedern des Stadtrates unterstützt wurde. Einen ähnlichen Vorgang gab es zuvor im Mainzer Stadtteil Gonsenheim bei einem Antrag der Grünen. Damit stand die Partei der Grünen wie zuvor die CDU vor dem Dilemma gemeinsam mit der AfD zu handeln. Das durfte nicht sein. Deshalb will man zukünftig bei sachlich richtigen bzw. berechtigten AfD-Anträgen Ergänzungsanträge einbringen, um so den Antrag aus der Federführung der AfD zu nehmen (WK 6.7.2020). In einer Demokratie ist das schon ein sehr fragwürdiges Vorgehen, wenn der Parteienhintergrund für das politische Handeln maßgeblich ist und nicht der sachliche Inhalt.

Der gegenüber der AfD häufiger erhobene Vorwurf, Straftaten für die eigenen Zwecke zu instrumentalisieren, trifft auch umgekehrt zu. Nach dem grausamen aus rassistischen Motiven erfolgten Attentat in Hanau warfen die Bundesregierung und die etablierten Parteien der AfD vor, dafür die geistige Urheberschaft zu besitzen. Sie prangerten das einzig und allein im Hinblick auf Rassismus an. Letztlich war das genauso eine Instrumentalisierung gegen die AfD wie sie ansonsten im umgekehrten Sinne von dieser rechten Partei gegenüber Migranten kam. Für die Instrumentalisierung spricht die große und damit sehr öffentlichkeitswirksame Trauerfeier für die acht armen Todesopfer (der neunte Tote war der Attentäter), an der auch Kanzlerin Merkel wie ein Großteil der politischen Spitzen der Bundesrepublik Deutschland teilnahmen sowie die hohen finanziellen Zahlungen an die Hinterbliebenen durch die Bundesregierung. Als eineinhalb Jahren zuvor ein Islamist an der Berliner Gedächtniskirche aus rassistischen Motiven 12 Personen mit einem Lkw totfuhr, bei etlichen weiteren Schwerverletzten, gab es keine große Trauerfeier.

Zur Beisetzung zweier italienischer Opfer in Italien kam in Italien der italienische Staatspräsident. An der Beisetzung der anderen Opfer in Berlin nahmen weder der Bundespräsident noch die Kanzlerin oder andere hochrangige Regierungsvertreter teil. Zudem erhielten die Angehörigen der Berliner Opfer vom deutschen Staat nahezu keine Unterstützung und finanzielle Hilfe. Das belegt die Geschichte der in Berlin lebenden italienischen Studentin Valeriya, deren beide Eltern bei dem Attentat zu Tode kamen (Bild Deutschland, 19.1.2017). Um materiell über die erste Zeit zu kommen, erhielt sie lediglich Hilfe von den Eltern ihres damaligen deutschen Freundes. Für materielle Hilfe wurde sie dann an die Haftpflichtversicherung des Tatfahrzeugs verwiesen. Einen Monat nach dem Attentat kündigte schließlich das Bundesjustizministerium ein Schmerzensgeld von 20.000 € für die Tochter des getöteten Ehepaares an, vermutlich auf Druck der öffentlichen Meinung. Der Berlintourist Dr. Stefan W. überlebte schwer verletzt nur knapp den Terroranschlag und bekam erst nach längerem Rechtsstreit Arbeitslosengeld (WK 21.8.2019). Eine Entschädigung für den polnischen Eigentümer des für den

Terroranschlag gekaperten Lkws gab es nie! Eine Trauerfeier mit der Kanzlerin, dem Bundespräsidenten und den Spitzen der Parteien wie in Hanau fand nicht statt.

Hier gelten für die Bundesregierung und die Politik für zwei rassistische Terroranschläge offenbar sehr unterschiedliche Maßstäbe. Bei einem rassistischen Terroranschlag eines Islamisten bewegt sich kaum etwas, ganz anders bei einem rassistischen Terroranschlag eines Rechten . Das mag evtl. auch daran liegen, dass die deutsche Politik zunächst bei den rechtsrassistischen Attentaten der NSU wegschaute und deshalb nun besonders sensibel auf das Hanauer Attentat reagierte. Die Kanzlerin hat dann schließlich ein Jahr später reagiert und an einer kleinen Gedenk-Trauerfeier in Berlin teilgenommen. Dennoch ist das damalige Verhalten der deutschen Regierung, insbesondere der Kanzlerin, für mich eine unverständliche Peinlichkeit. Beide Taten waren rassistische Attentate. In Hanau ein rechter, deutscher Rassist mit Wahnvorstellungen, in Berlin ein islamischer Rassist, der in rational, überlegter Vorgehensweise möglichst viele deutsche Ungläubige töten wollte. Aber das Hanauer Attentat bot sich schlichtweg zur Instrumentalisierung gegen die im Aufwind befindliche AfD an, weil man damit in öffentlichkeitswirksamer Weise die AfD anprangern konnte. Mit diesen Ausführungen soll hier in keiner Weise die schreckliche Tat in Hanau bagatellisiert oder die folgende Trauerfeier kritisiert werden. Es geht allein um die Unterschiede für zwei vergleichbarer Taten und die Frage, warum bei dem Attentat eines Islamisten eine vergleichbare Reaktion der Bundesregierung wie in Hanau ausblieb. Bei diesem peinlichen Verhalten des deutschen Staates werden die Wahlerfolge der AfD verständlicher.

Für die Hoffnung vieler Wähler, durch ihre Proteststimmen für die AfD die etablierten Parteien zum Überdenken ihrer Politik und damit zu Veränderungen zu bewegen, zeichnen sich bislang kaum Chancen ab. Bei Wahlniederlagen wird von den Parteien zur Ergründung der Ursachen kaum das Parteiprogramm hinterfragt. Stattdessen werden die Ursachen vor allem in Vermittlungsfehlern gesehen. Es heißt dann oft: „Es ist uns nicht ausreichend gelungen, unsere Anliegen und Konzepte dem Wähler zu vermitteln." Man könnte meinen, den Parteien erscheinen die Wähler zu dumm, was sie in der Vermittlung durch entsprechende, besser verständliche Darlegungen hätten berücksichtigen müssen. Eine Infragestellung der verfolgten Wahlziele als Ansatz zur kritischen Reflexion ihres Programms und gar zum Umdenken zur Weiterentwicklung erfolgt in den seltensten Fällen. Man wirft der AfD vor, dass sie ohne inhaltliches Konzept nur der Bevölkerung „nach dem Maul redet", um Stimmen zu fangen. Dementsprechend wird sie als populistische Partei verunglimpft und ihre Mitglieder als polarisierende Populisten diffamiert. Dabei bedeutet populär eigentlich etwas Positives, Aktuelles, wie populäre Musik, populärer Volksschauspieler, populäre Sportart oder Sportler. Die Wahlerfolge in den Jahren 2018 und 2019 sind eben gerade der fehlenden Popularität der etablierten Parteien zuzuschreiben. Deshalb gilt es für diese gegen die Popularität der AfD vorzugehen und sie als negativ anzuprangern. Die schwindende Popularität anderer Parteien könnte aber gerade darin liegen, dass diese sich immer weiter vom Bürger und von den Bedürfnissen abheben. Solange da kein Umdenken und keine Änderungen erfolgen, könnte sich diese Entwicklung fortsetzen und ggf. auch zur Bildung neuer politischer Gruppierungen führen. Zudem erhält die AfD in hoher Anzahl „Nichtwählerstimmen", also von Personen, die sich von den etablierten Parteien nicht mehr vertreten fühlen und sonst nicht zur Wahl gehen würden (Hartmann, M., S. 217).

Der wesentliche Einfluss der AfD und die daraus hervorgehenden Wirkungen sind die Veränderung der Wählerstimmen. Aufgrund des hohen Stimmenanteils der AfD-Wähler wurde es in den Bundesländern für die anderen Parteien teilweise schwierig eine auf Parlamentsmehrheit gegründete Regierung zu bilden, wie im Februar 2020 die Minderheitsregierung in Thüringen. Das ist eine völlig neue Situation, die die politische Landschaft in Deutschland massiv verändert. Umso mehr sind sich die traditionellen Parteien darin einig, die AfD möglichst kleinzuhalten, besser, dass sie verschwinden muss. Die Veränderungen des Stimmverhaltens der Wähler stellen letztlich große Unsicherheiten und eine hohe Belastung dar, mit kaum kalkulierbaren Folgen. Durch die strikte Ausgrenzung wird auf ein Abflauen des Einflusses der AfD gehofft, da sie letztlich in ihrer isolierten Rolle in den Parlamenten nichts Entscheidendes bewegen kann. Wenn das gelingt, könnte sich der Wähler von der AfD abwenden und wir kämen zum alten Parteienproporz zurück. Wenn es aber so bleibt, wird das Regieren schwieriger. Dann wäre es fraglich, ob die AfD langfristig rausgehalten werden kann.

Wie die Geschichte belegt, war das am Anfang mit der Partei der Grünen ähnlich und nach der Wiedervereinigung für die Partei der Linken noch ausgeprägter. Die Linken wurden zunächst, fast vergleichbar mit dem heutigen Verhalten gegenüber der AfD, genauso isoliert und in vielen Bereichen ausgeschlossen. Das ist inzwischen lange her. Regierungsbeteiligungen mit der Linken gibt es längst, auch wenn das die CDU 2021 immer noch grundsätzlich ausschließt. In Thüringen stellt Die Linke erfolgreich den Ministerpräsidenten. Ob und in welchem Maße sich die AfD in der politischen Landschaft behaupten kann, wird die Zukunft zeigen. Das Thema Flüchtlinge/Migration wird dafür dauerhaft nicht ausreichen, wenn es nicht zu neuen anhaltend hohen Zuwanderungen kommt. Zudem entwickelten sich 2020 in dieser Partei erhebliche, fast unversöhnliche Flügelkämpfe zwischen einem eher national bürgerlich konservativen und einem fast rechtsradikalen Flügel. Die Chancen dieser Partei dürften davon abhängen, ob die bürgerlich orientierte Ausrichtung sich gegenüber der national rechtskonservativen durchsetzen kann.

Die Wahlerfolge der AfD sind letztlich im erheblichen Maße darauf zurückzuführen, dass sich die politische Orientierung der etablierten Parteien immer stärker an der Elite aus Wirtschaft und reichen Bürgern sowie Wohlhabenden ausrichtet, zu der längst auch etliche Spitzenpolitiker gehören und immer weniger an den Bedürfnissen und Belangen der breiten Bevölkerung, wie M. Hartmann (Hartmann, S. 2014–2019) nachweist. Das hat letztlich zu den vielen Parteiaustritten und dem Zulauf ehemaliger SPD- und CDU-Wähler sowie vieler Bürger zur AfD geführt, die sonst ihre Stimme nicht abgegeben hätten, weil sie sich von den Parteien nicht mehr vertreten fühlen. Nun versuchten sie als Protestwähler Änderungen zu bewirken. Diese Problematik gilt grundsätzlich, es gärt in Deutschland. Das spricht dafür, dass eine Partei ohne extremistische Ausrichtung, die die Belange der breiten Bevölkerung vertritt, große Wählerchancen hätte. Wenn die etablierten Parteien nicht umdenken und sich wesentlich mehr am Gros der Bevölkerung orientieren, wird eine derartige Partei kommen, so oder so, ggf. durch eine neue Partei oder durch wesentliche Veränderungen und Weiterentwicklung einer der etablierten Parteien .

Fazit

Die Rechte hatte in Deutschland bis auf wenige, nahezu bedeutungslose Randgruppen politisch keine Bedeutung, wie die Geschichte der NPD belegt. Das änderte sich erst mit den hohen Flüchtlingszuwanderungen und der Flüchtlingspolitik der Regierung, die für einen wachsenden Teil der Bevölkerung nicht tragfähig war. Deshalb erhielt die neue rechtskonservative Partei der AfD hohen Zuwachs an Wählen, vor allem durch Protestwähler gegen die Regierungspolitik. Die anderen Parteien werfen der AfD Rechtspopulismus vor, verweigern jegliche Zusammenarbeit und isolieren sie. Im Bundestag und den Landesparlamenten hat sich der Umgangston und Umgangsformen massiv verschärft, was vor allem der AfD angelastet wird, obwohl die Fakten belegen, das trifft leider auch für die Politiker anderer Parteien zu. Die Instrumentalisierung der Straftaten von Migranten durch die AfD, um gegen die Zuwanderungen und Regierungspolitik zu polemisieren, wird inzwischen auch umgekehrt von den Regierungsparteien angewandt. Die Parteien instrumentalisieren nun Straftaten von Rechtsradikalen gegen die AfD, wie die extremen Unterschiede im offiziellen Trauergeschehen für das schreckliche rassistische rechtsradikale Attentat von Hanau gegenüber dem schrecklichen rassistischen islamistischen Attentat in Berlin belegen. Hier wird von der Politik nach extrem unterschiedlichen Maßstäben gehandelt.

Für die Zukunft der AfD dürfte entscheidend sein, ob sich der bürgerliche Flügel gegen den rechtsnationalen durchsetzen kann (WK 30.9.2020) und wie sich die Flüchtlingsfrage entwickelt. Die Erfolge der AfD haben zugleich die hohen Defizite und die Entfremdung der traditionellen Parteien gegenüber den Bedürfnissen und Belangen des Großteils der Bevölkerung aufgezeigt. Hier besteht ein hoher, zunehmender Änderungsdruck, der weit über den Einfluss der AfD hinausgeht und unabhängig von dieser Partei so oder so die politische Landschaft in Deutschland verändern wird.

3.2 Stand und Herausforderungen der Wirtschaftsentwicklung

Die deutsche Wirtschaft wies bis vor der Coronakrise vom Bruttosozialprodukt, dem Umsatz und der Beschäftigungsquote her eine sehr positive Entwicklung auf. Deutschland ist heute das führende europäische Wirtschaftsland und erreicht weltweit das vierthöchste Bruttoinlandsprodukt. Die Arbeitslosenquote ist die niedrigste unter den EU-Mitgliedsstaaten. In vielen Wirtschaftsbranchen bestehen aber heute Probleme, die benötigten Arbeitskräfte zu finden, denn die Folgen des demografischen Wandels machen sich zunehmend bemerkbar. So konnten 2019 schon 65 % der mittelständigen Betriebe freie Stellen nur mit Verzögerung besetzen, obwohl Deutschland längst hohe Zuwanderungen, insbesondere jüngerer Kräfte, aus anderen EU-Ländern sowie aus der Türkei erfährt.

Die Bundesrepublik Deutschland unterliegt wie alle Industrienationen der Ideologie des fortgesetzten Wachstums. Das Wachstum ist offensichtlich für die Politiker des deutschen Staates und seiner Gemeinden ohnehin nahezu unverzichtbar, allein schon um die Daseinsvorsorge zu finanzieren. In der Daseinsvorsorge gewöhnt sich die Bevölkerung schnell an vorhandene Leistungen und sieht diese alsbald als selbstverständlich an. Deshalb braucht es zur politischen Profilierung den Ausbau und die Erweiterung von Leistungen. Das erfolgt i. d. Regel ohne Abstriche an dem Bestand. Mit jeder zusätzlichen oder erweiterten Leistung erhöhen sich aber von Jahr zu Jahr entsprechend die hohen Unterhaltskosten für den Bestand. Interessanter Weise überwogen nach der Gründung der Bundesrepublik in den ersten acht Jahren die Mittel des Investitionshaushalts gegenüber den Mitteln des Verwaltungshaushaltes, aus dem die laufenden Ausgaben zu begleichen sind. Das lag daran, dass nach den großen Kriegszerstörungen weit weniger Einrichtungen zu unterhalten waren, aber für den Wiederaufbau ein sehr hoher Investitionsbedarf bestand. Diese Ausgabenpositionen des Verwaltungshaushaltes haben sich dann von Jahr zu Jahr erhöht, wie umgekehrt der Anteil des Investitionshaushaltes zurückging. Das ist nicht verwunderlich, da mit dem staatlichen Leistungsausbau immer mehr Mittel für dessen Unterhalt erforderlich werden. Allein schon aus diesem Grund benötigt der deutsche Staat bis heute immer mehr Mittel, die er sich vor allem von der arbeitenden Bevölkerung holt. Deshalb weist Deutschland in der EU mit 39,5 % mit die höchsten Abgaben für Lohn- und Sozialversicherungen auf. Sie liegen deutlich über dem EU-Durchschnitt von 29,6 % und überschreiten die Abgaben von 24,8 % in den USA oder 17,4 % in der Schweiz erheblich. Nach Berechnungen der OECD Organisation für wirtschaftliche Zusammenarbeit liegt Deutschland bei den Staatsausgaben an der Spitze. Demnach verbleiben hier Alleinerziehenden von 100 € Verdienst nur 51 €. Der Deutsche Steuerzahlerbund kommt in seinen 2017 aufgestellten Berechnungen zu einem noch ungünstigeren Ergebnis. Nach diesen Berechnungen verbleiben in Deutschland von jedem verdienten Euro im Durchschnitt nur 47,7 c.

Wenn sich das wirtschaftliche Wachstum abschwächt oder sich gar ein leichter Rückgang abzeichnet, wird das von der Politik, aber auch von der Wirtschaft fast panikartig als Alarmzeichen interpretiert, anstatt auf den erreichten hohen Stand zurückzublicken. Dabei ist alles irgendwann endlich, wie die Entwicklung der Natur uns zeigt. Zur Umsatzsteigerung begrenzt die Industrie nicht selten gezielt die mögliche Nutzungsdauer ihrer Erzeugnisse, um besser Nachfolgermodelle zu veräußern. Das wird dann als kundenfreundliche Verbesserung ihrer Angebotsmodelle begründet, obwohl der tatsächliche Produktfortschritt oft minimal ist. Diese Ausrichtung trägt zum ständigen und ansteigenden Ressourcenverbrauch wie auch zu Klimabelastungen bei. Eine Welt ohne Wachstum ist für viele Wirtschaftler und wie auch für viele Politiker unvorstellbar.

Für die Zukunft werden erhebliche Veränderungen der Wirtschaftswelt erwartet, vor allem als Folge der industriellen Digitalisierung, sprich „Industrialisierung 4.0". Das spricht für umfassende Veränderungen des Arbeitskräftebedarf und der Berufsqualifikationen sowie extreme Beschleunigung des Wissensaustausches. Deshalb und wegen der zunehmenden Umweltanforderungen stehen umfassende Veränderungen für die Schlüsseltechnologien, insbesondere für die Mobilität und die daraus hervorgehenden Folgen , bevor. Das dürfte vor allem Deutschlands umsatzstärkster Wirtschaftsbranche, die Autoindustrie , treffen. Zugleich spricht vieles für eine weiterhin fortschreitende Globalisierung, bei zunehmenden engen internationalen Verflechtungen von technologischer Entwicklung und Forschung, der Produktion, des Managements sowie von Dienstleistungen und Kapitalbewegungen. Z. B. werden in den in Deutschland hergestellten Autos etliche Teile nicht mehr im eigenen Land gefertigt, sondern von ausländischen Firmen zugeliefert, da diese wegen des Lohngefälles günstiger produzieren. Allgemein wird erwartet, dass der Bedarf an weniger qualifizierten Arbeitskräften zurückgeht, bei steigender Nachfrage nach hoch qualifizierten Kräften. Diese Entwicklung betrifft jedoch die Branchen unterschiedlich und wird entsprechend unterschiedlich verlaufen.

Zu den Thema Wirtschaft, Wirtschaftstheorien und Wirtschaftsentwicklung gibt es allein aus den letzten 150 Jahren eine riesige Anzahl Publikationen von hoch qualifizierten Experten. Bei der hier vorliegenden Schrift handelt es sich um keine Wirtschaftsabhandlung. Es geht hier allein um die Einschätzung, wie zukünftige Einflüsse in ihrer großen Breite auf die Entwicklung Deutschlands einwirken könnten. Von daher kann und soll hier nur kurz und letztlich oberflächlich auf die möglichen wirtschaftlichen Entwicklungseinflüsse und wie diese hier tangierend wirksam werden, eingegangen werden. Diese Einflüsse hängen nach der hier vertretenen Meinung vor allem von der Digitalisierung und Globalisierung sowie von der Antwort auf die Frage nach dem zukünftigen Wirtschaftssystem ab. Die Digitalisierung hat längst extreme Möglichkeiten eröffnet, da fast alles datenmäßig erfasst und in kürzester Zeit ausgewertet werden kann. Damit sind ganz andere Entwicklungen mit enormer Beschleunigung möglich. Das gilt nahezu für alle Bereiche, d. h. von Dienstleistungen über die Produktion und Verarbeitung bis hin zur Gesundheitsversorgung. Diese Entwicklung verläuft längst global, so dass die Weltwirtschaft wie die Welt bereits immer extremer vernetzt und davon abhängiger werden. Ob und wie sich diese Extreme im globalen Zusammenspiel zukünftig steuern lassen, ist heute nicht absehbar und wird sich erst zeigen.

Zugleich nehmen die Zweifel an unserem neoliberalen Wirtschaftssystem mit seinem Wachstumsfetischismus zu. Damit ist ein enormer Ressourcenverbrauch, eher schon zu sagen eine Ressourcenvergeudung ohne Nachhaltigkeit und mit hohen Belastungen für Umwelt und Klima, verbunden. Das spricht dagegen, dass es so dauerhaft weitergehen kann. Deshalb dürfte in diesem Jahrhundert ein grundlegender Wandel der Wirtschaft bevorstehen. Wohin der geht, lässt sich kaum vorhersagen, zumal auch die Vorhersagen von Wirtschaftsexperten große Unsicherheit aufweisen. Nur eins ist ziemlich sicher, diese Entwicklung wird kommen und auch Deutschlands Wirtschaft umfassend treffen und verändern. Ob zum Guten oder umgekehrt zum Schlechten ist kaum vorhersagbar. Deutschland muss sich aber zumindest auf massive Veränderungen einstellen und versuchen, sich darauf frühzeitig durch zukunftsgerichtete Qualifikationen und hohe Flexibilität auszurichten.

Dem könnte aber die umfassende wuchernde deutsche Bürokratie entgegenstehen, die eher lähmt und der Flexibilität massiv behindert. Zukünftig wird es aber gerade darauf ankommen, auf die neuen mutmaßlich kaum vorhersehbaren Herausforderungen kreativ und innovativ mit der notwendigen Flexibilität zügig zu reagieren. Die Vorgaben von Regelungen, wie sie die Bürokratie so gerne fixiert, werden aber immer aus der Vergangenheit bzw. aus vergangenen Erfahrungen hergeleitet und können daher neuen Herausforderungen und Möglichkeiten nicht oder nur recht begrenzt entsprechen. Deshalb könnten sich durch die umfassende deutsche Bürokratie wie die Wirtschaftsverbände längst beklagen erhebliche Nachteile für die zukünftigen Entwicklungschancen erheben. Aus diesem Grund wäre es richtig, sich hier weit mehr auf die Vorgabe von Rahmenbedingungen zu beschränken, die eben eine hohe Flexibilität ermöglichen und damit auch bei nicht vorhergesehenen Herausforderungen sinnvoll wirken können.

Fazit

Für die wirtschaftliche Entwicklung steht ein umfassender Umbruch durch die fortschreitende Digitalisierung – Industrie 4.0 – und die weiterhin zunehmende wirtschaftliche Verflechtung und Vernetzung bevor. Zugleich wird aber deutlich, dass die bisherige Ausrichtung auf das neoliberale Wirtschaftsmodell mit dem Fetischismus des ewigen Wachstums sowie seinem extremen Ressourcenverbrauch und hohen Beeinträchtigungen von Klima und Umwelt endlich ist. Ein Umdenken mit Neuausrichtung ist unerlässlich und das möglichst bald. Das wird äußerst schwierig, weil unser staatliches Leistungssystem seit der Gründung der Bundesrepublik auf Leistungsausweitung ausgerichtet ist, die ohne Wachstum so nicht machbar ist. Deshalb muss eine Neuausrichtung viel umfassender sein und sich zugleich in die internationalen Vernetzungen möglichst passend einfügen lassen. Wichtige Voraussetzung dafür sind der Abbau von Bürokratie zugunsten von umfassender Flexibilität sowie eine umfassende Schulbildung, in der auch die neuen Medien und Kommunikationstechnologie maßgeblich einbezogen sind.

3.3 Finanzen/Staatsfinanzen

Die finanzielle Situation und Landesentwicklung wird im Wesentlichen von der wirtschaftlichen Entwicklung, den Lebensbedingungen und dem Wohlstand der Bevölkerung sowie den Staatsfinanzen bestimmt. Für die Staatsfinanzen brachte im letzten Jahrzehnt die sehr erfolgreiche Wirtschaftsentwicklung mit der niedrigsten Arbeitslosigkeit in der EU gute Voraussetzungen. Die Struktur der Finanzierung des deutschen Staates hat sich seit der Jahrtausendwende zugleich erheblich verändert *(1.3, S. 55, 64)*. Die wesentlichen Weichenstellungen erfolgten in Steuerpolitik und -gesetzgebung der rot-grünen Bundesregierung unter Kanzler Schröder, „… die weniger die breite Bevölkerung als in erster Linie die Wohlhabenden und Reichen betrafen – und das nicht negativ, sondern positiv. Der Spitzensteuersatz wurde deutlich gesenkt" *(1.3, S. 55)*. Das betraf vor allem die Steuern für die Reichen, sogar noch erheblicher die Steuern der sehr Reichen, sowie die Körperschaftssteuer und Versteuerung der Unternehmensgewinne.

Zur Finanzierung der hohen Staatsausgaben bei dieser Steuerreduzierung verlagerte die Regierung den Schwerpunkt ihrer Steuereinnahmen *(1.3, S. 55)*. Die wesentlichsten Einnahmen des Bundes sind inzwischen die Einkommensteuer sowie die indirekten Steuern, wie die Erhöhungen die Mehrwertsteuer und die Tabaksteuer. Diese Erhöhungen belasten im Verhältnis zu ihrem Einkommen vor allem die breite Schicht der Bevölkerung. Gleichzeitig erfuhren die Wirtschaft und die reichen Bürger hohe Entlastungen *(1.3, S. 55)*. Beispielhaft sei die Erhöhung der MwSt. von 16 auf 19 Prozent angeführt, die dem Staat ca. 275 Mill. € brachte. Sie ist vor allem von der breiten Bevölkerung aufzubringen und hat deren Lebenshaltungskosten erhöht. Durch die Tabaksteuer, die vor allem von der unteren Bevölkerung erbracht wird, nahm der Staat 2016 trotz rückläufiger Raucherzahlen noch 14,2 Mrd. ein. Das waren mehr Steuereinnahmen, als der Staat an Steuern auf das Geldvermögen aller Bundesbürger in Höhe von 5,7 Billionen € erzielte (Hartmann, M., S. 134–137). Die Steuererleichterung für Wirtschaftsunternehmen und Großkapital wurde auch unter der Kanzlerschaft Merkel und ihrem damaligen Finanzminister Steinbrück fortgesetzt. Durch das Finanzmarktfördergesetz können unter bestimmten Voraussetzungen Wirtschaftsunternehmen eine völlige Steuerbefreiung von Veräußerungsgewinnen erlangen. Kapitalgesellschaften können ihre Beteiligungen an anderen Kapitalgesellschaften steuerfrei verkaufen. In Anbetracht der großen Steuererleichterungen für die Wirtschaft, vor allem Großunternehmen und Kapitalerträge sowie durch die Senkung des Spitzensteuersatzes und der Erbschaftsteuer, müssen die dadurch verursachten Mindereinnahmen ausgeglichen werden. Von daher verwundert es kaum, dass die Masse der breiten Bevölkerung durch Einkommensteuern und indirekte Steuern sowie hohe Sozialabgaben enorme Belastungen tragen muss, neben Belgien heute die höchste Abgabenlast in der EU.

Der Staat benötigt seit der Gründung der Bundesrepublik nahezu immer mehr Geld. Das gilt zum einen wegen der oben angeführten Unterhaltskosten für Daseinsvorsorge, der fortschreitenden Leistungsausweitung und der steigenden Sozialkosten, die längst den größten Haushaltsposten ausmachen. Zugleich leistet sich die öffentliche Hand bzw. Staat seit Jahren durch das Debakel bei Großprojekten hohe Ausgaben, die bei fachkundigem, kompetentem Management vermeidbar wären. Wichtige Managementposten werden aber wie oben dargelegt *(2.2, S. 101-104)* bevorzugt politisch besetzt, auch wenn die Personen längst nicht die benötigten Fachqualifikationen haben. Beispielhaft sind der Berliner Flughafenbau und Stuttgart 21. Die Kostenentwicklung und ewigen Verschiebungen des Eröffnungstermins für den zukünftigen Berliner Großflughafen sind ein Skandal. Der Vorsitz im Projektaufsichtsrat wurde zunächst offensichtlich mit Personen besetzt, die diese Aufgabe überforderte. Das verwundert kaum, da vor allem das Parteibuch statt die Fachqualifikation entscheidend war und diese Tätigkeit ein hohes Zusatzeinkommen bringt. In Berlin trat dann nach dem Termin- und Kostendebakel der Vorsitzende des für den Flughafenbau gebildeten Aufsichtsrates, der regierende Bürgermeisters Wowereit, zurück. Als sich die Situation entspannte, setzte er für sich erneut den Vorsitz in diesem wichtigen Gremium durch. Das folgende sich wiederholende Termindebakel hat ihn schließlich zum Rücktritt gezwungen. Die inzwischen absehbaren Kostensteigerungen sind nahezu genauso gewaltig wie die Überschreitung des Eröffnungstermins.

Das nächste Unheil zeichnet sich für den Bahnhofsbau Stuttgart 21 ab. Für die ursprüngliche Kostenkalkulation kamen alsbald Zweifel und Warnungen von außenstehenden Experten auf. Dennoch wurde die Kalkulation von der Landesregierung Baden-Württembergs und der Bundesbahn als seriös verteidigt. Leider hatten die ungehörten warnenden Stimmen Recht, denn diese Kalkulation ist längst in Milliardenhöhe um etwa 50% überschritten, und ein Ende des Kostenanstiegs ist äußerst zweifelhaft. Diese Entwicklungen sprechen für das Unvermögen von Politik und Verwaltung, wie auch für verheerende Folgen, wenn für die Besetzung wichtiger Leitungsposition das Parteibuch und nicht die Fachqualifikation entscheidend ist. Wie verheerend sich ein fachlich unzureichend qualifiziertes Leitungspersonal in Verbindung mit den Vorschriften und der Regelungssucht der deutschen Bürokratie auswirkt, wird am Vergleich deutscher Großprojekte mit dem Ausland deutlich. So beim Vergleich der endlosen Terminüberschreitungen deutscher Großprojekte mit dem Wiederaufbau der italienischen Autobahnbrücke in Genua. Trotz der zusätzlichen Erschwernisse durch die Corona-Pandemie war der Neubau dieser riesigen Autobahnbrücke nach einem Jahr Bauzeit termingerecht fertig (WK 31.7.2020). Das wäre heute in Deutschland undenkbar, allein schon wegen der Zeitdauer der dafür erforderlichen Behördengenehmigungen und behördlichen Prüfungen, von weiteren Verzögerungen wegen Leitungsfehler ganz zu schweigen.

Als hohe Fehlinvestitionen erwies sich auch der völlige Misserfolg des 3,5 Milliarden teure Computer-Projekt der Regierung zur Vereinheitlichung der IT-Konsolidierung der Bundesbehörden . Bei öffentlichen oder massiv öffentlich geförderten Großbauvorhaben sind in Deutschland große Kostenüberschreitungen fast traditionell. Das liegt zum einen ein unzulänglichen Ausschreibungen, in den meistens auch die jährlichen Kostensteigerungen unberücksichtig bleiben, an Veränderungen oder zusätzlichen Ergänzungswünschen in der Bauphase, wie z. B. in den 60er Jahren beim Bau der Staatsbibliothek in Berlin und an dem oft bewussten Taktieren. Die Baukosten werden zunächst möglichst, selbst unrealistisch niedrig angesetzt, da man davon ausgeht, dass dann das einmal begonnene Großvorhaben nicht mehr zu stoppen ist, weil sonst größte Kosten ohne Nutzen entstehen. Das hat lange Tradition, die u. a. von der Berliner Stadtautobahnüberbauung in den 70er Jahren bis hin zum neuen Berliner Großflughafen reicht und sich leider wohl fortsetzen wird.

Die Höhe der Staatsausgaben stieg seit langem nahezu kontinuierlich an, aber als Folge der guten Konjunkturjahre 2017 bis 2019 wiesen der Bundeshaushalt wie auch die meisten Landeshaushalte in den letzten Jahren hohe Überschüsse auf. Dennoch wurde das ehemals gegebene politische Versprechen für das Auslaufen des Solis (Solidaritätsbeitrag für den Aufbau Ost) im Jahre 2019 nicht realisiert. Zugleich weist seit Jahren der Bund der Steuerzahler hohe Geldverschwendungen bei öffentlichen Ausgaben nach, was insbesondere Bund und Ländern betrifft. Die Abschaffung des Solis scheiterte bislang an den Streit zwischen der SPD und der CDU/CSU, da Letztere entsprechend dem ehemaligen Versprechen den Soli gänzlich abschaffen wollten. Die SPD sah darin einen unverhältnismäßig hohen Vorteil für höhere Einkommen, da die den höchsten Beitrag entrichten müssen. Deshalb war sie zur völligen Abschaffung nur bereit, wenn gleichzeitig die Einkommensteuer angehoben wird. Das Bestreben der SPD zur Veränderung der Einkommensteuern ist verständlich, nach meiner Meinung berechtigt und längst fällig, aber die Einkommensteuer hat nichts mit dem politischen Versprechen des Auslauftermins für den Soli zu tun. Ein aufrichtiges politisches Verhalten bedingt, dass es eingehalten wird. Deshalb müsste der Soli ohne Wenn und Aber für alle abgeschafft werden. Die Erhöhung der Einkommensteuer ist ein anderes Kapitel, das mit dem Soli nichts zu tun hat. So berechtigt diese Erhöhung wäre, müsste sie aber auf einem anderen Weg des Politikhandelns vorangebracht und umgesetzt werden.

Aufgrund der lange anhaltenden günstigen Wirtschaftsentwicklung steht dennoch meisten Deutschen seit der Wiedervereinigung mehr Geld zur Verfügung. Infolge der teilweise deutlich gestiegenen Lebenshaltungskosten, vor allem aufgrund des großen Mieten- und Immobilienpreisanstiegs in den Ballungs- und Wachstumsräumen *(3.7, S. 214, 230),* sowie der Belastungen durch direkte und indirekte Steuern muss jedoch von der unteren Einkommensschicht dafür ein hoher Anteil des Einkommens aufgewandt werden, wie auch die Mobilitätskosten deutlich gestiegen sind. Diese Entwicklung hält seit Jahren an, so dass die Einkommenszuwächse für den Großteil der Bevölkerung nur noch nominal aber zunehmend nicht mehr real sind. Für Wohnung und Wohnnebenkosten sowie Mobilität muss der Deutsche im Durchschnitt über 45 % seines Einkommens, in Verdichtungsräumen bereits bis zu 50 % und mehr, aufwenden. Außerdem schmälert die, wenngleich seit Jahren niedrige, aber dafür nahezu anhaltende Inflationsquote die Kaufkraft seines Einkommens. Zudem zielte die Europäische Zentralbank unter ihrem Chef Draghi darauf ab, im Euroraum möglichst eine Inflationsquote von 2 % zu erreichen. Die indirekten Steuern belasten zusätzlich und infolge des Einkommensanstiegs auch die Steuerprogression immer mehr Personen.

In der staatlichen Ausgabenpolitik hat sich die in den 70er Jahren veränderte Finanzpolitik des Wirtschaften „auf Pump" *(1.1, S. 37-38)* verstetigt. Selbst in Konjunkturjahren mit hohen Steuereinnahmen wurde über Kreditaufnahmen mehr ausgegeben, als Einnahmen reinkamen. Das führte in Anbetracht der wachsenden Staatsschulden und der demografischen Entwicklung 2012/2013 zum Umdenken. Angesichts der demografischen Entwicklung würde eine Fortsetzung dieser Schuldenpolitik darauf hinauslaufen, dass die hohen Schulden zukünftig von einer immer kleineren Bevölkerung abzutragen sind. Deshalb und wegen der Aufwendungen für Zins und Tilgung wurde 2013/2014 mit dem *Haushaltsgrundsätzegesetz* festgeschrieben, dass die Kreditaufnahme zukünftig nicht mehr über den Einnahmen liegen darf. Der damalige Bundesfinanzminister Schäuble schaffte das tatsächlich für den Bundeshaushalt bis 2018 und sein Nachfolger Bundesfinanzminister Scholz für den Bundeshaushalt 2019.

Diese Ausrichtung wurde salopp als Festhalten an der schwarzen Null bezeichnet. Diese neue Haushaltspolitik kritisierten sehr bald sowohl die Wirtschaft als auch einige Parteien. Schon bei kleinen Konjunkturabschwächungen gab es Forderungen, von dieser Politik abzuweichen, um ein neues Konjunkturprogramm zu finanzieren. Als Hauptargument sprach man sich für die Aufnahme neuer Schulden aus, um Leistungen für die Zukunft der jungen Generation, etwa im Schulbau, zu finanzieren. In der Konsequenz bedeuten diese Forderungen letztlich, dass die Investitionen für die Zukunft der nächsten Generation von den Älteren heute bestimmt werden. Wenn die Jungen später ihren Zukunftsbedarf etwas anders sehen, auch weil sich im zeitlichen Verlauf der Handlungsbedarf verändert und sie dafür entsprechende Projekte realisieren wollen, könnten die Möglichkeiten sehr begrenzt sein. Denn sie müsste dann immer noch die Schulden der heutigen Kreditaufnahmen begleichen. Deshalb war die von Wolfgang Schäuble und seinem Nachfolger Scholz durchgesetzten Politik der Vermeidung von Neuverschuldungen unbedingt zuzustimmen. Sie wiesen damit das notwendige verantwortungsvolle Handeln auf, um der nächsten Generation eigene Handlungsspielräume zu sichern. Im Herbst 2019 forderte jedoch der neue SPD Vorstand mit Saskia Esken und Norbert Walter Borjans ein neues zukunftsorientiertes Investitionsprogramm. Nach deren Forderung waren dafür ggf. neue Kredite aufzunehmen, auch wenn das eine Haushaltsverschuldung erfordern sollte.

Für die Staatsfinanzen zeichneten sich aufgrund der Rentenentwicklung und deren Perspektiven weitere Herausforderungen ab. Wie oben im Abschnitt „Die Zeit unter Kanzlerin Merkel" dargelegt wurde *(1.4, S. 69-70, 72)*, hat die unter Exkanzler Schröder und seinem Minister Riester durchgeführte Rentenreform inzwischen eine hohe Anzahl älterer Bürger in die Armut geführt. Diese Entwicklung wird sich fortsetzen, wenn es nicht zu umfassenden Veränderungen kommt. Das könnte den Einsatz größter öffentlicher Mittel bedingen, nur um für viele das Existenzminimum zu sichern. Deshalb ist ein Gegensteuern unverzichtbar. Die von der Regierung 2019 eingesetzte Expertenkommission „Verlässlicher Generationenvertrag" hat letztlich keine brauchbare Handlungsperspektive gebracht (*1.4, S. 72-73*). Hier zeichnen sich erhebliche Probleme ab, an deren Lösung nicht vorbeizukommen ist.

Fazit

Für die Ausweitung staatlicher Leistungen und deren Kostenanstieg benötigt der Staat immer Mittel. Die erhält er heute vor allem aus den Einkommensteuern, die aufgrund der Steuergesetzgebung und Steuerprogression seit langem steigen, im Gegensatz zu dem günstigen Steuersatz auf Kapitaleinkünfte und den für Konzerne ebenfalls geltenden günstigen Steuerbedingungen. Die Deutschen haben heute in der EU mit die höchsten Abgaben zu entrichten, wobei sich der Steuersatz von besser Verdienenden immer mehr den der sehr Reichen annähert. Die Steuern der Reichen blieben hingegen moderat oder sind noch gesenkt worden. Die Reduzierung der Belastungen durch das für 2019 versprochene Auslaufen des Solidaritätsbeitrages fand trotz sehr guter Staatseinnahmen bis 2019 nicht statt. Die hohen Steuern und Abgaben werden inzwischen von einem Großteil der Bevölkerung als ungerecht empfunden. Die seit langem bestehende Gepflogenheit, staatlichen Ausgaben auf Pump bzw. über Kreditaufnahme zu finanzieren, wurde durch das *Haushaltsgrundsätzegesetz* massiv eingeschränkt, um zukünftige Generationen nicht übermäßig zu belasten.

3.4 Soziale Spaltung

Bis zur Coronakrise, bzw. bis 2019 wies die deutsche Wirtschaft wie oben dargestellt über viele Jahre anhaltend hohes Wachstum und Vollbeschäftigung auf. Diese Entwicklung brachte hohe Staatseinnahmen und Wohlstand für viele. Deshalb gab es von Spitzenpolitikern auch die oben angeführten Aussage: „Deutschland geht es so gut wie nie." Die Daten sprechen dafür, die Realität hingegen nicht, wenn man „gut gehen" am Wohl und der Situation der gesamten Bevölkerung bemisst. An den Folgen der günstigen Wirtschaftsentwicklung und an der Wohlstandsentwicklung sind längst nicht alle beteiligt, und das bei steigender Tendenz. In Deutschland vollzieht sich seit längerem eine soziale Spaltung. Sie setzt sich über den gesamten Zeitraum der Regierung von Kanzlerin Merkel fort und verschärft sich zudem. Die Verarmung und geringe Beteiligung von vielen Bürgern an der günstigen Entwicklung wurden jedoch bereits vor der Kanzlerschaft Merkels durch den Sozialabbau unter dem damaligen Kanzler Schröder eingeleitet (vgl. Hartmann, M., S. 128). Aufgrund der seit langem praktizierten Steuerpolitik der Bundesregierung wird seit Anfang des Jahrhunderts auch zunehmend der Mittelstand von dieser Entwicklung erfasst, denn die Steuerprogression und indirekte Steuern treffen vor allem mittlere und untere Einkommen. Gleichzeitig erfuhren die Wirtschaft und Hochverdiener, somit die Reichen, größte steuerliche Entlastungen. Die zunehmende soziale Spreizung der Gesellschaft ergab sich daher nahezu zwangsläufig.

Ein Ende dieser Entwicklung ist bislang nicht abzusehen, im Gegenteil. Einiges spricht für eine weitere Verschärfung, wenn die Regierung nicht handelt. Die Schere zwischen Arm und Reich klafft laut einer im Oktober 2019 veröffentlichten Studie der *Hans-Böckler-Stiftung* (Wirtschafts- u. Sozialwissenschaftliches Institut der Hans-Böckler-Stiftung/ WK 8.10.2019) so stark wie noch nie zuvor auseinander. Auf die zunehmende soziale Spaltung, die ganze Regionen betrifft, verweist auch der *Paritätische Wohlfahrtsverband* in seinem Armutsbericht 2019 (WK 13.12.2019). Der 24. Grundrechte-Report zur Lage der Bürger- und Menschenrechte in Deutschland kritisiert wie weitere Bürger- und Menschenrechtsorganisationen die „zunehmende soziale Spaltung in Deutschland"(WK 3.6.2020). Diese Entwicklung betrifft sowohl die Vermögenslage als auch die Entlohnung.

Die sehr unterschiedliche Vermögenslage wird inzwischen durch etliche Quellen belegt. Laut der Studie „Private Haushalte und Finanzen" (PHF), die im April 2019 die Bundesbank veröffentlichte, gehören 10 % der deutschen Haushalte 55 % des Nettovermögens. Den unteren Haushalten gehören lediglich 3 %. Zugleich ist die Anzahl der als arm geltenden Haushalte von 2010 bis 2016 von 14,2 % auf 16,7 % gestiegen. Die Konzentration von Vermögen und Einkommen auf eine kleine Schicht, insbesondere der sehr Reichen, ist jedoch eine weltweite Entwicklung. So hat sich in der Welt die Anzahl der Milliardäre innerhalb eines Jahres von 117 auf 123 erhöht (WK 27.10.2018). In Deutschland nahm ebenfalls die Anzahl der Reichen zu, wie z. B. im Bundesland Hessen innerhalb der letzten Jahre die Zahl der Einkommensmillionäre stieg (WK 19.7.2018). Zudem bleibt sehr hoch verdienenden Personen monatlich derart viel Geld übrig, dass sie umfangreiche Anlagen mit hohen Steuerabschreibungen eingehen können. Das senkt auch ihren Steuersatz, so dass sie weniger Steuern zahlen. Die jüngsten Daten belegten 2020 den hohen jährlichen Vermögenszuwachs der reichen Deutschen, ein Zuwachs, der für die Milliardäre am höchsten anfällt. Der Anteil am Vermögensbesitz wird für die oberen 10 % sehr Reicher mit 60 %, in anderen Berechnungen sogar mit 74 % angegeben. Friedrich Küppersbusch verweist darauf, „… 50 % der Bevölkerung besitzen in Deutschland nur 2 % des Vermögens und damit weniger als die zehn reichsten Personen in Deutschland. In Anbetracht der extrem großen Einkommens- und Vermögensunterschiede passt seiner Meinung nach der Songklassiker „Wir reißen uns hier den Arsch auf und die kriegen es für nichts"(WK, F. Küppersbusch 9.3.2019).
Deutschland gehört nach den USA weltweit zu den Ländern mit der höchsten Vermögenskonzentration (Hartmann, M, S.

124). Die in der Kanzlerschaft Merkel unter Finanzminister Steinbrück 2009 veränderte Erbschaftssteuer ermöglicht unter bestimmten Bedingungen Unternehmen steuerfrei zu vererben (Hartmann, M., S. 214). Das gilt, wenn es sich um klassische Familienbetriebe handelt oder im Falle von Kapitalgesellschaften, wenn Personen daran zu einem Viertel beteiligt sind, so z. B. Personen der Familie Quandt an BMW oder Personen anderer Familien an VW, Henkel oder Merck. Der Sozialforscher Hartmann kommt in seinen Untersuchungen zu dem Ergebnis: „Generell kann man sagen, dass die Steuersätze in der Regel umso höher lagen, je niedriger die Summe des Erbes war" (Hartmann, M., S. 148). Der extreme Vermögensunterschied wird auch durch die Sparsumme der privaten Haushalte deutlich. In Deutschland erreicht sie Billionengröße. Viele Personen sind jedoch an den Spareinlagen nicht beteiligt, denn Deutschland gehört mit einer Quote von 30 % weltweit zu den Ländern mit der höchsten Nichtsparerquote (WK 28.2.2020). Ihr Einkommen reicht für Rücklagen nicht aus. Aus diesem Grund sind sie nicht am billionengroßen Sparvermögen beteiligt. Deshalb müssen die Spareinlagen der Wohlhabenden und sehr Wohlhabenden umso höher sein.

Nicht nur die Vermögen, sondern auch die Einkommen haben sich ebenfalls sehr unterschiedlich entwickelt. Immer mehr Einkommen konzentriert sich bei den sehr Reichen. M. Hartmann belegt das Ausmaß der sehr unterschiedlichen Einkommensentwicklung zwischen Hochverdienern und der Masse der Niedrigverdiener mit Fakten (Hartmann, M.: Die Abgehobenen, S. 114–119). Die Anzahl der reichsten Deutschen hat sich von 2010 bis 2017 nahezu verdoppelt, aber die Anzahl der Obdachlosen auch um 70 %. Die Einkommen der Vorstandsmitglieder der DAX-Konzerne (Konzerne, die am Deutschen Aktien-Index gemessen werden) sind im letzten Jahrzehnt auf das 40-Fache des Durchschnittseinkommens gestiegen. 2016 erhielten sie bereits das 54-Fache des Durchschnittseinkommens, die Vorstandschefs sogar mehr als das 80-Fache. In absoluten Zahlen: 1990 verdiente ein DAX-Vorstand ca. 600.000 €, Mitte des letzten Jahrzehnts bereits 2,3 Mio. € und ein Vorstandsvorsitzender kam auf durchschnittlich 5,5 Mio. €. Der damalige Mercedeschef Jürgen Zetsche erhielt sogar 13 Mio. €. Zusätzlich gibt es üppige Pensionszahlungen, die sich durchschnittlich auf 610.000 €/Jahr belaufen. Darüber hinaus werden z. T. noch höhere Pensionen gezahlt, die höchsten für Zetsche mit 2,7 Mio. €/Jahr. Hohe Vergütungen werden aber auch für die Leitung von Unternehmen des Bundes, von Ländern oder großen Kommunen gezahlt. Dort liegen die Bezüge zwischen 340.000 €/Jahr und 564.000 € /Jahr ober bei fasst 400.000 €/Jahr, wie für den Intendanten des WDR oder für wichtige Fernsehmitarbeiter. So liegen die Bezüge für Slomka oder K. Kleber, nach Hartmanns Angaben, etwa zwischen 260.000 €/Jahr bis über 350.000 €/Jahr. Zum einen erhalten die Personen der höchsten Leitungsebene zu ihren hohen, teilweise millionenhohen Jahresgehältern zuzüglich noch hohe Bonuszahlungen. Die Vorstände bzw. Geschäftsführer der AWO (Arbeiter Wohlfahrt) in Frankfurt und Wiesbaden haben sich ähnlich hohe Vergütungen zugeschustert, was jedoch 2019/2020 zu deren Entlassung und strafrechtlichen Ermittlungen gegen sie führte.

In Anbetracht dieser üppigen Bezüge berichtete die Tagespresse hin und wieder über Forderungen aus der Öffentlichkeit, die Spitzenvergütungen in der Wirtschaft zu begrenzen. Als Gegenargument wurde auf die internationalen Verflechtungen und im internationalen Vergleich durchaus übliche hohe Vergütung verwiesen. Erstaunlicher Weise gab es diese Begrenzungsforderungen aber nie zu Millionenvergütungen in manchen Sportarten, wie insbesondere im Fußball. Das Einkommen des Rennfahrers M. Schuhmacher soll in seiner Spitzenzeit immerhin über 30 € Mio. im Jahr gelegen haben, woran sich damals kaum jemand störte.

Die Einkommen der hoch Verdienenden werden noch durch die Steuergesetzgebung begünstigt. M. Hartmann führt dazu an:

Der Spitzensteuersatz wurde von 53 % auf 42 % gesenkt „… bei der Körperschaftsteuer wurde der Satz, zu dem Unternehmen ihre Gewinne zu versteuern haben, durch das „Steuerentlastungsgesetz 1999/2000/2002" und das „Steuersenkungsgesetz 2000" sogar noch deutlicher gesenkt, von 40 % auf nur noch 25 %" (Hartmann, M., S. 130). Für die Steuern der Reichen, mit einem Jahreseinkommen von mindestens 11 Mio. € (durchschnittlich von 36 Mio. €), erfolgte eine Reduzierung „… um ein Viertel von 43,1 % auf nur noch 31 % …". Die 450 bzw. 0,001 % der reichsten Deutschen mit einem Durchschnittseinkommen von über 174 Mio. €/Jahr mussten nach der rot-grünen-Steuerreform unter Schröder „… statt 48,2 % nur noch 28,7 % Steuern zahlen". „… bei den reichsten 46 Deutschen …" wurde „… jeder Einzelne im Durchschnitt um knapp 34 Mio. €/Jahr entlastet. Das heißt, dass wegen der neuen Gesetze allein bei diesen 46 Personen pro Jahr auf Steuereinnahmen in Höhe von fast 1,6 Milliarden Euro verzichtet worden ist" (Hartmann, M., S. 129).

Diesen hohen Einkommen mit ihren hohen steuerlichen Vergünstigungen stehen in Deutschland sehr viele niedrige und mittlere Einkommen gegenüber. Die Unterschiede verschärften sich vor allem auch nach dem ersten Jahrzehnt dieses Jahrhunderts. M. Hartmann hat als Bezugsbasis für seine Ausführungen zu den Hochbezahlten die Vorstandsgehälter der DAX-Unternehmen verwendet, wie umgekehrt für die Niedrigverdiener die Hartz-IV Bezüge. Die Armen werden immer mehr, und die untere Mittelschicht ist ebenfalls vom deutlichen Abstieg betroffen. Trotz der günstigen Lage auf dem Arbeitsmarkt sind immer mehr Menschen durch diese Gesetzgebung, niedrige Lohnerhöhungen und steigende Lebenshaltungskosten von Armut bedroht. Ihr Lohn reicht trotz Vollbeschäftigung nicht mehr aus den Lebensunterhalt zu bestreiten und sie bleiben unterhalb der Armutsschwelle. Deshalb sind sie auf zusätzliche staatliche Hilfe angewiesen oder gehören zur Working Poor, d. h., sie müssen zusätzlich zu ihrem Arbeitsverhältnis einer Nebenbeschäftigung nachgehen (Hartmann, M., S. 130). Menschen, die länger als ein Jahr arbeitslos waren, müssen mit knapp 5.000 €/Jahr auskommen. Familien mit zwei Kindern erhalten monatlich 1.000 - 1.382€/Monat, bei Kindern unter sechs Jahren 56 € weniger. Sie haben somit im Monat nicht mal halb so viel Geld, wie der frühere VW-Chef Martin Winterkorn an jedem Tag Rente bekommt. „Es ist insofern kein Zufall, dass Arbeitslose in Deutschland mit über 70 % das höchste Armutsrisiko innerhalb der EU aufweisen, gegenüber einem EU-Durchschnitt von nur 48 %" (Hartmann, M., S. 118). Bei Berücksichtigung der realen Arbeitszeit bekamen 2016 in Deutschland etwa 6,7 Mio. Menschen weniger als den Mindestlohn. Die Armutsquote ist von 11 % Ende der 90er Jahre bis 2016 auf 16 % gestiegen, wobei deren Anteil in Bremen sogar fast 25 %, in Berlin 24,8 % und in Nordrhein-Westfalen 17,5 %, im Ruhrgebiet sogar über 20 % beträgt. Die Armutsquote von Alleinerziehenden liegt mit 43,8 % auch deutlich über der von 25 %, von der hier lebende Migranten betroffen sind! Diese Entwicklung hat sich weiter verschärft. In Deutschland waren 2018 etwa 6,9 Mio. Erwachsene überschuldet, und das bei steigender Tendenz (WK 15.1.2019). Durch Arbeitslosigkeit kann in Deutschland etwa jeder 10. dauerhaft seine Rechnung nicht bezahlen. Das Schuldenvolumen ist bis 2018 hier auf ca. 208 Mrd. € angewachsen.

Die soziale Spaltung, die sich damit vollzieht, schreitet bislang weiter fort. Laut einer DIW Studie (*Deutsche Institut für Wirtschaftsforschung*) von 2018 erhalten ca. 6. Mio. Harz-IV- Bezüge. Deren Anzahl ist trotz boomenden Arbeitsmarktes nicht zurückgegangen. Die Anzahl der „Aufstocker", d. h. der Personen, die trotz voller Erwerbstätigkeit nicht über die Runden kommen, hat sich bis 2016 auf 1,2 Mio. erhöht. Jeder 13. Erwerbstätige bleibt trotz Erwerbstätigkeit unterhalb der Armutsschwelle (Hartmann, M., S. 130; Bundesagentur für Arbeit 2017). Aus der hessischen Landeshauptstadt Wiesbaden berichtet z. B. N. Leubner, dass 2018 über 7.000 Personen in zwei Jobs arbeiten, weil ein Arbeitsplatz zum Lebensunterhalt nicht ausreicht (WK 28.8.2018). Laut

Hartmann müssen deswegen 2,7 Mio. Beschäftigte einem zweiten oder sogar dritten Job nachgehen. Diese Entwicklung wurde noch durch die Zunahme der Mini- und Teilzeitbeschäftigungen verschärft, zumal sich diese später auch in sehr niedrigen Rentenansprüchen auswirken (WK 13.9.2019). Jeder siebente in Deutschland lebende Mensch war bereits 2012 armutsgefährdet (WKL 14.9. 2012). Außerdem führt Arbeitslosigkeit häufig zu kritischen Lebenssituationen.

Besonders problematisch entwickeln sich die Lebensbedingungen für Alleinerziehende und Senioren. 2010 hatte jede dritte Mutter ohne Lebenspartner nicht mal 1.100 €/Monat zum Leben, obwohl ein hoher Anteil in Vollzeit arbeitete. Das Armutsrisiko ist für Alleinerziehende doppelt so hoch wie für die übrige Bevölkerung. Jeder dritte Haushalt von Alleinerziehenden ist davon betroffen, 2017 waren das ca. 1,5 Mio. Daraus ist zu folgern, dass in Deutschland von den 8,2 Mio. Familien mit mindestens einem minderjährigen Kind nahezu jede fünfte Familie davon betroffen ist (WK 3.8.2018).

Nach Schätzungen des DKSB Deutschen Kinderschutzbund sind etwa 4,4 Mio. Kinder in Deutschland von Armut betroffen, rund 1,4 Mio. mehr, als bisher angenommen. Ein Grund für diese hohe Zahl liegt nach Ansicht der DKSB auch darin, dass viele Familien staatliche Leistungen wegen bürokratischer Hürden oder aus Scham nicht in Anspruch nehmen (WK 23.8.2018). Das Kindergeld, für das Deutschland von 2007 bis 2017 fast 50 Mrd. aufwendete, wird bei Harz-IV Empfängern auf die Sozialleistungen angerechnet, so dass in dieser Zeit die Bezüge um ca. 4,9 Mrd. gemindert wurden. Deshalb kritisiert die politische Linke, dass gut verdienende Familien vom Kinderfreibetrag profitieren. Familien, die nicht zu den Harz-IV Empfängern gehören, bekommen das volle Kindergeld, aber die Ärmsten erfahren als Harz-IV Empfänger deutliche Kürzungen. Der dafür zuständige SPD-Minister Heil begründet diese Handhabe damit, dass die aus Steuermitteln finanzierten Harz-IV-Leistungen nicht zu höherem Einkommen führen sollen als für Arbeitnehmer ohne Harz-IV-Bezüge (WK 12.6.2018). Hier wird offensichtlich eine zweifelhafte Praxis mit anderweitigen äußerst zweifelhaften Gegebenheiten begründet, anstatt dagegen politisch anzukämpfen.

Von Tafeln für Bedürftige liegen die Erfahrungen vor, dass es für ihre Klienten ohne Hilfe der Tafel nicht ausreicht (WK 19.2.2018; 20.3.2019). Umso bedenklicher ist die Handhabung mancher Kommunen, die Tafelleistungen aufzurechnen, um den Tafelbesuchern die Sozialleistungen zu kürzen. Nach jüngsten – eigentlich unfassbaren – Gerichtsurteilen sind diese Kürzungen nach dem Gesetz zulässig. Da Gerichtsurteile immer mit der Formulierung „Im Namen des Volkes" erfolgen, zeigt sich darin zugleich, wie wenig manche derart zweifelhaften gerichtlichen Urteile noch dem Rechtsempfinden der Bevölkerung entsprechen. Aber von der Politik kommt dazu nichts. Dabei könnte sie sehr wohl durch veränderte gesetzliche Regelungen eingreifen. Zu dieser Erscheinung passen auch die angeführten Abzüge von Bettler-Einnahmen auf Hartz-IV-Bezüge.

Von dieser Entwicklung wird inzwischen auch zunehmend der Mittelstand betroffen. Die Mittelschicht wurde lange als die tragende Säule der Entwicklung in Deutschland angesehen. Das galt vor allem wegen deren Wirtschafts- und Innovationsleistungen sowie den Arbeitsplätzen mittelständischer Betriebe wie auch der verhältnismäßig guten Einkommenssituation dieser Gruppe. Das hat sich grundlegend verändert. Die Ursachen liegen auch in der enormen Spaltung auf dem Arbeitsmarkt: zum einen wegen der hohen Vergütungen in den höchsten Leitungsebenen, zum anderen wegen des massiven Stellenabbaus, der längst auch Arbeitsplätze der mittleren Ebene bis hin zu Abteilungsleitern betrifft. Der Anteil der dominanten Gruppe der Mittelschicht ist laut FOCUS seit 1991 um mehr als drei Millionen Menschen geschrumpft, wobei ihr Anteil an der Gesamtbevölkerung von 60 % auf 54 % zurückging. Neuere Daten belegen, dass diese Gruppe unter den 33 Mio. sozialversicherungspflichtigen Beschäftigten vom wirtschaftlichen Aufschwung der letzten Jahre wenig mitbekam, aber zunehmend belastet wird.

Die Ursachen für diese Entwicklung liegen vor allem in der unter Gerhard Schröder veränderten Steuergesetzgebung, mit der die Reichen und Wohlhabenden wie auch die Wirtschaft massiv entlastet wurden und seitdem die breite Bevölkerung im Wesentlichen den enormen Kapitalbedarf des Staates finanziert. Das erfolgt durch die geringe Staffelung der Steuersätze, die infolge der Progression im zeitlichen Verlauf immer stärker einwirkten, bei der gleichzeitigen Deckelung im oberen Bereich, die steigenden Belastungen durch indirekte Steuern und weitere Abgaben *((3.3, S. 213-214)*, die vor allem die breite Bevölkerung betreffen. Der höchste Steuersatz liegt bei einem Jahreseinkommen von etwa 120.000 €. Somit unterliegt ein Topverdiener, in der Klasse des früheren Mercedeschefs, mit über 1.000.000 € Monatseinkommen auch keinem höheren Steuersatz als ein gehobener Mittelständler mit 10.000 € Monatseinkommen. Durch die indirekten Steuern werden die oberen Einkommen nur zu 6,6 %, die unteren aber zu 22,9 % belastet (Hartmann, M., S. 137). Zwischen dem Amtsantritt der Regierung Schröder und unter der Regierung Merkel im Jahr 2015 „… erhöhte sich die Steuerlast für das untere Zehntel um 5,4 %, für die untersten 5 % sogar um 6,5 %, während sie gleichzeitig für das obere Zehntel um 2,3 % und für das oberste Prozent sogar um 4,8 % zurückging" (Hartmann, M., S. 137). Die Folgen dieser Entwicklung wurden noch durch die Zunahmen von Mini- und Teilzeitbeschäftigungen, die Rentenpolitik und Rentenentwicklung verschärft. Der Glaube an eine gerechte Lastenverteilung geht zunehmend verloren.

Der Gerechtigkeitsforscher und Soziologe Stefan Liebig verfügt über riesige Datenmengen, die konkrete Rückschlüsse auf das Volksempfinden ermöglichen. Demnach empfinden die Bezieher mittlerer Einkommen „… vor allem ihr Nettoeinkommen im Vergleich zu ihrem Bruttogehalt zunehmend als ungerecht" (Liebig, S., FOCUS 12/2019, S. 56). „Es ist eine Mutprobe den

Gehaltszettel anzuschauen und zu sehen: Vom Arbeitserlös wird mir reichlich abgezogen, damit jemand anders ohne Arbeit gut leben kann. Die Wirtschaft ist für den Menschen da. Wenn Menschen nur noch dazu taugen, ein staatliches Almosen zu Aldi zu tragen und uns ansonsten bitte nicht mit ihrer unerwünschten Arbeit auf die Nerven zu gehen, ist der Sozialstaat nicht am Ziel, sondern gescheitert." Manager hinterlassen ruinierte Firmen und verzehren Millionen Honorare. Rentner sammeln Pfandflaschen (WK F. Küppersbusch 9.3.2019).

Nach den Recherchen von FOCUS sinkt seit Jahren die Gruppe der ehemals mittleren Einkommensbezieher immer weiter ab, denn sie hat an der Wohlstandsentwicklung immer weniger Anteil. Im Gegensatz zur untersten Schicht, die durch soziale staatliche Maßnahmen „aufgefangen" wird, erhält diese Gesellschaftsgruppe wohl erst Unterstützung, wenn sie zur untersten Schicht abgesunken ist! (FOCUS 12/2019). Die Entwicklung hat zwar für die meisten deutschen Haushalte zum nominalen Einkommensanstieg geführt, aber real sieht das anders aus. Denn dem steht ein hoher Kostenanstieg gegenüber, in den Verdichtungsräumen vor allem seit Jahren der enorme und inzwischen beängstigende Anstieg der Wohnungsmieten. In der untersten Gruppe der Geringverdiener sind die Einkommen sogar gesunken.

Am stärksten profitieren die Topverdiener von der Entwicklung. Die 10 % der Personen, die am meisten verdienen, konnten ihr Einkommen von 1991 bis 2016 sogar um 35 % steigern. Bei den Personen, die am zweitwenigsten verdienen, betrug in dieser Zeit die Einkommenssteigerung nur 2 %, also weniger als die inflationäre Geldentwertung. Für die 10 % Bevölkerung, die zur untersten Einkommensgruppe gehören, sanken die Einkommen um 9 %! (Untersuchung des Instituts für Wirtschaftsforschung DIW, Berlin/WK 8.5.2019). Bei den untersten Einkommen sind jedoch auch viele Migranten und Geflüchtete. Die Hans-Böckler-Stiftung kommt zu einer noch ungünstigeren Einschätzung. Demnach ist das Bruttoinlandsprodukt von 1991 bis 2016 um

40 % gestiegen, der gesellschaftliche Wohlstand aber nur um 6,4 % und würde demnach etwa auf dem gleichen Stand wie Mitte der 90er Jahre liegen (WK 20.7.2018). In einer weiteren Studie untersuchte diese Stiftung die Armuts- bzw. Wohlstandsdauer. Demnach bleibt jeder Zwanzigste dauerhaft (über fünf Jahre) arm, wie umgekehrt der Anteil der Reichen, die dauerhaft im Wohlstand leben (WK 20.7.2018), sich kaum verändert. In einer 2012 von dem Demoskopieunternehmen Allensbach durchgeführten Befragung, die durch die Versicherungswirtschaft in Auftrag gegeben wurde, sahen 77 % der befragten Deutschen zwischen 30 und 59 J. (Generation Mitte, die 35 Mio. umfasst) die Verteilung von Einkommen und Vermögen als Schwäche Deutschlands (WK 29.11.2012).

„Während der 13 Regierungsjahre von Angela Merkel haben sich CDU, CSU und FDP zwar in jedem Wahlkampf mit dem Versprechen überboten, die Steuern zu senken. Herausgekommen ist dabei aber selbst unter Mitwirkung der SPD das Gegenteil, nämlich eine kräftige Erhöhung der Mehrwertsteuer und Energiesteuer und eine permanente Ausplünderung der Mittelschicht, da ein Jahresgehalt von 54.450 € bereits mit dem Spitzensteuersatz belegt war" (FOCUS 12/2018, S. 56). M. Hütter, der Leiter des Instituts der Wirtschaft, führt an, dass heute „… vier Millionen Menschen und damit jeder zehnte Beschäftigte in Deutschland in die Reihe der Spitzenverdiener eingruppiert und entsprechend abkassiert werden …" (FOCUS 12/2018, S. 56). Er verweist darauf, dass vor 60 Jahren der Verdienst noch das 20-Fache des Durchschnittseinkommens betragen musste, bevor der Spitzensteuersatz zu zahlen war. „Heute reicht dafür das 1,3-Fache." Gleichfalls werden heute die Erträge aus Lebensversicherungen und Versorgungswerken hoch besteuert, aber für die Kapitalerträge der wirklich Reichen vorteilhaft nur mit pauschal 25 % abgegolten. Die Steuerpolitik unter Kanzlerin Merkel ist deshalb für viele Arbeitnehmer verheerend und demotivierend.

Die Miet- und Immobilienbelastungen verschärfen die Situation *(3.7, S. 285-286)*. Trotz guter Lohnabschlüsse können in den Verdichtungsräumen immer weniger Menschen die hohen Mieten aufbringen. So sind z. B. in Berlin die Mieten von 2005 bis 2015 um 18 % gestiegen, aber nicht die Einkommen (WK 14.6.2019). In den strukturstarken Räumen hat sich die Lohnentwicklung längst von der Mietenentwicklung abgekoppelt (WK 14.11.2018). Jeder 10. Erwachsene konnte 2018 trotz guter Konjunktur und derzeit niedriger Arbeitslosigkeit seine Rechnungen dauerhaft nicht mehr bezahlen (Wirtschaftsauskunftsdatei Creditreform in ihrem Schuldenatlas 2018), das sind über 6,9 Mio. Schuldner. Die Bundesländer sind davon unterschiedlich betroffen. In Bayern und Baden-Württemberg ist die Überschuldung mit 7,43 % beziehungsweise 8,31 % am niedrigsten, gegenüber der höchsten Überschuldungsquote von ca. 14 % der Einwohner im Land Bremen. Überdurchschnittlich stark gestiegen ist nach Angaben der Experten die Zahl der davon betroffenen Senioren im Alter von 70 und mehr Jahren. Sie kletterte um 35 % auf 263.000 Personen. Auch unter den 60 bis 69-Jährigen wuchs die Anzahl derjenigen, die ihre Rechnungen nicht mehr bezahlen können, deutlich. Die Zunahme der Erwerbstätigkeit von Personen im Rentenalter ist ein Indiz dafür, dass die Renten oft nicht mehr ausreichen (Leiter der Wirtschaftsforschung von Creditreform, M. Bretz).

Die Armut und Altersverarmung vieler Senioren ist, wie oben dargelegt wurde *(1.3, S. 59-61)*, im Wesentlichen auf die unter Exkanzler Schröder und seinem Minister Riester durchgesetzte Rentenreform zurückzuführen. Dadurch fallen die Bezüge der gesetzlichen Rentenversicherung für die Masse der alten Menschen niedrig bis sehr niedrig aus. Ganz anders verhält sich das mit den Altersbezügen für Leitungspositionen in der Wirtschaft, in Unternehmern von Bund, Ländern, großen Kommunen, sowie mit üppigen Pensionen der Parlamentarier und für höher gestellte Beamten, wie oben dargelegt wurde. Deshalb vollzieht sich in Deutschland auch in der Altersversorgung eine erhebliche soziale Spreizung. Immer mehr alte Menschen sind überschuldet. Eine Studie der Hans-Böckler-Stiftung von 2011 belegte die drastisch wachsende Armut in bundesdeutschen Großstädten. Damals lebte bereits bis zu einem Viertel der Einwohner unter der Armutsgrenze. In Berlin war 2012 jeder dritte Mensch unter 15 Jahre auf Sozialhilfe angewiesen (WK 15.11.2012). Diese Entwicklung hat sich leider verstärkend fortgesetzt.

Die Entwicklung der sozialen Spreizung betrifft letztlich ganz Deutschland, wobei die Unterschiede zwischen Ost und West etwas kleiner geworden sind. 2017 waren in Ostdeutschland, einschließlich Berlin, 17,8 %, also bald ein Fünftel der Bevölkerung, armutsgefährdet, in Westdeutschland waren es etwa 15,3 %. In Ostdeutschland stehen die Gehälter noch immer klar hinter denen in Westdeutschland zurück. Nur die Hälfte der Beschäftigten bekommt Tariflöhne (WK 4.8.2018). Die Wirtschaftskraft je Einwohner liegt auch immer noch unter der Westdeutschlands. Zugleich ist aber festzustellen, dass das Preisniveau im Osten in vielen Bereichen niedriger ist als in Westdeutschland, vor allem für die Aufwendungen zum täglichen Leben und die Mieten.

Ein Leserbrief, den eine Wiesbadener Zeitung abdruckte, kann erschütternd wirken: Dort hat ein menschenfreundlicher Busfahrer einen 91-jährigen Rentner zu Tränen gerührt, als er ihm paar Lutscher für seine Urenkel schenkte, da diese sich so etwas nicht leisten konnte. Der Schreiber war erschüttert, dass von Menschen, die ihr Leben lang gearbeitet haben, deren Rente nicht ausreicht, um einen würdevollen Lebensabend zu finanzieren. In Anbetracht, dass der Staat sonst sehr viel Geld auch fürs Ausland ausgibt, empfindet er das als humanitäre Katastrophe. „Wann wird sich, wenn überhaupt, endlich etwas ändern?" (WK 16.8.2018).

Experten verweisen seit langem warnend auf das große Konfliktpotential, das in dem sehr reichen Land Bundesrepublik Deutschland in der zunehmenden Spreizung der Einkommen und sozialen Lebensbedingungen der Bevölkerung liegt. Das Armutsrisiko nimmt weiter zu. Der Anteil der armutsgefährdeten

Menschen lag in den 90er Jahren noch bei 11 %, 2016 aber bereits bei 16,6 %. Selbst die Zahl der Obdachlosen ist von 2010 bis 2016 auf 420.000 gestiegen und hat sich damit in dieser Zeit nahezu verdoppelt, was innerhalb dieses Zeitraums umgekehrt auch für den Anstieg der deutschen Milliardäre gilt (M. Hartmann: Die Abgehobenen). „Um die voranschreitende soziale Spaltung zu stoppen, brauchen wir dringend eine gerechtere Steuerpolitik, einen Mindestlohn von 12,80 € und eine Stabilisierung der Renten", forderte V. Bentele, der Präsident des Sozialverbandes VDK Deutschland, in Anbetracht der 2019 dazu veröffentlichten Studie des DIW, Berlin.

Diese Entwicklung, die in den letzten 15 Jahren vor allem von Kanzlerin Angela Merkel und ihrer CDU sowie CSU bestimmt wurde, nimmt die Veränderungen offenbar nur begrenzt zur Kenntnis und versucht zu schönen. Das wird vor allem durch ihre sich unter Regierungsbeteiligung der FDP verändernde Einflussnahme auf den Entwurf des *Armuts- und Reichtumsberichts des Bundes* deutlich. Die Passagen, in denen der Berichtsentwurf die erheblichen Unterschiede in der Einflussnahme durch die Wohlhabenden und Wirtschaft auf die Politik im Gegensatz zu den geringen Einflussmöglichkeiten der Unterschicht anprangerte, wurden vom Bundeskanzleramt nahezu komplett gestrichen (Hartmann, M., S. 2016). Bei dieser Schieflage ist die wachsende Staatsverdrossenheit großen Bevölkerungsgruppen mit hohem Konfliktpotential kaum verwunderlich. Der DGB, die Oppositionen und Sozialverbände sehen darin eine bewusste Vertuschung alarmierender Entwicklungen. Die Aussagen über steigende Einkommen im oberen Bereich und sinkende im unteren Bereich sind laut Süddeutscher Zeitung genauso gestrichen worden. Stattdessen wird auf die vielen im unteren Einkommensbereich entstandenen Vollzeitjobs verwiesen (WL 23.11.2012). Gleichfalls wurden auch die Ausführungen über die ungleiche Verteilung des Privatvermögens und die zunehmende Einkommensspaltung aufgrund der Niedriglöhne, die das Gerechtigkeitsempfinden und den gesellschaftlichen Zusammenhalt gefährden könnten, aus dem Berichtsentwurf entfernt. Stattdessen werden nun sinkende Reallöhne als Ausdruck struktureller Verbesserungen gewertet. Das DGB-Vorstandsmitglied Mitglied Annelie Buntenbach kritisiert: „Es ist einer Bundesregierung unwürdig, die Armutsprobleme kleinzureden und zu verringern, damit sie in ihr Weltbild passen." Der Hauptgeschäftsführer des Paritätische Wohlfahrtsverbands fordert zu Recht den Bericht zukünftig von einer unabhängigen Kommission verfassen zu lassen. Die Regierung gab sich unbeeindruckt und behauptete, die Spreizung der Einkommen habe sich zwischen 2007 und 2011 nicht verstärkt (WK 29.11.2012). Dabei belegten damals schon die drastischen Zahlen des Ministeriums der Arbeitsministerin von der Leyen die Altersarmut und Armutsentwicklung (Christoph Slangen, WK 29.11.2012), das belegt, dass die Spreizung eher den Wohlhabenden und sehr Wohlhabenden zu Gute kommt. Bei den hohen Aufwendungen für Flüchtlinge , d. h. auch für 187 000 Personen mit abgelehntem Asylantrag, ist die knappe Versorgung armer Deutscher kaum zu vermitteln.

Fazit

An dem wirtschaftlichen Erfolg und dem wachsenden Vermögen wie auch der steigenden Einkommensentwicklung ist seit längerem nur einen Teil der Bevölkerung beteiligt, eine Entwicklung, die zu Beginn dieses Jahrhunderts eingeleitet wurde und sich vor allem seit 2010 verschärfte. Die Reichen und Wohlhabenden erzielen immer höhere Gewinne, wie der enorme Anstieg der Spitzengehälter und des Vermögenszuwachses der Reichen und sehr Reichen belegt. Umgekehrt sinkt der untere Mittelstand ab. Immer mehr Personen fallen in den Niedriglohnsektor und sind als arm oder armutsgefährdet einzustufen. Besonders betroffen sind Alleinerziehende und ein hoher Rentneranteil sowie Beschäftigte im Niedriglohnsektor. Die Ursachen dieser Entwicklung liegen in der Sozial- und Rentenreform sowie der veränderten Steuerpolitik, die Kanzler Schröder einleitete, und deren Fortsetzung durch Kanzlerin Merkel. Der Staat finanziert sich vor allem aus Einkommensteuern, die durch die Steuerprogression immer mehr Personen stärker betrifft, sowie aus indirekten Steuern und Abgaben. Gleichzeitig gelten sehr günstige Steuerbedingungen für Konzerne und Kapitalerträge und niedrige Erbschaftssteuern für Betriebsvermögen, einschließlich für Beteiligungen an Betrieben von Kapitalgesellschaften. Die Steuerpolitik empfindet ein großer Teil der Bevölkerung als ungerecht. Statt hier zu handeln und gegenzusteuern, hat die Regierung die alarmierenden Ausführungen im Reichtums- und Armutsbericht schönen lassen. Hier wächst ein erhebliches, alarmierendes Konfliktpotential mit großer Sprengkraft heran. Dennoch reagiert die Regierung nicht, sondern verschönt die reale Entwicklung in ihren Positionen.

3.5 Demografischer Wandel

In Deutschland findet seit Ende der 60er Jahre ein tiefgreifender demografischer Wandel statt. Nach den hohen Geburtenraten in der zweiten Hälfte der 50er und ersten Hälfte der 60er Jahre, in der je Frau durchschnittlich 2 bis 2,5 Kinder geboren wurden, ist diese in Westdeutschland Ende der 60er Jahre extrem gesunken und hat sich seit dem auf den statistischen Durchschnittswert von etwa 1,3 Kinder verstetigt. Diese Entwicklung wurde nach dem Geburtenhoch der vorausgegangenen Jahre zunächst als ausgleichender, vorübergehender Abschwung angesehen. Seit dieser Zeit blieben aber die Geburten bis nach der Jahrtausendwende nahezu unverändert auf dieser niedrigen Quote. Erst danach stieg die Geburtenrate auf durchschnittlich 1,4 Kinder/Frau an. Das dürfte aber kaum an einer veränderter Fertilität (Geburten je Frau) der deutschen Frauen liegen, sondern auf die deutlich höhere Geburtenzahl der hier lebenden vielen Migranten zurückzuführen sein. Deren Frauen gebären weit mehr Kinder. Das vor gilt allem für moslemisch gläubige Zuwanderer .

Die geringe Geburtenzahl wurde in der Bundesrepublik zunächst als unerheblich erachtet. Die Anhänger der 68er sahen in Anbetracht der deutschen NS-Vergangenheit ohnehin keinen Nachteil im Rückgang der deutschen Bevölkerung. Außerdem wurde gerne auf etliche andere europäische Länder verwiesen, die bestens mit einer deutlich geringeren Bevölkerungszahl als die Deutschen leben. Eine Auseinandersetzung mit den Folgen eines Bevölkerungsrückgangs fand zunächst kaum statt, denn die Folgen würden sich ohnehin erst langfristig einstellen. Nach den damaligen Vorstellungen konnten weniger Geburten evtl. auch Vorteile bringen, die mögliche Nachteile ausgleichen. Die längerfristig absehbaren Folgen für den Arbeitsmarkt galten angesichts des Zustroms gut ausgebildeter, junger Arbeitskräfte aus Ostdeutschland, die über Westberlin in die Bundesrepublik flüchteten bzw. zuwanderten, als unerheblich. Nach der Abriegelung durch den Mauerbau wurden eben Arbeitskräfte aus anderen westeuropäischen Ländern angeworben, zunächst aus Italien, danach vor allem aus Spanien und Griechenland. Als sich deren Zuwanderungen abschwächten, begann die Anwerbung türkischer Gastarbeiter. Deshalb waren die demografischen Veränderungen offenbar für die deutsche Wirtschaft scheinbar kaum von Bedeutung.

Die in Deutschland seit langem anhaltende niedrige Geburtenrate hatte und hat aber Konsequenzen. Dadurch ging die Anzahl der deutschen Frauen im gebärfähigen Alter um mehr als ein Drittel zurück. Deshalb reicht zum Bevölkerungserhalt ein Anstieg der deutschen Geburten auf den dafür erforderlichen statistischen Durchschnittswert von 2,1 Kinder je Frau nicht mehr aus. Wegen der andauernden niedrigen Geburtenzahlen ist bereits die Anzahl junger Frauen bzw. möglicher Mütter um ein Drittel zurückgegangen. Ohne Zuwanderungen steht Deutschland unvermeidlich ein Bevölkerungsrückgang bevor oder jede Frau müsste hier im statistischen Durchschnitt fast 4 Kinder gebären. Das anhalten, massive Absinken der Geburenrate unter die Sterbezahl wird in Deutschland seit längere Zeit als *Demografischer Wandel* bezeichnet.

Diese Entwicklung hat nach und nach weite Teile Westeuropas und später auch Osteuropas betroffen. Die Bemühungen zum Gegensteuern waren kaum erfolgreich. Deshalb erachteten häufig selbst Experten aus der Wissenschaft ein Umlenken der Entwicklung als kaum möglich. Die Bemühungen konzentrierten sich daher eher auf dem Umgang mit dem demografischen Wandel und kaum auf Versuche zum Gegensteuern. Ostdeutschland wies sogar noch früher als Westdeutschland, nämlich bereits in den 60er Jahren, eine sehr niedrige Geburtenrate auf. Später gelang es der DDR-Führung jedoch durch umfassende staatliche Maßnahmen, wie Arbeitsplatzgarantie, Kinderbetreuung vom Krippenalter bis zum Hort, Bevorzugung bei der knappen Wohnungsversorgung und vielem mehr, die Geburten fast bis auf einen Ausgleich der Sterbequote anzuheben. Mit dem Niedergang der DDR gingen dort ab 1980 die Geburten wieder erheblich zurück. Zum Zeitpunkt der Wiedervereinigung lagen sie sogar noch deutlich unter der niedrigen westdeutschen Geburtenrate. Dennoch hatten die kinder- und geburtenfreundlichen Maßnahmen der DDR dazu geführt, dass die Ostdeutschen zum Zeitpunkt der Wiedervereinigung ein Durchschnittsalter aufwiesen, das drei Jahre unter dem Westdeutschlands lag, also eine merklich jüngere Bevölkerung. Infolge der dann folgenden Abwanderungen in den Westen, insbesondere von jüngeren Personen, erfuhr Westdeutschland eine deutliche Verjüngung und Ostdeutschland einen entsprechenden Altersanstieg. Deshalb und wegen der zuwandernden Migranten weist Westdeutschland heute eine jüngere Bevölkerung als Ostdeutschland auf.

Ein erfolgreiches Gegensteuern zur Anhebung der Geburtenzahlen fand in Frankreich und Norwegen statt. Frankreich, das im vorvorletzten und letzten Jahrhundert in Europa mit die niedrigste Geburtenrate aufwies, schaffe es, durch umfangreiche staatliche Maßnahmen, vor allem umfassende Kinderversorgung und hohe Steuerbegünstigungen für Kinderfamilien, die Geburten fast bis zum Ausgleich der Sterberate anzuheben. Das mag aber auch auf den hohen Anteil dort lebender Migranten aus den früheren französischen Kolonien und deren Nachkommen zurückzuführen sein, da diese eine wesentlich höhere Fertilität aufweisen. Den Norwegern gelang es aber ebenfalls ihre Geburten nahezu bis zum Ausgleich der Sterbezahlen anzuheben, obwohl dort kaum Migranten leben. Das spricht für die Machbarkeit einer Geburtenerhöhung, wenn die Politik das wirklich will und entsprechende Maßnahmen zur Förderung realisiert.

In Deutschland waren und sind derartige Bemühungen nur sehr verhalten. Außer dem Kindergeld wird lediglich das Betreuungsangebot angehoben, was aber sehr langsam erfolgte. Zudem hat sich die Arbeitsmarktpolitik seit der Verschärfung unter Kanzler Schröder eher geburtenabträglich ausgewirkt. Wenn das Nest gefährdet ist, werden Geburten rar, wie der deutliche Geburtenrückgang in der Unsicherheit von den Kriegszeiten des Ersten und des Zweiten Weltkrieges sowie der ersten Nachkriegszeit belegt, wobei da auch die Männer fehlten. Die Geburten sinken aber gleichfalls durch die Unsicherheiten in Krisenzeiten wie der hohen Geburtenrückgang in der Inflationskrise des letzten Jahrhunderts oder der drastischen Geburteneinbruchs zum Zeitpunkt der ostdeutschen Wende und der Wiedervereinigung, also 1990/91 zeigt. Zudem beinhalten die Unsicherheiten des Arbeitsmarktes auch eine gewisse Nestgefährdung, wie eben durch die damalige Ausweitung von Minijobs, Teilzeitjobs sowie befristeten Arbeitsverhältnissen, von denen ebenfalls nachteilige Wirkungen auf das deutsche Geburtenaufkommen ausgehen.

Der Sollwert für die Versorgung mit Krippenplätzen, von etwa einem Drittel der in einer Gemeinde gemeldeten entsprechenden Altersjahrgänge, wird bis heute immer noch nicht überall erreicht. Die Kita-Betreuung umfasst in manchen Bundesländern nicht die volle Zeit von der Krippe bis zur Einschulung, oder ist auf täglich 6 bis 6, 5 Stunden oder weniger begrenzt. An den meisten Schulen gibt es keine Vollzeitbetreuung wie in Frankreich. In den Verdichtungsräumen gibt es viel zu wenig günstige Wohnungen. Bei der Wohnungssuche sind junge Familien weitgehend auf sich allein gestellt und erhalten bestenfalls einen Wohngeldzuschuss oder recht begrenzten Eigenheimzuschuss. Für die Realisierung von Kinderwünschen eine sehr abträgliche Situation. Die Lebenskosten sind hoch, aber die staatliche Familienunterstützung ist mäßig, wie die deutsche Steuerpolitik belegt. In der Steuerveranschlagung akzeptieren die Finanzämter nur den vom Staat festgesetzten Pauschalbetrag, auch wenn die realen Aufwendungen sehr oft deutlich höher sind. Das ist zumindest in den Verdichtungsräumen häufig der Fall, z. B. wenn die Eltern das dafür benötigte Geld (z. B. für Nachhilfe) aufbringen müssen. Ganz anders verhält es sich mit der oben angeführten steuerlichen Absetzbarkeit luxuriöser Autos. Dafür werden die nachgewiesenen realen Aufwendungen anerkannt, selbst wenn diese sehr hoch sind. Ich habe selber die Erfahrungen gemacht. Für meinen Pkw konnte ich zeitweilig beim Finanzamt einen deutlich höheren Freibetrag als für eines meiner Kinder völlig unproblematisch geltend machen! Es gab zwar mit der Regierung Diskussionen über Steuervergünstigungen entsprechend der Kinderzahl und Kinderaufwendungen, die wurden aber durch Vorbehalte der SPD frühzeitig ausgebremst. Die Sozialdemokraten begründeten ihre Vorbehalte damit, dass mit dieser Regelung besser verdienende Personen mehr Vorteile haben als Personen mit niedrigem Einkommen, die ohnehin wenig Steuern zahlen. Das dürfte zutreffen, also machte man nichts. In Frankreich ist das anders. Da zählt vor allem das Anliegen, die Kinderrate zu heben. Deshalb geht dort die Unterstützung viel weiter, unabhängig von den Einkommen. Die gestiegene französische Geburtenrate belegt offensichtlich den Erfolg.

Der demografische Wandel drückt sich aber längst nicht nur in geringeren Geburtenzahlen aus, sondern umfasst drei wesentliche Elemente, die Deutschland auch zukünftig betreffen:

- quantitativer Wandel,
- altersstruktureller Wandel,
- ethnischer Wandel.

Quantitativer Wandel
Die deutsche Bevölkerung geht zurück bzw. schrumpft. Davon waren und sind zunächst nur die jungen Jahrgänge, also die Kinder und Jugendlichen, später auch die Arbeitskräfte betroffen. Das bedeutet, dass immer weniger Arbeitskräfte für Leistungen verfügbar sind. Zugleich kann dadurch auch der Versorgungsbedarf zurückgehen, z. B. an benötigte Schulklassen oder im Konsumverhalten.

Altersstruktureller Wandel
Es kommt zum altersstrukturellen Wandel, da wegen der geringeren Geburtenzahl immer weniger jüngere Personen den Alten gegenüberstehen. Zudem hat die Lebensdauer der Einwohner deutlich zugenommen. Dadurch entsteht ein doppelter Effekt, so dass der Anteil der Alten gegenüber den Jungen noch stärker steigt.

Ethnischer Wandel
Zum Ausgleich der fehlenden Arbeitskräfte wurden über lange Zeit Kräfte aus dem Ausland angeworben. Inzwischen ist Deutschland das bevorzugte Ziel und weist die höchsten Zuwanderzahlen von Flüchtlingen in Europa auf. Da es sich bei den Zuwanderern größtenteils um Personen anderer ethnischer Herkunft handelt, vollzieht sich zugleich auch ein ethnischer Wandel der Bevölkerung Deutschlands.

Der demografische Wandel spricht für umfassende Veränderungen, aber auch Probleme, die auf Deutschland zukommen können. Der Soziologe Rainer Mackensen hat mit seinem Forscherteam Anfang der 80er Jahre in seiner Publikation (Mackensen, Umbach, Jung: Leben im Jahre 2000 und danach) ausführlich und, wie inzwischen belegt wurde, auch weitgehend zutreffend die bevorstehende Entwicklung aufgezeigt, wenn der Staat nicht gegensteuert. Damals hätte man noch national gegenwirken können. Inzwischen ist das wegen der geschrumpften Anzahl junger deutscher Frauen im gebärfähigen Alter längst vorbei.

Die **quantitativen Veränderungen** bringen nicht nur Herausforderungen für die ausreichende Versorgung mit Arbeitskräften und für die Sicherung der Renten, die von immer weniger jungen Berufstätigen aufzubringen sind. Die Herausforderungen treffen auch auf viele Bereiche der Daseinsversorgung zu, also die Grundversorgung durch staatliche oder staatlich veranlasste Leistungen. Von dieser Entwicklung war vor allem Ostdeutschland wegen großer Wanderungsverluste nach der Wiedervereinigung betroffen. Die Erfahrungen zeigen: Dann müssen sämtliche Einrichtungen, ob technisch, wie Straßen und Wasserversorgung und Entsorgung, wie auch personelle Leistungen von immer weniger Personen geleistet und getragen bzw. finanziert werden. Zudem sind unsere Systeme größtenteils starr auf einen fixierten Bedarf ausgerichtet. In der Regel sind sie nach dem Bedarf bemessen, der zum Zeitpunkt ihrer Planung ermittelt wurde. An Flexibilität wurde wenn überhaupt, einseitig nur hinsichtlich evtl. zukünftiger Kapazitätserweiterungen gedacht, aber nicht an Schrumpfung. Das hat Folgen , wie z. B. für die technische Infrastruktur. Bei zu geringem Durchsatz bzw. deutlicher Unterschreitung der Auslastungswerte können zudem, wie oben dargestellt *(1.2, S.49-52)*, erhebliche Probleme für die Versorgungssysteme für Trinkwasserversorgung und Abwasser auftreten, die ggf. auch die Funktion moderner Kläranlagen beeinträchtigen. In der Stromversorgung lässt ein zu geringer Durchfluss den Leitungswiderstand entsprechend ansteigen, mit entsprechenden Folgen für die Effizienz. Wegen zu geringen Schülerzahlen wurden in der Vergangenheit bereits etliche Schulstandorte geschlossen. In vielen ländlichen Räumen hat das zu langen bis sehr langen Schulwegen geführt. Wenn weiterführende Schulen schlecht erreichbar sind, sinkt aber die Bildungsbeteiligung bzw. die Bereitschaft, dass Schüler die weiten Wege auf sich nehmen, mit entsprechenden Nachteilen für die Qualifikation unseres Nachwuchses. Die Folgen sind aber viel umfassender als die hier angeführten wenigen Beispiele, denn dann müssen z. B. die Schulden der Gemeinden, eines Bundeslandes oder der Bundesrepublik wie oben dargelegt *(3.3, S. 218-219)* von der gesunkenen Einwohnerzahl getilgt werden. Die möglichen Folgen der quantitativen Veränderungen sind inzwischen längst erforscht und bekannt. Es gibt etliche bereits erfolgreich angewandte und erprobte Ansätze und Konzepte damit umzugehen (z. B. die Publikation des sächsischen Innenministeriums „Materialien zum Umgang mit dem demografischen Wandel in sächsischen Kommunen", Dresden 2008). Sie müssen nur angewandt werden.

Die **altersstrukturellen Veränderungen** führen zum steigenden Anteil älterer Arbeitskräfte mit 50 oder mehr Jahren bei gleichzeitigem Rückgang der jüngeren Arb eitskräfte, des Nachwuchses an jungen Auszubildenden und von Berufsstartern. Außerdem wächst mit der steigenden Anzahl älterer Mitbürger deren Hilfe und Unterstützungsbedarf. Das gilt von der Haushaltshilfe, ärztlichen Versorgung bis zur Pflege. Der ärztliche Versorgungsbedarf steigt vor allem nach dem 55. Lebensjahr mit zunehmendem Alter deutlich an, in der Pflege vor allem nach dem 75. bis zum 80. Lebensjahr. Für die Anzahl der Personen der Altersgruppe 80 und mehr Lebensjahren steht zudem in diesem angefangenen Jahrzehnt ein hoher Anstieg bevor. Deshalb wird der ärztliche Versorgungsbedarf wie auch der Pflegebedarf zukünftig selbst in den deutschen Regionen merklich steigen, in denen die Bevölkerung aufgrund fehlender Zuwanderungen zurückgeht.

Der hohe Altenanstieg hat weite Folgen für die Daseinsvorsorge, von barrierefreien Wegen bis hin zu seniorengerechten öffentlichen Verkehrsmitteln und vielem mehr. Zudem fehlen die Jungen, die familiäre Hilfe leisten können. Zum einen weil bei den vielen 1-Kindpaaren später mehr Alte da sind als Kinder, die helfen können und weil viele Familien aufgrund der Arbeitsmarktbedingungen räumlich auseinandergerissen sind. Ein besonders merkliches Zeichen dieser Entwicklung sind in ländlichen Räumen zunehmende Personalprobleme der Freiwilligen Feuerwehr, wenn jüngere Einwohner nicht mehr in ausreichender Zahl vor Ort sind.

Die **ethnischen Veränderungen** bewirken häufig einen Wandel im Erscheinungsbild und der Tradition der Bevölkerung, wie auch z. T. in den Verhaltensweisen. Das traf zunächst vor allem für die Städte der Verdichtungsräume zu, gilt aber inzwischen auch für manche ländliche Regionen. Diese Entwicklung hat vor allem seit 2015 durch die hohe Zuwanderung, insbesondere durch Flüchtlinge, zugenommen. Da ein Großteil der zugewanderten Flüchtlinge aus ganz anderen Kulturen stammt, vor allem aus arabischen Staaten muslimischer Glaubensrichtung, heben sich viele dieser Neubürger schon durch ihr äußeres Erscheinungsbild und auch durch andere Wertmaßstäbe ab. Für viele zugewanderte Frauen ist das alle Haare verdeckende Kopftuch obligatorisch, wie auch häufig lange Kleidung, die die Körperkonturen verdeckt. Nicht jede/r Deutsche findet das erbaulich, da sie/er hier in einer anderen Tradition und Kultur aufgewachsen ist. Das gilt vor allem für die Älteren, aber auch Jüngere stoßen sich mitunter an diesen Veränderungen. Zudem gibt es auch deutliche Unterschiede in den Wertpräferenzen. Gemäß der moslemischen Tradition und Glaubenslehre gilt die Dominanz des männlichen Patriarchs, dem sich Frauen unterzuordnen haben, wie etliche Suren des Korans vorgeben. Diese Widersprüche zwischen dem Grundgesetz und den religiösen Vorgaben des Korans sind eindeutig und nicht zu übersehen. Jeder, der den Koran liest, wird das sehr bald feststellen. Deshalb kann es kaum verwundern, dass ganz anders als die Politik und die Wirtschaft die Mehrheit der Deutschen wegen der Einwanderungen besorgt ist (WK 20.2.2015).

Fazit

Deutschland weist anhalten eine deutlich geringere Geburten-zahl als Sterbefälle auf. Die Zahl der Deutschen sinkt bei gleich-zeitig steigendem Anteil der Älteren. Dadurch und wegen der steigenden Lebenszeit nimmt der Anteil Älterer in der Bevölke-rung deutlich zu. Ein Gegensteuern durch familienfreundliche und geburtenfördernde Maßnahmen wurde nie in dem Maße angegangen als in anderen, darin erfolgreichen EU-Ländern. Zum Ausgleich der demografisch bedingt fehlenden Arbeitskräf-te setzte die Politik im Einklang mit der Wirtschaft auf Zuwande-rungen. Dafür standen vor allem die Sprachvermittlung und die Qualifikationen im Fokus. Wie weit sich Zuwanderer aus ganz anderen Kulturen mit anderen Werten hier integrieren und as-similieren, war für die Politik bislang kein Thema. Dieses Thema wird aber aufgrund der hohen Zuwanderungen, insbesondere durch Flüchtlinge wie in der jüngeren Vergangenheit, zukünftig wohl kaum auszublenden sein.

3.6 Migrations- und Flüchtlingspolitik

Die Lebensbedingungen und der wirtschaftliche Wohlstand, weitgehende Sicherheit sowie hohe Sozialleistungen haben Deutschland international große Anerkennung, aber auch hohe Zuwanderungen gebracht. Die jahrzehntelange Zuwanderung von Arbeitskräften hat sich in Deutschland für viele längst von einem befristeten Gastarbeiteraufenthalt zum dauerhaften Ver-bleib gewandelt. Der Zustrom von außen setzte bekanntlich, wie oben angesprochen, vor allem nach dem Mauerbau ein, da nun die Zuwanderungen der Ostdeutschen ausblieben, um dem Ar-beitskräftebedarf der deutschen Wirtschaft zu entsprechen. Seit den achtziger Jahren wurde aufgrund der anhaltend niedrigen deutschen Geburtenrate der Bedarf nach Zuwanderungen zur Versorgung mit Arbeitskräften immer deutlicher. Deshalb spra-chen sich mittlerweile sowohl die Wirtschaft als auch viele Politiker für eine massenhafte Zuwanderung aus. Ein Konzept wie in Japan, das noch länger als die Bundesrepublik vergleichbar niedrige Geburten aufweist , stand nie zur Debatte. Japan zielte und zielt darauf ab, durch massive Innovationsförderung die Produktivität derart zu steigern, dass von der schrumpfenden Bevölkerung die wirtschaftlichen Leistungen und notwendige Versorgung ohne Einbußen erbracht werden können. In der Ära unter Kanzler Kohl wurden zudem die Möglichkeiten zur Frühverrentung massiv erhöht. Für die Wirtschaft war das vorteilhaft. Der Bedarf an Arbeitskraft ließ sich durch Zuwanderungen decken, so dass aufwendige, konstante Fortbildungen für die älteren deutschen Arbeitskräfte entfielen. Außerdem fand die Möglichkeit der Frühverrentung unter vielen älteren Bürgern hohen Zuspruch. Die Migrationspolitik war somit vorrangig eine wirtschaftsorientierte Zuwanderungspolitik, die zudem die sozialen Vorteile für die mögliche Frühverrentung brachte.

Die bundesdeutsche Bevölkerung wurde dazu nicht gefragt, also ganz anders als in der Schweiz. Die Bundesregierungen, wie überhaupt die Politik, hoben die Weltoffenheit Deutschlands hervor, wohl auch zur Abgrenzung von der verheerenden deutschen Nazivergangenheit. Die Weltoffenheit mag für die Wirtschaft zutreffen, zumal sie mit fortschreitender Globalisierung und den daraus resultierenden vielfachen Verflechtungen unerlässlich ist. In der einfachen Bevölkerung wird das aber nicht immer so gesehen, wie es häufig aus Gesprächen und Diskussionen auf der Straße, in Gaststätten oder bei Zugfahrten zu hören ist. Umfragen ergaben schon 2015, dass zwei Drittel der Deutschen wegen der Einwanderungen besorgt sind (WK 20.2.2015) und auch 2020 ist für viel Deutsche die Einwanderung ein Angstthema (WK 5.7.2020).

Die kriegerische Entwicklung im Nahen Osten, in Afghanistan sowie die große Armut und Hungersnöte in Afrika haben zu Wanderungsbewegungen geführt, die schon als neue Völkerwanderung zu bezeichnen sind. Aufgrund der Kriegswirren und konstanten Gefahren für Leib und Leben sowie auch Hungersnöte hat seit 2014 ein enormer Zuwanderungsdruck nach Europa eingesetzt, der 2015 den vorläufigen Höhepunkt erreichte. Bei den Zuwanderern handelt es sich aber längst nicht nur um Kriegsflüchtlinge, sondern zugleich auch um viele Wirtschaftsflüchtlinge. Die weltweit zugänglichen und damit einwirkenden Medien sowie massive Propaganda von Schleuserbanden verstärkten diese Entwicklung noch erheblich. Dass es sich bei den Zuwanderern nicht nur um die Ärmsten handelt, wird schon an deren Kleidung und an deren finanziellen Leistungen an Schleuserbanden deutlich. Zudem ist nahezu jeder Flüchtling mit einem funktionierenden Mobiltelefon ausgestattet. Deutschland ist unter den Flüchtlingen ein besonders bevorzugtes Land, denn hier gibt es umfangreiche Sozialleistungen. Die deutschen Hilfsleistungen umfassen die materiellen Unterstützung für Wohnen und Ernährung sowie auch umfassende Möglichkeiten, sich gegen eine Asylablehnung oder Abschiebung ohne eigene Aufwendungen in einem Rechtsverfahren auf Kosten der deutschen Steuerzahler zur Wehr zu setzen. Die Flüchtlingspolitik der Bundesregierung führt dazu, dass im Oktober 2020 laut Meldung der Bildzeitung 187.000 ausreisepflichtige Personen in Deutschland leben. Für deren Versorgung sind vom Staat monatlich mindestens ca. 100 Mio. aufzubringen sowie weitere Gelder von anderen Institutionen wie den gesetzlichen Krankenkassen.

Die hohe Zuwanderzahl hatte 2015 die deutschen Behörden völlig überfordert. Die Einwanderung wurde teilweise derart oberflächlich vorgenommen, dass sich ein rechtsradikaler junger deutscher Oberleutnant der Bundeswehr, zur Vorbereitung einer geplanten Straftat, ohne entsprechende Sprachkenntnisse problemlos als syrischer Flüchtling ausgeben konnte und anerkannt wurde. Die ersten Forderungen, die einige Politiker für genauer Prüfung und Erfassung der Zuwanderer vorbrachten, lehnten andere Politiker wegen der damit verbundenen Verzögerungen als unmenschlich ab, wie die Presse vom grünen Politiker Hofreiter berichtete. Außerdem gaben wohl etliche Flüchtlinge ein deutlich jüngeres Alter an. Damit galten sie hier als Jugendliche. Für Jugendliche gilt in Deutschland ein besonderer Schutz, der auch Flüchtlingen gewährt wird. Deshalb können sie kaum abgelehnt werden. Später, wenn sie hier als Flüchtlinge aufgenommen wurden, sind die Voraussetzungen für den Nachzug der Eltern als Familienzusammenführung günstig. Diese Auswüchse kamen vor allem durch Straftaten junger Flüchtlinge ans Licht. Genauere Nachforschungen und Untersuchungen ergaben nicht selten ein deutlich höheres Alter. Bei Straftaten, etwa wie den Mord an der 14-jährigen Susanne in Wiesbaden, hatte auch die „arme" syrische Flüchtlingsfamilie plötzlich das Geld für die teuren Flugtickets zur Flucht. Sie konnten kurzfristig zu sechst per Flugzeug nach Syrien zurückreisen, also wieder in das Land, aus dem sie wegen der angeblichen lebensbedrohlichen Situation und Verfolgung nach Deutschland geflüchtet waren!

Die Bundespolitik war zunehmend gespalten. Die Bundesregierung, allen voran Kanzlerin Merkel, sprach sich aus menschlichen Gründen für eine unbegrenzte Aufnahme von Flüchtlingen aus, mit dem berühmten Merke-Ausspruch „Wir schaffen das." Ihre Position wurde im Wesentlichen auch von der Partei der Grünen und großen Teilen der SPD getragen. Anders war das für die bayrische CSU und teilweise auch auf der kommunalen Ebene sowie ohnehin für die AfD. Bayern, als unmittelbares deutsches Grenzland, das unter den Bundesländern inzwischen die meisten Flüchtlinge aufnahm, sperrte sich gegen unlimitierte Zuwanderung und plädierte für eine Obergrenze. Die wurde von der Kanzlerin kategorisch abgelehnt. Um die hohe Flüchtlingszuwanderung zu reduzieren, erklärte schließlich ihre Regierung die Maghreb-Staaten und Afghanistan zu sicheren Herkunftsländern, so dass Asylanträge verweigert werden konnten. Diese Vorgehensweise war angesichts der realen Lebensbedingungen in diesen Ländern, vor allem in Anbetracht der ständigen Attentate in den meisten Regionen Afghanistans einschließlich in der

Hauptstadt Kabul, eine unfassbar realitätsferne Einstufung. Diese Einstufung stand im absoluten Widerspruch zur verpflichtenden Menschlichkeit, mit der die Kanzlerin ihre Flüchtlingspolitik begründete . Diese Gegensätze sprechen dafür, dass es der Regierung längst nicht um Menschlichkeit oder Unmenschlichkeit ging, sondern um ein politisches Taktieren sich ohne Gesichtsverlust der Position der CSU zu nähern. Dennoch führte die Kontroverse um eine Obergrenze zum lange anhaltenden Streit zwischen Kanzlerin Merkel und dem CSU-Politiker Seehofer, der die Zuwanderungen auf maximal 200.000 Migranten im Jahr begrenzen wollte. Dieser Dauerstreit zog sich lange hin, selbst als der Flüchtlingszustrom abgeklungen war, bis Seehofer durch indirekte Formulierungen die Zuwanderungsquote bekam.

In den Kommunen wuchs wiederum der Verdruss, weil sich viele Gemeinden überfordert fühlten und ein erheblicher Teil der Kosten über ihre Haushaltsmittel für Sozialhilfe abzudecken war. Die Bundesregierung drückte weitere Kosten für Merkels „Wir schaffen das" im nicht geringen Umfang anderen auf. Die Gesundheitsversorgung der Flüchtlinge wurde den gesetzlichen Krankenkassen zugeschoben. Diese Kassen bekamen zwar dafür Bundesmittel in Milliardenhöhe. Die deckten aber nicht mal die Hälfte der realen Kosten ab. Die privaten Krankenkassen, in denen vor allem die besser situierten deutschen Bürger versichert sind, müssen keine Kosten übernehmen, denn der Bund hat keinen Zugriff auf diese Kassen. Auf die gesetzlichen Kassen, die vor allem die mittleren und unteren Einkommensschichten versorgen und sich von deren Beiträgen finanzieren, hat der Bund jedoch den Zugriff. Die Folgen der Regierungspolitik führen für die Kassenmitglieder zu Leistungskürzungen, da nun durch die Mitgliederbeiträge auch ein hoher Anteil der Flüchtlingsaufwendungen zu tragen ist. Außerdem zeichnen sich für die Kassenmitglieder Beitragserhöhungen und Zusatzgebühren ab, um die Kosten zu bewältigen. In der Bevölkerung mehrten sich die Vorbehalte bis hin zur Ablehnung der Flüchtlingspolitik.

Die Kanzlerin und ihre Bundesregierung gingen vom Grundsatz einer EU-weiten Beteiligung zur Flüchtlingsaufnahme aus. Nach ihrer Denkart sind Flüchtlinge aus humanitären Gründen, den Vorgaben des Grundgesetzes und der Menschenrechtskonversionen der Vereinten Nationen nicht abzuweisen, sondern von der EU aufzunehmen. An der Aufnahme sollten sich alle EU-Mitgliedstaaten beteiligen, wobei ein an der landesspezifischen Größe orientierter Verteilungsschlüssel angestrebt war. Der Verweis der Kanzlerin auf die Vorgaben des Grundgesetzes griff aber ohnehin nicht. Für diese Länder zählt schließlich nicht das deutsche Grundgesetz, sondern mit Vorrang die Vorgaben ihrer nationalen Verfassung.

Die Kanzlerin richtete ihre Bemühungen weiterhin auf eine Quotenregelung zur Verteilung der Flüchtlinge auf EU-Länder. Sie versuchte aber zugleich die hohen Zuwanderungen zu reduzieren, u. a. durch Wirtschaftshilfen und Förderung von Arbeitsbeschaffungsmaßnahmen in Afrika, jedoch ohne durchschlagende Rückwirkungen auf den Zuwanderungsdruck. Da der Großteil der Flüchtlinge aus dem Bürgerkriegsland Syrien zunächst in die benachbarte Türkei einwanderte, über die auch die meisten Flüchtlinge aus Afghanistan zuwanderten, richteten sich die Bemühungen von Frau Merkel vor allem an die Türkei. Die galt es für die Reduzierung der Zuwanderungen zu gewinnen. Zwischen der Türkei und Griechenland bestand ohnehin seit 2002 ein Abkommen für eine wechselseitige Rückführung illegaler Zuwanderer. Demnach hätte Griechenland illegale Zuwanderer aus der Türkei dorthin zurückschicken können, was umgekehrt für illegale Zuwanderer aus Griechenland in die Türkei galt. Das Abkommen kam jedoch zuvor kaum zur Anwendung. Das neue, unter der Kanzlerin Merkel für die EU entwickelte und verfolgte Konzept sah nun vor, dass die Türkei die Zuwanderungen möglichst weitgehend verhindert.

Die Zeit erschien günstig, denn mit der der Türkei wurde seit längerem über deren Mitgliedschaft in der EU und über Visafreiheit für Türken verhandelt. Demnach sollte die Türkei die illegale Einreise von ihrem Territorium in die EU verhindern und Personen, denen dennoch die illegale Einreise gelang, zurücknehmen. Im Gegenzug verpflichtete sich die EU die gleiche Anzahl an Personen, die in die Türkei zurückgeführt werden, über reguläre Visaerteilungen in die EU aufzunehmen. Der Türkei wurden dafür Vorteile in Aussicht gestellt, so hohe Unterstützungszahlungen für die Versorgung der vielen syrischen Bürgerkriegsflüchtlinge, die sich dort befinden, sowie eine Vertiefung der wirtschaftlichen Zusammenarbeit durch eine Zollunion, neue Dynamik für die Beitrittsverhandlungen in die EU und Visa-Freiheit für türkische Bürger. Als voraussetzende Bedingung verlangte die EU jedoch eine Anpassung des türkischen Rechtssystems an das Recht in der EU. Die Verhandlungen kamen vor allem wegen der Gegensätze in der Rechtsauffassung nur mühsam voran, begannen sich aber anzunähern. Nach der Ablösung des damaligen türkischen Verhandlungsführer Ahmet Davutoglu stornierte jedoch Präsident Erdogan einen Teil dieser Verhandlungsergebnisse. Deshalb ist die damals in Aussicht gestellte erneute Beitrittsdynamik kaum nachzuvollziehen.

Neben diesem von Deutschland gemeinsam mit der EU entwickelten Konzept fanden interne bilaterale Verhandlungen zwischen Deutschland und der Türkei statt. In Anbetracht des hohen Migrationsdrucks und wohl auch wegen des innenpolitischen Dauerkonfliktes mit der CSU verhandelten bereits seit Weihnachten 2015 Abgesandte der Regierung Merkel mit der Türkei. Die zuständigen Stellen der EU wurden jedoch darüber nicht informiert. „Die Merkel-Lösung beinhaltete auch wesentlich größere finanzielle Zuwendungen an die Türkei …" als der EU-Entwurf für das Abkommen „… und sah die beschleunigte Eröffnung von neuen Kapiteln der EU-Beitrittsverhandlungen mit der Türkei vor, obwohl die Beteiligten wussten, dass ein derartiges Vorgehen nicht realistisch von den übrigen EU-Staaten mitgetragen würde" (https://de.wikipedia.org/wiki/EU-Türkei-Abkommen_vom_18._März-2016) (Google 04.03.2020). Die höheren in Aussicht gestellten Mittel waren auch nicht als deutsche Finanzleistungen, sondern als EU-Mittel vorgesehen, denn für derartige nationale Mehrausgaben hätte Frau Merkel kaum die notwendige Zustimmung im Bundestag bekommen. Die Zustimmung der EU schien aufgrund des hohen Anteils, den Deutschland für den europäischen Haushalt aufbringt, erreichbar. Ob die Zustimmung der EU-Mitglieder für diese Zahlungen durch die deutsche Übernahme noch höherer Lasten des EU-Finanzbedarfs erfolgen sollte, wurde offenbar nie näher untersucht. In dem Pakt wurden schließlich fünf Mrd. € Hilfsgelder zur Flüchtlingsbewältigung der Türkei vereinbart. In der Umsetzung kamen weitere Zahlungen an die Türkei hinzu, so aus dem Welternährungsprogramm und Aufstockungen der EU-Mittel .

Für die komplette Umsetzung der Vereinbarungen gab es jedoch ein gewichtiges Hindernis. Die Türkei leitete nach dem gescheiterten Putschversuch des Militärs umfassende Veränderungen ein. Neben dem weitgehenden Austausch der Militärführung wurden in einer Säuberungswelle unzählige Militärs, Beamte, Hochschullehrer, Lehrer, Polizisten und weitere Personen aus ihren Ämtern entfernt, sehr häufig verhaftet und viele zu langen Haftstrafen verurteilt. Gleichfalls kam es zur Verhaftung etlicher Journalisten und zunehmenden Gleichschaltung der Presse. Die „Säuberungswelle" übertraf bei weitem selbst die „Säuberungswellen" der Nazis nach dem ersten Hitlerattentat und dem Reichstagsbrand. Nach Regierungsangaben erfolgte nach dem Putschversuch die Festnahme von ca. 500.000 Personen (WK 23.3.2019). Zugleich wurden 150.000 Personen aus dem Staatsdienst entlassen und ca. ein Drittel von diesen verhaftet. Wegen Präsidentenbeleidigungen sowie Beleidigung des Türkentums kam es zur Anklage gegen mehr als 4.000 Personen (WK 23.3.2019). Die Türkei hob zwar nach einiger Zeit den Ausnahmezustand auf, aber zugleich galten danach die neuen Anti-Terrorgesetze, mit denen die Behörden noch weiter reichende Vollmachten erhielten. Deshalb gilt der Ausnahmezustand faktisch weiterhin. Zudem wurden nach dem Putsch die Grundrechte auf Versammlungs- und Pressefreiheit eingeschränkt. Nach offiziellen Angaben erfolgten bereits nach dem Putschversuch 77. 000 Verhaftungen, darunter Journalisten, Menschenrechtler und Oppositionspolitiker (WK 22.7.2018). Durch eine Verfassungsänderung hatte sich Präsident Erdogan nahezu unbegrenzten Machtzugang verschafft, bei weitgehender Gleichschaltung der Justiz und Ausschaltung einer unabhängigen Presse bis hin zur Meinungskotrolle.

Die Entwicklung in der Türkei ist mit den Werten der EU nicht vereinbar. Deshalb bestand die EU auf die Erfüllung und Einhaltung ihrer entsprechenden Festlegungen für die Aufnahme neuer Mitgliedsstaaten. Das hätte die Anpassung der Rechtsstaatlichkeit der Türkei an die rechtlichen Regelungen der EU erfordert. Demnach darf die Regierung keine Beeinflussung der Gerichtsbarkeit ausüben und Presse- und Meinungsfreiheit dürfen keine Einschränkungen erfahren. Dafür wären aber umfassende Änderungen des Anti-Terrorgesetzes der Türkei unerlässlich. Dazu waren die Türkei bzw. Präsident Erdogan in keiner Weise bereit, zumal dieses Gesetz eine wesentliche Grundlage für seine Handlungsmacht ist. Die umfangreichen Verhaftungen und hohen Bestrafungen vieler Journalisten sowie weitgehende Gleichschaltung der Presse und öffentlichen Meinung sind mit dem Werten der EU unvereinbar. Deshalb schrieb der Journalist Thumann 2019, dass einige Länder nach ihrem EU-Beitritt Demokratie abschafften (womit er wohl Polen und Ungarn meinte). „Neu ist dagegen, dass ein Land die Demokratie abschafft und dann immer noch in die EU will. Dieser ganz besondere Beitrittskandidat ist die Türkei. Präsident Recep ... Erdogan ..." (Michael Thumann, 2019 in Zeit-Online). Der damalige EU-Präsident Junker ließ Anfang 2018 verlauten: „Die Türkei entfernt sich seit geraumer Zeit mit riesen Schritten von der EU. Dies schließt eine EU-Mitgliedschaft in absehbarer Zeit aus." Die Visa-Freiheit kam trotz häufiger Drohungen des türkischen Präsidenten bis heute nicht zu Stande. Die Beitrittsverhandlungen „dümpeln" vor sich hin und dürften zumindest unter einem Präsidenten Erdogan völlig unrealistisch sein. An den Maßstäben, die der Europäische Gerichtshof gegenüber Ungarn und besonders gegenüber Polen geltend macht, sind Beitrittsverhandlungen mit der Türkei ohnehin ein Witz bzw. ein Unding. Verdrießlich sind die bereits erfolgten Zahlungen. Als Heranführungshilfe für den Beitritt hat die Türkei bereits im Zeitraum 2007 bis 2013 von der EU 4,13 Mrd. € erhalten. Für 2014 bis 2020 sind weitere 4,45 € Mrd. vorgesehen, von den aber wegen der aktuellen Entwicklung bis 2018 nur 190 Mio. ausgezahlt wurden.

Das besondere Verhältnis zur Türkei Bei der Entwicklung der Türkei unter Erdogan spricht einiges dafür, dass der Präsident seine politische Ziele verändert hat und offenbar umfassenden, freien Handlungsspielraum für das Ziel anstrebt, sein Land in Richtung der einstigen Größe und Bedeutung des Osmanischen Reiches zu führen. So werden inzwischen auch die Grenzen des Lausanner Vertrages von 1923, der das Osmanische Großreich auf die Grenzen der heutigen Türkei festlegte, von türkischen staatlichen und politischen Akteuren in Frage gestellt (WK 31.8.2020). Deshalb verwundern jüngere Aktivitäten der Türkei kaum. Die Türkei begann 2019 ohne jegliche diplomatische Konsultation in der Ägäis vor griechischen Inseln nach Öl zu bohren, eigentlich schon in griechischen Gewässern. Ende August 2020 kam es deshalb sogar zu Kriegsdrohungen der Türkei gegen Griechenland (WK 7.9.2020). Auch die Ausrichtung von Ata Türk, der als Vater des modernen Staates Türkei gilt, war die Wiedererlangung der ehemaligen Größe seines Landes. Er konnte dabei an die Jungtürken oder Tanzimat Reformen anknüpfen und hat sich im Gegensatz zu Erdogan intensiv mit der europäischen Entwicklung auseinandergesetzt. Er erkannte , dass der große Innovationsschub Westeuropas erst nach der strikten Trennung von Politik und Wirtschaft vom Einfluss des Klerus stattfand. Diese

Erkenntnisse waren Anlass, in der modernen Türkei ebenfalls den Laizismus konsequent durchzusetzen. Ata Türk drängte den Einfluss der Imame zurück, bis hin zum Verbot des Tragens von Kopftüchern an Schulen und Universitäten. Die Armee richtete er darauf aus, diese Staatsform und den Laizismus gegen religiöse Einflüsse zu schützen.

Bis auf das Ziel, die Türkei wieder in Richtung der ehemaligen osmanischen Größe zu entwickeln, verfolgt Erdogan einen nahezu gegensätzlichen Weg. Er misst der Religion des Islams einen zentralen Stellenwert bei. Ein Großteil der Vorgaben Ata Türks zum Laizismus hat er inzwischen abgeschafft. Das Kopftuchtragen verbreitet sich zunehmend, auch an den Ausbildungsstätten und Universitäten. Westliche Einflüsse, die der Lehre des Islams entgegenstehen, wie etwa der Genuss von Alkohol, werden zunehmend bis auf Touristenorte stark eingeschränkt. Die Zahl der Christen und christlichen Gemeinden wurde enorm zurückgedrängt. Die Ausübung weihnachtlicher Tradition an christlichen Schulen wird in der Türkei behindert oder sogar verboten. Dortige christliche Priester oder deren Ehepartner werden durch unbegründete kurzfristige Ausweisungen vertrieben (WK 18.6.2020). Ata Türk hat in seiner Regierungszeit auch die von unter den Osmanen vorgenommene Umwandlung der kulturhistorisch bedeutsamen christlichen Kirche Hagia-Sofia in eine für jedermann zugängliche, weltoffene Museumskirche verfügt. Unter Erdogan wurde dieses bedeutende frühchristliche Bauwerk 2020 wieder zur Moschee umgewandelt (WK 29.3.2019). Die Türkei verfügt über eine Religionsbehörde, die auch auf die Ausbreitung des Islams in anderen Staaten gerichtet ist.

Um den Einfluss von außen auf die in Deutschland lebenden Moslems zu begrenzen, will die Bundesregierung die Eigenständigkeit muslimischer Gemeinden fördern. Der Bundesinnenminister Seehofer fordert deshalb, in Deutschland sollten sich muslimische Gemeinden von Geldgebern im Ausland lösen (WK 8.1.2019). Damit ist zugleich die Hoffnung verbunden, dass sich in Deutschland ein toleranter Islam entwickelt, der auch Toleranz gegenüber anderen Glaubensrichtungen entwickelt (WK 11.11.2020) und ggf. mit denen gemeinsam agiert, bis hin zu gemeinsamen Gottesdiensten, die in zusammen genutzten Gebetshäusern stattfinden könnten. Diese Bemühungen lehnt Erdogan jedoch nachdrücklich ab. Bei einem früheren Deutschlandbesuch sprach er sich in seiner Rede vor hier lebenden Türken zwar für deren Integration aus, aber bei strikter Ablehnung von deren Assimilation. Das kann auch nicht in seinem Interesse liegen, da er offenbar die Türkei zu einem Führungsstaat bei der weltweiten Ausbreitung des Islams machen will.

Das türkische Religionsamt Diyanet und Ditib beschloss in Köln die Gründung eines Sekretariats, das regelmäßig Treffen der europäischen Muslime organisieren soll, als eine Antwort auf das Bemühen europäischer Staaten, wie Deutschland und Österreich, hier einen eigenständigen Islam zu entwickeln (WK 17.6.2017; 8.5.2019). Die Bemühungen des türkischen Präsidenten und seines Religionsamtes sind letztlich auf die Entwicklung einer Parallelwelt der in Deutschland lebenden Türken ausgerichtet. Die Kanzlerin hüllt sich dazu im Schweigen und ließ bislang nichts verlauten. Kritiker sehen im Ditib, mit 900 Moscheen in Deutschland der größte Moscheen-Verband, einen Handlanger der türkischen Regierung (WK 15.6.2019). Der türkische Botschafter Ali Kemal Aydin hat den deutschen Behörden im Juni Fehler im Umgang mit Rassismus, Fremdenfeindlichkeit, Islamophobie und Diskriminierung vorgeworfen, „die es zu korrigieren gilt" (WK 6.2.2020). Dieser Vorwurf trifft aber umgekehrt wesentlich stärker für die Türkei zu. Das dortige massive Vorgehen, zudem noch von Regierungsinstitutionen, gegen die wenigen noch im Land verbliebenen christlichen Gemeinden kann durchaus ebenfalls als türkischer Rassismus, Fremdenfeindlichkeit und Christenphobie bezeichnet werden. In Anbetracht der türkischen Auftritte, insbesondere von Regierungsvertretern, wäre eine entsprechende Entgegnung und Vertretung der christlichen Belange gegenüber der Türkei ebenfalls angebracht, aber von der EU, der Kanzlerin und deutschen Politikern hört man dazu nichts.

Es spricht tatsächlich einiges dafür, dass Erdogan versucht, die Türkei als neue Großmacht im Nahen Osten und zugleich auch als international anerkannte Führungsnation der Moslems zu entwickeln (siehe a. T. Seibert, WK 30.9.2020). Dafür sprechen sein großes Militärpotential und seine militärischen Aktionen in muslimischen Staaten des Nahen Ostens und Nordafrika, so in Katar und in Libyen wie auch seine Syrienpolitik. Als es wegen eines Territorialstreits im September zu Kampfhandlungen zwischen dem benachbarten christlichen Armenien und dessen moslemischen Nachbarn Aserbaidschan kam, ergriff die Türkei für Aserbaidschan Partei und forderte zur Rückeroberung der strittigen Gebiete durch Aserbaidschan und seine Verbündeten auf. Es gab Indizien, die bereits für eine Beteiligung der Türkei an Kampfhandlungen gegen Armenien sprachen (WK 30.9.2020). Die Türkei unterhält heute unter den europäischen Natomitgliedern mit 735.000 Soldaten und 400 Tsd. Reservisten mit Abstand die größte Armee. Das sind weit mehr Soldaten als Frankreich und Deutschland gemeinsam aufweisen, obwohl die Türkei in der Nato eingebunden und mit wesentlich weniger Soldaten hinreichend geschützt wäre. Man fragt sich, wofür dieser hohe Aufwand für eine derart große und durch deutsche Lieferungen gut gerüstete Armee? Die Presse berichtete kürzlich, dass sich Präsident Erdogan für die Türkei auch den Besitz von Atombomben wünscht. Da fragt man sich noch mehr, wofür ? Für den Schutz der Türkei gegen Angriffe von außen benötigt er diese Bombe nicht, denn die Türkei ist Mitglied der Nato zu der die drei Atommächte USA, Großbritannien und Frankreich gehören. Der Schutz der Nato wäre jedoch dann nicht mehr sicher, falls Erdogan eigene kriegerische Handlungen anzettelt, ohne dass die Türkei angegriffen wird.

Bei dem Wahlkampf für die Einführung des Präsidialsystems untersagten verschiedene europäische Staaten Erdogan auf ih-

rem Territorium Wahlkampfauftritte vor den dort lebenden Aus-
landstürken. Das führte zur Verärgerung und seinen Bezichti-
gungen Deutschlands wie auch der Niederlande und Belgien als
Nazis. Laut Presseberichten prangerte er in seinen Reden einen
bevorstehenden neuen Kreuzzug des Westens gegen den Islam
an, den es abzuwehren gilt. Auf diesen Unsinn hätten eigentlich
europäische Politiker reagieren müssen, ggf. mit dem Verweis,
dass das Osmanische Reich große arabische Gebiete über viele
Jahrhunderte besetzte, d. h. weitaus mehr Ländereien und über
einen weitaus längeren Zeitraum als die Kreuzzüge des Christen-
tums.

Erdogans Aktivitäten richten sich inzwischen auch gegen die
Pressefreiheit ausländischer Journalisten. So warf die Türkei zwei
deutsche Korrespondenten durch Verweigerung der Akkredi-
tierung raus. Die beiden Reporter hatten zuvor das Vorgehen
der türkischen Regierung scharf kritisiert. Der Fall belastete die
deutsch-türkischen Beziehungen stark. Erdogan will deutsche
Medien zwingen, ihm angenehme Korrespondenten zu entsen-
den. Allein 2017 eröffnete die Justiz nach einer Zählung des Jura-
Professors Yaman Akdeniz mehr als 20.000 Ermittlungsverfahren wegen des Verdachts auf Erdogan-Beleidigung. In über 6.000
Fällen wurden Strafverfahren eingeleitet. Autoritäre Strukturen
sind jedoch in der Türkei seit langem, letztlich schon seit Atak
Türk fest verankert (WK 12.3.2019).

In seinen Wahlkampfreden in der Türkei ging Erdogan Kanzlerin Merkel in kaum hinnehmbarer Weise an und überzog die
deutsche Regierung mit Nazi-Vergleichen. Erst als danach die
deutschen Touristen ausblieben, lenkte die Türkei ein und hielt
sich dann etwas zurück (Eva Quadbeck, WK 20.7.2018). Erdogans Vorgehen gegenüber ausländischen Journalisten „Wer über
uns berichtet, entscheiden immer noch wir" und die Verhaftungen deutscher Staatsbürger (meist mit türkischem Hintergrund
und Doppelpass) führten zur Reisewarnung der Bundesregierung für geplante Türkeibesuche (WK 12.3.2019). Dennoch kam

die Kanzlerin später seinem Anliegen für einen offiziellen, großen Staatsbesuch in Deutschland nach, ohne auf eine Entschuldigung zu beharren. Erdogans Deutschlandbesuch zeigte ein unglaubliches Verhalten der deutschen Regierung. Um Demonstranten mit erdogankritischen Transparenten abzudrängen, hatte türkisches Sicherheitspersonal einen Fußgängerbereich mit den von der deutschen Polizei gebräuchlichen Banderolen abgesperrt. Deutsche Polizisten, die in der Nähe standen, haben gegen diese unrechtmäßige Amtshandlung nichts unternommen. Hingegen forderte Erdogans Schutztruppe die deutschen Polizeibeamten auf, Personen mit erdogankritischen Transparenten, die außerhalb dieser Absperrungen standen, zu entfernen. Sie drohten an, dass sonst selbst zu übernehmen. Erst anderthalb Stunden später beendeten 300 Kölner Polizisten den Spuk, als die Rangeleien und Wortgefechte zwischen türkischen Securitys und Demonstranten immer aggressiver wurden. Eine klare Missachtung der deutschen Staatsgewalt (Bild 29.9.2018), zumal in einer Weise, wie sie Erdogan im eigenen Land nie dulden würde.

In Berlin kam es in einer Pressekonferenz anlässlich des Staatsbesuches von Erdogan zu einem weiteren Eklat. An der Veranstaltung mit Erdogan und der Kanzlerin nahm auch der kritische türkische Journalist Adil Yigit teil. Er trug ein T-Shirt mit der Aufschrift „Freiheit für Journalisten in der Türkei". Ein nach dem deutschen Strafrecht zulässiger Vorgang. Dennoch wurde er dicht vor Frau Merkels Augen abgeführt und entfernt. Außer dem allgemeinen Hinweis der Kanzlerin, dass es tiefgreifende Differenzen mit der Türkei gebe, sind keine Aktivitäten von Frau Merkel gegen diese Übergriffe bekannt. Der betreffende Journalist wurde jedoch einige Wochen später ohne Begründung aus Deutschland ausgewiesen (WK 29.10.2018). Ein unmöglicher Vorgang gegen die Freiheit in Deutschland und zugleich auch eine peinliche, unfassbare Unterwürfigkeit der Kanzlerin gegenüber dem für seine Presseunterdrückung bekannten türkischen Präsidenten. Auf dem zu Erdogans Ehren veranstalteten Staatsbankett glich nach Darstellungen der Tagespresse seine Rede einer Wutrede. Da die Rede nur auf dem Präsidententisch aus dem türkischen in die deutsche Sprache übersetzt wurde und in dem ausgedruckten Redetext seine Wutpassagen fehlten, erhielt er sogar noch Beifall nach seinem Auftritt. Auf die verhältnismäßig sanfte Kritik von Bundespräsident Steinmeier reagierte Erdogan mit wütenden Vorwürfen, dass PKK-Terroristen in der BRD frei herumlaufen dürfen. Außerdem warf er bezüglich der Kontroverse um den Fußballer Mesut Özil Deutschland Hetze und Rassismus vor. Der in Gelsenkirchen geborene deutsche Nationalspieler türkischer Herkunft hatte sich auf einem Fototermin gemeinsam mit Erdogan und zwei weiteren Personen ablichten lassen. Das wurde in Anbetracht der Meinungsunterdrückung Erdogans in der Türkei von deutschen Fußballfunktionären und hiesigen Politikern missbilligt und von der Presse kritisiert.

Die Kanzlerin scheint diese Entwicklung kaum zu berühren. Nach den Presseverlautbarungen ist sie weiterhin bemüht, sich mit Präsidenten Erdogan gutzustellen, mutmaßlich um den Flüchtlingspakt zu retten. Der im Exil lebende türkische Journalist C. Dündar hat das Verhältnis zu den Vorgängen in der Türkei wohl zutreffend kritisiert: „Während wir im Gefängnis waren, wird nach dem Moto verhandelt: Haltet die Flüchtlinge zurück – und wir übersehen alles, was ihr macht." Der Grünen-Politiker Cem Özdemir kritisierte ebenfalls seit längerem die Politik der Bundesregierung. „In Berlin soll man sich mal langsam fragen, ob das permanente Schönreden der Situation in Ankara nicht zu einem solchen Verhalten der türkischen Seite beiträgt" (WK 19.2.2020). Für diese Einstellung sprechen auch die Regierungsverlautbarungen im Syrienkrieg. 2018, als in Folge eines Bombardements des Assad-Regimes mit Fassbomber auf die syrischen Rebellengebiet viele tote und verletzte Zivilpersonen zu beklagen waren, verurteilte die Kanzlerin das scharf. Über die nahezu zeitgleiche türkische Bombardierung syrischer Kurdengebiete, mit ebenfalls vielen toten und verletzten Zivilisten, verlor sie kein

Wort (WK 21.2.2018). In dieser Tradition übt sich auch Außen-
mister Maas. Er geißelte die Opfer von Kampfhandlungen der
syrischen Armee bei ihren Angriffen auf die letzten Rebellenge-
biete. Dass die dortigen Kämpfe mit der massiven Unterstützung
der türkischen Armee, die dort völkerrechtswidrig einmarschiert
ist, in engem Zusammenhang stehen, darüber verlor der Außenminister aber kein Wort. Dabei verhält sich die Assad-Militär-
führung gegenüber den syrischen Rebellen nicht anders als das
türkische Militär gegenüber den Kurden. Das Assad-Regime stuft
die syrischen Rebellen als Terroristen ein, genauso wie die Türkei
die Kurden. Der große Unterschied liegt jedoch darin, dass die
syrische Armee auf eigenem Boden gegen die angeblichen Terroristen kämpft. Die Türkei bekämpft aber die angeblichen Kurden-
terroristen nach ihrem völkerrechtswidrigen Einmarsch auf dem
Gebiet eines anderen Staates. Die Verlautbarungen der Kanzlerin
(WK 21.2.2018) und des Außenministers sind in ihrer Einseitigkeit unglaublich und für einen demokratischen Staat unwürdig.

Wenn sich die deutsche Regierungspolitik wegen des Flüchtlingsabkommen nicht traut, die Opfer der völkerrechtswidrigen
Bombardierung durch türkisches Militär ebenfalls scharf zu verurteilen, wäre es besser gewesen, zu diesen Vorgängen insgesamt
zu schweigen. Aber mit ihrer einseitigen Position wird sie unglaubwürdig und es entsteht zu Recht der Verdacht, dass sie aus
Opportunismus die türkischen Handlungen zur Rettung ihres
Flüchtlingsabkommens billigt. Angesichts des wachsenden Kon-
fliktes türkischer Erdgasbohrungen vor der Küste griechischer
Inseln hat Bundesaußenminister Maas zur Zurückhaltung und
bilateralen Verhandlungen zwischen der Türkei und Griechenland aufgerufen , ein formaler letztlich belangloser Aufruf. Stattdessen gingen wenige Tage später offene Kriegsdrohungen von
der Türkei aus (WK 31.8.2020). Dazu kamen zunächst keinerlei
Verlautbarungen vom Bundesaußenminister und der Kanzlerin!
Eine ganz andere Reaktion kam vom französischen Präsidenten
Emmanuel Macron. Er kritisierte die Erdgasbohrungen vor den

griechischen Inseln als inakzeptabel und äußerte sich wie folgt: „Die Türkei sei kein Partner mehr in der Region des östlichen Mittelmeers" (WK 11.9.2020).

Aufgrund der intensiven Kämpfe der syrischen Armee gegen das letzte von den Rebellen besetzte Gebiet gibt es eine erneute enorme Flüchtlingsbewegung in die Türkei mit dem Ziel Westeuropa, vor allem Deutschland. Präsident Erdogan drohte im Winter 2019/2020 die Flüchtlinge durchzulassen, wenn ihn die EU und Nato nicht in der „quasi Annexion" syrischer Grenzgebiete unterstützt. Zu einer derartig völkerrechtswidrigen Handlung waren die EU und die Nato nicht bereit. Daraufhin wurden in der Türkei syrische Flüchtlinge mit Autobussen an die griechische EU-Grenze gefahren, offensichtlich um im Sinne Erdogans Druck auf die EU auszuüben. Erdogan fordert, dass die Griechen ihre Grenze öffnen. Das war ein klarer Bruch des Flüchtlingsabkommens. Der griechische Ministerpräsident sieht inzwischen, laut Presseberichte vom März 2020, das Flüchtlingsabkommen als gescheitert an. Griechenland hält in Einklang mit der EU bislang bei minimalen humanistisch begründeten Ausnahmen an der konsequenten Grenzschließung fest. Dafür hat sich auch die EU-Präsidentin von der Leyen ausgesprochen. Von der Kanzlerin Merkel gibt es bislang keine Verlautbarung, weder pro Grenzöffnung, was politisch ohnehin keine Mehrheit findet, noch eine klare Aussage gegen Zuwanderungen und die Schließung der Grenze.

Die Vorbehalte gegenüber der Türkei werden durch weitere Aktionen verstärkt. So wurde der griechische Ministerpräsident in der Ägäis bei einem Hubschrauberflug zu einer griechischen Insel außerhalb des türkischen Luftraumes von türkischen Militärflugzeugen bedrängt (WK 26.3.2019). Die Türkei hält sich auch nicht an die internationalen Vereinbarungen zur Unterbindung des Waffenschmuggels im Mittelmeer in das Bürgerkriegsland Libyen. Eine gegen den Waffenschmuggel eingesetzte französische Fregatte wurde 2020 zeitweilig vom Zielradar eines türkischen Kriegsschiffes erfasst. Ein bewusster und ungeheuerlicher Vorgang unter Nato-Verbündeten, zu dem es wiederum keine Verlautbarung von deutscher Regierungsseite auch nicht vom Außenminister Maas gab. Die Gefahr unmittelbarer Konfrontationen zwischen der Türkei und Griechenland konnte unter dem Dach der Nato inzwischen entschärft werden. In Anbetracht der türkischen Aktivitäten, insbesondere zur Erdgaserkundung vor der Küste Zyperns, forderten auf dem Sondergipfel der EU Zypern und Österreich gegenüber der Türkei Sanktionen zu verhängen. Die wurden jedoch vorerst abgewendet, vor allem durch Kanzlerin Merkel, die trotz der türkischen Aktionen für ein konstruktives Verhältnis zu diesem Land warb (WK 2.10.2020).

Für die Anliegen von Erdogan bezüglich der Aufnahme in die EU und der Visafreiheit steht es nicht günstig. Solange die Türkei einen Kurs verfolgt, der den rechtsstaatlichen Grundsätzen der EU entgegengerichtet ist, insbesondere in dem die Meinungsfreiheit und die Presse massiv eingeschränkt werden, sind eine Aufnahme in die EU wie letztlich auch die Visafreiheit nahezu ausgeschlossen. Außerdem erwog die EU bereits 2019 wegen der türkischen Ölbohrungen in der Ägäis vor der Küste der griechischen Inseln einen Verhandlungsstopp für die türkische Mitgliedschaft. Zudem gehen die Einflussmöglichkeiten von Erdogans wichtigster Fürsprecherin, Deutschlands Kanzlerin Merkel, massiv zurück. Für diese türkischen Anliegen werden sich kaum Mehrheiten in der EU finden lassen. Eine Vollmitgliedschaft der Türkei unter Erdogans Regierung und eine damit verbundene stärkere Orientierung seines Landes an die EU ist wohl ohnehin nicht zu erwarten. Es spricht hingegen vieles dafür, dass er eine Mitgliedschaft vorrangig zum Durchsetzen seiner Interessen nutzen würde. Da wesentliche Entscheidungen und Beschlüsse der EU die Zustimmung sämtlicher Mitgliedsstaaten erfordern, könnte eine Mitgliedschaft der Türkei sehr bald häufig zu lähmenden Blockaden führen, wenn die Europäer nicht Erdogans Wünschen entsprechen. Eine derartige Entwicklung könnte die

EU derart blockieren, dass deren Fortbestand gefährdet wird. Umso mehr verwundert das Schweigen der Kanzlerin zu dieser Problematik, wo sie doch sonst so EU-orientiert ist. Zu den im rüpelhaften Straßenjargon im Oktober 2020 vorgebrachten Attacken Erdogans gegen der französischen Präsidenten Macron (WK 26.10.2020) ist, trotz der sonst vielfach hervorgehobenen engen Partnerschaft mit Frankreich, von der Kanzlerin ebenfalls nichts zu hören.

Die Moslems in Deutschland Die Zuwanderer aus der Türkei oder von Personen mit türkische Migrationshintergrund stellen längst den größten Anteil der in Deutschland lebenden Migranten. Da diese wie auch der Großteil der zugewanderten Flüchtlinge moslemischen Glaubens sind, wächst der Anteil moslemischer Bürger und damit des Islams in Deutschland. Der Islam, die Religion, die auf den Propheten Mohamed und Schrift des Korans zurückzuführen ist, stammt wie das Judentum und Christentum aus dem Nahen Osten und bezieht sich in ihren Ursprüngen und den daraus abgeleiteten Suren auf das Alte Testament und die jüdische Thora. Sowohl der Islam als auch das Christentum sind zum einen eine auf Wohltaten im Miteinander des menschlichen Lebens mit Verhaltensvorgaben ausgerichtete wie auch aggressive Religionen, in deren Namen etliche Kriege mit größten Gräueltaten geführt wurden. Für das Christentum ist die Zeit der Aggressionen offenbar seit längerem vorbei. Für den Islam gilt das in Anbetracht der Terroranschläge nicht. Nun ist die moslemische Religion keinesfalls mit den Aktivitäten der Islamisten gleichzusetzen. Es gibt den islamischen bzw. moslemischen Glauben, der sich aus dem Koran und darauf aufbauenden Schriften ableitet, der aber z. T. höchst unterschiedlich von den einzelnen Glaubensgruppen interpretiert wird . Neben den Gegensätzen zwischen Sunniten und Schiiten gibt es noch zig andere Ausrichtungen. Eine Oberinstanz, wie den Papst der Katholiken, kennt der Islam nicht. Deshalb ist es fragwürdig von „dem Islam" zu sprechen. Es können aber durchaus landesbezogen schon wenige

Imame beherrschende Positionen einnehmen, wie in Persien der Wächterrat.

Der inzwischen viel diskutierte Ausspruch *„Der Islam gehört zu Deutschland" (1, S. 25)* durch die Bundeskanzlerin irritierte. Dieser viel kontrovers diskutierte Ausspruch stammt aus Wolfgang Schäubles Rede aus der ersten Islamkonferenz 2006. Als Bundespräsident sprach Christian Wulff dann in einer Rede davon "… der Islam gehört inzwischen auch zu Deutschland…", wovon sich sein Nachfolger Bundespräsident Joachim Gauck teilweise distanziert.

Von der Kanzlerin wurde 2020 der Ausspruch wiederholt, aber bestimmter ohne das Wort „auch". Das irritiert schon etwas, weil es den Islam als solchen nicht gibt, sondern eine Vielzahl von Auslegungsrichtungen, die in ihrer Art und Aggressivität sehr unterschiedlich sind. Deshalb gehört dazu auch die aggressive Auslegung der Islamisten. Wenn die Kanzlerin ohne Differenzierung den Islam als zu Deutschland gehörend einstuft, trifft das die gesamte Breite, bis hin zum islamistischen Terror und für Koran-Suren zu, die im Gegensatz zum Grundgesetz stehen. Die wird die Kanzlerin wohl nicht gemeint haben. Aber welche Auslegung hat sie gemeint? Wie sieht sie die Gegensätze zum Grundgesetz? Zudem ergaben Umfragen, dass die meisten in Deutschland lebenden Moslems den Koran und damit dessen Vorgaben über das Grundgesetz stellen. Wenn der Islam zu Deutschland gehört, dann heißt das auch, dass diese Religion für einen Teil der Bevölkerung über dem Grundgesetz steht. Wie sieht die Kanzlerin die Gegensätze des Korans zum Grundgesetz, insbesondere zur Stellung der Frau und wenn Moslems danach leben? Wie ist mit religiös begründeter Weigerung moslemischer Schüler umzugehen, die ihrer Lehrerin die Hand nicht geben? Die Aussprüche der Kanzlerin sollten auf umfassendes Sachwissen basieren. Ich halte es aber für sehr unwahrscheinlich, dass die Kanzlerin bei ihrem großen Arbeitspensum die Zeit fand, den Koran zu lesen, um sich das Sachwissen anzueignen. Vielmehr dürfte es sich um einen sachlich nicht fundierten Ausspruch aus wahltaktischen Gründen handeln, um die Stimmen der hier lebenden Deutsch-Türken für die CDU zu gewinnen. Das war wohl sehr unüberlegt, denn der Merkel-Ausspruch war eine Steilvorlage für die AfD. Die bekam dadurch vermutlich weit mehr Wählerstimmen als die Kanzlerin für die CDU von Deutsch-Türken.

Für mich gehören hier länger lebende Moslems ohne Vorbehalt zur deutschen Bevölkerung, aber die islamische Religion nur eingeschränkt. Damit stelle ich mich nicht gegen die im Grundgesetz überzeugender Weise vorgegebene Religionsfreiheit, aber ich habe eben Probleme mit den Widersprüchen des Korans zum Grundgesetz. Diese moslemische Religion war im Gegensatz zum jüdischen Glauben in Deutschland und Mitteleuropa seit dem Osmanischen Reich fast bis in die siebziger Jahre des letzten Jahrhunderts unbedeutend und hat kaum etwas mit unserer Kulturgeschichte zu tun. Das gilt bis heute für bestimmte Verhaltensweisen, etwa wie die Verweigerung des Handschlages für Frauen, wie überhaupt die nachrangige Stellung der Frau, die in der islamischen Religion noch wesentlich ausgeprägter ist als im Christentum. Auch die traditionelle Kleidung moslemischer Frauen hat in Mitteleuropa keine Tradition. Im Gegensatz zu ihren Männern, die längst die eher saloppe Bekleidung mitteleuropäischer Männer übernahmen, kleiden sich etliche Moslemfrauen in ihrer seit langem vorherrschenden traditioneller Kleidung, die sich eben deutlich von der von europäischen Frauen abhebt. Außerdem sind die Vorgaben etlicher Suren mit den in Deutschland allgemein geltenden Wertvorstellungen kaum oder nicht zu vereinbaren.

Das größte Konfliktpotential sehe ich eben in der im Islam fest verankerten niedrigeren Stellung der Frau. Das ist ein krasser Gegensatz zum Grundgesetz, wonach Männer und Frauen gleichwertig sind und gleiche Rechte haben. Im Koran ist aber die Frau dem Mann nachgeordnet, hat sich dem Mann unterzuordnen und auch geringere Erbansprüche, um nur einige der Unterschiede zu nennen. Der Koran leitet die nachrangige Stellung der Frau aus der Schöpfungsgeschichte der Bibel ab. Die Darstellungen der Schöpfungsgeschichte gelten für viele Gläubige, insbesondere Strenggläubige, auch heute noch als Wahrheit, auch wenn die Wissenschaft die biblischen Schöpfungsdarstellungen längst umfassend widerlegte. Den Migranten, die nach Deutschland kommen, fehlt aber häufig eine umfassende Bildung. Ihre Bildung erhielten sie oftmals allein durch den Besuch von Koranschulen. Demgemäß wurde ihnen von Kindheit an diese Rollenaufteilung vermittelt. Außerdem entspricht diese Stellung der Frauen auch den Lebenserfahrungen und der Tradition vieler Migranten. Deshalb werden sie diese Ausrichtung kaum ablegen, wenn sie nach Deutschland kommen. Das gilt vor allem für den Großteil der Flüchtlinge, die aus ländlichen Regionen kommen, wo die moslemische Lebensweise noch stark verwurzelt und vorherrschend ist. Wenn sie nun nach Deutschland migrieren, werden wahrscheinlich viele allein schon durch die äußere Erscheinung der hiesigen Frauen irritiert. Frauen laufen hier im Sommer freizügiger herum, als ihnen von Prostituierten in ihren Heimatländern berichtet wird. Diese Veränderungen, die Aussagen der männlichen Stellung und der Keuschheit geschuldeten Kleidervorschriften des Korans, der ungewohnte Zugang zum Alkohol, ihre Jugend und die Gerüchte sowie die Gruppeneinflüsse können unzweifelhaft sexuelle Übergriffe fördern. Das gilt keinesfalls für jeden jungen Moslem, aber für einige sind das schon Versuchungen. Das Grundgesetz, das die meisten Zuwanderer inhaltlich ohnehin nicht kennen, dürfte häufig einen weitaus geringeren Stellenwert haben als die Aussagen des Korans sowie die Tradition und die Lebenserfahrungen und die daraus resultierenden Wertpräferenzen von Migranten.

Den meisten deutschen Politikern sind diese Zusammenhänge und Einflüsse offenbar kaum bewusst oder sie werden verdrängt. Sonst würden sie diese Probleme weitaus ernster nehmen und sich anders verhalten. Ich habe selbst innerhalb der letzten 40 Jahre zehn moslemische Länder besucht, die meisten als Individualreisender, u. a. auch Syrien, Jemen, den Libanon, Marokko, Ägypten sowie die Türkei außerhalb der Touristenorte, und ebenfalls den Koran gelesen. Daher sind mir die Lebensumstände der dortigen Bevölkerung eher vertraut. Deshalb kann ich auch den Kulturschock ermessen, den junge Moslems bei der Umsiedlung nach Deutschland erfahren. Zugleich wurden mir durch meine Reisen die enormen Unterschiede im Verhalten und in der Lebensweise dieser Völker bewusst. Die Vermittlung unserer Werte findet aber gegenüber zugewanderten Migranten kaum statt, obwohl sie genauso wichtig wäre wie die Vermittlung der deutschen Sprache. Hier bestehen größte Defizite.

Der CDU-Fraktionsvorsitzende Carsten Linnemann verwies darauf, dass 50 % der Deutsch-Türken der Auffassung sind, dass die religiösen Gesetze über den staatlichen stehen (WK 18.3.2019). Die Kontakte des *Mediendienst Integration Frankfurt* zu Imamen ergaben, dass die Predigten u. a. teilweise in der Ursprache des Korans auf Arabisch gehalten werden, und dass „Der Islam erlaubt Frauen nicht, sich ihrem Mann ohne berechtigten Grund sexuell zu verweigern". Gleichzeitig wurde beklagt „… dass man in Deutschland gelegentlich gezwungen sei, Frauen die Hände zu schütteln, um eventuelle Peinlichkeiten zu vermeiden." (WK 8.5.2019). Der *ILS* (*Verein islamische Informations- und Serviceleistungen*) hat den Anspruch, in Deutschland die größte deutschsprachige Moschee zu sein, und nannte Probleme mit dem Verfassungsschutz. Nach Erkenntnissen des Verfassungsschutzes hat der *Rat der Imame und Religionen* in Deutschland Bezüge zur *Islamischen Gemeinschaft*, die in Deutschland die mitgliederstärkste Organisation der *Muslimbrüderschaft* ist. Deren Ziel ist wiederum die Errichtung eines Gottesstaates auf den Grundlagen des Korans, also letztlich ein Umsturz. Gegen den müssten sich der Verfassungsschutz und auch die Handlungen unserer Regierung und Politiker richten. Man fragt sich, warum eine Organisation, ein Verein, der auf den Umsturz des deutschen Staates ausgerichtet ist, nicht verboten wird, oder warum die Politik nicht wenigstens dagegen so Position bezieht wie gegen die AfD?

Das Verhalten der Regierung und der Politik wird teilweise als Anbiedern an den Islam kritisiert. Die politischen Reaktionen sind letztlich abträglich für die Vermittlung der Vorgaben des Grundgesetzes und Übernahme durch die Zuwanderer. Mit dem Regierungsverhalten werden unsere Werte und somit letztlich unsere Kultur als wesentliche Voraussetzung einer Assimilation kaum vermittelt. Die Assimilation wäre aber wichtig, damit die Migranten sich nicht zur Parallelgesellschaft entwickeln und zum tatsächlichen Bestandteil der deutschen Bevölkerung werden. Eine Assimilation ist jedoch von den Zuwanderern kaum zu erwarten, da in dieser Hinsicht von der Politik wenig Unterstützung erfolgt.

Das zeigt auch der oben angeführte Gastbeitrag der SPD-Integrationsbeauftragten Özoguz *(3.1, S. 201)* in der Berliner Zeitung Tagesspiegel. Nach ihrer Darlegung ist eine deutsche Leitkultur ins Lächerliche einzustufen, da eine spezifische deutsche Kultur, jenseits der Sprache, schlichtweg nicht identifizierbar sei und historisch gesehen die deutsche Geschichte eher von „regionalen Kulturen", von einer Vielfalt von Einwanderungen geprägt sei (WK 29.8.2017). Der weit über Deutschland hinaus anerkannte Journalist und Publizist Ulrich Wickert sieht das ganz anders (Wickert, U.: Identifiziert euch), aber der hat eben einen anderen, zudem sehr fundierten Horizont. Bei derartigen Äußerungen der Integrationsbeauftragten des Bundes dürfte es schwer sein, Zuwanderern unsere Werte und Wertorientierung zu vermitteln, zumal wenn diese teilweise im krassen Gegensatz zu deren Religiosität und den traditionellen Werten stehen. Deshalb werden sie sich wohl eben eher an ihrer Tradition ausrichten als an den für sie neuen hiesigen Werten. Warum sollten sie auch, wenn deren Existenz offensichtlich selbst von Regierungsvertretern wie die Integrationsbeauftragte verneint wird. Diese Kontroverse erachte ich als charakteristisch und prägend für die unzulängliche

Flüchtlingspolitik der deutschen Regierung und Politiker. Die Besetzung dieser wichtigen Position mit Frau Özoguz sehe ich als nicht gerade glücklich an. Es wäre gut, wenn ein derartiges Amt mit einer fachlich fundierten Person wie Ulrich Wickert besetzt wäre. Aber davon sind wir weit entfernt, zumal für derartige Positionen wohl das Parteibuch maßgeblich ist.

Damit stellt sich die Frage, wie damit umzugehen ist? Wie bringt man den Zuwanderern nahe, dass in Deutschland das Grundgesetz oberstes Gebot ist und bei unterschiedlichen oder gegensätzlichen Aussagen über den Vorgaben des Korans steht? Von der Politik ist bislang dazu wenig zu hören, zudem setzt sie sich in manchen Angelegenheiten selbst über Urteile des Verfassungsgerichtes hinweg! In Anbetracht der unsäglichen Gräueltaten der deutschen NS-Vergangenheit gegenüber jüdischen Bürgern steht Religionsfreiheit hier über allem. Religionsfreiheit ist ohne Wenn und Aber ein hohes, schützenswertes Gut. Es darf aber nach meiner Auffassung nicht zur Einschränkung des Grundgesetzes, der Basis des Zusammenlebens in unserem Staat, führen. Für das Zusammenleben mit jüdischen Bürgern gibt es da keine Probleme, denn die schätzen und achten das Grundgesetz. Konflikte könnten sich aber innerhalb der politischen Lager ergeben. So wird sowohl von der Partei der Grünen als auch von großen Teilen der SPD-Anhänger die Multi-Kulti-Entwicklung in Deutschland begrüßt. Umgekehrt treten aber gerade diese beiden politischen Lager für Gleichberechtigung der Frauen und gegen deren Benachteiligung ein. Deshalb müssten doch gerade von der SPD und ihren Frauenvereinigungen wie auch von den Grünen klärende Verlautbarungen kommen. Da wird abgetaucht, denn man hört nichts von ihnen zu den Widersprüchen des Korans zum Grundgesetz sowie zu unseren Werten und unserer Lebensweise. Eine der Ausnahmen ist der grüne Politiker Cem Özdemir. Trotz seiner moslemischen Herkunft spricht er sich u. a. gegen die Verhüllung von Frauen zur Vermeidung männlicher Versuchung und Verlangen aus. Stattdessen fordert er, falls erforderlich, eine Behandlung der Männer.

Die Bundesregierung taucht bei diesem Thema aber ab. Dabei müsste sie doch gerade das Thema aufgreifen und sich damit intensiv auseinandersetzen, wenn sie den Merkel/Wulff-Ausspruch „Der Islam gehört zu Deutschland" ernst nimmt, aber da kommt nichts. Stattdessen verweist sie auf die Zuständigkeit der Bundesländer. Dort sind die Positionen unterschiedlich, wie der unterschiedliche Umgang und die Verbote für das Tragen von Kopftüchern insbesondere von Amtspersonen während ihrer Dienstausübung belegen. Die Gerichtsentscheidungen sind nicht einheitlich. Dazu passt auch das Verhalten der Justiz. Die Presse verweist immer wieder auf mildere Gerichtsurteile für Straftaten von Migranten, wegen derer ethnische Tradition und ganz anderer persönlicher Entwicklungen. Außerdem kann die Rechtseinhaltung zu Eskalationen führen, die größeren Polizeieinsatz bedingen, wie das oben angeführte Beispiel aus dem Berliner Bezirk Neukölln belegt. Das Einknicken der deutschen Polizei und Justiz vor dieser Entwicklung ist, wie oben dargelegt *(2.2.1, S. 112)*, eine schwerwiegende Erosion unseres Staates, die nicht hinzunehmen ist und von der Politik klare Kanten erfordert, an denen es aber bislang fehlt.

Das Ziel einer möglichst umfassenden Integration zugewanderter Migranten wird nach den Vorstellungen der Bundesregierung und vieler anderer vor allem durch Vermittlung der deutschen Sprache und Integration in den Arbeitsmarkt erreicht. Beides ist ohne Zweifel äußerst wichtig, aber reicht kaum aus. Eine erfolgreiche Integration erfordert auch ein Einbringen in die deutsche Gesellschaft und letztlich eine Orientierung und Respektierung der hier geltenden Wertvorstellungen, insbesondere der Vorgaben des Grundgesetzes. Das ist aber, wie dargelegt, wegen der Widersprüche des Korans zum Grundgesetz z. T. kaum gegeben. Zudem zeigen die Erfahrungen, dass bei größerer Konzentration von Migranten gleicher oder ähnlicher ethnischer Herkunft sich Parallelgesellschaften mit geringem Integrationsinteresse entwickeln.

Welche Gefahren in einer derartigen Entwicklung liegen, wird in Frankreich deutlich. In Frankreich sind aus seinen früheren Kolonien in Nordafrika sowie ihren ehemalig besetzten Gebieten Syrien und Libanon in hoher Zahl Moslems eingewandert, die in manchen Stadtteilen längst die Mehrheit der Bevölkerung stellen. Die Journalistin Michaela Wiegel berichtete, dass als Folge inzwischen längst Islamisten schleichend Problemviertel in den Städten in fast allen Lebensbereichen unterwandern, von Angeboten alternativer Medizin bis hin zur Hausaufgabenhilfe für Schüler sowie Einrichtung von Koranschulen, mit denen sie Kinder von den allgemeinbildenden Schulen abziehen. Die Entwicklung hat enge Bezüge zum Terrorismus. Nach Angaben des französischen Innenministeriums lebt in Frankreich eine sehr hohe Anzahl potentieller Gefährder. Die Sicherheitsbehörden vereiteln durchschnittlich in jedem Monat einen geplanten Terroranschlag. Die besonderen Gefahren liegen in den anderen Werten, die die Koranschulen vermitteln, sowie im Abgleiten der vielen arbeitslosen moslemischen Jugendlichen und jungen Männer. Mit dieser Problematik und der zentralen Fragestellung „Wie konnte es so weit kommen?" setzte sich die Redaktionskonferenz der Satirezeitung „Charlie Hebdo" auseinander, als wenige Minuten später die meisten Mitglieder von den eindringenden islamistischen Terroristen erschossen wurden. Neu Aktivitäten dieser Zeitung wurden von französischen linken Journalisten als Rassismus und Araberfeindlichkeit gebrandmarkt, wobei Mitarbeiter von „Charlie Hebdo" das als „den Verrat der Linken am Ideal der Meinungsfreiheit" bezeichneten (Wiegel, M.: Von Islamisten unterwandert, Frankfurter Allgemeine Zeitung, 2.1 0.2020).

Die französische Situation zeigt auf, wo sich Deutschland hinbewegen könnte. Infolge des hohen Geburtenüberschusses moslemischer Migranten werden diese mittelfristig hier einen hohen Einwohneranteil stellen. Die Erfahrungen belegen, dass dadurch immer weniger eine Assimilation in die deutsche Gesellschaft und die Ausrichtung an den hier geltenden Werten wahrscheinlich sind. Es ist vielmehr zu befürchten, dass sich das weiter zuspitzt, wie bereits in Schulklassen mit hohem Migrantenanteil deutschstämmige Schüler als „Ungläubige" gemobbt werden. Nach der Enthauptung eines französischen Lehrers durch einen radikalen Moslem drohte in Berlin bereits ein 11-jähriger Grundschüler eine derartige Hinrichtung seiner Lehrerin an; wie die Presse berichtete, war das längst kein Einzelfall mehr (Bild 11.11.2020). In Hamburg weigerten sich moslemische Schüler an Gedenkminuten für den ermordeten französischen Lehrer teilzunehmen (Bild Deutschland, 7.12.2020) und verteidigten vielmehr noch die Mordtat des Terroristen. Statt einer intensiven Auseinandersetzung mit diesen Schülern seitens der Schule und des Hamburger Kultussenators wurde der Vorgang möglichst schnell übergangen, also unter den Tisch gewischt. Diese Entwicklung spricht für erhebliche zukünftige Konflikte. Heute wäre manches mit einer anderen konsequenten Integrationspolitik noch abwendbar, mit fortschreitender Zeit immer weniger. Wahrscheinlich werden die heute bestehenden Chancen zum Agieren genauso wenig genutzt wie damals in den Anfangsjahren des demografischen Wandels die Chancen zum Gegensteuern ungenutzt blieben, so dass später nicht mehr agiert, sondern nur noch reagiert werden konnte. Man darf gespannt sein, wann sich in Deutschland auch Koranschulen ausbreiten und deren Unterricht von der Politik als Alternative zu den allgemeinbildenden Schulen akzeptiert wird. Dann werden sich später unsere Kinder, wie die französische Redaktion von „Charlie Hebdo", auch fragte, wie konnte es so weit kommen? Wahrscheinlich stellen sie fest, es musste so weit kommen, weil die Regierung und Politik nichts unternahmen, ihre Möglichkeiten zum Gegensteuern nicht nutzten und sich mit dem Thema nicht auseinandersetzen und auch keine Aktivitäten zum Gegensteuern veranlassen wollten.

Zur Zuwanderung und dem Islam in Deutschland gehört aber auch die Migrantenkriminalität. Seit der hohen Flüchtlingszuwanderung im Jahre 2015 häufen sich Straftaten von Migranten.

Die Presse unterließ jedoch, wegen ihrer Orientierung am Deutschen Ethikrat, Aussagen zur ethnischen Herkunft der Täter. Das änderte sich erst, wie unten dargestellt, nach den Facebook Beiträgen zur Kölner Silvesternacht *(3.9, S. 323-324)*. Seitdem häufen sich die Pressemeldungen zur Migrantenkriminalität. Derartige Straftaten weisen drei Schwerpunkte auf: Ehrenmorde, Rauschgifthandel und Gewalttaten gegenüber Frauen, bei geringerer Hemmschwelle für schwere Straftaten und bei körperlichen Auseinandersetzungen.

Zu Ehrenmorden kam es, wenn Frauen sich von ihrem Partner, vor allem ihrem Ehemann, trennten oder trennen wollten, wenn Männer die Zurückweisung ihrer Zuneigung als ehrverletzend empfanden oder die Töchter moslemischer Familien einen anderen, einen westlichen Lebensstil führten oder führen wollten. Mordtaten an Frauen wegen deren Trennungsabsichten gibt es jedoch auch in der deutschen Bevölkerung oder unter Personen mit Migrationshintergrund, die schon lange Deutschland leben oder hier geboren sind, wenngleich wohl in deutlich geringerer Anzahl (bezogen auf den Anteil in der Bevölkerung). Für mögliche Unterschiede in diesen verwerflichen Morden spricht die hohe Anzahl jährlich ermordeter Frauen in der Türkei. 2018 solle es über 400 gewesen sein, die meisten wurden durch ehemalige Partner oder Verwandten umgebracht (WK 26.8.2020).

Zu schweren Straftaten kommt es hin und wieder, wenn Migranten bei körperlichen Auseinandersetzungen ein Messer einsetzen. Diese Aktionen erfolgen ebenfalls vor allem bei vermeintlichen Ehrverletzungen. In der Mentalität ihrer Herkunftsländer ist für Männer, insbesondere junge Männer, ein Unterliegen in einer Auseinandersetzung, vor allem einer körperlichen Auseinandersetzung und wenn man sich zudem noch im Recht fühlt, ein absoluter Ehrverlust. Deshalb führen junge Migranten – natürlich zum „Selbstschutz" – häufig ein Messer mit sich. Schließlich ist noch anzumerken, dass in deren Herkunftsländern gewaltsame Auseinandersetzungen und die Nähe zum Tod weitaus gewohnter sind als in Deutschland, wo das Thema Ableben möglichst umfassend ausgeblendet wird. Außerdem sind nordafrikanische Migranten häufig in der Rauschgiftkriminalität, vor allem im Dealen aktiv. Das verwundert wiederum kaum, da in Nordafrika seit über 50 Jahren Rauschgift angebaut wird und früher westeuropäische Rockergruppen Marokko für ihren Haschischeinkauf schätzten. Die Drogenkriminalität beschränkt sich ebenfalls nicht nur auf Migranten, denn auch etliche Deutsche und Ausländer anderer Nationen sind daran beteiligt.

Eine neue strafrechtliche Entwicklung mit hohem Ausländeranteil entwickelt sich bei Autoposern mit ihren illegalen Rennen quer durch Innenstädte, die häufig zu schweren Unfällen mit Todesopfern führten. Besonders verwerflich sind aber die Straftaten und Übergriffe gegenüber Frauen. Man sollte schließlich von Ausländern, die sich in unserem Land aufhalten oder gar Asyl für längeren Aufenthalt beantragen oder erhalten haben, erwartet können, dass sie sich höflich wie Gäste verhalten. Schließlich erwartet das im privaten Bereich auch jeder von seinem Gast, was auch für Politiker gilt. Deshalb sind die Straftaten von Ausländern, insbesondere von Flüchtlingen, schon als besonders gewichtig einzustufen. Ein sehr beunruhigendes Kapitel sind Frauenmorde, die zur Verdeckung sexueller Übergriffe erfolgten, wie im Fall der von einem jungen Syrier 2018 in Wiesbaden ermordeten Susanne. Die Taten sind nicht entschuldbar, aber bei näherem Befassen mit dem Islam und den Herkunftsländern mancher Flüchtlinge nicht völlig überraschend. Nach dem traditionellen Verhalten in den Heimatländern einiger Flüchtlinge haben diese Taten längst nicht das Gewicht wie in der deutschen Strafjustiz. Diese Taten sind dennoch äußerst verwerflich, denn sie werden eben gegenüber Personen der Bevölkerung eines Landes verübt, in dem man Schutz sucht und dessen Hilfe beansprucht wird.

Zugleich verweisen diese Taten aber auch auf ein großes Versagen deutscher Politik, die sich viel zu wenig mit den Hintergründen, Werten und Lebenserfahrungen in den Herkunftsländern der Migranten auseinandersetzt, um daraus eine fundierte Flüchtlings - und Integrationspolitik zu entwickeln. Dafür würde aber mehr Know-how in den Ministerien und bessere Personalausstattung benötigt werden. Stattdessen duckt sich die Politik weg anstatt was auf die Beine zu stellen. Statt der dringend erforderlichen Aktivitäten gibt es nur Verlautbarungen, z. T. auch mit dubiosen statistischen Datenmaterial belegt, dass die Kriminalitätsrate von Migranten nicht über denjenigen vergleichbarer deutscher Altersgruppen liegt. Dem widersprechen aber die Aussagen in einigen Gutachten der Polizei, wie z. B. auch der überragend hohe Anteil von Migranten und Personen mit Migrationshintergrund in hessischen Justizvollzugsanstalten. In Anbetracht derartiger Widersprüche zwischen Regierungsverlautbarungen und den nachweislichen Fakten spricht schon einiges für eine sehr einseitige öffentliche Informationspolitik, um eben Dinge unter den Tisch zu kehren, die politisch unerwünscht sind und deshalb „nicht sein können bzw. nicht sein dürfen". Dazu gehört auch die Kritik von Politikern, wenn Ausweisungen durch Gerichte untersagt werden. Beispielhaft ist der Fall des Syrers N Ayman, der 2015 nach Deutschland mit Attentatspläne einreiste, aber aufgrund der deutschen Gesetze nicht ausgewiesen und inhaftiert werden kann und nun mit hohem Aufwand rund um die Uhr zu observieren ist. Dafür waren bislang mehr als 5 Mio. € Steuergelder aufzuwenden (Bild 23.8.2020). Derartige Erscheinungen belegen das massive Versagen der Politik, insbesondere auch der Justizminister. Die Politik hätte längst entsprechende Gesetze erlassen können, um diese Auswüchse zu beseitigen. Warum ist der frühere Justizminister Heiko Maas in seiner langen Amtszeit dieses Thema nicht angegangen?

Fazit

Deutschland erfährt seit langem Ausländerzuwanderungen, die sich zunehmend von einem zeitlich begrenzten Gastarbeiter- oder auch Asylaufenthalt zum dauerhaften Verbleib gewandelt haben. Den größten Anteil machen inzwischen Migranten mit türkischer Herkunft oder deren Nachkommen aus, wobei denen die Türkei die doppelte Staatsbürgerschaft ermöglicht. Die großen Flüchtlingszuwanderungen der letzten Jahre aus dem außereuropäischen Raum erfolgten zeitweilig fast unkontrolliert und überforderten viele Kommunen und die deutsche Administration. Die anfängliche Willkommenskultur , insbesondere seitens der Regierung und Politik, wandelte sich in der Bevölkerung. Die hohen Mittel, die für die Aufnahme der Flüchtlinge nun bereitgestellt wurden, standen im krassen Widerspruch zur niedrigen Hilfe für bedürftige Deutsche. Hinzu kamen deutliche kulturelle Unterschiede bis gegensätzliche Wertpräferenzen sowie schwere Straftaten von Zuwanderern.

Die politische Landschaft begann sich zu spalten. Die rechte AfD erhielt hohen Zulauf. Die Bundesregierung bemühte sich in der EU um eine Quotenregelung zur Flüchtlingsverteilung, die aber die osteuropäischen Mitgliedsstaaten ablehnten. Zur Begrenzung der unkontrollierten Zuwanderungen handelte die Kanzlerin federführend für die EU mit der Türkei ein Flüchtlingsabkommen aus. Nach dem gescheiterten Putschversuch leitete der türkische Präsident Erdogan einen umfassenden Abbau von Recht und Pressefreiheit ein und es kam zu umfangreichen Verhaftungen. Diese Entwicklung ist mit den Werten der EU unvereinbar. Die Beitrittsverhandlungen wurden, trotz interner Aktivitäten der deutschen Regierung, eingefroren. Das Verhältnis der EU zur Türkei ist inzwischen angespannt, zumal in der Türkei auch ausländische Journalisten drangsaliert oder verhaftet werden. Die Mehrheit der deutschen Bevölkerung fühlt sich heute vom Islam bedroht. Ein Problem stellen Rauschgift- und Gewaltkriminalität einer Migrantenminderheit dar, wobei die Gewalttaten häufig im Zusammenhang mit gefühltem Ehrverlust und einer anderer gesellschaftlichen Stellung von Frauen begründet werden. Diese Konflikte, wie auch die Gegensätzlichkeit und Unvereinbarkeit von Teilen der islamischen Religion mit dem

Grundgesetz, insbesondere für Stellung und Rechte der Frauen, werden von der deutschen Politik, mit Ausnahme der AfD, ausgeblendet und übergangen. Da der Großteil der zuwandernden Ausländer eher aus der Unterschicht kommt, wird damit zugleich auch die soziale Spreizung in Deutschland verstärkt. Die evtl. Gefahren, die durch diese Entwicklung auf die deutsche Demokratie zukommen könnten, werden bislang von der Regierung und Politik negiert und ausgeblendet. Die bisherige Migrationspolitik der Bundesregierung und anderer etablierter Parteien kann kaum überzeugen.

3.7 Daseinsvorsorge

Eine der wichtigen und wesentlichen Aufgaben von Bund, Ländern und Gemeinden ist die Daseinsvorsorge. Als Daseinsvorsorge wird die lebenswichtige Grundversorgung für die Bevölkerung und Wirtschaft bezeichnet, die für jeden mit zumutbarem Aufwand erreichbar sein soll. Daseinsvorsorge umfasst materielle Leistungen, wie Straßen, Schulen oder Kliniken, personelle Leistungen wie die Ausstattung der Schulen mit Lehr- oder medizinischem Personal im Gesundheitswesen sowie institutionelle Regelungen und Vorgaben wie Zuständigkeiten, Vertragsrecht, Grundrechte der Versorgung bis hin zu Vorgaben zur Sicherung des für ein menschenwürdiges Daseins Erforderlichen, letztlich der Gemeinwohldienlichkeit. Trotz der zentralen Bedeutung für staatliche Leistungen und Handlungen und einer Vielzahl von Gesetzen zur Daseinsvorsorge gibt es bislang keine allgemeingültige Definition. Zudem hat sich das Leistungsspektrum der Daseinsvorsorge im zeitlichen Verlauf deutlich verändert. Früher umfasste Daseinsvorsorge vor allem öffentliche Leistungen, denn sie soll ja für jeden mit zumutbarem Aufwand erreichbar und verfügbar sein.

Dennoch, trotz dieser Grundausrichtung wurden bestimmte Bereiche, wie die ambulante Gesundheitsversorgung, durch niedergelassene Arztpraxen in der Bundesrepublik weitgehend privatwirtschaftlich geleistet. Außerdem können öffentliche Träger, also Bund, Länder und Kommunen, Daseinsvorsorge, zu deren Leistung sie verpflichtet sind, an private Träger übertragen oder mit diesen im Verbund wahrnehmen. Das galt vor allem und wurde auch häufig praktiziert, wenn private Träger die jeweiligen Leistungen effizienter oder gar besser bereitstellen konnten. Typische Beispiele sind die Trinkwasserversorgung und Abwasserentsorgung, die Zweckverbänden übertragen wurde. Die Versorgungsverantwortung verblieb zwar weiterhin bei dem öffentlichen Träger, der nach den gesetzlichen Festlegungen dafür zuständig ist. Die Wahrnehmung der Aufgabe konnte aber eben auch privatwirtschaftlichen Trägern übertragen oder von diesem im Verbund mit öffentlichen Trägern erbracht werden. Außerdem nahmen seit der Gründung der Bundesrepublik ein Teil dieser Aufgaben gemeinnützige Träger wahr. Das galt vor allem für kirchliche Einrichtungen mit ihrer langen Tradition, so die Unterhaltung von Kindergärten, Kliniken oder für die Leistungen der Wohlfahrtsverbände.

Dennoch galt Daseinsvorsorge weitgehend als öffentliche Aufgabe, die je nach Aufgabenbereich vom Bund, den Bundesländern oder den Gemeinden wahrgenommen wurde. Die Zuständigkeit des Bundes galt u. a. für die Bundesbahn und Post oder Wohnungsbauförderung sowie die der Länder, z. B. Schulen und Universitäten. Der größte Leistungsbereich lag und liegt jedoch bei den Kommunen, da sie am dichtesten an vielen Bedarfen der Bevölkerung sind, so z. B. kommunale Kinder- u. Alteneinrichtungen, Schulen, kommunale Straßen, Trinkwasserversorgung und Abwasserentsorgung. Die Zuständigkeit wurde inzwischen in weiten Bereichen privatisiert. Das geht auch auf EU-Vorgaben zur Vereinheitlichung und letztlich auf die neoliberale Ausrichtung der weitgehend privatwirtschaftlichen Leistungserstellung zurück. Wesentliche Beispiele für diese Veränderungen beim Bund sind die Privatisierung der Bahn, der Post und der Telekommunikation sowie der Rückzug aus der Wohnversorgung, auf Landesebene die fortschreitende Privatisierung der Kliniken und Energieversorgung. Auf der kommunalen Ebene waren gleichfalls sehr vielen Bereichen von der Privatisierung betroffen, wie Alteneinrichtungen, Kulturbereich, Privatschulen und der ÖPNV oder die Kinderversorgung durch gemeinnützige Trägerschaften. Für diese Ausrichtung durch die EU sprachen auch die erwarteten Kosteneinsparungen. Heute haben wir jedoch eine Situation, dass wichtige Bereiche der Daseinsvorsorge deutliche Erosionserscheinungen aufweisen. Dafür sind vor allem anzuführen: die viel zu geringe Beachtung von Zukunftsaspekten und von Folgekosten bei der Planung und Realisierung öffentlicher Maßnahmen, die Probleme in der Gesundheitsversorgung, die Ausbildung an manchen allgemeinen Schulen, die Infrastrukturversorgung bis hin zum institutionellen Bereich, wie das Rechtswesen und ebenfalls die Wohnversorgung, wie mitunter wegen zu hohe Profitausrichtung privater Leistungsträger.

Probleme für die Sicherung der Infrastruktur von Daseinsvorsorge Für die Ausrichtung, Entwicklung und den Ausbau von Daseinsvorsorge ist fast immer, wie oben dargelegt, der ermittelte momentane Bedarf maßgeblich. Die längerfristige Entwicklung bleibt oft außen vor. Deshalb kommt es immer wieder zu Personalengpässen, obwohl die zukünftige Personalentwicklung meistens vorher absehbar ist. Deutliche Beispiel aus der jüngsten Vergangenheit und nahen Zukunft sind die Personalengpässe in den Schulen, der Gesundheitsversorgung und der Justiz. Obwohl das Alter des bestehenden Personals und damit auch deren bevorstehender Renteneintritt weitgehend bekannt waren, passierte wenig. Die Anzahl der zukünftigen Schüler oder der zukünftigen Patientenzahlen können mit größter Verlässlichkeit vorausberechnet werden, was selbst für Erkrankungsarten ziemlich verlässlich möglich ist.

In Deutschland liegen für jeden Landkreis über lange Zeiträume die Daten vor, welche Geburtenrate je Frauenjahrgang zu erwarten ist. Genauso präzise sind die Daten zu den dortigen Lebenserwartungen je Altersjahrgang der ansässigen Bevölkerung oder die regionalen Daten zur Altersstruktur der Lehrkräfte, der Ärzte oder des Pflegepersonals bekannt. Damit könnte für die Jugend der Bedarf an Kinderbetreuung wie auch für die Schulversorgung und für die Alten deren Erkrankungswahrscheinlichkeit und damit der gesundheitliche Versorgungsbedarf jedes Altersjahrgangs sehr verlässlich prognostiziert werden. Nur bei völligen unvorhersehbaren Veränderungen, wie derzeit durch die Corona-Pandemie, ist das ggf. nur begrenzt möglich. Daher war den Experten und letztlich auch den zuständigen Amtspersonen und Politikern die bevorstehenden personellen Verluste infolge der anstehenden Verrentungen von Lehrkräften an den Schulen, von Ärzten und Pflegepersonal in der Gesundheitsversorgung oder von Juristen, wie Staatsanwälten und Richtern, bekannt.

Der Handlungsbedarf war also weitaus eher und das nahezu sicher erkennbar und absehbar. Hätte die Politik rechtzeitig gehandelt und ihre Möglichkeiten genutzt, würden heute kaum Lehrer, Juristen oder Ärzte fehlen. Aber es passierte wenig. Die Zeit wurde nicht genutzt. Heute ist ein gestaltendes Agieren meistens nicht mehr möglich. Zudem sind wegen der Teilweise massiven Veränderungen ihrer Arbeits- und Existenzbedingungen etliche dieser Fachkräfte vorzeitig in den Ruhestand getreten oder haben sich beruflich anders orientiert. Beispielhaft gilt das für Mediziner, die die Veränderungen unter der früheren Gesundheitsministerin Schmidt nicht mehr mitmachen wollten, oder für Lehrer, wegen der mangelnden politischen Reaktion auf ihren schwierigen Berufsalltag (Freimut, I.: Lehrer über dem Limit). In jüngster Zeit kündigt sich wegen der extremen Arbeitsbedingungen und schlechten Bezahlung große Personalabwanderungen im Pflegebereich an. Zum einen fehlt es an beruflichen Nachwuchs, zum anderen steht altersbedingt eine Verrentungswelle bevor, die bei dem hohen und schlecht bezahlten Arbeitseinsatz durch den berufsausstieg etlicher Kräfte verstärkt wird. Es bleibt vorrangig nur noch ein Reagieren, um den Mangel zu verwalten. Denn sowohl Juristen als auch das Gesundheitspersonal wie auch Lehrkräfte haben lange Ausbildungszeiten und sind deshalb kaum kurzfristig zu beschaffen. Selbst die dringend benötigten Pflegefachkräfte erfordern dreijährige Ausbildungszeiten. Da die Reaktionen der Politik auf die seit langem absehbar bevorstehenden personellen Defiziten viel zu verhalten waren, dürfte der Fehlbestand dieser Kräfte in naher Zukunft auf Hundertausende anwachsen, mit entsprechenden Folgen für die Versorgung in der Bundesrepublik Deutschland.

In der Ausstattung mit Daseinsvorsorge liegt Deutschland trotz seiner Wirtschaftsstärke und seines Finanzvolumens z. T. deutlich hinter anderen EU Staaten zurück. Das gilt vor allem für Ganztagsschulen und die Einrichtungen zur Kinderbetreuung und zudem für die Kosten, die in den meisten Bundesländern von den Eltern für Kinderbetreuung zu tragen sind. Diese Ausstattung ist in Frankreich seit langem viel umfassender und weitgehend kostenfrei. Deshalb sind dort die Voraussetzungen für Elternpaare, trotz Kinder weiterhin voll ihren Beruf auszuüben, wesentlich besser als im wohlhabenden Deutschland. Das ist seit langem am Vergleich der französischen Frauenerwerbsquote gegenüber der deutschen Quote ablesbar. In Frankreich hatten die gute Ausstattung an Daseinsvorsorge für die Kinder und Kinderbetreuung sowie der Ganztagsunterricht an Schulen letztlich auch dazu beigetragen, dass dieses Land fast ein ausgeglichenes Verhältnis der Geburten gegenüber den Sterbefällen aufweist, wenngleich die hohe Kinderzahl der vielen Zuwandere ebenfalls dazu beiträgt. Die Unterschiede zu Frankreich machen den geringen Stellenwert der Geburten, letztlich auch der Kinder für die politische Ausrichtung der Bundesregierung deutlich . Das gilt umso mehr, da unsere Spitzenpolitiker, einschließlich der Kanzlerin, im letzten Jahr, wie hier bereits oben erwähnt, mehrfach hervorhoben, wie gut es Deutschland gehe. An fehlenden oder knappen Mitteln kann es also nicht liegen, sondern wohl an dem verhältnismäßig niedrigen Stellenwert, den hier Kinder in der politischen Ausrichtung von Bundes- und Landespolitik haben.

In der Infrastrukturversorgung stehen, wie oben *(1.2, S. 49, 51-52)* dargelegt, insbesondere für Ostdeutschland vielfach Probleme an, die ebenfalls durch die geringe Beachtung von Zukunft und der Folgekosten begründet sind. Dadurch kann es zu Funktionsstörungen und hohen Kosten kommen. Das Kernproblem liegt in den starren Regelvorgaben, die in den meisten Bundesländern gelten. In der ostdeutschen Aufbau- und Sanierungsphase nach der Wiedervereinigung wirkte sich noch die Bevorzugung von Großanlagen verschärfend aus.

Um die erforderliche Schülerzahl für große Schulen zu erreichen, mussten die Einzugsgebiete der Schulen entsprechend erweitert werden. Wenn nun als Folge niedriger Geburtenzahlen die Schülerzahlen weiter zurückgehen, müssen die Einzugsgebiete noch weiter vergrößert werden. Dementsprechend verlängern sich die Schulwege. Es gab bereits vor 10 bis 15 Jahren ländliche Regionen, in denen Gymnasiasten eine Stunde für den Weg zur Schule und danach genauso für den Heimweg benötigten. Der sinkende Schülerbesatz kann zudem Funktionsstörungen verursachen, etwa wenn die Schülerzahl nicht mehr für das obligatorische Kurssystem an Gymnasien ausreicht. Dabei ist bei diesen Herausforderungen vor allem Flexibilität angesagt, so dass Einrichtungen mit geringem Aufwand anderen Nutzungen zugeführt werden können und das Leistungsvolumen auch kostenminimierend anpassbar ist. Die Erkenntnisse lagen, wie oben dargelegt, nach der Wiedereinigung beim Auf- und Ausbau Ostdeutschlands bereits vor, wurden aber oft nicht genutzt. Das gilt zum Teil bis heute und durchaus auch für Westdeutschland. Deshalb stehen hohe Kosten und Herausforderungen bevor. Die Situation der Schulen ist ohnehin problematisch. Das gilt vor allem für die Ausrichtung auf die Digitalisierung und neuen Kommunikationstechniken, sowohl für West- als auch Ostdeutschland. Deutschland landet mit einem Zugang von lediglich 33 %

der Schüler zu einer Online-Lernplattform im internationalen OECD-Vergleich in der Schlussgruppe. Der Zugang liegt in Spitzenländern wie Dänemark, Singapur oder einigen chinesischen Metropolen bei über 90 % (WK 30.9.2020). Für eine führende Industrienation wie Deutschland eine alarmierende Situation, zumal die Kanzlerin Merkel in einem zurückliegenden Wahlkampf die Digitalisierung zur Chefsache erklärte.

In der Gesundheitsversorgung steuert Deutschland wegen der bereits bestehenden Defizite an Ärzten und Pflegekräften und der viel zu geringen Beachtung der absehbaren zukünftigen personellen Entwicklung auf erhebliche Probleme zu. In den stationären Einrichtungen haben deshalb längst Ausländer einen hohen Anteil unter dem ärztlichen Personal und den Pflegekräften, aber nur minimal in der ambulanten ärztlichen Grundversorgung. Es treten jährlich etwa doppelt so viele Allgemeinmediziner in den Ruhestand, als junge Mediziner in den Beruf eintreten. Hier hätte die Politik längst reagieren müssen , in Anbetracht der langen Ausbildungsdauer von Ärzten. Zudem zeichnet sich für viele Facharztdisziplinen eine ähnliche Entwicklung ab.

Weitere grundsätzliche Probleme liegen in den Kostenbelastungen aus kommunaler Straßensanierung. Diese Kosten steigen umso höher, je weniger eine Kommune zeitnah und bedarfsentsprechend die Straßeninstandhaltung ausführt. Irgendwann ist dann die Straße völlig marode und es stehen nun hohe Sanierungskosten an, ggf. in Millionenhöhe. Viele Gemeinden können das aus ihren Haushaltsmitteln kaum stemmen und legen daher die Kosten oder einen Teil davon auf ihre Bürger um. Dabei lässt die Gesetzgebung zwei Möglichkeiten zu (ausgenommen in Bayern und Brandenburg sowie in Stadtstaaten). Die Gemeinde verteilt im Sinne einer Solidargemeinschaft die Kosten auf sämtliche Grundstückseigentümer, ggf. finanziert durch Erhöhung der Grundsteuer. Das trifft dann alle Grundeigentümer und damit viele Wählerstimmen. Deshalb wird die Gemeinde versuchen die Sanierungskosten möglichst niedrig zu halten und die erforderlichen Instandhaltungsarbeiten eher zeitnah und damit kostenschonend durchzuführen. Die zweite, bislang überwiegend praktizierte Möglichkeit liegt darin, mit den Sanierungskosten lediglich die Anlieger der zu sanierenden Straße zu belasten. Die Erfahrungen belegen Kostengrößen oft bis zu 20.000 € oder sogar bis über 100.000 €, also Größenordnungen, die zum wirtschaftlichen Ruin der betroffenen Personen führen können. Aber das sind wenige Personen und somit wenige Wähler. Außerdem muss die zeitnahe, bedarfsgerechte Straßeninstandhaltung auch nicht so einen hohen Stellenwert haben, da die teure Sanierung ja später ggf. weitgehend durch die Anlieger zu bezahlen ist. Diese höchst zweifelhafte Vorgehensweise wurde bislang von den obersten Gerichten nicht angegangen, also anders als das Urteil des Bundesverfassungsgerichtes bezüglich der Grundsteuer. Eigentlich ein Unding von größter Ungerechtigkeit, das manchen Bürger ruinieren kann. Bislang gibt es nur zwei Flächenbundesländer, die einen anderen, einen bürgerfreundlichen Weg einschlugen. In Bayern und Brandenburg trägt das jeweilige Land die Kosten, zum Nutzen der Bürger und zur Sicherung eines guten Zustandes des Straßennetzes durch zeitnahe Instandsetzungs- und Sanierungsarbeiten.

Die Wohnversorgung, eine nicht gelöste Herausforderung Ein besonders großes, von der Bundesregierung lange Zeit unbeachtetes Problem liegt in der Wohnversorgung in Verdichtungsräumen. Das betrifft vor allem die wirtschaftsstarken Wachstumsräume. Wie oben angesprochen *(3.4, S. 231-232)*, steigen dort seit Jahren die Mieten und die Immobilienpreise weitaus schneller als die Löhne, obwohl dort das Lohnniveau überwiegend überdurchschnittlich ist. Die dramatisch ansteigenden Preise auf dem Wohnungsmarkt haben sich in den strukturstarken Regionen, wie in Großstädten, von der Einkommensentwicklung abgekoppelt. Die Preise für Wohneigentum sind von 2017 zu 2018 deutschlandweit um 8,2 % gestiegen, in den Boom-Regionen deutlich höher. Die Preissteigerungen betrugen in dieser Zeit z. B. in Frankfurt um

13,2 %, in Berlin +15,2 %, in München +16,54, sowie in Stuttgart + 13,16 (Portal Immobilienscout24, WK 20.2.2019). Die Mieten sind in den meisten der 10 größten deutschen Städte stark angestiegen, von 2005 bis 2012 um 18 %, von 2012 bis 2019 nochmal um 29 %, außer in Hamburg und Düsseldorf, wo bereits eins sehr hohes Preisniveau bestand (WK 14.6.2019).

In Städten wie Frankfurt, Darmstadt, Wiesbaden oder Mainz werden Mietshäuser oft aufwendig saniert und die Mieten dann angepasst. Das verstärkt den Anstieg der Mieten und bringt damit in diesen Städten ebenfalls immer mehr Bewohner in finanzielle Bedrängnis. Wohnen ist in Großstädten in vielen Fällen zum Armutsrisiko geworden. Der Mangel der Wohnversorgung wird besonders für ältere Bürger zum Problem, denn die Mieten steigen weitaus höher als die Renten und bringen die Verbraucher finanziell in Schwierigkeiten. Nach neusten Schätzungen wird der Anteil der Menschen mit 65 und mehr Jahren, die deshalb ergänzende Grundsicherung zum Lebensunterhalt benötigen, von aktuell 25 % auf 35 % klettern. Jedem 3. oder 4. Rentner droht Altersarmut. Schon jetzt ist die Hälfte der 592.000 Wohn-Geldbezieher über 65 Jahre alt. Sie bekommen im Schnitt 104 €/Monat, damit es für die Miete reicht. Durchschnittlich zahlen Großstadtrentner 630 €/Monat an Miete, bei steigender Tendenz (2019). Die Rentner bleiben dann auf der Strecke, wenn sie nicht bereits vorher an steigender Miethöhc gescheitert sind. Der Altersquotient (Verhältnis Bev. 65 u. älter zu Bev. 20 bis 65 J.) steigt in Hessen von 33 % im Jahr 2017 bis 2035 auf 50 %, in Rheinland-Pfalz auf 59 %, in Thüringen auf 75 %. Kleine, günstige Apartments gibt es kaum. In den Uni-Städten besteht zudem noch die Konkurrenz zu Studenten (WK 15.1.2019). 2018 berichtete die Tagespresse, laut einer Untersuchung im Auftrag des Sozialverbandes, in Deutschland seien trotz guter Konjunktur mehr als 1 Mio. Haushalte wegen hoher Mieten in das Harz-IV-Niveau abgerutscht. Besonders betroffen waren davon Alleinerziehende (WK 15.11.2019), Rentner und Menschen mit Migrationshintergrund. Außerdem müssen Personen mit geringem Bildungsgrad und Singles einen vergleichsweise hohen Anteil ihres Einkommens für Mieten aufwenden. Das Pestel-Institut sieht die Lösung in Wohngemeinschaften, die sich die Kosten teilen, aber viele alte Menschen scheuen sich davor. Die Caritas schlägt wegen der Wohnungsnot Alarm und sieht vor allem die Kommunen gefordert. In den Presseberichten wird zu Recht auf die Auswirkungen der Mietpreisentwicklung auf die zunehmende gesellschaftliche Spaltung verwiesen (WK 26.10.2018).

Mehr als 11.000 von Wohnungsnot bedrohte Menschen werden in Berlin, Hamburg, München, Köln u. Frankfurt in privaten Unterkünften wie Hotels untergebracht (Recherche des ARD-Magazins „Report" und des Hessischen Rundfunks 2019), weil die Kommunen nicht genügend sozialen Wohnraum haben. In diesen fünf Städten leben mehr als 60.000 Menschen, die auf staatliche Unterbringung angewiesen sind. Die Kosten pro Person sind so hoch, dass man dafür ein kleines Apartment bauen könne, sagten Wissenschaftler der Hochschule Düsseldorf dem Magazin „*Report Mainz*". So zahlt die Stadt Frankfurt für eine vierköpfige Familie durchschnittlich 3.500 €/Monat für ein Hotelzimmer. Frankfurt hat 2017 allein 21,2 Mio. für Menschen ausgeben müssen, die von Wohnungslosigkeit bedroht sind (WK 19.1.2019).

Im Rhein-Main-Gebiet steht der Wohnungsmarkt vor einem Kollaps. Laut Untersuchung des Darmstädter *Institut*s *Wohnen und Umwelt (IWU)* leiden 48 hessische Gemeinden (11 % aller hessischen Kommunen) unter einer besonders angespannten Lage. Die überwältigende Mehrheit liegt im Dunstkreis von Frankfurt, Offenbach, Rüsselsheim, Darmstadt, Wiesbaden und Bad Homburg, außerdem sind Marburg und Kassel genannt. Die betroffenen Städte verzeichneten mindestens 4 der folgenden Merkmale: überdurchschnittlich steigende Mieten, überdurchschnittlich hohe Mietbelastungen pro Haushalt, zu wenig Neubau angesichts der Bevölkerungszunahme, kaum Leerstand. Die

Landesregierung will deshalb eine erweiterte Mietpreisbremse beschließen und die Anzahl der betreffenden Gemeinden erhöhen. Politische Uneinigkeit besteht in Hessen für ein Zweckentfremdungsverbot, wie es dort früher von unterdurchschnittlicher Dauer bestand. Das zuständige Ministerium hat wegen hoher rechtlicher Hürden Bedenken. Die Städte müssen handeln und zumindest die Möglichkeiten zur Vermietung als Ferienwohnungen verbieten. Hessen will ein gesetzliches Verbot gegen die Umwandlung von Mietwohnungen in Eigentumswohnungen durchsetzen.

In diesen Räumen werden zwar viele Wohnungen gebaut, aber vorwiegend als teure, luxuriöse Eigentums- oder Mietwohnungen im Hochpreisniveau. Gleichzeitig läuft für viele Sozialwohnungen die Mietpreisbindung aus, da diese zeitlich befristet ist. 1987 gab es in Deutschland noch 3,9 Mil. Sozialwohnungen, 2015 waren es nur noch 1,2 Mio. Jedes Jahr fallen 40.000 bis 60.000 WE aus der Sozialbindung (WK 14.6.2019). Der Neubau preisgünstiger Wohnungen reicht bei weitem nicht für den Angang günstiger Wohnungen aus. Das hat schwerwiegende Folgen. Für junge Familien wird die Beschaffung einer bezahlbaren Wohnung, die auch für ein oder zwei Kinder Raum bietet, immer schwieriger, bis hin zur Unmöglichkeit. Auch darin liegt einer der Gründe für den geringen Kindernachwuchs in Deutschland, „denn ohne Nest wird nicht gebrütet".

Die Durchsetzung von Luxusmodernisierungen oder Abriss älterer Wohnhäuser, um Bauplätze für luxuriöse Neubauten zu errichten, hat längst zur Gentrifizierung (durch hohen Mietenanstieg Vertreibung altansässiger weniger zahlungskräftiger Bewohner) geführt. Bezahlbarer Wohnraum ist mittlerweile in wachstumsstarken Verdichtungsräumen Mangelware. Das Problem hat die Mitte der Gesellschaft erreicht. Die Zusammensetzung von Stadtquartieren wird zunehmend vom Geldbeutel bestimmt und führt zum Auseinanderdriften von Milieus. Die alten, eingesessenen Mieter werden verdrängt und müssen an den Stadtrand oder ins Umland ziehen und das Wohnquartier erhält eine neue Bevölkerung: In der Konsequenz verlieren alteingesessene, ggf. dort geborene und aufgewachsene Personen ihre angestammte Heimat, um Neubürgern Platz zu machen. So war es z. B. in der Dresdener Neustadt, als dieses Stadtgebiet alsbald nach der Wiedervereinigung zu einem stark nachgefragten Wohnstandort für Zugereiste wurde. Innerhalb von nur 12 Jahren führte diese Entwicklung dort zum „Austausch" von etwa der Hälfte der ehemals ansässigen Bevölkerung. Diese Entwicklung gilt aber auch für Stadtgebiete in Berlin und Frankfurt a. M. oder in anderen Boom-Gebieten.

Eine Ursache dafür ist auch der Wandel durch ausländischen Kapitalzufluss. Früher waren Mietwohnungen vor allem im Besitz von gemeinnützigen Wohnungsbaugesellschaften und von Mittelständlern, die dort häufig selbst wohnten und die Vermietung als ihre Altersversorgung ansahen. Bei diesen Mittelständlern handelte es sich oftmals um Inhaber/innen von Geschäften, die sich in diesen Häusern befanden. Dadurch lebten viele Hauseigentümer langjährig in Nachbarschaft mit ihren Mietern. Man kannte sich, was ausgewogenes soziales Verhalten begünstigte. Heute werden Immobilien verstärkt von nicht gemeinnützigen Wohnungsunternehmen aufgekauft, was auch für den Ankauf des Wohneigentums vom altansässigen Mittelstand gilt. In diese Unternehmen investiert das Kapital. Die ehemaligen Bezüge und Bereitschaft für soziales Verhalten und Miteinander verschwinden. Ausschlaggebend ist allein der Gewinn durch hohe Mieten nach Luxussanierungen oder der Gewinn durch den Verkauf von Eigentumswohnungen, die nach dem Abriss älterer Häuser auf diesen Flächen errichtet werden. Beispiele wie Frankfurt belegen, dass sowohl in den Neubau als auch in die Wohnvermietung wie eben auch in die Firmen sowie in nicht gemeinnützigen Wohnungsbaugesellschaften, die auf diesem Markt agieren, inzwischen im hohen Maße ausländisches Kapital investiert. Emotionalen Bindungen an die Wohngebiete und der Bewohner hat dieses Kapital nicht, allein der Gewinn zählt.

Die Deutschen sehen in bezahlbarem Wohnraum eines der dringendsten politischen Themen (WK 11.1.2018). Die Politik hat sich dieser Problematik aber bislang nur sehr zaghaft angenommen. Obwohl das für große Bevölkerungsteile eine gravierende Problematik ist sind von der Bundeskanzlerin dazu wie zu so vielem kaum Verlautbarungen bekannt. G. Lansberg, der Hauptgeschäftsführer des *Städte- und Gemeindebundes,* sagt deshalb, die Politik habe hier viel falsch gemacht. Vor 30 Jahren gab es noch 3,9 Mio. Sozialwohnungen. Heute sind es nur noch 1.2 Mio. Die mit den neuen Förderprogrammen möglichen Neubauleistungen liegen weit unter der Anzahl der Wohnungen, die in naher Zukunft die Sozialbindung verlieren. Zudem versagt das alte Förderinstrument durch sehr niedrig zinsbelastende staatliche Kredite, den Bau preisgünstiger Wohnungen zu forcieren, angesichts der niedrigen Zinspolitik der Europäischen Zentralbank.. Die Caritas schlägt wegen der Wohnungsnot Alarm und sieht vor allem die Kommunen gefordert, denn bezahlbarer Wohnraum ist in Wachstumsregionen mittlerweile Mangelware. Dabei sind etliche Kommunen finanziell dazu überhaupt nicht in der Lage, was selbst für manche Gemeinden und Städte im wachstumsstarken Rhein-Main-Verdichtungsraum gilt. Den Städten, die derartige Maßnahmen stemmen könnten, fehlen aber häufig die Flächen, auf denen Wohnungen gebaut werden könnten, was ebenfalls z. T. im Rhein-Main-Verdichtungsraum deutlich wird.

Fazit

Deutschland weist in der Daseinsvorsorge z. T. Defizite und Erosionen auf, so vor allem in der Kinderbetreuung, im Angebot allgemeinbildender Schulen, insbesondere für Ganztagsschulen, im Gesundheitswesen sowie ebenfalls in der Wohnungsversorgung. Im Rechtswesen sind hohe personelle Defizite absehbar. Die Kinderbetreuung ist in den meisten Bundesländern zudem für Eltern mit hohen Kosten verbunden. Die ärztliche Grundversorgung wirft massive Probleme auf, vor allem in ländlichen Räumen, gleichfalls die fehlenden Pflegekräfte. Für die Defizite steht eine deutliche Ausweitung bevor. Viele Probleme sind auf zu geringen Zukunftsbezug, geringe Flexibilität und unzulänglichen Instandhaltungs- und Pflegeaufwand zurückzuführen. Deshalb wurde auf die längst absehbaren Personalengpässe von der Politik viel zu spät und unzureichend reagiert. Die Einrichtungen sind außerdem größtenteils unflexibel, sektoral und starr auf Nutzungskonzepte ausgerichtet, die auf Grundlage der Erfahrungen aus der Vergangenheit basieren. Bei Unterhaltsaufwendungen wird an erforderlichen Instandhaltungsmaßnahmen gespart. Das treibt die Kosten hoch. Angemessene und damit hohe Instandsetzungs- und Unterhaltungsaufwenden haben geringen politischen Stellenwert, da sich die Wählergunst vor allem an Leistungsausweitung und sichtbaren neuen Einrichtungen orientiert. Deutschland weist große Defizite für die Nachfrage nach preisgünstigen Wohnungen auf, eine Entwicklung, die durch den hohen Abgang preisgünstiger Wohnungen verschärft wird. Der traditionelle Mietshausbesitz des Mittelstandes mit engem Bezug zur Mieterschaft verschwindet. Gleichzeitig drängt rein Rendite orientiertes ausländisches Kapital auf den Wohnungsmarkt, das in Luxuswohnungen investiert. Die Folgen sind steigende Mieten und eine steigende Gentrifizierung. Das Armuts- und Überschuldungsrisiko steigt, ärmere Personen, Rentner und Alleinerziehende werden verdrängt. Diese Entwicklung erschwert die Familiengründung und wirkt sich ebenfalls abträglich auf die Geburtenanzahl aus. Von der Kanzlerin ist keine Stellungnahme zum Wohnversorgungsproblem bekannt, obwohl die Bevölkerung im bezahlbaren Wohnraum eines der dringendsten politischen Probleme sieht.

3.8 Europa

Europa ist nach dem Zweiten Weltkrieg immer mehr zusammengerückt. Die Anfänge waren, wie eingangs dargestellt *(1, S.20),* zunächst 1951 die vor allem wirtschaftlich geprägte Montanunion, dann Deutschlands Beitritt zur Nato, der durch die Gründung der EG eine Vertiefung der wirtschaftlichen Zusammenarbeit folgte, und 1963 vereinbarten die Führungspersönlichkeiten De Gaulle und Adenauer der von den Nazis proklamierten „Erbfeindschaft" zwischen Deutschland und seinem Nachbarland Frankreich eine dauerhafte Aussöhnung und enge Zusammenarbeit entgegenzusetzen. 1993 wurde die EU Europäische Union von Belgien, Deutschland, Frankreich, Italien, Luxemburg und den Niederlanden gegründet, der sich immer mehr Staaten anschlossen. Diese Entwicklung war die wesentliche Wende zum Positiven, weg vom bisherigen Geschichtsverlauf mit den vielen innereuropäischen Kriegen, hohen Opferzahlen sowie materiellen und letztlich auch kulturellen Verlusten. Das wirtschaftliche Zusammenrücken schritt seitdem erheblich fort. Das gilt vor allem auch wegen der zunehmenden Zusammenarbeit und Verflechtung größerer Firmen und Konzerne. Innereuropäische Kriege würden für keine Seite bzw. letztlich für kein Land wirtschaftliche Vorteile, sondern vor allem Opfer und Nachteile bringen. Nach der Auflösung des Ostblocks hat sich die Entwicklung zum europäischen Zusammenwirken noch erheblich weiter verstärkt und auf den Großteil Osteuropas ausgeweitet. Heute gehören der EU 27 europäische Staaten an.

In Anbetracht dieser langjährig andauernden positiven Entwicklung hat sich Europa längst zum gemeinsamen Markt ohne Zollbeschränkungen und gleichfalls gemeinsamen Arbeitsmarkt mit offenen Grenzen entwickelt. Das Zusammenwirken und die wirtschaftlichen Verflechtungen haben den Wohlstand in Europa enorm angehoben. Daran waren nahezu alle Länder der EU beteiligt, wenngleich in unterschiedlichem Maße. Bei dieser positiven Entwicklung lag die Idee nah, sich zu einem vereinigtes Europa, ähnlich wie die Vereinigten Staaten von Amerika, zusammen zuschließen. Für die Idee die nationalen Eigenständigkeiten nach und nach aufzugeben, um sich zu einem Gesamtstaat, dem *Vereinigten Europa* zu entwickeln, gab es aber nie einen Konsens unter den europäischen Staaten. Obwohl mit einem derartigen Zusammenschluss sogar eine noch größere Wirtschaftsstärke als die USA erreicht wäre. Die gemeinsame Währung Euro war ein wichtiger Schritt für dieses Ziel. Seit einigen Jahren mehrt sich aber auch Kritik mit bremsenden Wirkungen, dessen gravierendstes Ereignis der Brexit Großbritanniens ist.

Ein grundsätzliches Hindernis für das Vereinigungsziel dürfte in den nationalen Ursprüngen der Mitgliedsländer liegen. Die sind ganz anders als in den USA. Die USA sind letztlich eine Nation, deren Ursprung die hohen europäischen Zuwanderungen waren. Dazu ist zu vergegenwärtigen, bis zum Ersten Weltkrieg war das Leben in Europa vor allem durch die per Geburt gegebene Zugehörigkeit zum Adel bestimmt. Sehr wohlhabende Bürger oder ruhmreiche Militärs konnten ggf. in diese Schicht, also in den Adelsstand erhoben werden. Für die einfache Bevölkerung galt das nicht. Entsprechend waren die Chancen in deren Leben gering. Bis in das vorletzte Jahrhundert gab es Kleidervorschriften für den jeweiligen Gesellschaftsstand. Ein Verstoß dagegen, z. B. Bürger, die sich wie der Adel kleideten, wurde strafrechtlich verfolgt. Das galt alles nicht in den USA. Dort zählten allein die Leistungen und Initiativen des Einzelnen. Jeder konnte dort seine Chancen nutzen und verwirklichen. In Europa gab es hingegen bis vor 200 Jahren auf dem Land z. T. noch die Leibeigenschaft, die erst sukzessiv nach den napoleonischen Befreiungskriegen abgeschafft wurde. Deshalb waren in der „neuen Welt" viele Zuwanderer überzeugte Amerikaner und pflegten ihre Heimatverbundenheit bestenfalls in einem Traditionsverein.

In den einzelnen europäischen Staaten existiert jedoch in weiten Bevölkerungsteilen auch heute noch ein ausgeprägtes Nationalbewusstsein. Ein Italiener fühlt sich als Italiener, wie umgekehrt ein Spanier sich als Spanier fühlt oder ein Franzose als Franzose oder ein Ungar als Ungar. In Anbetracht der deutschen Gräueltaten während der NS-Schreckensherrschaft und der Einflüsse der 68er Bewegung ist die nationale Orientierung in Deutschland recht verhalten. Sie beschränkt sich eher auf die AfD, deren Anhängerschaft sowie einige rechte Kreise und macht nicht das Gros der Bevölkerung aus. Dennoch, die Nationalorientierung ist mehr oder weniger noch in fast allen europäischen Völkern vorhanden, wenngleich damit nicht eine Ablehnung eines gemeinsamen Europas verbunden ist. Nur Großbritannien scherte mit dem Brexit aus und verließ als erstes Land die EU.

Im Gegensatz zu den Politikern, die auf ein vereinigtes Europa als eine Nation der vereinigte Staaten von Europa hinwirken, bevorzugt die breite Bevölkerung vielmehr ein Europa der Vaterländer, d. h. einen Zusammenschluss, der aber die nationalen Eigenständigkeiten beibehält. Von Verfechtern des Einheitsstaates Europa wird das häufig als Katastrophe und Ende der europäischen Einheit gebrandmarkt, mit der Gefahr des Rückfalls in eine Nationalstaatlichkeit und der Gefahr der gewaltsamen Konflikte vergangener Jahrhunderte. Das ist jedoch eine weit überspitzte, unrealistische Argumentation. Alleine durch die wirtschaftlichen Verflechtungen wäre eine derartige Entwicklung unmöglich. Durch die vielen touristischen Aktivitäten sind sich die Bevölkerungen der Länder nähergekommen. Das Fremde ist verschwunden, man hat sich kennen- und großenteils schätzen gelernt. Zudem sprechen auch die enge sicherheitspolitische Verbundenheit und das Zusammenwirken in der Nato dagegen. Der Einfluss der Nato hat jedoch Grenzen, wie inzwischen leider die Entwicklung des Nato-Mitgliedes Türkei belegt. Die Türkei nutzt ihre Nato-Mitgliedschaft mit dem Zugang zu modernen Waffensystemen zu einer gewaltigen Aufrüstung und einem Ausbau ihres Militärs. Wie oben dargelegt *(3.6, S. 257)*, benötigt die Türkei aus sicherheitspolitischem Eigenbedarf nicht dieses gewaltige Militärpotential, aber für ihre militärischen Interventionen in Libyen, Katar oder Syrien. Zudem gab es Indizien, dass die türkische Luftwaffe auch 2020 an den Kampfhandlungen im Kaukasus beteiligt war. Die Militäreinsätze erfolgten ohne jegliche Abstimmung mit der Nato erfolgten. Ende August gipfelte diese

Entwicklung, wie oben angesprochen, sogar in Kriegsdrohungen gegen das Nato-Mitglied Griechenland. Derartige Aktion hat es bislang von den anderen europäischen Nato-Mitgliedern nicht gegeben. Hier besteht dringender Handlungsbedarf dem gegenzusteuern, sonst ist die Nato in ihrem Bestand gefährdet.

Zu wachsender Kritik und Verdruss der deutschen Bevölkerung führen die hohen Ausgaben für die EU sowie die Reglementierungen durch eine zunehmende europäische Bürokratisierung. Viele Bürger sind angesichts der hohen finanziellen Leistungen Deutschlands für die EU und wegen weiterer fiskalischer Rückwirkungen verdrossen. Das gilt umso mehr, weil für wichtige nationale Bedürfnisse, wie kostenfreie Kindergärten, Ganztagsschulen oder Anhebung der Niedrigrenten, nach Darstellung der deutschen Regierung angeblich kein Geld da ist.

Die seit vielen Jahren anhaltende gute wirtschaftliche Entwicklung und guten Arbeitsmarktbedingungen in Deutschland sowie die Reisefreiheit und offenen Grenzen in der EU und das enorme Warenangebot der Mitgliedsstaaten werden von der Bevölkerung sehr positiv aufgenommen. Die Einführung des EURO brachte den unproblematischen Geldverkehr für wirtschaftliche Transferleistungen sowie im Urlaub und auf Reisen und wurde sowohl von der Wirtschaft als auch breiten Teilen der Bevölkerung begrüßt. Zugleich war damit aber eine deutliche Teuerungswelle verbunden. Die offiziellen Statistiken widerlegen die Verteuerung. Das lag aber wohl eher an der Auswahl, welche Waren und Leistungen in den Vergleich einbezogen wurden. Beispielhaft war der sprunghafte Preisanstieg in der Gastronomie oder in einfachen Versorgungsbereichen wie z. B. für Backwaren. In Gaststätten stieg der Preis für ein Mineralwasser sprunghaft an, inzwischen etwa 5,50 € oder mehr für eine 0,7 l Flasche, oder ein Brötchen, das heute nicht selten etwa 1 € kostet. Wer hätte 2002 für eine Flasche Mineralwasser 11,- DM oder für ein Brötchen 2,- DM bezahlt? Noch gravierender war die Preisentwicklung für die Ersatzteilversorgung. Dort erfolgte nicht selten alsbald die Umrechnung der Währung im Verhältnis eins zu eins, also letztlich eine Verdoppelung. Da Ersatzteile i. d. Regel unverzichtbar sind, um einen Gegenstand gebrauchsfähig zu erhalten, ließ sich dieser Preisanstieg umfassend durchsetzen.

Früher lagen die Währungen etlicher Nachbarstaaten deutlich unter der DM, da diese Staaten z. T. über ihre Verhältnisse wirtschafteten. Das führte zum Kursverfall der jeweiligen Landeswährung. Angesichts ihres Kursverfalls mussten diese Länder hohe Zinsen zahlen, wenn sie auf den internationalen Kapitalmärkten Kredite aufnahmen, um Staatsdefizite abzudecken. Durch die Einführung des Euro galt für diese Länder nun die Sicherheit, die international dem Euro zugeschrieben wurde. Damit wurde für alle Euro-Länder die Möglichkeit eröffnet, zu günstigen Konditionen Kredite aufzunehmen. Davon machten viele Staaten massiven Gebrauch. Das waren letztlich auch die Staaten, die schon früher überschuldet waren und nun die neuen Möglichkeiten nutzten. Als Folge sind südeuropäische Länder wie Italien, Spanien oder Griechenland inzwischen erheblich überschuldet. Die Sicherheitsregelungen zur Stabilität des Euro wurden dafür teilweise erheblich missachtet (s. a. Sarrazin: Europa bracht den Euro nicht). Es zeichnet sich längst eine Teilung ab. Die nördlichen Länder wie Deutschland, Niederlande, Belgien, skandinavische EU-Mitglieder sowie die neuen Länder des Baltikums halten sich an die Sicherheits-Vorgaben und sind dementsprechend gering verschuldet. Die südlichen Länder verhalten sich umgekehrt, man kann fast sagen in alter Manie. Zudem hätte Griechenland bei seinen Staatsfinanzen nicht Mitglied der Eurozone werden dürfen. Aber der damalige Kanzler Schröder und sein Außenminister Fischer setzten sich über die Bedenken der Finanzexperten trotz der alarmierenden Finanzdaten Griechenlands hinweg. Entweder weil diesen Politiker die finanzwirtschaftliche Kompetenz fehlte, oder weil sie einzig und allein das Ziel einer Ausweitung der Eurozone hatten, egal was es kostet. Die Kosten zur Stützung Griechenlands waren enorm. Allein das dritte Griechenland-Programm umfasste 86 Mrd. €. Es gab auch Gewinner hier, wie Fraport und die Deutsche Bank, die an Griechenlandkrediten gut verdiente. Wenn unter den EU-Mitgliedsstaaten Deutschland am stärksten belastet wurde, ist es letztlich gerecht, denn die Ausweitung des Euro auf Griechenland ist vor allem auf die Aktivitäten des deutschen Kanzlers Schröder und seines Außenministers Fischer zurückzuführen.

Die Eurokrise war in Anbetracht der riskanten riesigen Kreditgeschäfte deutscher Banken, vor allem auf dem Immobilienmarkt der USA, aber auch wegen der vielen große Bauprojekte in den Mittelmeerländern fast absehbar und trat dann ein, mit enormen Belastungen der Steuerzahler. Das gilt vor allem für den deutschen Staatshaushalt. Deutschland trägt mit 27 % den höchsten Anteil des europäischen Rettungsschirms. Die Europäische Zentralbank kaufte die sogenannten „faulen Kredite" der besonders betroffenen und zur Rückzahlung nicht fähigen Mitgliedstaaten auf. Eine Vorgehensweise, die gegen die Sicherheitsvereinbarungen des Euro in den Maastricher-Verträgen verstieß, die dafür nicht gekündigt oder verändert, sondern einfach missachtet wurden (Tichy, R. Schuldenunion u. Inflation, in: Tychys Einblick 3/2021, S. 49). Nun waren diese Handlungen notwendig, um den Euro zu halten. Die verantwortlichen Politiker hatten zu lange geschlafen oder gezögert. Das gilt auch für die Bundesrepublik unter Kanzlerin Merkel. Der Finanzexperte und frühere Berliner Finanzsenator Thilo Sarrazin hat das ausführlich und mit präzisen Daten unter Nennung der jeweiligen Verantwortlichen in seinem Buch „Europa braucht den Euro nicht" belegt. Aber die Warnungen passten nicht in den politischen Mainstream und wurden abgetan und überhört. Die Folgen sind z. T. massive Einschränkungen für die Bevölkerung in den hoch verschuldeten Ländern wie Griechenland und hohe Belastungen für die Geldgeberländer, zu denen an erster Stelle Deutschland gehört. Das sind Mittel, die an anderer Stelle fehlen, wie etwa um Ganztagsschulen und freie Kindergärten ab dem 3. Lebensjahr zu finanzieren oder die niedrigen Renten in Deutschland auf ein angemessenes Niveau, wie in Österreich, Frankreich oder Italien, anzuheben.

Um Europa und den Euro krisenfester zu machen, bemühten sich Kanzlerin Merkel und der französische Präsident Macron einen Rettungsschirm (EMS) zum Währungsfonds einzurichten. Für Investitionen im Krisenfall wurde ein Eurozonen-Budget im Rahmen der bisherigen Haushaltsstrukturen geschaffen. Das neue Budget, das Deutschland lange Zeit ablehnte, soll ab 2021 greifen. Damit erhalten die Problemländer eine Hilfe zur Stabilisierung, außerdem sollen damit die Unterschiede in der Eurozone verringert werden. Nach den neueren Vorstellungen ist der bisherige Eurorettungsschirm zum europäischen Währungsfonds auszubauen. Es sind einheitliche Bankenregeln geplant und der EMS soll als letztes Auffangnetz bei Bankenpleiten einspringen. Die deutsche Kanzlerin Merkel hat für diesen neuen Investitionstopf zuletzt einen deutschen Beitrag im unteren zweistelligen Milliardenbereich genannt. Eine Option zum Füllen des Fonds sollen die Einnahmen aus einer geplanten Finanztraktionssteuer sein (WK 20.6.2019). Diese Entwicklung bekommt durch die Coronakrise ein neues, noch größeres Gewicht, worauf noch eingegangen wird.

Ein weiter Verdruss für die deutschen Steuerzahler sind Sozialleistungen, die in andere Länder abfließen, wie vor allem das Kindergeld. Wenn Bürger aus anderen EU-Ländern mindestens ein halbes Jahr in Deutschland gemeldet sind und hier arbeiten, haben sie Anrecht auf Kindergeld. Das gilt selbst, wenn es sich um Minijobs handelte und ihre Kinder fernab im jeweiligen Heimatland leben. Die besondere Brisanz: Sie erhalten das Kindergeld in gleicher Höhe wie in Deutschland, obwohl die Lebenskosten in den Herkunftsländern, in denen ihre Kinder leben, z. T. erheblich geringer sind. Wenn jemand vier Kinder hat, die in Rumänien oder Bulgarien auf dem Lande leben, kann ggf. dessen gesamte Familie aufgrund der Preisunterschiede von dem aus Deutschland gezahlten Kindergeld leben. Der Europäische Gerichtshof stärkt diese Regelungen. Demnach haben EU-Bürger, auch bei Arbeitslosigkeit, für deren im Ausland lebende Kinder einen Anspruch auf Kindergeld von dem Staat, in dem sie momentan wohnen, also auch, wenn sie arbeitslos in Deutschland wohnen. Der Europäische Gerichtshof sieht in einer Anpassung der Höhe des Kindergeldes an die Lebenskosten des Landes, in dem die Kinder leben, als Diskriminierung an. Ein unglaublicher Gerichtsspruch, der mit Gerechtigkeit wohl kaum noch zu begründen ist und bei vielen Menschen die Kritik und Vorbehalte gegenüber der EU massiv verstärken dürfte. Das gilt besonders, weil in Deutschland das Kindergeld auf die Bezüge der Harz-IV-Empfänger, also der finanzielle untersten Bevölkerungsgruppe, angerechnet wird und zu entsprechenden Kürzungen führt. Im Gegensatz zur deutschen Kanzlerin macht immerhin der österreichische Kanzler Kurz dagegen Front und will künftig Kindergeldzahlungen seines Landes an die Lebenshaltungskosten im Aufenthaltsland der betreffenden Kinder anpassen. Hier zeichnet sich ein Streit ab. Man darf auf den Ausgang gespannt sein.

Diese Rechtslage für das Kindergeld wird inzwischen massiv ausgenutzt und hat zu einem starken Anstieg der Aufwendungen geführt. Laut Bundesfinanzministerium erhielten 268.336 Kinder, die 2019 im Ausland leben, deutsches Kindergeld. 2018 waren das ca. 25.000 mehr als 2017. Unter den Beziehern sind 117.000 Polen, 21.000 Tschechen sowie je 19.000 Rumänen und Kroaten. Die Bundesagentur für Arbeit (BA) hat 2010 etwa 35,8 Mio. € an Kindergeld auf Auslandskonten gezahlt, bis 2017 haben sich diese Zahlungen auf 343 Mil. €/Jahr fast verzehnfacht. Die größte Gruppe waren polnische Kinder, die nicht in Deutschland, sondern in Polen lebten (WK 22.3.2018).

Inzwischen nutzen schon kriminelle Akteure diese Möglichkeiten. Die Bildzeitung berichtet darüber und über den damit ausgelösten Verdruss von Städten in Nordrhein-Westfalen (Bild, 10.8.2028): Viele Südeuropäer werden von Schleppern nach Deutschland gelockt, um hier gezielt Sozialleistungen zu erhalten.

Sie müssen davon aber einen Großteil an die Schlepper abgeben. Ein Phänomen, das vor allem Großstädten betrifft. In NRW ergab 2018 die Überprüfung von 100 verdächtige Familien, dass sie in 40 Fällen zu Unrecht Kindergeld bezogen, womit dem deutschen Staat ein Schaden von 400.000 € entstand. In Nordrhein-Westfalen beklagen Bürgermeister die Existenz eines ausgeklügelten Schleppersystems für Zuwanderungen, das vor allem auf das Abschöpfen von Sozialleistungen ausgerichtet ist. Mit gefälschten Dokumenten wird ein Maximum an Leistungen erschlichen. Laut dem Oberbürgermeister Link gab es 2005 in Duisburg 18 Zuwanderer, die Kindergeld bezogen, 2012 waren es bereits mehr als 6.000 und heute (2018) mehr als 19.000. Der Gelsenkirchener Oberbürgermeister Baranowski beklagt, dass aus Rumänen Menschen angeworben werden, um sie hier in billigen Wohnungen unterzubringen, damit sie hier die für ihr Herkunftsland hohen Sozialleistungen bekommen. Es reicht bereits die Beschäftigung in Minijobs aus, um an diesen Transferleistungen teilzuhaben, wobei die Schlepper einen deutlichen Anteil abkassieren.

Von der Kanzlerin Merkel sind zu dieser Entwicklung keine Verlautbarungen bekannt. Die frühere SPD-Chefin Andrea Nahles hat sich immerhin dahingehend geäußert, dass dieses Problem nur auf EU-Ebene gelöst werden könne. Im EU-Parlament blockierte aber ausgerechnet die SPD einen Vorstoß, das Kindergeld an die Leistungen im Heimatland der Kinder anzupassen. Das Bundesfinanzministerium verweist darauf, dass man sich bisher auf EU-Ebene erfolglos um eine Lösung bemühte. Das ist verständlich, denn von dieser Regelung haben etliche Staaten Vorteile. Die Nachteile bleiben auf Deutschland und einige wirtschaftlich erfolgreiche EU-Staaten beschränkt. Derartige Regelungen verstärken nachvollziehbar den EU-Verdruss von etlichen deutschen Bürgern. Sie vermissen ein entsprechend massives Gegenwirken der Kanzlerin. Die hat dazu aber offenbar überhaupt keine Ambitionen.

In welchem Maße EU-Bürger deutsche Sozialleistungen abschöpfen, wurde durch ein Bildzeitungs-Interview eines Bulgaren drastisch bekannt: Aufgrund der lukrativen Sozialleistungen kam der Bulgare Ricky vor 8 Jahren per Bus nach Deutschland. Bild traf ihn, seine zwei Schwestern und Eltern in ihrer dreieinhalb Zimmer Wohnung (70 qm) in Dortmund. Er arbeitete 2 Jahre als Koch. „Aktuell lebet die ganze Familie von Sozialleistungen. Ricky rechnet gegenüber Bild vor: In Bulgarien bekommst du 7 € bis 8 € Kindergeld und 15 € Arbeitslosengeld pro Monat. In Deutschland ist das besser. Hier sind das fast 200 € pro Person. Eine Familie mit drei, vier Kindern kommt fast auf 800 €. Die Miete und der Strom werden von uns mit 600 € auch bezahlt. Außerdem bekomme ich Arbeitslosengeld. Deshalb ist Deutschland für mich das beste Land" (Bild 10.8.2018). Immerhin lebt der Bulgare in Deutschland und die Kinder sind nachweislich existent.

Den größten Verdruss, der in Teilen der Bevölkerung zu massiven Zweifel an der EU als ein vereinigtes Europa mit weitreichender übergeordneter Kompetenz und Macht führt, dürfte vor allem in der Geldpolitik des früheren Chefs der Europäischen Zentralbank Mario Draghi liegen. Draghis hatte bereits als italienischer Politiker eine zweifelhafte Finanzpolitik für Italien betrieben. Draghi vertrat damals in Italien eine Geldpolitik zur Konjunkturbelebung, also mehr auszugeben, als reingewirtschaftet wurde. Den großen Konjunkturaufschwung gab es für Italien trotz dieser Geldpolitik nicht, sondern ein Kursverfall. Die Folgen waren für Italien entsprechend Preisanstieg und Wertverluste für Sparguthaben. Trotz dieser Vorgeschichte berief das Europaparlament Draghi später zum Präsidenten der Europäischen Zentralbank. In dieser Funktion hatte er sich bei der Bewältigung der Euro-Krise verdient gemacht. Das gelang vor allem durch das von ihm veranlasste Aufkaufen sogenannter fauler (nicht mehr rückzahlfähiger) Kredite durch die Europäische Zentralbank, obwohl damit schwerwiegend gegen die Sicherungsvereinbarungen für den Euro verstoßen wurde. Seine anschließende, langjährig anhaltende Politik der Niedrigzinsen, mit einer Null vor dem Komma des Zinssatzes, war jedoch für Sparguthaben und Aktivitäten, die sich durch Zinseinnahmen finanzieren, katastrophal. Draghi wollte mit den extrem niedrigen Zinsen, wie schon früher in seiner italienischen Finanzpolitik, die Wirtschaft der „schwächelnden" europäischen Länder beleben und der dortigen Arbeitslosigkeit entgegenwirken. So wenig wie es vordem Italien gelang damit deutlich die Konjunktur zu beleben, gelang dadurch auch keine wesentliche Konjunkturbelebung in den schwächelnden EU-Ländern.

Die von Draghi durchgesetzten niedrigen Zinsen wirkten sich nun massiv auf die Länder der Eurowährung aus. Sie führten dort zu einer enormen Geldvernichtung und in bestimmten Bereichen, wie für Bauleistungen und Immobilien, zum enormen Preisanstieg, an dem Bauunternehmen und Investoren gut verdienten. Der Preisanstieg schien zunächst bedeutungslos, denn selbst hohe Kredite verursachten ja nur geringe Zinskosten. Das ist verlockend, nur die hohen Kredite müssen irgendwann auch abbezahlt bzw. zurückgezahlt werden. Die Zinspolitik Draghis wirkte sich vor allem für Sparer als Geldvernichtung aus. Da in Europa eine gewisse Inflation bestand, wurde die Inflation nicht ausgeglichen, so dass der Wert von Sparguthaben entsprechend schrumpfte. Nach Berechnungen der Comdirect Bank AG verlor bei einem Realzins von -1,3 % und einer durchschnittlichen Inflationsrate von 1,5 %, im ersten Quartal 2018 im statistischen Durchschnitt jeder Deutsche seit 2010 etwa 999 €. Der Verlust entstand allein dadurch, dass die minimalen Sparzinsen deutlich unterhalb der Inflationsrate lagen (WK 2.6.2018). „Vermeintliche sichere Anlagen sind nichts anderes als Geldvernichtung", sagte auch der Mainzer Anlagenexperte Antonio Sommese.

Die Zinspolitik von Herrn Draghi hatte aber noch weitere unerfreuliche Auswirkungen. Mittelständler, die ein Geldvermögen angespart hatten, um von den Zinsen ihre Rente aufzubessern, bekamen kaum noch Zinserträge. Sie mussten nun von der Substanz leben und damit ihr Vermögen nach und nach aufbrauchen. Das traf auch für Stiftungen zu. Stiftungen basieren häufig auf einem hohen Geldbetrag, den eine vermögende Person oder eine Gesellschaft als Stiftungskapital übereignet oder damit selbst eine Stiftung gründet. Der Zinsertrag aus dem Stiftungskapital sind die Mittel, die für die Stiftungstätigkeit verausgabt werden. In der Regel handelt es sich um gemeinnützige Stiftungen, die soziale Belange oder auch kulturelle Belange fördern. Infolge der Zinsen im Nullprozentbereich können die meisten Stiftung nur noch durch Aufzehrung des Stiftungskapitals weiter tätig sein. Das ist endlich und muss beim längeren Anhalten der Zinspolitik zum Ende der Stiftung führen, mit entsprechenden Folgen für die gemeinnützigen Stiftungsbelange. Die niedrige Zinspolitik wirkt sich auch nachteilig auf Lebensversicherungen und Betriebsrenten aus, die durch die Verzinsung der Einlagen finanziert werden. Zudem hat, wie im vorangestellten Kapitel angeführt, diese Zinspolitik auch die staatliche Anreizpolitik durch günstige Kreditvergaben den Bau von Miet- und Eigentumswohnungen im sozialen Preisniveau ausgehebelt *(3.7, S. 290)*. Warum soll sich ein Investor derartigen staatlichen Vorgaben unterwerfen, wenn er das Baugeld auf dem freien Kapitalmarkt ohne Reglementation erhalten kann.

Diese Politik von Herren Draghi lässt an Europa zweifeln. Damit wurde deutlich, dass der Chef der Europäischen Zentralbank weit mehr Einfluss und fiskalische Machtpolitik ausüben kann als der Finanzminister/in eines EU Landes, selbst wenn es eines der größten und wirtschaftsstärksten EU-Mitgliedsstaat ist. Im Gegensatz zu einem Landesfinanzminister benötigte aber Herr Draghi keine mehrheitliche Zustimmung eines Parlaments. Deshalb konnte er auch so lange diese zweifelhafte Zinspolitik durchsetzen, zweifelhaft vor allem, weil sein damit verfolgtes Ziel überhaupt nicht erreicht wurde. Die Gewinner dieser Politik waren europäische Finanzmärkte, die Verlierer die Kleinsparer in Deutschland und nordeuropäischen Ländern, wie eben auch sozialen und kulturellen Belange, als Folge des zinsbedingten

Niedergangs vieler Stiftungen. Das erschreckende daran ist die Machtfülle mit der Herr Dargie ohne entsprechende parlamentarische Kontrolle sein Amt ausübte. In Anbetracht des damit für viele Institutionen und Bürger verursachten hohen Schadens sind die inzwischen wachsenden Bedenken vieler Bürger gegen eine weitere Kompetenzausweitung der EU sehr verständlich. Um erstaunlicher war es, dass Bundespräsident Frank-Walter Steinmeier Herrn Draghi Anfang des Jahres 2019 in den höchsten Tönen lobte und mit dem Großkreuz des Verdienstordens der Bundesrepublik Deutschland – die zweithöchste Auszeichnung unseres Landes – auszeichnete. Diese Handlung des Bundespräsidenten dürfte auch mit zur Politikverdrossenheit vieler Bundesbürger beitragen und das Ansehen von Ehrenauszeichnungen des Bundes abwerten. Für manch einen stellt diese Handlung des Bundespräsidenten eine inflationäre Abwertung der zweithöchsten Auszeichnung der Bundesrepublik Deutschland dar.

Neue Brisanz geht von einem Urteil des Bundesverfassungsgerichtes aus. Nach dessen Urteil ist der enorme Aufkauf so genannter fauler Kredite durch die Europäische Zentralbank – letztlich eine erhebliche Geldvernichtung –, der zu hohem Anteil von Deutschland zu tragen ist, mit der deutschen Verfassung nicht vereinbar. Das Urteil gibt deshalb Einschränkungen für den Einsatz der Mittel der Deutschen Bank für derartige Finanzierungen vor, obwohl der Europäische Gerichtshof in einem vorangegangenen Urteil diese Ausgabenpolitik als rechtens beurteilte. Damit stellt sich das Bundesverfassungsgericht erstmals gegen ein Urteil der nach den EU-Verträgen übergeordneten Instanz des Europäischen Gerichtshofs. Man darf gespannt sein, wie dieser Widerspruch gelöst wird. Von der ansonsten sehr europaorientierten Kanzlerin, wie auch von den Ministern der Bundesregierung und den Spitzen der traditionellen Parteien, ist dazu bislang nichts zu hören.

Die EU-Aktivitäten stehen aber auch für weitere Geldvergeudungen im großen Stil. Beispielhaft sei auf die 16,5 Mrd. Euro verwiesen, die die EU im Zeitraum 2014 bis 2020 für eine europäische Verkehrswende durch urbane Mobilität bereitstellte. Damit sollten vor allem Radwege, der U-Bahn- und Straßenbahnausbau sowie integrierte Verkehrssysteme gefördert werden, um der Luftverschmutzung in vielen Städten entgegenzuwirken. Das Geld ist heute weitgehend abgeflossen und verbraucht. Nach Einschätzung des *Europäischen Rechnungshofes* haben die für die Verkehrswende bereitgestellten EU-Milliarden aber wenig bis nichts gebracht. Die Autonutzung sei wie eh und je hoch und die Luftverschmutzung liege in vielen Städten immer noch über dem angestrebten Grenzwert, stellte der Rechnungshof fest (WK 4.3.2020).

Verdruss erzeugt auch die fortschreitende Reglementierung und Bürokratisierung durch die EU. Dazu einige Beispiele: Eine der ersten EU-Vorgaben, die Zweifel erzeugten, war die vor Jahren erlassene Vorschrift, dass im Handel Gurken möglichst gerade mit geringer Krümmung sein müssen. Das mag für die Logistik des Handelstransports Vorteile bringen, hat aber mit der Speisequalität absolut nichts zu tun. Deshalb sehen viele Menschen zu Recht diese EU-Vorgabe als horrenden Unsinn an. Im Verkehrsbereich gibt es Vorschriften, dass die Einstiegsschwellen eines Autobusses im Nahverkehr eine bestimmte (sehr kleine) Distanz zum Bürgersteig nicht überschreiten darf. Das war zwar gut gemeint, um Stolperfallen zu vermeiden, bedingte aber häufig die Aufgabe oder teure Verlegung von Haltestellen, die sich in einer Kurve befanden. Im ländlichen Bereich müssen außerhalb geschlossener Ortschaften Haltestellen an Landstraßen über eine gesonderte Spur zum Halten und zum Wiedereinfädeln der Autobusse in den Verkehr verfügen. In einem Modellvorhaben, das die Bundesraumordnung 2006 in Sachsen förderte, wurde deshalb auf etliche sonst machbare Haltestellen verzichtet. Bei dieser Ausstattungsanforderung hätte eine Haltestelle nicht wenige Tausend Euro, sondern damals bereits 70.000 bis 80.000 € gekostet (Die Haltespuren müssen auf beiden Seiten der Straße errichtet

werden und das Gewicht des Busses, also vergleichbar eines großen Lkws, aushalten). Das mag auch einer der Gründe sein, dass
in Deutschland in manchen ländlichen Räumen ein Viertel bis
ein Drittel der Dörfer und Siedlungen (wie in der Lommatscher
Pflege in Sachsen oder im Landkreis Greifswald in Mecklenburg-
Vorpommern) nicht mehr vom Bus angefahren werden. Die EU-
Vorschriften beinhalten häufig eine Anhebung von Standards
und damit auch von Kosten, was dann ggf. zur Einstellung der
betreffenden Leistung führt.

Die Frankfurter Allgemeine Zeitung berichtet am 20.8.2019
und am 6.11.2019 sowie die Westfälisch Nassauische Zeitung am
8.11.2019, dass die Arbeit in den Kliniken wegen des Mangels
an medizinischen Produkten, wie Implantaten und chirurgische
Instrumenten, stark beeinträchtigt ist. Diese Produkte müssen
aufgrund einer neuen EU-Vorschrift nun zertifiziert sein. Jeder Hersteller von Skalpellen, Implantaten und dgl. muss dafür
eine klinische Bewertung vorlegen, sonst darf das Arbeitsmate-
rial nicht mehr benutzt werden. Das gilt selbst für Produkte, die
sich seit 20 Jahren bewährt haben. Für die Prüfung der Produkte
hat die EU von den europaweit bestehenden 83 Prüfstellen bis
2017 lediglich 2 Stellen benannt, die die Prüfung nach den neu-
en Regeln vornehmen dürfen, d. h. für 25.000 Unternehmen mit
600.000 Angestellten! Nun liegen die Hoffnungen auf einer Frist-
verlängerung, sonst können viele Operationen nicht mehr stattfinden. Der Unsinn der EU-Vorgaben wird noch deutlicher, da
die Kommission die Vorgaben offensichtlich ohne ausreichend
Fundierung in Kraft setzte. Die 2017 von der EU-Kommission
für das medizinische Material beschlossenen und in Rechtsver-
bindlichkeit gesetzten Vorgaben wurden nämlich bereits wieder
geändert. Für 2020 kündigte die EU-Kommission eine weitere
Korrektur an.

Zweifelhaft sind auch z.T. die Vorgaben zur Energieeinsparung, wie etwa die Reduzierung der Stromleistungen von Staub-
saugern. Energieexperten verweisen seit längerem auf Probleme,

die in einige Länder der EU durch Energieüberschüsse auftreten. Die Überschüsse entstehen vor allem durch die Schwankungen der Energiezuführung aus umweltfreundlicher Energiegewinnung. Das zwingt nicht selten schlichtweg zur Energievernichtung. Sonst werden die Anlagen überlastet und würden Schaden nehmen. Deshalb sprechen sich Experten vor allem für ein Energiemanagement aus, mit dem die Nutzung dieser temporären Energieüberschüsse ermöglicht wird. Damit ließen sich selbst bei höherem Energieverbrauch, z. B. durch leistungsstarke Haushaltsgeräte, trotzdem insgesamt deutlicher Energieeinsparungen und somit geringere Umweltbelastungen erreichen. Auf diesem Feld bewegt sich die EU-Kommission jedoch bislang kaum, sondern konzentriert sich allein altbacken weitgehend auf Energieeinsparung.

Die EU steht auch für die zunehmende Bürokratisierung. Alle Aktivitäten in der Wirtschaft, der Arbeitswelt wie auch im Gesundheits- und Sozialwesen müssen dokumentiert werden. Diese Entwicklung wurde und wird auch von den deutschen Bürokraten intensiv mit vorangebracht und dürfte angesichts ihrer Regelungs- und Bürokratisierungssucht von deutschen Behörden mit größtem Wohlwollen aufgenommen und umgesetzt werden. Durch die Dokumentationsvorschriften werden z. B. Ärzte und Pflegepersonal hoch belastet, Zeit, die dann zur Patientenbehandlung fehlt, genauso wie den ohnehin hoch belasteten Landwirten zusätzliche Büroarbeitszeit aufgebürdet wird *(2.4, S. 180)*. Die Folgen dieser problematischen Vorgaben bei personellen Defiziten werden sich noch verschärfen. Für einen Großteil des heute verfügbaren Personals steht in den nächsten Jahren der Ruhestandseintritt an, dem aber umgekehrt aufgrund der demografisch bedingten hohen Zunahme ältere Mitbürger ein erheblicher Anstieg des gesundheitlichen Betreuungsbedarfs gegenübersteht. Die Landwirte klagen, dass sie ein Viertel ihrer Arbeitszeit allein für die Bewältigung der Bürokratievorgaben aufwenden müssen. Das mag für die großen Agrarunternehmen kein Problem sein, aber für die kleinen und mittleren Landwirte, die in Deutschland bei weitem das Groß der landwirtschaftlichen Betriebe mit den meisten Arbeitsplätzen ausmachen ist es eine erhebliche Belastung. Diese Bauern gehören heute schon mit einer wöchentlichen Arbeitszeit von ca. 50 Stunden zu der am längsten arbeitenden Berufsgruppe. Ohne den Bürokratieaufwand hätten sie eine durchschnittliche Arbeitszeit. Die neuen Urheberrechte der EU beinhalten die Gefahr einer Zensur. Die Bundesregierung ließ zwar verlauten, das Ziel sei das Instrument der „Uploadfilter" weitgehend unnötig zu machen (WK 25.6.2019), aber was sagt das schon? Als der Soli eingeführt wurde, war die Vorgabe, dass er 2019 ausläuft, was nicht eingehalten wurde. Genauso wenig hielt sich der Bund an seine Aussage zur Einführung der Abfragemöglichkeiten für Bankkonten *(2.2.2, S. 137)*. Das neue Datenschutzgesetz der EU ist ein weiteres Monster der Bürokratisierung. Es bedeutet gerade für Freiberufler einen enormen zusätzlichen Aufwand, und schränkt deren Geschäftsmöglichkeiten ein.

Die Bürokratisierung und Regelbeflissenheit sowie der Abstimmungsmechanismus verhindern mitunter zügige Entscheidungen. Ein Beispiel ist die Abschaffung der halbjährlichen Zeitumstellung. Die Zeitumstellung, die mal vor allem von der Partei der Grünen zur Energieeinsparung und zum Klimaschutz durchgesetzt wurde, hat sich weitgehend als wirkungslos herausgestellt. Die Umstellung wirft aber in der Landwirtschaft für die Tierhaltung, letztlich auch für den Schlafrhythmus vieler Menschen sowie für betriebliche Abläufe in der Wirtschaft, für Mobilitätssysteme oder in der intensivmedizinischen Versorgung Probleme auf. Nach europaweiten Befragungen entschloss man sich 2018, die Umstellung aufzugeben. In der EU ist so eine Umstellung aber nicht schnell umsetzbar. Auf welche Zeit sollen sich die Länder einigen, wenn es nicht zu unterschiedlichen Zeitregelungen in den Ländern kommen soll? Ein Ergebnis wurde bislang nicht erreicht. Es erscheint langsam zweifelhaft, ob das nun nach bald drei Jahren gelingt, wenn es überhaupt noch dazu kommt.

Das jüngste Beispiel für die nachteiligen Hemmnisse durch EU-Bürokratie ist die schleppende Genehmigung und Beschaffung von Corona-Impfstoffen, auf die noch weiter unter eingegangen wird. Laut Medienberichte kostet das Menschenleben (Nr. 51/12.12.2020; Bild 23./24.12.2020).

Die Probleme der EU liegen auch in der Vielzahl ihrer Mitglieder, die Abstimmungsergebnisse schwer und zeitlich sehr aufwendig machen können. Ein Kernbeispiel ist die Flüchtlingspolitik, mit der vor allem von der Kanzlerin Merkel verfolgten Quotenregelung. Diese Ausrichtung wird von einem Teil der EU-Mitglieder nicht getragen. Ein großer Fehler der Kanzlerin dürfte zudem darin liegen, dass sie ohne vorherige, ausreichende Rücksprache mit den anderen EU-Mitgliedern diese Ausrichtung proklamierte. Außerdem gab es, wie oben dargelegt *(3.6, S. 251)*, interne Absprachen des Kanzleramtes mit der Türkei, von denen die EU trotz der darin behandelten hohen Zahlungen nicht in Kenntnis gesetzt wurde. Diese Aktivitäten kamen erst durch einen Zufall raus. Das musste letztlich wie eine Bevormundung wirken, die allein schon deshalb für Widerstand sprach. Für die von Kanzlerin Merkel angestrebte Quotenregelung werden mittlerweile auch 2021 kaum noch Umsetzungschancen gesehen. Zudem zieht sich auch Österreich aus dem UN-Migrationspakt zurück.

Zweifelhaft sind auch, wie oben angeführt, die Beitrittsverhandlungen mit der Türkei. Der Europäische Gerichtshof und die EU gehen gegen Länder wie Ungarn und Polen vor, weil sie die Rechtsstaatlichkeit zugunsten der Machtausweitung der Landesregierungen einschränken und abbauen. Der türkische Präsident Erdogan ist da längst wesentlich weiter, wie die Abhängigkeit der türkischen Justiz und die massive Einschränkung der Pressefreiheit belegt. Nach den Maßstäben der EU, die an Ungarn und Polen gelegt werden, hätten die Beitrittsverhandlungen mit der Türkei längst offiziell beendet sein müssen. Dazu lässt die Kanzlerin bislang ebenfalls kaum etwas verlauten.

Die EU weist derzeit teilweise deutliche Probleme und Krisenerscheinungen auf. Dennoch ist der europäische Zusammenschluss nach der hier vertretenen Auffassung unverzichtbar und richtig. Angesichts der Probleme wäre es jedoch schlecht diese „unter den Tisch zu kehren", vielmehr müsste sich die Politik jenen vorurteilsfrei stellen. Zum Teil bzw. in manchen Bereichen spricht das auch für eine Reduzierung des gemeinsamen Zusammenwirkens, aber keinesfalls für eine Abkehr vom vereinten Europa. Ein gangbarer Weg könnte tatsächlich ein Europa der Vaterländer sein, das auf einer grundlegenden Idee und darauf ausgerichtete Zielsetzungen basiert und in dem auch die EU-Bürokratie zurückgefahren wird. Europa braucht Ideen wohin es gehen soll, anstatt sich in kleinteiligen Vorgaben zu einem Bürokratiemonster zu entwickeln. Dafür bedarf es gemeinsamer, zukunftsgerichteter innovativer Rahmensetzungen. Gelingt das nicht und Europa verstrickt sich weiterhin in kleinteiliger bürokratischer Regelsucht könnte daraus eine Gefährdung für das angestrebte gemeinsamen Europas ausgehen.

Problematisch ist auch die unter Mitwirkung von Bundesfinanzminister Scholz und Kanzlerin Merkel gleichsam geschaffene europäische Fiskalunion. Dadurch müssen die gewaltigen Schuldenaufnahmen der EU durch eigene EU-Einnahmen zurückgeführt werden. Deutschland, das den höchsten Anteil an der EU-Finanzierung zu tragen hat, trifft das besonders. Deutschland finanziert damit auch z. T. die hohen Sozialleistungen mancher EU-Länder. So liegt in Frankreich das Renteneintrittsalter bei 62 Jahren und Deutschland hat es sich in Richtung 67 Jahre erhöht. „Die Eckrente beträgt in Deutschland 1.264 €, in Frankreich 1.638 € und Italien gönnt seinen Alten 1.724 €. Deutschland hat beim Füllen des Topfes die größte Kelle, beim Abschöpfen die kleinste Kelle" (Tichy, R. Schuldenunion und Inflation, in: Tichys Einblick, 03/2021, S. 48). Manche Länder finanzieren ihre hohen Sozialleistungen z. T. eben durch Schuldenaufnahme, an deren Tilgung sich letztlich der deutsche Steuerzahler beteiligen muss.

Eine Entwicklung, die im Wesentlichen in der Regierungszeit von Kanzlerin Merkel erfolgte. Um einen einheitlichen Europa näher zu kommen, gilt es aber auch die Lebensbedingungen stärker anzugleichen. Da bestehen bislang erhebliche Unterschiede, für die vorrangig immer die unterschiedlichen Einkommensverhältnisse oder Vollbeschäftigung usw. angeführt werden. Das ist ein zu verkürzter Blickwinkel. Zu vergleichbaren Lebensverhältnissen zählen auch die Belastungen des/der Einzelnen durch Steuern und Sozialabgaben, der Renteneintritt für die Alten und die Rentenhöhe und dgl. Es kann nicht sein, dass deutsche Arbeitnehmer merklich länger arbeiten müssen und gleichfalls mit deutlich höheren Staatsabgaben auch zur EU-Finanzierung belastet werden als in anderen EU-Staaten, aber geringeren Anspruch auf Sozialleistungen haben.

Denn so besteht überspitzt ausgedrückt eine Situation, in der deutsche Arbeitnehmer länger arbeiten, höhere Angaben tragen müssen und z. T. niedrigere Renten bekommen als Arbeitnehmer in Länder, die mit deutschen Mitteln unterstützt werden. Hier hätten längst Schritte in Richtung der sonst so gern beschworenen Angleichung in der EU erfolgen können, zumal die Kanzlerin und Bundesregierung dafür keine EU-Zustimmung benötigen, sondern dafür freie Handlungskompetenz hätten.

Fazit

Europa ist seit dem Zweiten Weltkrieg militärisch und wirtschaftlich eng zusammengerückt und hat durch Zollunion, offene Grenzen und einheitliche Regelungen für chancengleichen Wettbewerb einen gemeinsamen Markt geschaffen, dem immer mehr Staaten beigetreten sind. Den großen wirtschaftlichen Erfolgen waren jedoch auch von hohen Mitgliedskosten und wegen der einheitlichen Standards und Regelungen von einer wachsende Bürokratie, mit teilweise zweifelhaften Standards und Vorgaben, sowie EU-finanzierte Fehlplanungen begleitet. Für die zukünftige Entwicklung lassen sich zwei Lager ausmachen. Die Bildung eines Einheitsstaates Europa mit weitgehender Aufgabe nationaler Eigenständigkeit und Rechte, nach dem Vorbild der USA, oder das gemeinsam abgestimmte Agieren als Europa der Vaterländer bei Erhaltung eigenständiger nationaler Handlungsbefugnisse. Befürworter eines Einheitsstaates erwarten davon große wirtschaftliche Vorteile und die Verhinderung einer Rückkehr zur Nationalstaatlichkeit mit den verheerenden Folgen früherer nationalstaatlicher Konflikte. Die Befürworter einer Union der Vaterländer sehen vergleichbare Vorteile für das Unionsmodell und verweisen auf Probleme und Gegebenheiten, die bei der Schaffung eines Einheitsstaates eher größer werden. Zudem erfordert die Entwicklung eines europäischen Einheitsstaates tendenziell weitere Abgaben nationaler Kompetenzen an die EU, was mit der Anlass für den Brexit Großbritanniens war.

Als Fakten gegen einen Einheitsstaat stehen die unterschiedliche Haushalts- und Schuldenpolitik der Mitgliedsländer, die entwicklungshemmende Bürokratisierung, fragwürdige Regelvorgaben und Standards sowie vor allem die Aktionen der Europäischen Zentralbank, deren Niedrigzinspolitik zu hohen Verlusten bei Sparern und der Gefährdung von Stiftungen und ähnliche Organisationen geführt hat. Diese Bankaktivitäten verstoßen teilweise gegen die Sicherheitsvereinbarungen für den Euro. Die entsprechende Mitwirkung der Deutschen Bank verstößt gegen die deutsche Verfassung laut einem Verfassungsgerichtsurteil, das sich damit zugleich gegen ein Urteil des Europäischen Gerichtshofs stellt. Ein weiteres Urteil des Europäischen Gerichtshofes hat ebenfalls Konfliktpotential. Demnach muss das Kindergeld für ausländische Arbeitnehmer in der gleichen Höhe gezahlt werden, selbst wenn die Lebenshaltungskosten in dem Land, in dem die Kinder leben, wesentlich niedriger sind. Ein Urteil, dem sich derzeit Österreich widersetzt. Von der EU geht zudem ein wachsender Bürokratismus mit einer Vielzahl von Vorschriften und Regelungen aus, die aber z. T. nicht fundiert und einseitig sind oder durch hohe bürokratische Hürden und teilweise einseitiger Ausrichtung die Entwicklung und Fortschritt behindern. In Deutschland wächst auch die Kritik an den hohen Mitteln, die an die EU abgeführt werden, angesichts niedriger Renten und kargen Sozialaufwendungen für die eigene Bevölkerung und der weit über den EU-Durchschnitt liegenden Abgabenlasten, die von der deutschen Bevölkerung zu tragen sind. Diese wichtige Thematik wurde aber bislang in der deutschen Politik nicht diskutiert.

3.9 Öffentlichkeit

Öffentlichkeit wird im allgemeinen Sinne als der Bereich und Raum der Gesellschaft verstanden, in dem Menschen zusammenkommen, auch wenn sie in keiner direkten Beziehung zueinanderstehen. Für Öffentlichkeit und die Teilnehmer daran ist Informiertheit wesentlich. Deshalb müssen der freie Zugang zu Medien und Informationsquellen sowie freie Diskussion und Meinungsfreiheit gegeben sein (Google, 8.10.2019). Der Raum einer Gemeinde, eines Landes oder Staates ist dann öffentlich, wenn der Zugang für jeden möglich ist. Öffentlichkeit ist eine der Grundvoraussetzungen für funktionierende Demokratien. Dazu gehören öffentliche Gerichtsbarkeit und öffentliche Gerichtsverhandlungen wie auch öffentliche Gebäude, die den Zugang für jeden ermöglichen. In der Literatur wird der Begriff Öffentlichkeit je nach Ausrichtung z. T. differenziert präzisiert, wie z. B. Jürgen Habermas' staatlicher verwaltungstechnischer Öffentlichkeit, die er als „vermachtete Öffentlichkeit" bezeichnet und in Öffentlichkeit der breiten Bevölkerung als „zivilgesellschaftlicher Öffentlichkeit" unterscheidet. Zwischen der Öffentlichkeit und dem politischen Handeln besteht eine enge Wechselbeziehung. Die Politik bemüht sich um ihr positives Erscheinungsbild in der Öffentlichkeit, denn das bringt Wählerstimmen. Die Bevölkerung, die personifizierte Öffentlichkeit, reflektiert im Gesprächsaustausch das politische Handeln. Das kommt vor allem dann in ihrem Wahlverhalten zum Ausdruck, ggf. auch in anderen Formen, wie in Demonstrationen.

Der öffentliche Raum wird durch den „halböffentlichen Raum" der Vereine erweitert. In traditionellen Vereinen kann nahezu jede Person Mitglied werden und damit an der Öffentlichkeit, die der Verein für seine Mitglieder bietet, teilhaben. Aufgrund der demografischen Entwicklung geht die Anzahl der jüngeren Einwohner zurück und die Alten werden immer mehr. Ausgenommen für Sportaktivitäten fand zudem bei der Jugend teilweise eine Verlagerung der Freizeitkommunikation von traditionellen Vereinen zum Internetaustausch statt. Bei dieser Entwicklung und wegen der niedrigen Geburtenzahlen fehlt häufig der Nachwuchs . Dadurch und wegen des altersbedingten Abgangs der älteren Mitglieder leiden viele traditionelle Vereine unter Mitgliederschwund. Andere Vereine sind wiederum eher elitär ausgerichtet. Eine neue Mitgliedschaft bedingt, dass Vereinsmitglieder als Fürsprecher auftreten. Außerdem ist die Aufnahme oft an eine hohe Aufnahmegebühr und Mitgliedsbeiträgen gebunden. Beispielhaft sind dafür vor allem Golfclubs oder auch manche Tennisvereine. Dort liegt der Anteil der Migranten auch deutlich unter deren Bevölkerungsanteil in der jeweiligen Ortschaft bzw. Stadt.

Die ländlichen Räume werfen besonders Problem auf. In den Dörfern sind die Ebenen der Öffentlichkeit vor allem die Dorfgaststätte und die Vereine. Eine Dorfgaststätte gibt es jedoch in vielen Dörfern nicht mehr. Die schrumpfende Einwohnerzahl mit dem hohen Seniorenanteil trägt die Gaststätte nicht mehr. Besuche aus Nachbardörfern fallen weg, denn bei der heutigen Alkoholgrenze kann man sich die Fahrt mit dem eigenen Auto für ein paar „Bierchen" zu Freunden im Nachbarort nicht mehr erlauben. Der Besuch mit dem Bus ist oft unmöglich. Viele Dörfer werden am Abend vom öffentlichen Personenverkehr nicht mehr angefahren, oder es gibt dort ohnehin kein Busanschluss, wie in den oben angeführten Beispielregionen von Landkreisen, in denen ein Viertel bis ein Drittel der Dörfer keinen öffentlichen Verkehrsanschluss hat. Da trägt sich keine Dorfgaststätte. Die verschärften Alkoholgrenzwerte haben sicherlich vielfach Unfälle verhindert. Damit wurde aber zugleich das Sterben vieler Dorfgaststätten eingeleitet. Die Vereine können das kaum ausgleichen. Viele Vereine reduzieren ihre Aktivitäten oder lösen sich auf, weil ihnen wie oben angeführt die Mitglieder ausgehen. Die Folgen dieser Entwicklung werden auch an den auf Vereinsbasis getragenen freiwilligen Feuerwehren deutlich. Die Wehren haben, trotz mitwirkender Frauen, oft große Probleme, die notwendige Sollstärke zu stellen. Diese Probleme nehmen zu. Die Teilhabe an der Öffentlichkeit über das Internet oder andere neue Kommunikationsmedien ist in ländlichen Räumen bislang nicht selten ebenfalls beeinträchtigt oder nicht möglich, weil die erforderliche Infrastruktur fehlt. Der Ausbau ebenjener wird zwar intensiv vorangebracht, aber dennoch gibt es noch größere Lücken. Das hat nicht selten Folgen: Die Jüngeren ziehen eher weg, Neubürger bleiben aus, Arbeitsstätten fehlen vor Ort oder sind nur mit hohem Fahraufwand mit dem eigenen Fahrzeug erreichbar.

Die Öffentlichkeit und das Verhalten der Personen in der Öffentlichkeit sind durch die Wertpräferenzen des/der Einzelnen geprägt, worauf wiederum Lebensumstände, Tradition, Wissen- und Kenntnisstand wie auch Emotionen oder auch religiöse Werte wesentlich einwirken. Diese sind im stetigen Wandel, wie auch die Entwicklung in Deutschland zeigt. So hat in der deutschstämmigen Bevölkerung die traditionelle Ausrichtung auf Familien und die frühere Rollenverteilung erheblich an Bedeutung verloren. Statt kinderreicher Großfamilien dominieren heute Einpersonenhaushalte und Kleinfamilien sowie Restfamilien und Patchwork-Gemeinschaften, wie auch gleichgeschlechtliche Lebensgemeinschaften nicht mehr ungewöhnlich sind. Die

Berufstätigkeit von Frauen, die in der DDR zum Alltag gehörte, gilt inzwischen auch weitgehend im vereinigten Deutschland. Nach jahrzehntelangem intensiven Bemühen, z. T. durchaus auch als mühsamen Kampf zu bezeichnen, spricht die Entwicklung für eine zunehmende Gleichbehandlung von Frauen und Männern und deren gleichwertige Stellung in der Öffentlichkeit. Für diese positive Entwicklung waren die Aktivitäten von Frauenrechtlerinnen sowie die der 68er Generation wie auch von Mitgliedern der Parteien SPD und der Grünen wesentlich. Diese Entwicklung steht jedoch im Gegensatz zu den Werthaltungen und Traditionen vieler Zuwanderer, die inzwischen einen erheblichen Anteil der Bevölkerung, insbesondere in den größeren Städten und damit auch der dortigen Öffentlichkeit, ausmachen.

Die wesentlichen prägenden Einflüsse auf die deutsche Öffentlichkeit werden hier in der demografischen Entwicklung, den Medien, dem Mainstream sowie Meinungsfreiheit und Entwicklung von Toleranz gesehen. Der demographische Wandel verändert die Rahmenbedingung, da sich mit dem wachsenden Anteil der Alten wie auch der Ausländer die Werte verändern. Von den Medien gehen wesentliche Einflüsse auf die Werte und Einstellung der Bevölkerung und deren Verhalten aus. Das gleiche gilt für den Mainstream der die Werthaltung immer mehr Menschen beeinflusst und damit in Verbindung mit staatlichem Agieren auch Einfluss auf die Meinungsfreiheit und Toleranz der Bürger hat. Dabei gilt für diese Einflüsse größtenteils vielseitige bis enge Wechselbeziehung. Die ethnischen Veränderungen werden z. T. im Mainstream begrüßt, trotz der Konflikte für die Stellung der Frauen. Zwischen den Medien und den Mainstream besteht ein Zusammenhang was gleichfalls für den Mainstream und die Meinungsfreiheit gilt.

Die demografische Entwicklung verändert
Die niedrige Kinderzahl und die zugleich deutlich gestiegene Lebenszeit der deutschen Bevölkerung verändern wie im oben

dargestellt *(3.5 Demografischer Wandel)* die deutsche Bevölkerung. Dadurch haben die Alten bereist einen hohen Bevölkerungsanteil der sich zukünftig noch weiter erhöht. Wir nähern uns einem Durchschnittsalter von 50 Jahren, das weiter steigen wird. In vielen Städten sind fast ein Drittel der Einwohner 60 Jahre alt oder älter. Ältere Menschen haben z. T. andere Bedürfnisse und Verhaltensweisen als jüngere, das verändernd auf die Öffentlichkeit rückwirkt. Noch wesentlicher sind jedoch die ethnischen Veränderungen durch die hohen Zuwanderungen in der Bevölkerung. Ein erheblicher Teil der neuen Mitbürger sind Moslems und diese haben häufig von ihrer Religion her schon andere Werte, die sich ebenfalls auf die Öffentlichkeit auswirken.

Der Glauben der moslemischen Bevölkerung richtet sich nach dem Koran. Der Koran weist, wie oben dargelegt *(3.6, S. 266-267)*, den Frauen gegenüber den Männern eine noch deutlich nachrangigere Stellung zu als die an Bibel und Neuem Testament ausgerichteten christlichen Religionen. Die Zuwanderer sind größtenteils Mitglieder von Großfamilien, die häufig noch klare patriarchische Strukturen aufweisen. Das bedingt z. T. ein anderes Verhalten der neuen Mitbürger, das auch auf die Öffentlichkeit verändert.

Die Frauen der Zuwanderer, vor allem moselmischen Glaubens, haben häufig drei bis vier Kinder im Gegensatz zu den deutschen Frauen, deren statistischen Durchschnitt bei 1,3 Kindern liegt (die neueren Zahlen von 1,4 Kindern der Bevölkerung Deutschlands sind auf die darin einbezogenen Migrantenkinder zurückzuführen). Deshalb und wegen dem sinkenden Einfluss der christlichen Religion mit der häufigen Abkehr junger Bürger von den Kirchen *(Abschnitt 3.10)* ist mit einem wachsenden Einfluss des Islams zu rechnen, der sich verändernd auf die heute übliche Lebensführung wie auch für viele Wertpräferenzen auswirkt. Das gilt nicht nur für die Stellung der Frauen sondern auch wegen der fehlenden Toleranz gegenüber für uns fast selbstverständlichen gesellschaftlichen Wertvorstellungen wie die Führung gleichgeschlechtlicher und verheirateter Lebensgemeinschaften, die in der islamischen Religion nahezu verdammt werden. Gleichzeitig verweisen etliche Veröffentlichungen auf die wachsende Bedeutung islamischer Religionsausübung in Deutschland.

Die Toleranz anderer Kulturen und somit anderer Religionen ist Grundbestandteil des Grundgesetzes. Sie ist zugleich auch Kerninhalt der Ausrichtung der Multi-Kulti-Kultur, die vor allem von den Anhängern der Grünen und vieler SPD-Mitglieder vertreten wird. Dabei wird ein grundsätzliches Problem kaum beachtet und wohl „unter den Tisch gekehrt". Zum Multikulti gehört auch die islamische Lebensweise und Religion, die aber z. T. im krassen Widerspruch zu anderen Inhalten und Forderungen von Grünen und SPD steht, wenngleich in der SPD-Basis diese Forderungen eher nicht getragen werden. Die eindeutigen Aussagen von Suren des Korans zur dominierenden Stellung des Mannes gegenüber der Frau stehen, wie oben dargestellt *(3.6, S. 266-271)*, im krassen Widerspruch zum Grundgesetz und der darin verankerten Gleichberechtigung. Wie gehen damit die Multi-Kulti-Anhänger, die Grünen und die SPD , um? Für etliche hier lebende gläubige Moslems ist, wie die oben angeführte Umfrage belegt, der Koran aber Grundbestandteil ihrer Kultur, nach dem sie eben auch in Deutschland weiterhin leben wollen. Die Islam Expertin *Neda Kelek* hat 2019 erneut auf die vielen Zwangsverheiratungen verwiesen sowie auf die darauf basierenden deutlichen Einschränkungen in der Berufswahl moslemischer Frauen. Diese Zwänge werden für viele junge moslemische Frauen von ihren Familien durchgesetzt. Vieles spricht dafür, dass etliche moslemische Frauen in Deutschland nicht im gleichen Maße an Öffentlichkeit teilhaben wie ihre männlichen Familienmitglieder. Hier wären klare Antworten von Seiten der Grünen wie auch der SPD zum Umgang mit diesen Widersprüchen angebracht. Das gilt letztlich auch für die Bundesregierung bis hin zur Kanzlerin, angesichts der eindeutig bestehenden großen Widersprüche zum Grundgesetz.

Die hohen Zuwanderungen, insbesondere die moslemischen Migranten oder deren bereits hier geborener Nachwuchs, beginnen zunehmend auch visuell die Öffentlichkeit zu verändern, was selbst für Verhaltensweisen gelten kann. Früher waren Frauen, die unter einem Kopftuch ihre Haare vollständig verbargen, in ihren langen Gewändern eher Ausnahmeerscheinungen. Heute gibt es in Großstädten längst Bereiche, z. T. auch in den Fußgängerzonen, wo Kopftuchfrauen in ihren langen Gewändern fast vorherrschen. Das verändert schon das Erscheinungsbild. Ich habe eine Reihe moslemischer Länder individuell bereist. Für mich war deren dortige Erscheinung eine Bereicherung, da sie mir die andere, dort typische und traditionell bestehenden Kultur veranschaulichte. Zudem waren damals dort auch die meisten Männer traditionell, in weißen nachhemdenähnlichen langen Gewändern und einem Fes auf dem Kopf gekleidet. Das hat sich völlig geändert. Die moslemischen Männer haben sich längst der saloppen bequemen Kleidung mitteleuropäischer Männer angepasst. Für viele Moslemfrauen gilt das, wie oben angesprochen wurde, nicht. Sie kleiden sich immer noch traditionell, im Prinzip wie vor 50 Jahren. Warum auch nicht, wenn das ihre Eigenart und Tradition ihres Landes ist. Wenn aber Frauen in Deutschland in dieser visuellen Erscheinung dominieren, oft dicklich und klein, in langen Gewändern, die die Konturen ihrer Figur verdecken, überzeugt mich das weniger. In dieser Massenhaftigkeit sehe ich das auch nicht als kulturelle Bereicherung, im Gegensatz zu den ebenfalls anders gearteten, aber weitaus eher individuellen, belebenden Kleidungen mancher Afrikaner.

Außerdem habe ich, auch wenn das heute vom Mainstream her verpönt ist, ein Proportions- und Schönheitsempfinden bis hin zum Goldenen Schnitt für alles, was ich sehe, was ggf. von meinem zeitweiligen Kunststudium her stammt. Zu meiner langjährig erlebten deutschen visuellen Kultur gehört eben auch das Erscheinungsbild europäischer Frauen in ihrer belebenden unterschiedlichen Kleidung, unterschiedlichen Frisuren und insgesamt für mich belebenden Erscheinungsbild, wobei hier nicht die Schicke-Micki-Damen gemeint sind. Was jedoch zu betonen ist, das Aussehen, die Kleidung, Schönheit und menschliche Proportionen haben nichts mit menschlichen Qualitäten, Intelligenz, Wesenszügen und der Liebenswürdigkeit oder dem Leistungsvermögen von Menschen zu tun. Deshalb dürfen diese Erscheinungsmerkmale grundsätzlich nicht, wie etwa widerwärtig bei den Nazis, zur Beurteilung und Einstufung von Menschen herangezogen werden.

Kontrovers sind auch die Ansichten zum alle Kopfhaare verdeckenden Kopftuch moslemischer Frauen. Moslems begründen das mit der Koranvorgabe, dass Frau sich nicht dem Mann als Reizobjekt zeigen und in Versuchung bringen solle. Im Koran gibt es aber keine einzige Sure, die ein Kopftuchgebot vorgibt, nur eben die Vorgabe, dass Frauen sich nicht als Reizobjekt gegenüber dem Mann zeigen sollen. Diese Vorgabe halten aber etliche junge Moslemfrauen trotz Kopftuch nicht ein, wenn sie sich durch geschminkte Augen, Lippenstift usw. durchaus verführerisch rausputzen. Die Kopftuchkontroverse bewegt inzwischen Europa. Einige Länder haben es in bestimmten Bereichen, wie in Schulen oder bei der Wahrnehmung öffentlicher Aufgaben, per Gesetz verboten. In Deutschland besteht in einigen Bundesländern ebenfalls für bestimmte öffentliche Bereiche per Landesgesetz ein Kopftuchverbot. In Hessen taucht der Kultusminister ab. Um sich die dann zu erwartende Kritik von Moslemverbänden vom Halse zu halten, überlässt er den Schulen die Zulässigkeitsentscheidung. Die Schulleitungen sind darüber nicht glücklich, denn sie müssen nun die evtl. Kontroversen anstelle des Ministers austragen. Ähnlich verhält sich Hessen mit der Vorgabe, in der Schule in den Pausen weitgehend Deutsch zu sprechen. Anstatt einheitliche Regelungen zu treffen, delegiert das Ministerium die Zuständigkeit wiederum an die Schulen (WK 6.8.2020), die darüber eben alles andere als glücklich sind.

Die Medien

Aktuelle, zutreffende und umfassende Informationen sind eine wesentliche Voraussetzung für eine funktionierende Öffentlichkeit und Demokratie. Deshalb kommt der Presse und den Medien wesentliche Bedeutung zu. Nach jüngsten Erhebungen von 2019 des Bundesverbandes deutscher Zeitungsverleger (WK 26.6.2019) informieren sich 61 % der Bevölkerung aus Tageszeitungen und 51 % aus kostenlosen Anzeigeblättern. Erst danach rangiert mit 37 % das Radio und 30 % das Regionalfernsehen als ebenfalls wichtige Informationsmedien. Die Grundinformanden, insbesondere die Presse, sollen frei, d. h. ohne staatliche oder anderweitige Regulierungen und Einflussnahmen, sein. Dem ist aber längst nicht so. Der wichtigen Aufgabe kritischer, kontrollierender Betrachtungen des politischen Handelns wird in Deutschland von der Presse längst nicht immer entsprochen. Der Elitenforscher M. Hartmann (Hartmann, M.: Die Abgehobenen) wie auch der Journalist Todenhöfer haben aufgezeigt, wie eng die Verknüpfung und wechselseitige Beeinflussung von leitenden Journalisten mit Politik (Todenhöfer, Kapitel 19) und Großkapital in Deutschland sind. Demnach bilden viele Journalisten längst eine ebenfalls abgehobene Elite, die der der leitenden Politiker näher steht als der breiten Bevölkerung. Das gilt vor allem für fest angestellte Journalisten mit hohem Honorar. Ein großer Teil ist damit abhängig und verfasst kaum Artikel die von der Ausrichtung ihres Chefredakteurs oder des Inhabers des Medienorgans abweichen, um ihren Job nicht zu gefährden. Das gilt noch mehr für freie von Aufträgen abhängige Journalisten, denen zudem bei ihrem niedrigen Honorar auch wenig Zeit für Recherche verbleibt.

Als Folge der engen Verflechtungen entfernen sich, nach den Recherchen von M. Hartmann, auch die leitenden Journalisten immer weiter von den Wertpräferenzen der einfachen Bevölkerung und damit der großen Mehrheit der Einwohner Deutschlands. In den öffentlichen-rechtlichen Fernseh- und Rundfunkanstalten wird die Zusammensetzung der dafür zuständigen Aufsichtsgremien durch die Parteien bestimmt. Vermutlich war das von Bedeutung, als die Tochter von Bundestagspräsidenten Schäuble und die Frau des Innenministers von Baden-Württemberg Programmchefin der ARD wurden. Zudem haben wir eine zunehmende Konzentration von Medienkonzernen, was schon an den Eigentümern der Zeitungen deutlich wird. Die Personen in den Aufsichtsgremien entscheiden über die personelle Neubesetzung von Führungsgremien. Auf diesem Weg wurden schon Intendanten und andere Spitzenposten zum Rücktritt gezwungen und damit politisch gewollt die Informationen dieser Medien oder deren Ausrichtung verändert. Noch direkter ist der Einfluss in den privaten Medien, wo selbst anerkannte Spitzenjournalisten wie Gabor Steingart vom Verlagseigentümer entlassen wurden, um eine andere Ausrichtung durchzusetzen. Vergleichbare Beispiele führt M. Hartmann auch für weitere Eigentümer von Mediengruppen an. Diese tiefgreifende Einflussnahme verläuft i. d. Regel im Schweigen, denn Journalisten, die diese internen Entscheidungsprozesse der Öffentlichkeit zuführen, bekommen in der Branche kaum noch einen Job (Hartmann, M., S. 38–40).

Der Bundestagsvizepräsident W. Kubicki zeigt zudem auf, die Medien entfernen sich zunehmend von einer neutralen Informationsvermittlung zugunsten der Vorgabe moralische Werte – teilweise in Schwarz-weiß-Manie (Kubicki, W., S. 58–62). Der Journalist J. Tödenhöfer sieht in der internationalen Berichterstattung sogar ein grundsätzliches Versagen der Medien (Todenhöfer, 19. Kapitel). Die politische Anpassung von Medienberichten wurde an der Auseinandersetzung mit der Coronaimpfstoffversorgung zum Jahreswechsel 2020/2021 deutlich. Obwohl etliche Experten auf Mängel und Defizite in der Versorgung und damit auch auf Fehlentscheidungen der Bundesregierung und der Kanzlerin verwiesen, wurden diese von leitenden Medienakteuren „schöngeredet" bis bestritten (u. a. Bild 4.1.2021).

Eine umfassende Informationsweitergabe wird zudem von der Presse letztlich grundsätzlich bewusst unterlassen. Die Beiträge werden vorab nach den Grundsätzen des Ethikrates geprüft, letztlich quasi gefiltert, um nicht zensiert zu sagen. Es soll eine Berichterstattung vermieden werden, die zu einseitigen Rückschlüssen der Bürger führen könnte. Dem Bürger, bzw. der Bürgerin wird das eigenständige Abwägen der Information somit nicht oder nur begrenzt zugetraut und ermöglicht. Sie erhalten nur gefilterte Angaben. So unterblieben lange Zeit jegliche Informationen über die ethnische Herkunft von Straftätern oder deren Religionszugehörigkeit, damit der Leser keine einseitigen Rückschlüsse zieht. Der Ethikrat will einseitige Hinweise auf bestimmte ethnische Herkunft oder Religionszugehörigkeiten und damit die Gefahr verzerrter Beurteilungen vermeiden. Die Gefahr besteht vor allem, wenn eine einseitige Häufung dieser Angaben erfolgt, die bei weitem deren realen Anteil überschreitet. Auf der anderen Seite besteht das Grundanliegen an Medien, die Bürger umfassend zu informieren, auch in Hinblick, dass nur so eine gewisse Kontrolle der Politik durch die Öffentlichkeit der Bürger gewährleistet werden kann. Es ist schon bedenklich, dass umfassende Informationen mitunter nicht von den Medien, sondern erst von anderer Seite kommen.

Die Fragwürdigkeit wurde besonders in den Berichten über Fehlverhalten und Straftaten von Migranten nach den Übergriffen in der berüchtigten Kölner Silvesternacht 2015/16 deutlich. Die Polizei stellte die Nacht zunächst als ruhig und ohne besondere Vorkommnisse dar. Ähnlich waren die ersten Aussagen der

Presse. Erst die Flut der vielen Facebook-Kommentare zeigte einen ganz anderen Verlauf der Nacht. Danach sah plötzlich alles anders aus. Nun änderte sich die Polizeidarstellung. Auch die Presseverlautbarungen waren dann weitgehend anders. Auf dem Bahnhofsvorplatz gegenüber dem Kölner Dom hatte es demnach zahllose sexuelle Übergriffe auf junge Frauen vor allem durch Migranten nordafrikanischer und arabischer Herkunft gegeben. Die Informationszurückhaltung der Medien gab es später auch in der Coronakrise. Als Ursache und Auslöser des plötzlichen Anstiegs etliche Neuinfektionen in einem Göttinger Hochhauskomplex, der zu Kindergarten- und Schulschließungen führte, gaben die Medien und der Polizeibericht lediglich private Feiern an. Die Öffentlichkeit erfuhr nicht etwa durch die Medien, sondern erst durch den Oberbürgermeister der Stadt, dass es sich um eine große Feier moslemischer Migranten handelte, an der sehr viele Personen teilnahmen *(4.1, S. 382)*. Statt den Bürger durch umfassende Informationen der Medien die Möglichkeiten zur Kontrolle der Ereignisse und Politik zu geben, wurden die Göttinger erst durch die Politik bzw. ihren Oberbürgermeister umfassend informiert. Der Journalist F. Roeingh kritisiert daher zu Recht: „In den vergangenen Tagen sind nicht nur die Stadt und die Polizei, sondern auch der NDR (Norddeutsche Rundfunk) und die Göttinger Lokalzeitung ihrer Aufgabe nicht gerecht geworden" (WK 3.6.2020). Zudem ist das bewusste, völlige oder weitgehende Ausblenden derartiger Informationen eine Entmündigung des Bürgers.

Für zurückhaltende oder abgeschwächte Informationen der Öffentlichkeit in der Coronakrise sprachen auch die sehr unterschiedlichen Angaben zu Großdemonstrationen gegen Coronaschutzmaßnahmen, die um 113.000 Personen für die Teilnehmerzahlen auseinanderliegen. Selbst wenn die Veranstalter ihre Teilnehmerzahlen deutlich hochgeschönt haben, erscheint die extrem geringere Teilnehmerangabe von der Polizei kaum glaubhaft und ebenfalls massiv nach unten geschönt. Deshalb verglich der stellvertretende Fraktionsvorsitzende der CDU/CSU Arnold Vaatz die Aussagen der Polizei mit den ostdeutschen Gepflogenheiten zu DDR-Zeiten (Bild, 8.8.2020). Fragwürdig sind auch bewusst verharmlosende Presseberichte, wenn z. B eine Tageszeitung von den USA berichtet „… ein Afroamerikaner ist bei einem Polizeieinsatz ums Leben gekommen", anstatt wahrheitsgemäß zu berichten „… er ist bei einer überzogenen Polizeiaktion erschossen worden" (WK 18.7.2020). Der Bericht liest sich wie von einem Unfall und gibt nicht entfernt die Tragweite des Geschehens wieder.

Die Berichterstattung der Presse ist auch in einigen anderen Bereichen nicht immer überzeugend. So wurde seit der Wiedervereinigung über den Arbeitsplatzabbau in Ostdeutschland oft auf den Titelblättern in Aufsehen erregenden großen Lettern berichtet, aber kaum in ähnlicher Form, wenn dort neue Arbeitsplätze entstanden. Für die Presse lässt sich auch ein gewisses Mainstreaming feststellen: Die Ehe wird häufig in Richtung Auslaufmodell dargestellt, wie demnach gleichfalls Kinder nicht zum Lebensglück gehören müssen, gleichgeschlechtliche Lebensgemeinschaften Normalität sind sowie die positiven Aspekte der fortschreitenden Globalisierung und von Multikulti hervorgehoben werden. Heimatverbundenheit wird eher als überholtes „von gestern" eingestuft und dargestellt, ausgenommen in den Illustrierten und der so genannten Regenbogenpresse. Die Berichterstattung und Kommentare der anscheinend aufgeschlossenen Medien sorgen für eine gewisse Polarisierung und damit unangemessene Emotionalisierung anstatt sich in angemessener breite mit dieser Thematik auseinander zu setzen. In der Tat hat heute für die Lebensführung die Eheschließung immer weniger Bedeutung, aber deren Anzahl steigt seit einigen Jahren wieder. Die z. T. fast glorifizierten Patchwork-Familien sind durchaus Realität. Die Glorifizierung der Patchwork-Familien in der Presse wird jedoch anscheinend von Kindern nicht geteilt. Befragungen, die im vorletzten Jahrzehnt in Frankfurt a. M. erfolgten, ergaben das für Kinder eine „heile", traditionelle Familie den höchsten Stellenwert hat.

Dass gleichgeschlechtliche Partnerschaften heute kaum noch Diskriminierungen erfahren oder gar kriminalisiert werden, ist eine der fundamentalen Errungenschaften westlicher Demokratien und damit auch der Bundesrepublik. Dennoch, zum Substanzerhalt der deutschen Bevölkerung sind nun mal Kinder unerlässlich und die entstammen weitgehend (abgesehen von künstlichen Befruchtungen) eben gemischtgeschlechtlichen Beziehungen. Deshalb ist die besondere Bedeutung der Ehe im Grundgesetz verankert, was sich letztlich auch in Steuervorteilen ausdrückt. Die Vorteile decken aber, wie oben dargestellt, die realen Kosten oft nicht ab. Sie werden zudem genauso Ehegemeinschaften ohne Kinder gewährt. Nun sehen nicht wenige Journalisten, wie auch andere Bürger, angesichts der NS-Vergangenheit keinen Sinn in der Erhaltung des deutschen Volkes. Deshalb begrüßen sie die zunehmenden ethnischen Veränderungen durch hohe Zuwanderungen mit deren hohen Kinderzahlen. Bürger, die sich dagegen wenden, werden häufig als gestrige oder sogar des Fremdenhasses bezichtigt.

Das Fernsehen ist ein wichtiges Medium für die Information der Bevölkerung, aber auch zu unangemessener Emotionalisierung mancher Themen und zur Unterhaltung. Die großen Talkshows, Unterhaltungsfilme sowie die Großveranstaltungen im Sport und Show-Business sind wesentliche Bestandteile öffentlicher Unterhaltung. Von der Grundausrichtung her bestand schon seit jeher dieser Bedarf, letztlich gewissermaßen ähnliche Unterhaltungswirkungen wie im Altertum Gladiatorenkämpfe in Rom sowie in Stadien anderer Städte des Altertums. Bei Fußballveranstaltungen gehören heute aber leider Ausschreitungen aggressiver Fans fast zum üblichen Beiwerk. Das widerspricht eigentlich völlig dem Sportgedanken und kostet dem Staat und damit den Bürger hohe Summen für Polizei und Ordnungsmaß-nahmen. Trotz der sehr hohen Verdienste im Spitzenfußball – Spitzenkicker sind häufig Multimillionäre – werden jedoch die Vereine bislang nicht oder kaum an den Kosten beteiligt. Dage-gen sind die großen Veranstaltungen im Showbusiness fast im-mer friedlich. Musikveranstaltungen, insbesondere in der Schla-gerbranche, haben häufig ein niedriges musikalisches Niveau. Die hohen Besucherzahlen belegen aber die von vielen Personen sehr geschätzte Entspannung und Unterhaltung dieser Veranstaltun-gen. Man könnte meinen, sie werden damit auch ruhiggestellt. Letztlich ist das auch eine Erscheinung, die von der beruhigen-den Volksunterhaltung im alten Rom nicht weit entfernt ist. Die Teilnehmer sind tendenziell keine Personen, die auf die Straße gehen, um Randale zu machen. Ihr Verhalten ist heute zudem voll überprüfbar, da die hohen Eintrittspreise i. d. Regel nicht bar entrichtet werden. Durch den Zahlungsvorgang kann belegt wer-den, wann wer an der Veranstaltung teilnahm. Mit der elektro-nischen Abbuchung lässt sich auch der Geldverkehr überprüfen. Die Teilnehmer erfüllen somit auch viele Sicherheits- und Über-wachungsanliegen von Polizei und Ordnungsadministration.

Bei dem hohen Übertragungsanteil ist das Fernsehen mit den Sport- und Showveranstaltungen unmittelbar verknüpft. Ande-re Fernsehbeiträge bieten wiederum wichtige Informationen. So informieren u. a. Sendungen wie defakto oder konkret kri-tisch über Missstände von Administrationen auf der Ebene von Kommunen, Bundesländern und Bund, wie gleichfalls auch über Missverhalten in der Wirtschaft oder anderen Institutionen wie Krankenkassen. Die Beiträge bieten wichtige Informationen für die Öffentlichkeit. Sie belegen für viele Bereiche des Lebens Fehler und Schwachstellen unseres Systems. Es erscheint z. T. unglaub-lich, was in Bereichen der Lebensmittelversorgung oder durch behördliche Willkür alles geschieht, aber es ändert sich meistens nicht. Man fragt sich, was die für den jeweiligen Bereich zuständigen Ministerien machen? Warum greifen sie nicht ein? In den Sendungen werden aber kaum die dafür verantwortlichen Politiker auf höherer Ebene benannt, wie Dezernenten einer Stadt oder die Minister bzw. Ministerinnen auf Landes- oder Bundesebene. Deshalb verlieren die Beiträge außerhalb der unmittelbaren Sachbezogenheit der Einzelfälle an Wirkung. Sie werden kaum Wählerverhalten bestimmen und damit Einfluss auf die Politik für Veränderungen ausüben. „Es wurde ja dargestellt und öffentlich darüber informiert. Da sieht man, wie umfassend uns Informationen zugehen". Das reicht offenbar. Da muss man nicht dran bleiben, damit sich etwas ändert, scheinbar. Außerdem denken viele, das ist ja Aufgabe der Politik hier zu handeln – aber die macht eben oft nichts.

Mitunter sind Verlautbarungen auch höchst zweifelhaft. So gab es, wie oben angesprochen, Fernsehdarstellungen und auch Pressemeldungen, in denen der Anteil ausländischer Straftäter bezogen auf die relevante Altersgruppe angeblich etwa dem Anteil deutscher Straftäter entsprach. Das ist verwunderlich, denn, wie oben dargestellt *(3.6, S. 176, 2.2.1, S. 114-115)*, sind z. B. in hessischen Justizvollzugsanstalten nahezu die Hälfte der einsitzenden Straftäter keine deutschen Staatsbürger, also weitaus mehr als deren Anteil der in Hessen lebenden vergleichbaren Altersgruppe der Ausländer. Das entspricht aber nicht dem Mainstream der deutschen Justiz und mancher Parteien. Kritisch sind auch die verhaltenen Reaktionen der Presse auf das Fehlverhalten der Politik zu erachten, etwa wenn Urteile des Bundesverfassungsgerichtes nicht umgesetzt werden, wie zur ausbleibenden Wahlrechtsreform oder zum Einsatz des Staatstrojaners. Bei einem derartig rechtswidrigen Umgang der höchsten politischen Ebene Deutschlands müsste die Presse dieses Verhalten viel intensiver und anhaltender anprangern, damit dem Bürger die Tragweite bewusster wird. Gleichfalls findet das Nicht-Einhalten von Wahlversprechen in der Presse kaum noch Beachtung, wie Frau Merkels nicht eingehaltene Ankündigungen zur Digitalisierung, zum Bürokratieabbau oder zur Umsetzung von Klimazielen. Genauso gab es kaum Pressekommentare zu dem Widerspruch des Verhaltens der Kanzlerin, als sie die Bombardements des syrischen Assad-Regimes scharf verurteilte, aber über die fast zeitgleichen, vergleichbaren türkischen Bombardierungen syrischer Kurdengebiete kein Wort verlor.

Die neuen Medien

Diese Entwicklung des Informationszugangs wird durch die neuen Medien und verändertes Kommunikationsverhalten massiv überlagert. Das beginnt schon bei den zwischenmenschlichen Kontakten und verändert ebenfalls die Öffentlichkeit. Statt dem wohl überlegten, mühsam abgefassten, persönlichen, handgeschriebenen Brief sind heute kurze Mails per Computer oder noch knapper gefasste SMS per Handy üblich. Kennenlernen, Dates usw. erfolgen heute zunehmend per Kommunikationsmedien und nicht durch erste persönliche Begegnungen. Egal ob im öffentlichen Verkehrsmittel oder auch als junges Pärchen auf einer Bank im Park gemeinsam sitzend, wird die Kommunikation zunehmend gleichzeitig zu anderen per Handy oder Smartphone geführt, mit entsprechender Rückläufigkeit persönlicher Gesprächskontakte. Viel wesentlicher sind jedoch die so ermöglichte Informationsverbreitung durch Bürger/innen ohne staatliche und institutionelle Regelungen. Die oben angeführten Widersprüche zu den Darstellungen der berüchtigten Kölner Silvesternacht haben die Einflüsse und die Bedeutung der neuen Kommunikationsmedien verdeutlicht. Da wird zeitnah berichtet, wie der/die Einzelne etwas erlebt, ohne Beschränkung eines ethnischen Filters oder anderer Hemmnisse. Aufgrund der Gegensätze in der Berichterstattung zur Kölner Nacht wurde der Presse ein bewusstes Verschweigen von Tatsachen unterstellt. In Anbetracht des üblichen „ethnischen Filters" ist das nicht als ganz abwegig zu erachten. Die Kritik ging bis zur Verunglimpfung als Lügenpresse. An Facebook und den anderen neuen Medien ist heute nicht mehr vorbeizukommen. Die Tagespresse wie auch andere Informationsorgane legten inzwischen wohl deshalb ihre bisherige weitgehende Zurückhaltung ab. Sie nennen heute schon eher die ethnische Herkunft von Straftätern.

Zugleich werfen die neuen Medien wie Facebook aber auch schwerwiegende Probleme auf. Viele Beiträge basieren auf ungeprüften Informationen, die eher vom Hörensagen oder von anderen Facebook-Mitteilungen stammen, ohne wahr zu sein. Probleme liegen vor allem in der sehr kurzen Zeit, in der die Nachricht empfangen werden kann. Wegen der inzwischen bestehenden Konkurrenz machen das z. T, auch die „alten Medien" nicht mehr. Deshalb erfolgt oft keine Überprüfung oder sie ist zeitnah nicht möglich, so dass zunehmend Meldungen ungeprüft herausgehen. Nach Pressedarlegungen kann das Ängste hervorrufen, die politisch nutzbar sind, wie die Debatte um Zuwanderungen, Integration und Straftaten von Flüchtlingen. Über die sozialen Netzwerke lassen sich Kampagnen initiieren und steuern, um Stimmungen zu schüren und zu verunsichern. In den sozialen Netzwerken stehen ggf. Tatsachen, Falschmeldungen, bloße Meinungen oder auch bewusste Lügen nebeneinander. Statt Erklärungen werden dort oft Bilder oder Videos gezeigt. Das weckt Emotionen und kann diese auch schüren. Es geht mitunter um Provokation statt um Debatten, um Extremes statt um Konsens. In einer derart offenen digitalen Gesellschaft kann so Verlust an Gemeinschaft entstehen und die Solidarität schwindet (WK 23.11.2018). Beispielhaft sind die Behauptungen einiger Frauen über sexuelle Belästigungen durch Ausländer in Frankfurt. Aufgrund eklatanter Widersprüche ihrer Angaben wurden die Aussagen als frei erfunden und unwahr entlarvt. Weitere negative Beispiele sind das Mobben von Personen, was bis hin zu übelsten Beschimpfungen reichen kann (WK 18.8.2018), wie im

September 2019 u. a. die niveaulose, verunglimpfende Beschimpfung der Grünen-Politikerin Renate Künast *(2.3, S. 161-162)*. Die Akteure vertrauen auf die Anonymität der neuen Medien, was zunehmend deren Hemmschwelle senkt. Laut Presse breiten sich anonyme Hetze und Verunglimpfung mit Hasscharakter über neue Medien und Internet aus (WK 18.8.2018).

Das hat wiederum zu neuen gesetzlichen Regelungen geführt. Gemäß der neuen Gesetzesregelungen des vorletzten Justizministers Maas müssen strafrechtlich relevante Inhalte von den großen Online-Netzwerken wie Facebook oder Twitter innerhalb von 24 Stunden gelöscht werden, da sonst den Unternehmen ein Bußgeld bis zu 50 Mio. € droht. Die Löschung eines Beitrages des Satiremagazins „Titanic" auf dem Twitter-Account lässt Zweifel aufkommen. Kritiker werfen den sozialen Netzwerken das Fehlen sachgerechter Differenzierung vor. Der Hauptgeschäftsführer Wolff des BDZV (Bundesverband der Zeitungsverleger) befürchtet, die Betreiber würden im Zweifelsfall gegen die Meinungsfreiheit entscheiden, um sich vor möglichen hohen Geldstrafen zu schützen. Laut Darlegung des Wiesbadener Kuriers hätten die Verantwortlichen bei Twitter mit ihrem Vorgehen gegen das Satiremagazin „Titanic" massiv in die Pressefreiheit eingegriffen (WK 1.6.2019). Die Kritik des Vorsitzenden des DJV (Deutsche Journalistenverband) Frank geht noch weiter: „Ein privatwirtschaftliches Unternehmen mit Sitz in den USA bestimmt darüber, wie weit Presse- und Meinungsfreiheit in Deutschland reicht. Das ist ein Ausverkauf von Grundrechten. Deshalb müsste das neue Gesetz sofort abgeschafft werden" (WK 6.1.2018). Heute haben wir eine Umbruchsituation. Die neuen Medien schaffen ganz neue Informations- und Kommunikationsmöglichkeiten. Sie eröffnen aber zugleich auch neue Möglichkeiten und Wege Falschmeldungen und Hass zu verbreiten, denen entgegenzuwirken ist. Wir befinden uns in einem extremen Wandel, was gerade für die Formen von Kommunikation und Öffentlichkeit gilt. Der weitere Verlauf ist jedoch schwer und überhaupt nicht verlässlich abzuschätzen. Man darf gespannt sein, was kommt.

Der Mainstream

Der Mainstream spiegelt die kulturelle Einstellung, die für den der Großteil der Bevölkerung zugänglich ist und für den mehr oder weniger Konsens besteht (Google 06.05.2021). Der Mainstream wird zudem weit mehr von bestimmten Wertvorstellungen lautstarken Gruppen als von realen Fakten sowie auch vom Einfluss von Populisten geprägt. Seit einiger Zeit gilt das vor allem für die Multi-Kulti-Kultur, Ausländeraufnahme, Umweltschutz, Stellung der Frauen, MeToo-Bewegung und Sexismuskritik.

Die Multi-Kulti-Bewegung vertritt eine Ausrichtung auf eine kulturelle und von den Werten her weitgehend gemischte deutsche Gesellschaft. Zugleich werden dabei jedoch die Widersprüche anderer Kulturen, wie eben der Moslems zur Stellung der Frau ausgeblendet.

Diese Entwicklung steht auch im krassen Gegensatz zu den Gender-Bemühungen. Gender beinhaltet zur Stärkung der Frauenrechte und -position die sprachliche Weiterentwicklung. Der hessische Sozialminister Klose verwies 2015 auf gesetzliche Regelungen, wonach in der Sprache auch die Gleichberechtigung zum Ausdruck zu bringen ist. Für Frauen und Männer soll zukünftig nicht mehr die in der deutschen Sprache übliche einheitliche maskuline Form verwendet werden, sondern immer auch die weibliche Form. So darf es z. B. nicht die Minister heißen, sondern die Ministerinnen und Minister oder nicht die Bürger, sondern die Bürgerinnen und Bürger. Nach meinen persönlichen Erfahrungen werden in der Genderschreibweise stets zuerst die weibliche Form und dahinter die männliche aufgeführt und nicht etwa neutral in abwechselnder Reihenfolge.

Dem überwiegenden Teil der Bevölkerung ist diese Thematik nicht nur egal, sondern die Veränderung wird, wie oben dargelegt, abgelehnt. Laut Pressebericht vom Frühjahr 2019 lehnen etwa zwei Drittel der deutschen Frauen und Männer die Nutzung der geschlechtsneutralen Sprache ab. Das gilt demnach selbst für 60 % der Grünen (WK 5.4.2019).

Als Wissenschaftler kann ich mich, trotz Vater von zwei Töchtern, aus pragmatischen Gründen mit Gender schwer anfreunden. In gut lesbaren Tabellen sollten statt Abkürzungen die Bezeichnungen möglichst ausgeschrieben stehen. In der Genderschreibweise ist das mit der dafür erforderlichen Textlänge oft kaum möglich. Germanisten verweisen außerdem auf die weniger überzeugenden Veränderungen, wenn die Texte der Größen deutscher Schriftkultur, wie Goethe oder Schiller, in Genderschreibweise verändert werden. Am Beispiel des Gedichtes „die Glocke" kann das jeder nachvollziehen. Ein neues Urteil des Bundesverfassungsgerichtes birgt zusätzliche Brisanz. Das Gericht hat für Eintragungen in das Geburtsregister die Beschränkung auf zwei Geschlechtsoptionen als Verstoß gegen das Persönlichkeitsrecht verworfen. Zukünftig können dort auch „ohne Angabe" oder „divers" eingetragen werden. Die Genderregeln reichen also nicht aus. Außerdem dürfte die Beseitigung der gegenüber Männern oft geringeren Lohnzahlungen für Frauen und deren Ausweitung auf Leitungsebenen weitaus wichtiger für die Stärkung der weiblichen Position sein. Dagegen steht auch das Argument, dass der Kulturkampf um die Schreibweise im vorpolitischen Feld geführt wird, um nicht die tatsächliche Benachteiligung der Frauen endlich nachdrücklich anzugehen. Zudem sind die Gehaltsunterschiede in der Bundesrepublik heute höher als in 15 weiteren EU-Mitgliedsstaaten (Eurostaat 2019, Stand 2017). Man darf gespannt sein, wo die Gender-Entwicklung hinführt, zumal viele moslemische Neubürger wohl ganz andere Vorstellungen haben dürften.

In der Presse wird seit kurzem die Genderkritik an der üblichen männlichen Formulierung „der Gott" angeführt, bei Bestrebungen für eine sprachliche geschlechtsneutrale Form. Diese Bedenken gab es schon lange vor der Genderbewegung, denn Gott muss übergeschlechtlich sein, sonst wäre er unvollkommen und könnte nicht Gott sein. Eine Anpassung der alten Schrift Bibel und der noch älteren Ursprungsschrift der jüdischen Thora an die Genderregeln wäre kulturell schon höchst zweifelhaft. Vor einer Änderung der Bibel wäre es weitaus angebrachter und wichtiger die unsinnigen Ausführungen zur Erschaffung Evas zu korrigieren, eine der wesentlichsten Fakten für die nachrangige Stellung der Frau in den Weltregionen Christentum und Islam sowie ebenfalls auch im Judentum, aber davon hört man, ausgenommen von Atheisten, nichts.

Ein neues Thema in der öffentlichen Diskussion ist die MeToo-Bewegung und die damit zugenommene Sexismusdebatte, die durch die aufgedeckten Übergriffe eines amerikanischen Filmproduzenten ins Rollen kam, Die Bewegung richtet sich gegen sexuelle Übergriffe auf Frauen. Seit dem bezichtigen vor allem Frauen aus dem Bereichen Bühnen, Film und Showbusiness frühere Vorgesetzte und Kollegen sexueller Übergriffe, die diese vor längerer Zeit, z. T. vor 20 bis 30 Jahren, begangen haben. Man fragt sich aber, wieso diese Vorwürfe und Anschuldigungen erst jetzt nach so langer Zeit erhoben werden, wo die Fristen für eine strafrechtliche Ahndung in den meisten Ländern längst abgelaufen sind. Zugleich wird in der jüngeren Vergangenheit auf breiter „Front" gegen Sexismus polemisiert. Beispielhaft sind zwei Fälle aus dem Jahre 2019. Die frühere CDU-Vorsitzende AKK A. Kramp-Karrenbauer hatte in einer Büttenrede, wohl im Hinblick auf das Urteil des Bundesverfassungsgerichtes, scherzhaft die Einführung einer dritten WC-Klasse als Ergänzung für die Frauenaborte und die Männeraborte gefordert. Dagegen wurde als angebliche Frauen-Diskriminierung lautstark polemisiert. Noch größere Wellen verursachte das Bundesverkehrsministerium mit einer Plakataktion. Um junge Radfahrer zur Nutzung eines Fahrradhelmes anzuregen, war eine leicht, aber nicht anstößig bekleidete hübsche Frau (Germans Next Topmodell) mit einem Fahrradhelm abgebildet. Es gab eine Welle von Protesten, u. a. vom SPD-Mitglieder Maria Noichl, Josephine Ortleb und Manja Schüler, aber auch von Aktivistinnen der feministischen Seite. Die Vorwürfe: Das Plakat sei abstoßend, peinlich, dumm und sexistisch. Frauen fühlen sich dadurch beleidigt, altbacken sexistisch beleidigt und Frauen werden dadurch als Objekt und zutiefst sexistisch dargestellt usw. In meinem recht großen Bekanntenkreis habe ich keine Frau gefunden, die diese Auffassung teilt. Die meisten interessierten sich dafür nicht und es war ihnen egal. Laut Presseberichten sieht das der Großteil der Bundesbürger ebenso, auch die bundesdeutschen Frauen. In der Sexismusdebatte haben Feministen ein weiteres Thema entdeckt. Sie sehen im Büstenhalter ein Symbol zur Unterdrückung der Frauen, den es zu boykottieren gilt (WK 12.8.2020). Ich habe vor längerer Zeit in Afrika gelebt. Damals trugen dort auf dem Land viele Frauen dieses Unterdrückungssymbol nicht, inzwischen ist es das ganz anders. Wenn die Feministen in der Ablehnung eines Büstenhalters ihre Erfüllung sehen, warum nicht? Sie müssen keinen tragen, aber sie sollten nicht beanspruchen, mit dieser Ausrichtung gar das Interesse des Großteils der Frauen zu vertreten. Das gilt für viele dieser Anliegen. Sie sind legitim, aber eben als persönliche Meinungen und nicht im Anspruch den Großteil der Frauen zu vertreten, denn das wird häufig in Umfragen widerlegt.

Die Zeitschrift FOKUS berichtete 2018 darüber, dass verschiedentlich Museen bereits die Ausstellung von Bildern, die nackte Frauen zeigen, als bedenklich einstufen. Sie könnten sexistisch sein, insbesondere wenn sie bestimmte Posen wiedergeben. In Manchester wurde ein viktorianisches Gemälde, das einen nackten Mann zeigte, den eine nackten Nymphe in einem Teich in den Tod lockte, abgehängt. Andreas Röder berichtete in einem Pressebeitrag, dass an einer Berliner Hochschule ein Gedicht von Eugen Röhmer übermalt wurde. Das Gedicht handelte von Frauen und Blumen. Daraus wurde eine Gleichstellung von Frauen mit dem Objekt Blumen interpretiert und daraus wiederum eine sexuelle Belästigung, der Frauen täglich ausgesetzt sind. Für mich ist das ein unglaublicher Vorgang verklemmter Prüderie, der noch die Moralauffassung vor der Zeit der 68er übertrifft. Es gibt inzwischen konkrete Vorgaben sexistische, rassistische, ableistische, lookistische, klassische, atheistische oder sonstige diskriminierende Bezüge nicht mehr zu akzeptieren. Gott sei Dank, bislang herrscht dennoch in weiten Bereichen die Grundauffassung der Freiheit von Kunst vor. Ich kann das nur begrüßen, zumal ich zeitweilig an einer der renommiertesten deutschen Kunsthochschulen studierte.

Die Entwicklung, wenngleich bislang eher nur von einer lautstarken Minderheit getragen, spricht für einen Rückfall ins prüde Spießerbürgertum, das in der Bundesrepublik vor den gesellschaftlichen Umbrüchen durch die 68er Generation vorherrschte. Damit sollen hier keinesfalls Übergriffe, insbesondere sexistische, körperliche Übergriffe gegenüber Frauen, verharmlost oder gar abgetan werden. Diese sind ohne Wenn und Aber abzulehnen und strafrechtlich zu ahnden. Aber die Proteste gegen die Fahrradhelmkampagne oder den Büttenredebeitrag von AKK, wie auch der neue Umgang mit Nacktbildern in der Kunst, ist nur zutiefst spießig und prüde einzustufen. Hoffentlich wird damit nicht ein Rückfall in das deutsche prüde Spießertum eingeleitet, das vor dem Einwirken der 68er Generation vorherrschte. Religionsvertreter würden das vermutlich durchaus begrüßen, insbesondere Moslems, da mit den Vorgaben des Korans die freizügige Ausrichtung und Nacktdarstellungen unvereinbar sind. Laut Pressedarstellungen steht die große Mehrheit der Bevölkerung bislang aber nicht hinter dem neuen Aufleben zum prüden Spießertum. Verwunderlich ist auch die bislang nahezu völlig fehlenden Aussagen der MeToo Bewegung und Sexismuskritikerinnen zu Koranstellen, die eindeutig Frauen benachteiligen. Wo bleibt da das Aufbegehren, die Auseinandersetzung, wo doch der Koran schon großen Einfluss auf das Weltbild und das Verhalten vieler Männer gegenüber Frauen hat? Das gilt auch für strukturelle Probleme der Frauen in der westlichen Gesellschaft und erfordert eigentlich eine substantielle öffentliche Debatte, daher lässt man das lieber.

Mainstream: Toleranz und Meinungsbildung

Von den meisten Inhaltsfeldern des Mainstreams gehen Einflüsse auf die Meinungsfreiheit aus.

In der neuen Sexismus Debatte besteht ein enger Zusammenhang mit der alarmierenden Tendenz der schwindenden Toleranz in der Öffentlichkeit. Die Meinungen werden bei zunehmender Polarisierung und sinkender Toleranz immer mehr vom Mainstream bestimmt. Der Mainstream richtet sich wie dargelegt vor allem an Werthaltungen und nicht an Fakten aus. Sie stammen häufig lediglich von eher kleineren Gruppierungen, aber beanspruchen die einzige Wahrheit für den Großteil der Bevölkerung zu vertreten. Wer andere Meinungen als der Mainstream vertritt, gilt schnell als suspekt. Statt Gemeinsamkeiten und Gespräche zur Überbrückung und Annäherung unterschiedlicher Positionen findet zunehmend eine Beharrung auf die eigene Position als das einzige Richtige, wie mit einem Tunnelblick, mit entsprechender Polarisierung statt. Dementsprechenden bleiben andere Meinungen ungehört und werden fast feindselig abgelehnt. Die Frauenrechtlerin Alice Schwarzer beklagt: „Es kann nicht sein, dass jeder, der das Kopftuch infrage stellt, als Rassist oder Nazi bezeichnet wird" (WK 9.5.2020). Bei der sinkenden Meinungstoleranz in der Öffentlichkeit nimmt zugleich in der Gesellschaft die Aggressivität zu. Dafür sprechen nicht nur die häufigen Auseinandersetzungen, über die viele Ortszeitungen berichten, sondern auch die Erfahrungen über die stark ansteigende Aggressivität im Straßenverkehr oder die Häufung von Bedrohungen,

Beschimpfungen, selbst von tätlichen Angriffen auf Schiedsrichter bei Fußballspielen. Inzwischen sind in kleinen Gemeinden auch zunehmend viele Bürgermeister und Kommunalpolitiker davon betroffen. Der Geschäftsführer des Verbandes kommunaler Wahlbeamten in Hessen, K.-C. Schelzke sieht in dieser Entwicklung wohl zu Recht eine Gefahr für die Demokratie (WK 21.8.2020). Diese Entwicklung, die in erheblichem Maße der Meinungsfreiheit bis hin zu deren Unterdrückung entgegensteht, beleuchtet W. Kubicki uns 2020 anschaulich anhand einer Vielzahl von Fakten und Quellen (Kubicki , S. 54–114).

Der Kern dieser Entwicklung liegt im Anspruch, allein das Richtige zu vertreten. Bestimmte moralische Positionen werden als unumstößlich vor Fakten gesetzt und vorgegeben. Nur die sind demnach richtig, alles andere ist falsch und verwerflich. Gleichzeitig fehlt oft eine dezidierte Begründung der Vorgaben für moralischen Positionen oder Darlegungen und Auseinandersetzungen mit Fakten, die dafür- und – auch das müsste sein – ggf. dagegensprechen. Damit wird eine demokratiefeindliche Meinungsdiktatur vorgegeben, was vor allem für Themenfelder wie Rassismus, Überfremdung, Klima und Umwelt oder Sexismus gilt. Das Meinungsdiktat der eignen und alleinigen richtigen Werte war aber immer schon ein Grundmerkmal von Diktaturen. In der NS-Zeit galt nur die Vorgabe der Nazis. Alles andere war falsch oder unvölkisch und wurde oft strafrechtlich verfolgt. Im Kommunismus galt dieser Anspruch unverblümt mit Lenis Proklamation der „Diktatur des Proletariats". Die DDR richtete sich letztlich ebenfalls danach aus, auch da galten die Staatsvorgaben ohne offene Diskussion.

Für die Bundesrepublik traf das lange Zeit nicht zu. Die Meinungsfreiheit war unumstößlich, soweit sich dahinter nicht eine Rückkehr zu NS-Ideologien offenbarte.
Das hat sich inzwischen verändert, denn der Mainstream und daran anknüpfende Werte von Gruppenideologien herrschen

vor. So wird jeder, der sich in unserem Lande gegen die hohen Zuwanderungen ausspricht, unser Land gar als überfremdet erachtet und sich dann noch für ein Stopp der Zuwanderungen ausspricht, schnell zur Unperson und des Fremdenhasses oder Rassismus bis hin zur Volksverhetzung bezichtigt. Genauso kann es schnell jedem gehen, der sich gegen Multi-Kulti ausspricht oder gar rechtskonservative Positionen vertritt. Ähnliches steht Personen bevor, die Positionen von Umwelt- und Klimaschützern kritisieren. Die Umwelt und das Klima sind ohne Wenn und Aber ein sehr hohes und damit vor der latenten Gefährdung zu schützendes Gut. Der Weg dazu ist aber nicht immer so eindeutig, wie von den Aktivisten dargestellt. Deshalb sind manche ihrer fast mit diktatorischem Anspruch verkündeten Vorgaben durchaus zweifelhaft.

Die Umweltbelastung durch Dieselfahrzeuge ist unbestritten, aber die Hochrechnungen, die die DUH (Deutsche Umwelthilfe) anführt, sind wie die Grenzwerte der *EU* nicht zweifelsfrei. Den Umweltverbänden sind zwar unbestritten in vielfacher Hinsicht große Verdienste anzuerkennen, aber ihre Argumente stützen sich teilweise auf falsche Fakten. Ein weltweit beachtetes, bereits Jahrzehnte zurückliegendes Beispiel waren die Warnungen von Greenpeace vor einer enormen Meeresölverschmutzung, wenn die damals geplante Versenkung einer ausgedienten Ölförderplattform erfolgt**.** Aufgrund der großen Medienwirkung wurde die Plattform nicht versenkt, sondern ordnungsgemäß abgebaut. Für die Umwelt war das gut und richtig. Beim Abbau kam aber auch zutage, dass die Ölplattform kaum noch Ölreste enthielt und ihre Versenkung im Meer nicht die behauptete große Ölverseuchung, sondern nur sehr minimale Belastungen bewirkt hätten. Das ist lange her, aber unsachlich und falsche Argumentationen im Umweltschutz werden auch heute vorgebracht, „wenn es der Sache dient". Die Alarmmeldungen der Deutschen Umwelthilfe wegen der angeblichen Lebensverkürzung durch Autoabgase, insbesondere Dieselabgase in den Städten, sind fragwürdig, um nicht unsinnig zu sagen *(2.4, S. 184)*. Ein Vergleich der unterschiedlichen Lebensdauer in den Gebieten Deutschlands belegt, dass in den Städten die Lebenserwartungen über dem Durchschnitt liegen. Das gilt zum einen wegen der dortigen besseren medizinischen Versorgung, aber auch weil die dortige Bevölkerung sozial meistens etwas besser gestellt ist und ihre dort ermöglichte abwechslungsreichere Lebensführung und höhere Lebenszufriedenheit sich auch auf eine längere Lebenszeit auswirkt (WK 24.7.2020).

Ein aktuelles Beispiel für die einseitige und letztlich unseriöse Argumentation sind die Verlautbarungen des DUH (Deutschen Umwelthilfe e. V.) nach einem schrecklichen Berliner Unfall eines SUV-Pkw mit vier Todesopfern. Nach den Darlegungen des DUH war das unfallverursachende Fahrzeug ein panzerähnlicher, übergroßer und übermotorisierter Porsche-SUV. Daraus leitete der DUH die Forderung ab, SUVs in Innenstädten zu verbieten. Es gibt diese übergroßen Autos, aber das Unfallauto, ein Porsche-Marcan, ist von der Länge her kleiner als die Mittelklassen Autos Opel Insigna, Passat- oder Skodakombi. Pkws der höheren Mittelklasse haben noch deutlich größere Abmessungen und deren Motorleistungen liegen nicht selten noch weit über der des Unfallautos Porsche-Marcan. Wenn die Umwelthilfe dagegen Position bezieht, dann sollte das für alle vergleichbaren Autos gelten und nicht nur für SUVs. Hier wird von einem Umweltverband mit falschen Fakten polemisiert. Vermutlich erfolgt das bewusst, um den Autotyp SUV aus den Innenstädten zu verdrängen, da dieser zum Zeitpunkt des Unfalls einen Anteil von 33 % der Zulassungen ausmachte. Die diktatorische Meinungsvorgabe scheint zu sein: Wenn es „der Sache dient", ist das richtig, da das Anliegen, das dahintersteht, richtig erscheint. Hier wäre eine Richtigstellung der Politik angebracht. Außer von der FDP war aber nichts zu hören.
Die Fragwürdigkeit des unterstellten Einflusses des Autoverkehrs auf innerstädtische Belastungen durch Stickstoffdioxid und

Feinstaub wurde in der Coronakrise deutlich. Obwohl der Autoverkehr als Folge der Krise erheblich zurückging und in den Stadtzentren nur noch ein Bruchteil des Aufkommens vor Corona betrug, ermittelten z. B. die Messstationen in Halle oder Hamburg einen plötzlich starken Anstieg der Grenzwerte. Das waren unglaubliche Messergebnisse, in Anbetracht der sehr wenigen Autos, die dort noch fuhren. Nun zeigte sich, dass der Anstieg der Messwerte ganz andere Ursachen hatte. Die Belastungen waren auf Saharasandstürme zurückzuführen, mit ihren von weit her zugewehten Belastungen wie in Halle. In Hamburg zeigte sich noch eine weitere Ursache. Dort kamen die Belastungen von Holzpelletöpfen, mit denen ökologisch bewusste Hamburger Mitbürgern heizten (Neubacher, A. in: Der Spiegel Nr. 17, 18.4.2020, S. 17). Die Belastungen durch den Kfz-Verkehr sollen hier nicht bestritten und verharmlost werden, aber auf die Luft der Innenstädte wirken offensichtlich noch ganz andere Ursachen hochgradig belastend ein. Es wäre gut, wenn die Ursachen der Umweltbelastungen umfassender und ohne einseitige Vorgehensweisen und Betrachtung erforscht werden, bevor Umweltaktivisten mit ihrem radikalen alleinigen Wahrheitsanspruch entsprechende Maßnahmen fordern und durchsetzen. Zugleich fragt sich, warum sich das Bundesumweltministerium mit den Zusammenhängen nicht gründlich auseinandersetzt, um derartige Argumentationen zu prüfen und einzuleitende Maßnahmen auf eine umfassende sachliche Grundlage zu stellen?

Die unsachgemäße Argumentation setzt sich auch in anderen Bereichen fort. Viele Demonstrationen gegen die Erderwärmung führen die negativen Folgen für Flora und Fauna an und begründen damit das Artensterben. Für das Artensterben im Meer ist aber zugleich die Verseuchung durch Plastik, insbesondere Mikroplastik, eine der wesentlichen Ursachen und für das Artensterben auf dem Land, insbesondere der Tierwelt, die Vernichtung von Naturräumen. Die öffentliche Diskussion stellt aber vor allem die Erderwärmung als Ursache dafür dar. Dabei hat die Vernichtung bislang unberührter Naturräume eine weitaus größere Bedeutung. Die Vernichtung der Naturräume geht jedoch nicht in erster Linie vom Klimawandel aus, sondern von den Folgen anhaltender Flächenausweitung für Agrar- und Landwirtschaft als Folge des enormen Bevölkerungswachstums *(2.1, S. 90-91)*.

Das gravierende Beispiel ist Afrika. Zu Beginn der 50er Jahre lebten auf dem afrikanischen Kontinent lediglich etwa 234 Mio. Menschen. Heute sind es bereits 1,3 Mrd. Die Prognosen gehen bis 2050 von einem fortgesetzten Anstieg auf 2,5 Mrd. Menschen aus und bis 2100 von einer fortgesetzten Erhöhung auf 4,4 Mrd. Für die Ernährung der seit 65–70 Jahren anhaltenden enorm angewachsenen Bevölkerung reichen die bestehenden, traditionellen landwirtschaftlichen Flächen schon lange nicht mehr aus. Das erhöht auch den Zuwanderungsdruck auf Europa. Afrikas Bevölkerungswachstum wird China und Indien, die heute jeweils über eine Mrd. Einwohner haben, bei weitem übertreffen. China hat angesichts der damit verbundenen Probleme seit längerer Zeit mit drakonischen Maßnahmen gegengesteuert und das Bevölkerungswachstum weitgehend abgeschwächt. In Afrika ist das anders: zum einen wegen der unsicheren politischen Verhältnisse und weil dort Kinder oft die wesentliche oder einzige Altersversorgung sind sowie wegen der religiösen Einflüsse. Ein erheblicher Teil der afrikanischen Bevölkerung, insbesondere in den Gebieten nördlich des Äquators, ist moslemischen Glaubens. Diese Religion spricht sich nachdrücklich für Kinderreichtum aus. Selbst in Deutschland berichten Moscheebesucher, dass die Imame des islamisch-türkischen Ditib in ihren Predigten den Gläubigen mindestens vier Kinder nahelegen. Diese Ausrichtung dürfte auch für Moslems in Afrika gelten. Statt sich für die dringend notwendige Geburtenreduzierung und -kontrolle einzusetzen, predigen Vertreter dieser Religion hohe Kinderzahlen. Für christliche Religionen galt das lange Zeit ebenfalls, nur war hier nie die dramatische Lage, auf die Afrika zusteuert. Um hier wirklich nachhaltige Veränderungen, auch für den Artenschutz, zu erreichen, müssten diese Zusammenhänge längst und mit großem Nachdruck auch von den Umweltaktivisten kritisiert und für Gegenmaßnahmen demonstriert werden. Zugleich bedarf es wesentlicher Verbesserungen der Altersversorgung, etwa wie es in China gelungen ist. Das ist jedoch äußerst schwierig wie die Entwicklung in Indien mit einer chinaähnlich großen Bevölkerung zeigt. Hier wären massive Unterstützungen und Beratungen etwa durch Europa wichtig, wobei diese von den örtlichen Machthabern nicht unbedingt willkommen sind. Bei diesen schwierigen Gegebenheiten und den hohen Aufwendungen, die eine entsprechende Unterstützung erfordert ist diese bislang weitgehend unterblieben. Die deutsche und die europäische Politik halten sich da ebenfalls raus, obwohl dringendes Handeln geboten wäre.

Mainstream und Meinungsfreiheit

Der Spiegelausgabe 2019/Nr. 45 mit dem Leitthema „Meinungsfreiheit" berichtet von mehreren neuen Umfragen. Sie ergaben, viele Deutsche sind heute in Sorge ihre Meinung frei zu äußern. Sie halten sich entsprechend in der Öffentlichkeit zurück. Laut Spiegel ist das nur eine gefühlte Bedrohung der Bevölkerung zur Meinungsfreiheit, die nicht der realen Wirklichkeit entspricht. Dagegen belegt W. Kubicki, dass in Deutschland missliebige vom Mainstream abweichende Äußerungen zur beruflichen Vernichtung bis hin zur Ausgrenzung ihrer Kinder führen können (Kubicki, W., S. 104–105). Der umstrittene, geschasste ehemalige Chef des bundesdeutschen Verfassungsschutzes Hans-Georg Maaßen erachtet heute ebenfalls die Meinungsfreiheit in Deutschland als beeinträchtigt. Er sieht deshalb die Gefahr der Stigmatisierung und Ausgrenzung, wie sie früher oft in kommunistischen Staaten bestand. Nun mag Herr Maaßen evtl. eine einseitige Sichtweise haben, wie die angeführten Gründe für seine

Amtsabsetzung belegen, aber bei dem umfassenden Informationsstand als Verfassungsschutzchef könnte seine Aussage nicht völlig abwegig sein. W. Kubicki sieht in seinem jüngst veröffentlichten Buch (Kubicki, W.: Meinungsfreiheit) wegen der Beeinträchtigung der Meinungsfreiheit letztlich eine Gefährdung der deutschen Demokratie. Kubicki äußert dazu in einem Interview: „Das Gefühl, aufgrund einer Meinungsäußerung persönlich oder gar existenzielle Probleme zu bekommen, war noch nie so weit verbreitet wie jetzt. Die meisten Menschen glauben nicht, dass es eine staatliche Zensur gibt, sondern sie haben das Gefühl, dass eine gesellschaftliche Zensur stattfindet. Viele Fragen werden nicht mehr argumentativ, sondern an Hand der moralischen Haltung diskutiert" (WK 6.10.2020). Hier zeichnet sich eine sehr beunruhigende, demokratiegefährdende Entwicklung ab. In der der Öffentlichkeit muss jedoch uneingeschränkt die Meinungsfreiheit gelten und vom Staat verteidigt werden. Dazu müsste der Staat auch argumentativ dominanten Gruppenmeinungen entgegentreten, die ihre Ansicht als alleinige Wahrheit nahezu diktatorisch vertreten, wie eben auch im Umwelt- und Klimaschutz, in der Sexismusdebatte oder zur Ausländerzuwanderung. Von unserer Regierung und der Politik wird aber das „unbequeme" Thema Gefährdung der Meinungsfreiheit weitgehend ausgeblendet.

Ein Widerspruch gegen den „offiziellen Mainstream" zur Flüchtlingsfrage führt heute eben schnell zur Bezichtigung des Fremdenhasses und der Volksverhetzung, den, wie oben angeführt, auch Alice Schwarzer beklagt. Dabei müsste zum Recht auf freie Meinungsäußerung auch eine Ablehnung der Zuwanderungen oder anderer Gruppen gehören, solange damit nicht Handlungen verbunden sind, die sich gegen die Unversehrtheit anderer Personen richten oder gar dazu auffordern. Der SPD-Ausschluss ihres langjährigen Mitglieds Thilo Sarrazin ist ein Beispiel dafür. Es ist schon fragwürdig, dass Umfragen seit längerem zeigen, dass der Großteil der Deutschen wegen der Zuwanderungen besorgt ist (WK 20.2.2015) und für viele die Einwanderung ein Angstthema ist (WK 5.7.2020), aber die Politik sich dazu nicht äußert und mit dieser Thematik auseinandersetzt. Hier besteht offensichtlich eine deutliche Diskrepanz zwischen der breiteren Volksmeinung und der offiziellen Sicht, wie sie auch der Mainstream der politischen Verlautbarungen vorgibt. Meinungen, die als angeblicher Fremdenhass und daraus abgeleitete Volksverhetzung interpretiert werden, können wie oben angesprochen eben zur Einleitung von Strafverfahren führen. Von daher verwundert es kaum, dass viele Mitbürger sich in ihrer Meinungsäußerung in der Öffentlichkeit zurückhalten und die Meinungsfreiheit gefährdet sehen. Die Verteidigung der freien Meinungsäußerung ist für unsere Demokratie jedoch äußerst wichtig und unerlässlich, auch wenn sie sich gegen die Dominanz des Mainstreams richtet und kompromisslos vertreten wird, wie Salman Rushdie betont. In einem Interview mit einer französischen Zeitschrift L'Express führt Salman Rushdie, der Autor von Satanische Verse, an: „Anstatt einzusehen, dass wir die Angriffe abwehren müssen, denken wir nun, dass wir die Feinde der freien Meinung mit Kompromissen und Selbstverleugnung beschwichtigen sollten." Rushdie empört sich über den offenen Brief, mit dem über 200 seiner Kollegen dagegen protestierten, dass die satirische Zeitschrift „Charlie Hebdo" den Preis des internationalen PEN für den Mut zur Meinungsfreiheit bekam. Seine Kollegen sahen in dieser Auszeichnung eine weitere Aufwertung „antiislamistischer und antiarabischer Gefühle, die schon in der westlichen Welt vorherrschen" (WK 13.2.2019).

Die deutsche Justiz ist schnell beim Verdacht von Fremdenhass und Rassismus, aber für den Vorwurf des Rassismus und Volksverhetzung gelten in Deutschland offensichtlich unterschiedliche Maßstäbe. Die Predigten des konvertierte Islamprediger Piere Vogel sind nach Einschätzung des Verfassungsschutzes, wie auch laut Presseberichten (Die Welt, 18.5.2011; Spiegel

Online 21.4.2011 u. 10.7.2011) sowie Google (Google 3.3.2020), als Haspredigten zu bezeichnen, die letztlich auch hier lebenden Migranten und Migrantenkinder auffordern, sich nicht zu assimilieren. Gegen diese Erscheinung hat man von der Bundesregierung, den Spitzenpolitikern der Parteien und den Anhängern der Multi-Kulti-Kultur kaum kritische Positionen gehört, ganz anders als heute gegen abträgliche Rechtstendenzen. Interessanter Weise wurde in einem Gutachten, das die AfD zum Nachweis ihrer Verfassungskonformität selbst in Auftrag gab, dieser Partei abgeraten, öffentlich von Überfremdung zu sprechen und dagegen zu polemisieren. Eigentlich müsste das bei freier Meinungsäußerung unbedenklich zulässig sein, soweit damit nicht zu strafrechtlichen Handlungen oder gar Gewalttaten aufgerufen wird.

Die einseitige öffentliche Positionierung wird auch an der Kontroverse mit dem Fußballer Özil deutlich. Nach der Kritik an seinem gemeinsamen Auftritt mit dem türkischen Präsidenten hatte Özil Deutschland des Rassismus und des Fremdenhasses bezichtigt, ohne dass diesem Vorwurf von Politik oder Presse groß widersprochen wurde. Dabei sind seine Vorwürfe blanker Unsinn. Zunächst ist aber zu betonen, dass aufgrund der von CDU und SPD eingeführten Zulässigkeit einer doppelten Staatsbürgerschaft für Fußballer Özil eben Herr Erdogan genauso sein Präsident ist wie Bundespräsident Steinmeier. Deshalb war in dieser Hinsicht die Kritik an dem Fußballer unberechtigt. Was aber durchaus zur Kritik berechtigt, ist, dass Herr Özil öffentlich mit einem Despoten auftrat, der seit Jahren zunehmend und massiv die bürgerlichen Rechte in der Türkei und die Pressefreiheit einschränkt. Diese berechtigte Kritik hat weder etwas mit Fremdenhass noch mit Rassismus zu tun. Man fragt sich nur, warum von Politik und Presse hier nicht entsprechend dagegen reagiert wurde?

Inzwischen wird mitunter auch versucht der Meinungsfreiheit gerichtlich entgegenzuwirken. So wurde die Publizistin N. Kelek vom Islamverband der *Ahmadiyya Muslim Jamaat (AMJ)* wegen angeblich falscher Behauptungen über diesem Verband verklagt. Frau Kelek hat in einem Kurzinterview diesen als islamisch, patriarchalisch und männerdominant eingestuft. Das Oberlandesgericht Frankfurt hat ihr jedoch in zweiter Instanz Recht gegeben. Nach Frau Keleks Aussage versuchen Moslemverbände europaweit durch derartige Gerichtsverfahren Kritiker zum Schweigen zu bringen (WK 29.2.2020). Für die Meinungsfreiheit erscheint auch ein jüngst erfolgtes Urteil wegen angeblicher Hetze fragwürdig.

Der Prof. Kutschera wurde wegen angeblicher Hetze zu 6.000 € verurteilt (WK 1.8.2020). Er war in einem Interview zum Thema „Ehe für alle" über homosexuelle Beziehungen hergezogen und hatte diese mit Kindesmissbrauch in Zusammenhang gebracht. Ich kann die Aussage von Herrn Kutschera nicht billigen und akzeptieren, aber das Urteil des Gerichtes auch nicht. Die Presse berichtet seit Jahren von etlichen Priestern, die Kinder, insbesondere Jungen, missbrauchten. Das spricht schon für einen gewissen Zusammenhang zwischen bestimmter Homosexualität und Kindesmissbrauch. Das ist jedoch auf keinen Fall auf die Allgemeinheit der Homosexuellen zu übertragen und Kindesmissbrauch wird wohl von einer weitaus größeren Täterzahl verübt, die nicht homosexuell ist. Dennoch, bei diesen Hintergründen muss Meinungsfreiheit auch derartige Äußerungen zulassen, auch wenn diese vom Sachverhalt her abzulehnen sind. Zudem bleibt es unverständlich, dass, wie oben angeführt *(2.3, S. 161-162),* ein Jahr zuvor bei der absolut unflätigen Beschimpfung der Grünen Politikerin Renate Künast das Gericht zunächst die Strafverfolgung einstellte.

Die einseitige Ausrichtung mit massiv schwindender Toleranz und dem Anspruch, allein die richtige Wahrheit zu vertreten, greift in Deutschland weiter um sich. In Frankfurt a. M. wurde z. B. aufgrund ihres Namens die Mohren-Apotheke mit Farbbeuteln beworfen. In dem Apothekennamen sah man angebliche rassistische Verunglimpfung, obwohl der Name vor über 200 Jahren ganz anderen Gründen entstammte. Zugleich berichten Zeitungen von Übergriffen auf jüdische Passanten in Frankfurt, bis hin zu Körperverletzungen durch Rechtsextremisten oder moslemische Zuwanderer (WK 11.7.2018). Der Psychologe Ahmed Mansour beklagt, dass in der Bundesrepublik die Stimmung sehr aggressiv geworden sei. Der streitbare Autor hat sich in seinem Buch „Generation Allah" 2018 mit religiösem Extremismus befasst. Er nennt in seinem Buch dringendste Probleme der Integration, weil diese nicht mit einer aufgeklärten Demokratie vereinbar seien. In seinen Recherchen hatte er täglich mit überforderten Lehrern zu tun, die von der Politik im Stich gelassen werden. (Aussagen, die sich auch mit denen von Ingrid Freimuth in ihrem Buch „Lehrer über dem Limit" decken). Wie oben dargelegt wurde, werden bereits deutsche Grundschüler als ungläubig gemobbt bis hin zur körperlichen Drangsalierung. Daraus folgerte Mansour den großen Bedarf nach Wertevermittlung durch den deutschen Staat. Er sieht aber auch eine Bringschuld der Zuwanderer.

Mansour fordert weiter, dass den Neuankömmlingen bzw. Migranten das Leben der deutschen Mehrheitsgesellschaft mit Gleichberechtigung, Meinungs- und Religionsfreiheit vermittelt werden muss, damit sie diese als Chance begreifen. Inzwischen wird Mansour von allen Seiten, d. h. von rechts und links wie auch von muslimischer Seite, angegriffen. Die Vorwürfe reichen von der Bezichtigung als Nazi bis Populist und Panikmacher. Gegen die von Mansour geforderte Wertevermittlung an Migranten spricht auch die Position der deutschen Integrationsbeauftragten Özuguz. Sie sieht keine deutsche Kultur jenseits der gemeinsamen Sprache (*3.6, S. 269*). Zudem mag man halt keine Abweichungen von Mainstream. Die Entwicklung birgt Gefahren, denn die Grenzen des Sagbaren bestimmen auch immer auch die Grenzen des Machbaren. Deshalb spricht sich ein Beitrag in der Tagespresse für eine Gegenreaktion aus: „Es ist Zeit, dass die offene, liberale Gesellschaft ihre Stimme offensiv nach allen Seiten richtet, um gewonnene Freiheiten zu bewahren und ideologische Diktate zurückzuweisen" (WK 10.2.2018). Es fragt sich, wo bleibt da eine entsprechende Positionierung der Kanzlerin, Bundesregierung und Spitzenpolitiker? Das gilt umso mehr, da moslemische Schüler 2020 in Hamburg sogar die Ermordung und das Köpfen eines Lehrers wegen dessen Argumentation für Meinungsfreiheit verteidigten.

Fazit

Öffentlichkeit ist eine Grundvoraussetzung für funktionierende Demokratien. Für den Zusammenhalt der Gesellschaft und deren Öffentlichkeit ist eine gemeinsame Wertorientierung wesentlich, die sich aber zugleich gegenüber anderen Wertvorstellungen tolerant verhält, soweit sich diese nicht gegen die Würde und Dasein von Menschen richten. Für den Informationszugang ist eine freie, umfassend informierende, möglichst wahre Berichterstattung durch Presse, Radio und Fernsehen sowie andere Medien unerlässlich. Die Informationen der Medien werden aber indirekt bis direkt durch die Einflussnahme von Politik und Großkapital auf die personelle Besetzung der journalistischen Leitungsebene beeinflusst und zudem nach den Grundsätzen des Ethikrates gefiltert. Die Presse wird verschiedentlich wegen einseitiger Berichterstattung und vermeintlicher Beschönigungen verunglimpft. Die neuen Medien ermöglichen zeitnah ungefilterten Berichtszugang. Die Anonymität der neuen Medien begünstigt aber Falsch- und Fehlmeldungen bis hin zu Hassbotschaften und Beleidigungen. Das führte zu gesetzlichen Regelungen in Richtung einer Zensur. In ländlichen Räumen ist der lückenhafte Zugang zu den neuen Medien teilweise noch problematisch. Die neuen Medien tragen zugleich auch mit zur zunehmenden Polarisierung und schwindenden Toleranz der Gesellschaft bis hin zur Gefährdung der Meinungsfreiheit bei. Das führt mitunter bei Herausforderungen und Handlungsoptionen zum Tunnelblick, der nur das eigene Ziel und Anliegen ohne Nebenwirkungen sieht und für sich die alleinige Wahrheit beansprucht.

Damit schwindet Toleranz, eine der wesentlichen Voraussetzungen für eine funktionierende Demokratie und für den gesellschaftlichen Zusammenhalt. Einzelnen Interessengruppen geben
die Richtung vor, mit ihrem Anspruch, die Belange der breiten
Bevölkerung und das einzig Richtige zu vertreten. Beispielhaft
sind die Sexismusdiskussion mit Tendenzen zur Rückkehr zum
früheren prüden deutschen Spießertum, die Klimadebatte, die
bestimmte Einflüsse, insbesondere auch religiöser Art auf das
Bevölkerungswachstum und den damit bedingten Flächenverbrauch ausblendet, wie auch die Multi-Kulti-Anhänger, die unterschiedliche Wertpräferenzen, insbesondere durch Suren des
Korans, welche gegen die im Grundgesetz verankerten gleich-
wertigen Stellung der Frau gerichtet sind, ebenfalls ausblenden.
Die etablierten Parteien gehen in keiner Weise darauf ein, „es
wird unter den Tisch geschoben". In der Bevölkerung entzündet
sich Kritik auch an den sehr hohen Mitteln, die für die Flüchtlinge bereitgestellt werden, angesichts, dass Millionen Deutsche und
deren Kinder unterhalb der Armutsgrenze leben. Wer sich gegen die offizielle Mainstream-Ausrichtung wendet, insbesondere,
wenn das Ausländer betrifft, und sich gegen deren Zuzug ausspricht oder gar von Überfremdung redet, wird schnell des Fremdenhasses und der Volksverhetzung bezichtigt, was verschiedentlich zur Einleitung strafrechtlicher Ermittlungsverfahren führte.
Die Erosion des Rechtes auf freie Meinungsäußerung hat längst
begonnen. Die Entwicklung der polarisierenden Intoleranz betrifft auch die Politik, wie die Verlautbarungen und Diskussionen
in den Parlamenten nicht nur von Seiten der AfD belegen.

3.10 Christliche Kirchen

Die christlichen Kirchen hatten trotz der nicht unproblematischen Rolle manchen Kirchlicher Würdenträger in der NS-Zeit
in den ersten Jahrzehnten der neu gegründeten Bundesrepublik
Deutschland erheblichen Einfluss auf die Wertpräferenzen der
bundesdeutschen Gesellschaft und auf das öffentliche Leben. Zu-

dem hatten sie einflussreich am Grundgesetz bzw. der neu geschaffenen Verfassung mitgewirkt. Ihr hoher Einfluss galt vor allem in Süddeutschland und in Gebieten mit überwiegend katholisch gläubiger Bevölkerung. Es gehörte sich sonntagvormittags am Gottesdienst der Gemeindekirche teilzunehmen. In den Dörfern wäre man sonst schnell zum Außenseiter geworden. Die meisten Feiertage in Deutschland sind kirchlich. Das Arbeitsverbot an Sonntagen geht weit mehr von den Kirchen als vom gewerkschaftlichen Einfluss aus.

Die christlichen Kirchen haben in ihrer 2.000-jährigen Geschichte den Menschen viel Hilfe und Gutes gegeben, aber zeitweilig auch gegensätzliches Handeln unterstützt und forciert. Das Abgeben von Almosen, die Einrichtungen erster Hospitäler oder später von Waisen- und Kinderheimen gehören dazu, genauso wie das Spenden von Trost und das Geben von Hoffnung für viele Gläubige oder die Hilfe und das Einsetzen für bedürftige Menschen, wie es vor allem die Kirchen Süd-Amerikas bis heute praktizieren. Dem standen in früheren Jahrhunderten aber auch die Unterdrückung und das Meucheln anderer Völker, insbesondere in Mittel- und Südamerika, gegenüber sowie die über Jahrhunderte anhaltende Inquisition. Den Gräueltaten der Hexenverfolgung fielen ca. 60.000 Menschen zum Opfer. Sie übertrafen die Schreckenstaten, die in der jüngsten Geschichte der IS verübte. Nach grausamster Folter wurden die angeklagten Personen, meist Frauen auf dem Scheiterhaufen bei lebendigem Leibe verbrannt. Diese grausamen Verbrechen im Namen des Glaubens und der Kirche sind Gott sei Dank seit langem vorbei. Bislang schweigt die Kirche zu diesen Taten. Die teilweise bis heute noch erhaltenen originalen Prozessakten belegen die grausamen Untaten eindeutig. Dennoch hat die Kirche bis heute die Opfer nicht rehabilitiert. Das ist unfassbar. Hier hätte längst im Namen der vielen armen Opfer eine Wende kommen müssen, das ist noch viel dringlicher und wichtiger als die zaghafte Missbrauchsaufarbeitung.

Die Kirchen haben sich scheinbar längst auf ihre traditionelle Rolle der barmherzigen Hilfe konzentriert. Das ist aber nicht immer so. Seit einigen Jahren kommt auch ein anderes Bild zum Vorschein. In den Institutionen und Gemeinden der Kirche gab es nachweislich eine sehr hohe Anzahl von Missbrauchsfällen. Nach den vielen Presseberichten zu urteilen, wurden vor allem Jungen homosexuell missbraucht, aber verschiedentlich auch Mädchen oder sogar Nonnen. Gleichfalls wurde die häufige Misshandlung von Kindern bekannt. So berichten u. a. eine Zeitung vom 13.1.2016, dass im Bistum Regensburg 231 Kinder im Zeitraum 1953 bis 1992 von den Lehrern kirchlicher Schulen und Priestern misshandelt wurden, davon waren 60 Kinder Opfer sexueller Gewalt. Einer neuen Studie zufolge ist das Ausmaß sexueller Gewalt in den beiden großen Kirchen wahrscheinlich deutlich höher als bislang angenommen. Nach Presseberichten vom Frühjahr 2019 ist von ca. 114.000 sexuellen Missbrauchsopfern der katholischen Kirche und von nochmal so vielen durch die evangelische Kirche auszugehen. Wissenschaftler um den Ulmer Direktor der Kinder- u. Jugendpsychiatrie Jörg Fegert rechnet das hoch. Sie kommen auf 30-mal so hohe Zahlen wie die Missbrauchsstudie der katholischen Bischöfe (WK 14.3.2019).

In der Fachzeitschrift „Psychiatrische Praxis" haben Forscher unter der Federführung des „Zentralinstituts für Seelische Gesundheit"/Mannheim in einer Untersuchung ca. 38.000 kirchlichen Personalakten analysiert und festgestellt, dass im Zeitraum von 2009 bis 2015 die Anzahl sexualisierender Gewalt an Kindern nahezu konstant geblieben ist (WK 4.7.2019). Die sexuellen Übergriffe fanden demnach deutschlandweit im erheblichen Maße, aber auch im Ausland, selbst in außereuropäischen Ländern statt. Die Abkehr mancher Kirchenmitglieder dürfte aber auch auf Fälle des zweifelhaften Umgangs mit kirchlichen Mitteln zurückzuführen sein. Dafür erfuhr der Erweiterungsbau im Bistum Limburg, mit der teuren, luxuriösen Ausstattung der Wohnung des Bischofs van Elst, deutschlandweite hohe, frustrierende Beachtung.

Noch größerer Einfluss dürfte aber vom heutigen Kenntnisstand und der veränderten Lebensauffassung vieler Menschen, vor allem der jüngeren Generation ausgehen. Das in der Schule vermittelte naturwissenschaftliche und biologische fundierte Wissen steht zum Teil im absoluten Widerspruch zu Kernaussagen der Bibel. Das gilt vor allem für die Schöpfungsgeschichte am Anfang der Bibel. Darin heißt es, Gott habe die Welt mit den Pflanzen, Tieren und den ersten Menschen innerhalb von sechs Tagen geschaffen und sich am siebenten Tag ausgeruht. Heute wissen wir, das ist völliger Unsinn. Die Lebewesen und Pflanzen haben sich über einen sehr langen Zeitraum bis zur heutigen Erscheinung entwickelt. Die Dinosaurier lebten ca. 60 Mio. Jahre und sind vor etwa 50 Millionen Jahre ausgestorben. Die ersten Anfänge menschenähnlicher Wesen gab es aber erst vor etwa drei Mio. Jahre, also ca. 57 Mio. Jahre nach dem Aussterben der Dinosaurier! Die ältesten menschlichen Existenzbelege sind versteinerte Spuren eines zweibeinigen Gangs mit menschenähnlichen Fußabdrücken. Sie sind erst etwa drei Millionen Jahre alt. Die Pflanzen haben sich ebenfalls über einem sehr langen Zeitraum entwickelt. Die Kirche sagt bislang nichts zu diesen Widersprüchen. Nur der Widerspruch zu den biblischen Ausführungen der Schöpfungsgeschichte, nach denen die Erde eine Scheibe ist, über die sich das Himmelszelt wölbt, zu der Realität einer riesigen Kugel, die die Sonne umkreist, wird heute auch von den Kirchen nicht mehr bestritten.

Da die Darlegung der Schöpfungsgeschichte nicht stimmt, spricht vieles für eine fälschliche Darstellung der Schöpfung des ersten weiblichen Menschen, der Eva. Dann kann auch die gegenüber dem Mann nachrangige Stellung der Frau, wie sie in der christlichen Religion und noch ausgeprägter im Koran dargelegt wird, nicht stimmen. Genauso unsinnig sind die Ausführungen zur Sintflut, wonach nur die Lebewesen überlebten, die Noah mit seiner Arche rettete. Heute wissen wir, dass die große, zerstörende Flut, die vor sehr langer Zeit den Mittelmeerraum betraf, nicht auf anhaltende Regenfälle, sondern auf tektonische Erdverschiebungen zurückzuführen ist. Zudem wies die Wissenschaft nach, dass seit der Zeit der ersten Menschen große Teile der Erde nie überflutet waren. Dort benötigten die Menschen und Tiere zum Überleben keine Arche. Es gibt weitere fragwürdige Bibelaussagen, um nicht zu sagen Falschdarstellungen. Hier stehen also Kernaussagen der Bibel im Gegensatz zum allgemeinen Grundwissen, das selbst Schülern auf Grund- und Hauptschulen vermittelt wird, im absoluten Widerspruch. Das lässt schon Zweifel an den religiösen Aussagen und somit an den Religionen aufkommen.

Widersprüche zur Bibel wurden von der Kirche lange Zeit als unwahr bis hin zur Ketzerei erachtet und verfolgt. So gingen durch kirchlichen Einfluss weitreichende wissenschaftliche Erkenntnisse des Altertums lange Zeit verloren. Dazu gehört u. a. die Erkenntnis, dass die Erde eine Kugel sei, mit präziser Berechnung des Erdumfangs. Ein Wissen, das bereits vor Beginn unserer Zeitrechnung vorhanden war. Schon damals wurde der Erdumfang mit großer Präzision berechnet, die dem heutigen Erkenntnisstand nahe kam. Bislang fehlt die kritische Reflexion und Auseinandersetzung der Kirche zu diesen Gegensätzen. Es werden keine Folgerungen für die Glaubenslehre aus den biblischen Falschdarstellungen gezogen. Wie soll ein Schulkind auf den Widerspruch zwischen biblischen Aussagen und den vermittelten naturwissenschaftlichen Grundkenntnissen reagieren, ohne in Zweifel zu geraten? Anstatt sich mit diesen zentralen Fragen auseinanderzusetzen, beschäftigen sich die christlichen Kirchen vorrangig mit sich selbst. Laut Presseberichten sind für die Kirchen in Deutschland vor allem die Gegensätze und Unterschiede zwischen katholischer und evangelischer Glaubensauslegung, die gegen gemeinsame Rituelle steht, ein zentrales Thema. So wird das gemeinsame Abendmahl von Katholiken und Protestanten wegen fehlender Voraussetzungen abgelehnt. Katholiken dürfen das Abendmahl erst nach der Erstkommunion empfangen, der eine gründliche Unterrichtung des katholischen Glaubens vorangeht, und Evangelen wiederum erst nach der Konfirmation. Einem Katholiken fehlen somit die Konfirmation, einem Protestanten der Empfang der Erstkommunion. Deshalb geht das Gemeinsame nicht. Außerdem sind das Spenden und Empfangen katholischer Sakramente grundsätzlich nur Katholiken erlaubt (Leserbrief WK 30.6.2018).

Die Konflikte und Zweifel werden in Deutschland durch eine neue Bewegung verstärkt. Katholische Frauen fordern mehr Rechte und Mitsprache in ihrer Kirche sowie den Zugang zu höheren Kirchenämtern. Außerdem wird das Zölibat in Zweifel gezogen und mehr Demokratie in der kirchlichen Hierarchie gefordert. Mehr Demokratie und die Besetzung höherer Positionen durch Frauen sind aber schwer möglich und werden von Rom offensichtlich blockiert. Die katholische Kirche hatte nie eine demokratische Ausrichtung, sondern war immer ein Patriarchentum, das vom Stellvertreter von Jesus und danach von dessen jeweiligen Nachfolger geleitet wurde. Die Demokratie beschränkt sich im Wesentlichen auf die Wahl des jeweiligen Papstes durch die Kardinäle. Die nachrangige Stellung der Frau ist schon, wie oben dargelegt, durch die falsche Darstellung in der Schöpfungsgeschichte zementiert. Zudem waren die Kirchenführer seit Jesus und seinen Jüngern sowie deren Nachfolger, soweit bekannt, bis heute alle männlich. Diese Gegebenheiten beinhalten tendenziell Konflikte zur Auffassung demokratischer Gesellschaftsformen. Das dürfte letztlich auch Kirchenaustritte mit beeinflussen.

Problematisch könnte sich auch das Verhältnis zum Islam auswirken. Von bischöflicher Seite werden z. T. Gemeinsamkeiten mit dem Islam hervorgehoben. Offenbar ist das wichtiger als Demokratie und Säkularität. Der Jesuitenpater T. Zimmermann will als Rektor des Canisius-Kollegs ganz bewusst muslimische Lehrerinnen mit Kopftuch einstellen. Eigentlich gilt an deutschen Schulen das Neutralitätsgebot, wonach Religion Privatsache ist. Deshalb sollte sie nicht in öffentlichen Einrichtungen dargestellt werden. Der EKD Vorsitzende H. Bedform-Strohm plädiert für bundesweiten islamischen Religionsunterricht unter Kontrolle der Islamverbände, was den Vertretern der Ditib und Muslimbrüderschaft entspricht. Überhaupt sprechen sich in Deutschland oft hochrangige Kirchenvertreter für die Koexistenz zwischen Kirche und Islam aus. Daraus ist auf Gleichwertigkeit der Religionen und der Wahrheit, die dahintersteht, zu schließen. Wenn dem so ist, wird die Zugehörigkeit zu einer bestimmten Religion belanglos. Vertreter des Islams sehen das kaum so. Das zeigt die Verfolgung bis hin zu schwersten Strafen, mit denen Personen verfolgt werden, wenn sie sich vom islamischen Glauben abwenden und gar einer christlichen Religion zuwenden. Statt des Hofierens der islamischen Glaubensausrichtung durch die christlichen Kirchen fehlt ein kritischer, durchaus auch streitbarer Diskurs zwischen den Glaubensgemeinschaften, der dann mit hoher Wahrscheinlichkeit auch Widersprüche der eigenen Glaubensauffassung aufzeigen würde und daher die Bereitschaft zur Selbstkritik erfordert, die wiederum unwahrscheinlich ist. Der streitbare, klärende Diskurs wäre aber angebracht, damit jeder Gläubige die Unterschiede bzw. unterschiedlichen Auslegungen erkennen kann, um überzeugt seine eigene Ausrichtung zu finden.

Mit dem hier geforderten streitbaren Diskurs sind jedoch in keiner Weise Gewalt und Gewaltausübung gemeint, denn die ist nicht tolerierbar. Es geht allein um die argumentative Auseinandersetzung, mit der darzulegen ist, warum welche Glaubensrichtung die richtige ist und warum das die andere nicht sein kann. Gewaltausübung hat da nichts zu suchen, denn dafür gibt es in der Geschichte genügend erschreckende Beispiele, sowohl von der moslemischen Religion als auch von der christlichen. Ein derartiger Diskurs, in dem die Gegensätze wie auch Gemeinsamkeiten offen dargelegt und jeweils begründet werden, könnte einen Weg zum sachlichen und respektvollen Umgang für die Bevölkerung sein sowie zu mehr Überzeugung für die eigene Religion, wie auch für die Achtung anderer Religionen.

Laut Umfragen fühlt sich heute der überwiegende Teil der Deutschen vom Islam bedroht. Aber über mehr als die Ausrichtung der Muslime an den Koran und dem Islambegründer Propheten Mohamed sowie die rückständige Stellung der Frauen und die häufigen Medienberichte von Mordtaten islamischer Extremisten wissen die meisten Deutschen nichts. Hier wären umfassendere Informationen in den Schulen im Unterrichtsfach Gemeinschaftskunde oder Ethik hilfreicher als in dem schon von der Sache her stets einseitigen Religionsunterricht. Darin sollten die Unterschiede dargestellt, diskutiert und auch das Verhältnis der religiösen Aussagen zum Grundgesetz erörtert und diskutiert werden, statt eine Anbiederung an die moslemische Religion vorzunehmen. Davon sind die Kirchen in Deutschland wohl noch weit entfernt, genauso wie endlich eine kritisch, konstruktive Auseinandersetzung mit den Aussagen der Bibel erfolgen müsste, die im krassen Widerspruch zu den heutigen, wissenschaftlich fundierten Erkenntnissen stehen. Daraus könnte sich letztlich eine Belebung und Festigung kirchlicher Religionen ergeben, ggf. auch eine Entwicklung in Richtung einer Wiedervereinigung der katholischen und der evangelischen Glaubensausrichtung.

Eine derartige Entwicklung ist bislang nicht in Sicht und eher unwahrscheinlich. Die Kirchenaustritte werden voraussichtlich weiter anhalten. Das wird sich letztlich auch auf die Wertpräferenzen und das gesellschaftliche Verhalten, also auch auf die deutsche Öffentlichkeit, auswirken. Damit könnte das marktwirtschaftliche System, in dem vor allem der Stärkere, der Erfolgreichere, die Oberhand gewinnt und seine Macht und Einflüsse auf Kosten sozialer Belange ausweitet, weiter an Boden gewinnen. Die seit Jahren fortschreitende soziale Spaltung der deutschen Gesellschaft spricht dafür. Zugleich könnte die islamische Religion deutlich an Einfluss gewinnen. Wie im Kapitel 3.5 belegt, haben in Deutschland Personen mit Migrationshintergrund seit langem einen wesentlich höheren Geburtenanteil als deutsche Mütter. Das wird in etlichen Städten deutlich, in denen längst

Migrantenkinder die Mehrheit der Erstklässler bei der Einschulung stellen. Auf das enorme Veränderungspotential, das in der Entwicklung der Geburten liegt, verwies Thilo Sarrazin in seinem Buch „Feindliche Übernahme". Nun muss man dazu nicht dieses umstrittene Buch anführen. Die Problematik wird jedoch in der realen Entwicklung Afrikas deutlich. Dort ist die Bevölkerung innerhalb von knapp 70 Jahren allein durch die Geburtenzahlen um fast 460 % gewachsen. Bei der deutschen Geburtenrate, die seit ca. 50 Jahren ein Drittel unter der Sterberate unseres Landes liegt, stehen uns auch enorme Veränderungen bevor. Bei Fortsetzung der bisherigen Entwicklung wird der moslemische Kindernachwuchs überwiegen. Dementsprechend muss mit einem massiven Rückgang des Einflusses der christlichen Kirchen gerechnet werden. Das wird zukünftig auf die Gesellschaft und damit auch die gesellschaftlichen Werte zurückwirken und damit auch die Öffentlichkeit Deutschlands verändern.

Fazit

Der ehemals große Einfluss der katholischen und evangelischen Kirche und deren Glaubensangehörige gehen seit Jahren anhaltend zurück. Diese Entwicklung wird noch durch die Aufdeckung der vielen Missbrauchsfälle sowie auch durch verschiedentlich zweifelhafte kirchliche Mittelverwendung verstärkt. Zudem stehen wesentliche Grundaussagen der Bibel und damit der Glaubensausrichtung im krassen Gegensatz zum heutigen Stand wissenschaftlicher Erkenntnisse. Das ist gerade für die Glaubensfrage junger Menschen abträglich. Die großen christlichen Kirchen setzen sich damit nicht auseinander, sondern beschäftigen sich vor allem mit den vermeintlich unvereinbaren Unterschieden zwischen katholischer und evangelischer Glaubenslehre. Zugleich plädieren sie für eine Koexistenz mit dem Islam, anstatt sich im streitbaren Diskurs der Argumente sowohl mit den Gemeinsamkeiten als auch den Gegensätzen auseinanderzusetzen. Die Glaubensausrichtung, ob christlich oder muslimisch, erscheint somit eher belanglos. Das spricht nicht für die christliche Religionslehre. Aufgrund des Geburtenreichtums der Migranten wird der Anteil der Moslems in Deutschland erheblich zunehmen. Das könnte sich auf die Religion in unserem Land, die Öffentlichkeit und nachteilig auf die gesellschaftliche Stellung der Frauen auswirken.

3.11 Deutschland, eine Erfolgsgeschichte mit Erosionserscheinungen

Die Bundesrepublik Deutschland stellt zweifelsohne eine fast beispiellose Erfolgsgeschichte dar. Nach den extremen Zerstörungen des Weltkriegs, mit großer Not für weite Teile der Bevölkerung sowie dem Hinterlassen der NS-Terrordiktatur, deren Gräueltaten und Ausbeutungen anderer Länder zur Ächtung durch andere Nationen geführt hatten, lebt Deutschland seit längerem im Wohlstand und wird heute in der Welt geachtet. Eine wesentliche Voraussetzung für diese Entwicklung ist, wie oben angeführt, die hervorragende Verfassung, auf deren Grundlage sich unser Staatssystem entwickelt hat, wie auch die Tatkraft und der Bevölkerung und die Leistungen der Parteien und Politik. Diese sehr positive Entwicklungsgeschichte hat aber mit der Zeit Trübungen und zunehmende Erosionen erfahren, Erscheinungen, die mit Vorstellungen und dem Sinn der Verfasser des Grundgesetzes teilweise wohl kaum zu vereinbaren und für die Zukunft unseres Landes schlecht verträglich sind. Das gilt vor allem wegen der verschiedentlichen Missachtung von Verfassungsurteilen durch die Politik und Bürokratie, der lähmenden, auswuchernden Bürokratisierung und Dominanz von Berufspolitikern, bei fehlendem weitsichtigen Handeln, der sozialen Spaltung, der umfassenden zunehmenden Datenüberwachung der Bürger sowie schwindenden Toleranz und Beeinträchtigung der Meinungsfreiheit bis hin zu weiteren Veränderungen, wie die vorangestellten Ausführungen belegen. Hier sollte gegengesteuert werden, damit die Bundesrepublik Deutschland ihren erfolgreichen Weg auch angesichts des bevorstehenden umfassenden Wandels und der damit verbundenen großen Herausforderungen fortsetzen wird. Deshalb wäre ein „weiter so", wie die Kanzlerin in dem Fernsehduell mit ihrem Herausforderer Schulz für ihre angestrebte nächste Regierungszeit, also die derzeitige ankündigte, dafür kaum geeignet. Hier bedarf es Veränderungen. Als Voraussetzungen für ein zielgerichtetes, erfolgreiches Gegensteuern ist eine kritische Analyse der Erosionen und Defizite unerlässlich. In diesem Sinne sind die Ausführungen der vorliegenden Publikation gemeint, wenngleich bei den großen Herausforderungen und dem Umfang dieser Thematik hier nur ein sehr begrenzter Teil der Probleme angesprochen werden kann.

Die Erosionen unseres Staatssystems betreffen dessen Grundbestandteile aus Legislative, Exekutive und Judikative. Die Legislative wird zunehmend von einer politischen Elitebildung durch die Dominanz von Berufspolitikern bestimmt, die sich immer mehr von der breiten Bevölkerung entfernen und ggf. auch über Vorgaben des Bundesverfassungsgerichtes hinwegsetzen. Die Exekutive wird durch die zunehmende Dominanz des Parteibuchs vor Sachqualifikationen bei der Besetzung von Leistungspositionen geschwächt. Das gilt inzwischen nicht nur für die Ämter von Bundesministern/Ministerinnen oder der Landesministerien, sondern längst auch bis runter für Leitungspositionen auf der kommunalen Ebene. Zudem setzt sich die Exekutive mitunter ebenfalls über Urteile des Bundesverfassungsgerichts und der Landesverfassungsgerichte hinweg. Die Funktion und Wirksamkeit der Judikative werden durch Personalausdünnung geschwächt, so dass Strafverfolgungen z. T. nur noch begrenzt erfolgen oder gar unterbleiben. Die Gerichtsbarkeit wirft zudem große Zweifel auf, aufgrund von sehr unterschiedlichem Strafmaß für vergleichbare Taten, nicht Verfolgung von eindeutigen Straftaten, inflationäre Aufweichung der Wirkung von Bewährungsstrafen oder die Unfähigkeit, ein gerechtes Strafmaß für die

Schuldigen der vielen Opfer im Love-Parade-Prozess zu verhängen.

Diese Erscheinungen dürften kaum dem Sinn unserer Verfassung entsprechen, vor allem die Missachtung von Urteilen des Verfassungsgerichtes durch Legislative und Exekutive, die Entfernung des Parlaments von der Bevölkerung, die Nachrangigkeit der Qualifikation bei Besetzung von Leitungsstellen oder das unterschiedliche Strafmaß und die Nicht-Verfolgung von Straftaten durch die Judikative. Dunkle Schatten gab es aber auch bereits in den Anfangsjahren der Bundesrepublik. Damals hatte zwar die Fachqualifikation einen sehr hohen Stellenwert. Das führte aber auch dazu, dass leitende Stellen in hoher Anzahl mit NS-belasteten Personen besetzt wurden, wie u. a. die Leitung des Bundeskriminalamtes und Leistungspositionen in der Justiz bis hin zum Amt des Ministerpräsidenten Filbinger, trotz seiner „Kriegsrichtervergangenheit". Hinzu kommt das grundsätzliche Problem Entscheidungen wegen der Rückwirkungen auf die Wählergunst vorrangig am kurzfristigen Handlungsbedarf auszurichten und längerfristige Entwicklungen nachrangig oder kaum zu behandeln, auch wenn zügiges Handel äußerst wichtig wäre.

Die Entwicklung der nachgeordneten Behörden der Exekutive, also in der Administration bzw. Verwaltung sprechen auch nicht für Zukunftsfähigkeit. In der Verwaltung hat sich längst eine Eigenentwicklung mit erheblicher, von Parlamenten nur begrenzt oder kaum kontrollierter Machtausübung vollzogen, die ggf. schärfere Sanktionen als Gerichte verhängt. Die Administration hat sich zudem einem ausufernden Bürokratismus verschrieben. Die möglichst alles regelnde Bürokratie ist längst zu einem gewichtigen Hindernis geworden, das nicht nur auf die Wirtschaft, sondern auch auf etliche andere Bereiche wie das Gesundheitswesen einwirkt. Dadurch wird Arbeitskraft gebunden, die nicht produktiv eingesetzt werden kann und die Möglichkeiten für Flexibilität, Kreativität und Innovationen reduziert. Mit der heute bestehenden Regelflut wäre nach dem Zweiten Weltkrieg der erfolgreiche Aufbau der Bundesrepublik nie möglich gewesen.

Der politische Umgang mit der Ordnungsbehörde Polizei wirft ebenfalls Zweifel auf. Zum einen erfahren die Polizisten bei hoher Arbeitsüberlastung teilweise zu wenig Unterstützung durch die Politik und Justiz, zum anderen greifen die Gesetze nicht oder werden sehr nachlässig ausgelegt, wenn es sich um Handlungen gegen Polizisten oder Übergriffen von Polizisten handelt. Besondere fragwürdig kann der seltene Schusswaffeneinsatz von Polizisten sein, was ganz besonders für Aktionen mit politischem Zusammenhang gilt. Alarmierend ist vor allem der Datenzugriff durch die Polizei und Ordnungsbehörden. Infolge der neuen Kommunikationstechniken gibt es heute auf den unterschiedlichen Dateien nahezu über jeden Bürger umfassendste Daten. Bei einem Zusammenspiel dieser Daten lässt sich die Lebensweise jeder Person bis in die letzten Winkel ausspähen.

Die Ordnungsbehörden und Polizei haben an dem Datenzugriff größtes Interesse. Sie versucht deshalb auf unterschiedlichsten Wegen, i. d. Regel mit Unterstützung der Innenminister der Länder und des Bundes, den Zugriff zu erhalten, selbst wenn dafür eindeutige Verfassungsgerichtsurteile umgangen werden. Diese Entwicklung ist mit Sicherheit ein eklatanter Widerspruch zum Grundgesetz bzw. zu unserer Verfassung. Als das Grundgesetz erarbeitet wurde, hatte man die verheerende Bespitzelung der Nazizeit und deren Folgen noch in naher Erinnerung. Deshalb begrenzt das Grundgesetz ganz bewusst den staatlichen Zugriff auf die Privatsphäre des Bürgers. Hätte es in der NS-Zeit die heutigen umfassenden Datenerhebungen zu jedem Bürger gegeben und die damalige Polizei und die NS-Sicherheitsorgane hätten darauf zugreifen können, wäre wohl kaum ein Jude oder anderer missliebiger Bürger in diese Zeit am Leben geblieben. Die Gefahren des Ausspähens der Bürger hatten die Verfasser des Grundgesetzes damals noch gut vor Augen. Nun kann natürlich argumentiert werden, der NS-Staat war ein grausamer, gewissenloser Unrechtsstaat und die Bundesrepublik Deutschland sei ein Rechtsstaat, in dem alles rechtens ist. Aber ganz so rechtens ist eben alles nicht, wie die Parlamentsmissachtung von Verfassungsgerichtsurteilen belegt. Zudem wurde für die bestehenden Zugriffsmöglichkeiten auf Bürgerdaten bei deren Einführung stets betont, dass der Vorgang sich auf gewichtige Ausnahmefälle beschränken werde. Einmal eingeführt wurde danach daraus sehr schnell ein Regeldatenzugriff, wie u. a. die Auflösung des Bankgeheimnisses in Deutschland belegt.

In der Daseinsvorsorge weist Deutschland eindeutige Defizite auf. Die Kinderbetreuung und der Schulunterricht schränken in weiten Teilen des Landes die gleichzeitige Berufstätigkeit beider Elternteile deutlich ein. Zudem sind die Gebühren teuer und in den Bildungserfolgen kommt Deutschland nicht über europäisches Mittelmaß hinaus. Die Gesundheitsversorgung und Pflege steuerte schon vor der Coronapandemie auf massive Probleme zu. Entscheidend sind dafür die zu knappe Mittelausstattung, aber auch steigende theoretisch wünschenswerte Verbesserungen, zu geringe Langfristorientierung sowie die bei weitem zu geringe Beachtung der Folgelasten für Unterhalt und Instandsetzung der Einrichtungen und Leistungen der Daseinsvorsorge. Die zuletzt genannten Defizite gab es aber auch in der ersten Phase der Bundesrepublik, da in dieser Zeit alles auf den wichtigen Aufbau der Kriegs- und Kriegsfolgeschäden ausgerichtet war. Der spätere Unterhalt war damals eher nachrangig.

Schwerwiegend und besonders problematisch ist die fortschreitende soziale Spaltung der Gesellschaft, die in enger Beziehung zu Staatsfinanzierung steht. Dadurch, dass sich der deutsche Staat seit Beginn dieser Jahrhundert zunehmend aus den Lohn- und Einkommensteuern der Bevölkerung finanziert, bei gleichzeitiger Verschonung der Wohlhabenden, insbesondere der Kapitalerträge der reichen und sehr reichen Bürger, sowie hohen Steuerentlastungen für Konzerne und Kapitalerträge, werden immer mehr und immer niedrigere Realeinkommen von der Steuerprogression erfasst. Nach der Unterschicht ist die untere Mittelschicht bei Ausweitungstendenzen nach oben davon betroffen. Auch diese Entwicklung steht im krassen Widerspruch zu den Anfangsjahren der Bundesrepublik. Damals stand das marktwirtschaftliche System in Konkurrenz gegenüber dem sozial-kommunistischen System. Deshalb entwickelte Ludwig Erhard das Konzept der *Sozialen Marktwirtschaft*. Der Staat schaffte mit umfangreichen Sozialmaßnahmen und Maßnahmen zur Wohnversorgung ausgeglichene Entwicklungschancen für weite Teile der Gesellschaft. Davon sind wir heute weit entfernt. Eine hohe Anzahl Bürger, vor allem viele Kinder, leben unterhalb der Armutsgrenze. Das gilt auch für viele Rentner und die Mehrheit der Alleinerziehenden. Die Klärung der bis heute ungelösten Rentenfrage ist unabdingbar, damit nicht immer mehr Personen in die Altersarmut abrutschen und die jüngere Generation nicht noch mehr und ggf. überlastet wird. Hingegen bleibt die Zahl der Wohlhabenden ziemlich gleich bei deutlichem Anstieg der Reichen und sehr starkem Anstieg der sehr Reichen. Hier zeichnet sich eine Entwicklung mit enormem Konfliktpotential ab, die bei Fortdauer den bereits fragilen gesellschaftlichen Zusammenhalt der Bevölkerung sprengen könnte. Bezüglich der Höhe der Bundesmittel zur Unterstützung sozial schwacher Bevölkerung wurde zu Recht in der Bildzeitung die Frage gestellt, warum Deutschland seit 2013 ca. 630 Mio. € Gelder der staatlichen Kreditanstalt für Wiederaufbau an Wirtschaftshilfe an die Weltwirtschaftsmacht China zahlte (Bild Frankfurt Rhein-Main, 8.9.2019)!

Schwerwiegend sind auch Veränderungen von Öffentlichkeit. Es gibt Tendenzen zum Meinungsdiktat des Mainstreams, von Intoleranz bis hin zu Verunglimpfungen anderer Auffassungen. Lautstarke Gruppen geben für sich polarisierend vor, das einzige Richtige für die Mehrheit der Bevölkerung zu vertreten, auch wenn dem nicht so ist. Beispielhaft für das „Meinungsdiktat" sind die Flüchtlingsdiskussion, der Klima- und Umweltschutz oder die Sexismusdebatte, eine Entwicklung, die aber auch auf die Politik übergreift. In der Flüchtlingsdiskussion gelten bereits ablehnende Haltungen gegenüber Zuwanderern und gegen das Einbringen anderer Kulturen nach Deutschland als fremdenfeindlich, rassistisch oder gar als Fremdenhass, was ggf. strafrechtlich zu verfolgen ist. Die Gegensätze und teilweise Unvereinbarkeit von Aussagen des Korans zum Grundgesetz, denen bei der starken Religionsbindung vieler Moslems schon erhebliche Bedeutung zukommt, wird von den vielen Anhängern der Multi-Kulti-Kultur wie auch von politischen Parteien bis hin zur Kanzlerin tunlichst ausgeblendet, obwohl hier eine Klärung unumgänglich ist. Auch das ist eine Erosion unseres Staates, da wichtige Fragestellungen unbeantwortet ausgeblendet werden, weil man sich dem darin liegenden Konfliktpotential, trotz aller Dringlichkeit, nicht stellen will.

Die Medien, vor allem die Presse, aber auch das Fernsehen sind nicht unbeeinflusst und informieren z. T. nur mit Einschränkungen. Dem stehen inzwischen die Kommunikationsmedien wie Facebook, Twitter oder Google mit ihren zeitnahen kaum kontrollierten, kurzfristigen Beiträgen aus der Bevölkerung gegenüber. Damit hat sich die Informationslandschaft wesentlich verändert und erweitert. Zugleich eröffnet das aber die Verbreitung vieler oberflächlicher, kaum oder falsch recherchierter Informationen bis hin zu bewussten Fehlinformationen oder Beschimpfungen und Hassbotschaften. Das hat wiederum zu neuen Gesetzen geführt, die tendenziell in Richtung Zensur gehen. Die Polarisierung mit dem jeweiligen alleinigen Wahrheitsanspruch und der Verschärfung des Umgangstones gilt inzwischen nicht nur für bestimmte Aussagen und Meinungen der neuen Partei AfD, sondern verschiedentlich durchaus auch für Verlautbarungen von Politikern traditioneller Parteien. Der vorherrschende Mainstream und die strafrechtliche Verfolgung bei Äußerungen, die als fremdenfeindlich, rassistisch oder Fremdenhass eingestuft werden könnten, hat bei vielen Bürgern zu Vorbehalten und zur Furcht ihrer freien Meinungsäußerung geführt. Das ist eine besonders tiefgreifende Erosion, denn die deutsche Verfassung garantiert Meinungsfreiheit. Darin lag einer der großen Unterschiede zur ehemaligen DDR.

Auf die zukünftige Entwicklung Deutschlands werden die weltweiten großen Veränderungen der Wirtschaft wesentlichen Einfluss nehmen. Das bringt auch größte Veränderungen für die deutsche Wirtschaft, wie auch der demografische Wandel und die Migration sowie die weitere Entwicklung der Europäischen Union . Neben der wahrscheinlich weiterhin fortschreitenden Globalisierung könnte es zur Ablösung oder zumindest zu einer verändernden Weiterentwicklung des heute dominierenden neoliberalen Wirtschaftssystems kommen. Darauf muss sich Deutschland vorbereiten, aber die zukünftige Richtung und die zukünftigen Anforderungen sind nur schwer einschätzbar. Der demografische Wandel wird nahezu unaufhaltsam fortschreiten. Die großen demografischen Herausforderungen liegen in der Alterung der Bevölkerung mit dem wachsendem Anteil alter Mitbürger und in den Folgewirkungen der Migration. Aufgrund der niedrigen Kinderzahlen deutscher Mütter und der großen Kinderzahl der zugewanderten Frauen wird sich die ethnische Zusammensetzung der Bevölkerung erheblich verändern. Deshalb werden Personen mit Migrationshintergrund einen immer größeren Anteil der Bevölkerung ausmachen, der langfristig etwa gleichgroß wird oder darüber liegt. Das spricht für erhebliche Veränderungen, da die Wertpräferenzen der Zuwanderer überwiegend andere sind und nicht den heute in der deutschen Bevölkerung vorherrschenden entsprechen. Hier stellen sich längst der Politik Fragen, wo Deutschland langfristig hinsteuern will . Die werden aber von den großen Parteien und der Regierungspolitik wie vieles bisher tunlichst ausgeblendet.

Gleichfalls stellen sich auch größte Fragen für die Zukunftsentwicklung der EU, insbesondere ob der Weg zum Einheitsstaat eines vereinigten Europas mit weitgehender Auflösung der nationalen Zuständigkeiten beschritten wird oder ob wir auf ein vereinigtes Europa der Vaterländer zusteuern. Die EU kann bei dem Vetorecht ihrer inzwischen angestiegenen hohen Mitgliederzahl nur noch schwerfällig reagieren. Die ausufernde EU-Bürokratie und die Finanzpolitik der Europäischen Zentralbank sowie fragwürdiger Urteile des Europäischen Gerichtshofes, die mit der deutschen Verfassung unvereinbar sind, rufen zunehmende Kritik bis Widerstand hervor. In Anbetracht der derzeitigen Entwicklung ist ein Einheitsstaat Europa in absehbarer Zukunft äußerst unwahrscheinlich. Umso mehr dürfte es darauf ankommen, dass Erreichte zu festigen und den Hauptkritikpunkten entgegenzuwirken.

4 Deutschland wohin?

Der Fortsetzung der erfolgreichen Entwicklung der Bundesrepublik Deutschland stehen, wie oben dargestellt, in Anbetracht der voraussichtlich weiter fortschreitenden Globalisierung, der Veränderung durch umfassende Digitalisierung und der wahrscheinlichen weltweiten, tiefgreifende Veränderungen der Wirtschaft bis hin zum Wandel in der Ausrichtung der Wirtschaftssysteme größte Herausforderungen bevor. Deshalb ist es für die Zukunftsfähigkeit Deutschlands wichtig, der beginnenden Erosion in wesentlichen Bereichen des deutschen Staates, des staatlichen Handelns und des gesellschaftlichen Zusammenwirkens entgegenzuwirken. Ein „weiter so" kann und darf es nicht geben. Nun setzt die Coronakrise plötzlich völlig neue Maßstäbe und Rahmenbedingungen, die alles überrollen. Die vertrauten Handlungsweisen reichen nicht mehr aus, was vor allem für die Bewältigung der Coronafolgen gilt.

Deutschland, seine Gesellschaft, die Wirtschaft wie auch die Weltwirtschaft und die sozialen Strukturen stehen voraussichtlich vor größten Veränderungen, die mit dem bislang vorherrschenden Neoliberalismus kaum zu bewältigen sind. Der Spiegel kritisiert zu Recht: „Der Neoliberalismus war außerstande, die sozialen Ungleichheiten zu dämpfen, die er selbst schuf, und war spürbar dabei, sein eigenes Grab zu schaufeln: Eine Gesellschaft, in der sich unfähige Bankiers Millionen-Boni auszahlen dürfen, während Hunderttausende Rentner die kalte Altersarmut droht, wird zwangsläufig instabil." Die Coronakrise verschärft diese Entwicklung massiv und schlagartig. Das wird neue Wege, Ideen und Konzepte und vor allem Flexibilität zur schnellen Umsetzung erfordern. Mit dem verkrusteten, ausufernden Bürokratismus des deutschen Reglementierungs- und Genehmigungsstaats ist das nicht möglich. Das gilt gleichfalls für die wuchernde Bürokratie durch die EU-Kommission. Deshalb könnte die Coronakrise auch eine Chance für einen Aufbruch sein, einen Aufbruch die fortschreitende Erosion zu überwinden und sich mit neuem Schwung, Ideen und Kreativität den großen Herausforderungen zu stellen.

4.1 Corona verändert

Im Januar 2020 gab es erste Pressemeldungen über das neue Virus Corona. Davon war scheinbar nur das ferne China betroffen. Doch sehr bald häuften sich die Meldungen über eine rasante Ausbreitung, die alsbald auch Europa und weitere Teile der Welt betraf. Den Bundesgesundheitsminister sowie weitere Gesundheitsexperten alarmierte das zunächst nicht. Stattdessen führten sie den Vergleich mit der Grippe an, die angeblich viel mehr Menschen erreicht und an der angeblich mehr Menschen als an Corona sterben. Eine Pandemie sah man nicht. Die Meldungen waren also eher beruhigend und sagten letztlich kaum etwas aus. Zunächst gab es zum Corona-Virus auch nur Verlautbarungen vom Gesundheitsminister Spahn. Das hat sich dann sehr schnell geändert, als die tatsächlichen Gefahren erkannt wurden.

Die Ansteckungsgefahren durch das Corona-Virus sind viel gravierender. Da längst nicht alle Infizierten für sie erkennbare Symptome aufweisen, merken sie ggf. zunächst die Erkrankung nicht. Deshalb können sie wie bei einer Erkältung Virusüberträger sein, ohne es zu merken. Eine große Gefahr lag aber darin, dass die Krankheitssymptome bei den Infizierten meistens erst mit zeitlicher Verzögerung auftreten. Durch das Nichtbemerken, weil nur gering betroffen oder wegen verspäteten Auftretens der Erkrankungssymptome, kann in dieser Zeitspanne das Virus auf enorm viele Kontaktpersonen übertragen werden. Einen wirksamen Impfstoff oder ein Gegenmittel für bereits Erkrankte gab es zunächst nicht. Mit dem wurde frühestens etwa Ende 2020 oder im Frühjahr 2021 gerechnet. Zudem ist das Virus für Personen mit schwächerem Immunsystem, wie ältere Bürger/innen und Personen mit Vorerkrankungen, sehr aggressiv und kann zu tödlicher Lungenerkrankung führen. Außerdem wurde Mitte des Jahres 2020 aus neueren Forschungen bekannt, dass ggf. eine Langschutzwirkung gegen Corona nicht möglich ist. So wie Grippeimpfungen in jeder Saison zu erneuern sind, erfordert ggf. auch der Coronaschutz Nachimpfungen. Die enorme weltweite Ausbreitung des Virus in den ersten Monaten des Jahres 2020 und die vielen dadurch verursachten Todesfälle führten alsbald zum Umdenken. Die vorherrschende Strategie war darauf gerichtet, durch Einschränkung persönlicher menschlicher Kontakte die Ausbreitung der Infektionen zu verlangsamen. Zugleich sollen die medizinischen Kapazitäten auf einen Stand erweitert werden, der zur Versorgung der Patienten und von Neuzugängen für eine hinreichende Versorgung ausreicht.

Die Sicherung der medizinischen Kapazitäten stand in Deutschland im Frühjahr 2020 vor erheblichen Problemen, was weltweit für viele Nationen galt. Es fehlt an ausreichendem Material und an Kapazitäten wie Schutzkleidungen, Beatmungsgeräten, ja selbst Atemschutzmasken, was sogar für viele Krankenhäuser und weitere Gesundheits- und Pflegeeinrichtungen zutraf. Sie konnten deshalb teilweise ihr Personal nicht schützen. Für die breite Bevölkerung waren Desinfektionsmittel und Atemschutzmasken anfangs kaum zu erlangen und wenn zu extrem überhöhten Preisen. Der Nachschub war auch deshalb so schwierig, weil Atemschutzmasken und Desinfektionsmittel im Frühjahr 2020 weitgehend nur aus dem Ausland beziehbar waren. Die Produktion war in der Vergangenheit aus Kostengründen dorthin verlagert worden oder deutsche Firmen hatten sich in Deutschland aus diesem Markt verabschiedet. Eine Regierungsvorgabe wie in Österreich, wo Personen beim Besuch öffentlicher Räume einen Atemschutz tragen müssen, konnte es wegen der fehlenden Schutzmasken in Deutschland 2020 bis in die siebzehnte Jahreswoche, also fast bis etwa Ende April, kaum geben. Außerdem zogen die offiziellen Mitteilungen von Regierung und Medien die Wirkungen der Schutzmasken in Zweifel.

Mit der Coronakrise wurden bislang kaum vorstellbare negative Seiten der Globalisierung deutlich. Auch in der Wirtschaft, vor allem der Industrie, wurde häufig die Produktion bestimmter Module und Zulieferteile, wie ebenfalls im Gesundheitswesen, aus Kostengründen ins Ausland, vornehmlich nach Fernost, verlegt. Die Zulieferung fiel nun z. T. aus oder wurde stark reduziert, weil in diesen Ländern wegen der Coronapandemie die Produktion stillstand. Deshalb kam es häufig zu Unterbrechungen der Zulieferketten. Aus diesem Grunde konnten viele Firmen nicht mehr produzieren. Das traf vor allem Deutschlands vom Umsatzvolumen und den Beschäftigtenzahlen her größten Industriezweig, die Autoindustrie, schwerwiegend. Für etliche andere global organisierte Industrie- und Produktionsbereiche galt das Gleiche. Besonders problematisch war das für den Gesundheitsbereich. Viele Medikamente werden aus Kostengründen ebenfalls in entfernten Ländern hergestellt. Nun blieben z. T. die Zulieferungen aus. Die von der Wirtschaft bislang so gelobte Globalisierung brachte jetzt kaum noch Nutzen, aber oft gravierende Nachteile, die ganze Produktionsketten aussetzten.

Die Coronapandemie hatte auch für weitere Wirtschaftsbereiche schwerwiegende Folgen. Die bislang so erfolgreiche und anhaltend wachsende Reisebranche bzw. der Tourismus und damit verbundener Reiseverkehr erfuhren schwerwiegende Einbrüche, wenngleich verschiedene deutsche Fluggesellschaften wie Air Berlin oder Condor bereits zuvor Probleme hatten. In der bis dahin erfolgsverwöhnten Lufthansa ging das Passagieraufkommen innerhalb kürzester Zeit auf nur noch 5 % zurück, also auf ein Zwanzigstel bzw. einen Einbruch von 95 %! Die Hotelauslastungen sanken extrem, auch wegen der in Deutschland verhängten Beschränkungen im Beherbergungsgewerbe. Busunternehmen standen bald vor der Insolvenz oder diese wurde zunehmend absehbar. In Kreuzfahrtschiffen wurden Passagiere unter Quarantäne gestellt und duften ihre Kabine (auch Innenkabinen) tagelang nicht verlassen. In den Innenstädten wurde die Schließung der

Gastwirtschaften und weitgehend der Läden des Einzelhandels verfügt. Davon waren zur Sicherung der Grundversorgung nur Geschäfte zur Gesundheitsversorgung und unter bestimmten Voraussetzungen des Lebensmittelhandels ausgenommen. Für die großen Lebensmittelketten, die in ihren Geschäften zugleich auch weitere Waren, wie Kleidung oder Spielzeug, anboten, konnten sich daraus Vorteile ergeben, denn die Schließungen wirkten sich auch als Marktbereinigung aus. Verheerend waren die Folgen für kleine Einzelhändler, vor allem im Bekleidungsgewerbe. In Anbetracht der Geschäftsschließungen hat der Online-Handel enorm zugelegt und verändert inzwischen auch das Einkaufsverhalten der älteren Bevölkerung. Das wird sich auch nach Corona auswirken und den Niedergang der kleinen Einzelhändler in den Städten, also der Geschäfte, die vor allem die Attraktivität vieler Zentren ausmachen, fortsetzen. Das könnte viele Arbeitsplätze kosten und zukünftig zur Monotonie vieler Innenstädte beitragen. Die Coronapandemie wirkte sich nahezu für alle Bereiche und Branchen, die vom Publikumsverkehr leben, äußerst negativ aus. Das gilt für die Mobilität, also das Passagieraufkommen von Bahn, Busreisen, Flugverkehr und Nahverkehr, aber auch für Eventveranstalter und -organisatoren, Sportveranstaltungen, Fitnessstudios, Theater, Lichtspielhäuser und Konzerthäuser und weite Teile des Kulturgeschehens, wie auch für Messen, Ausstellungen und dgl. Dadurch wurden und sind viele bislang gesunde Betriebe und deren Arbeitsplätze gefährdet.

Die Politik hatte in Deutschland inzwischen reagiert. Vom Gesundheitsminister gab es längst keinen Vergleich mehr mit den angeblich größeren Gefahren einer Grippeepidemie. Vielmehr wurde auf die großen Gefahren des neuen Corona-Virus verwiesen. Das Ministerium war bemüht, das benötigte Schutzmaterial aus dem Ausland oder durch Umstellung deutscher Produktionsprozesse zu beschaffen. Das kostete Zeit, die vermeidbar wäre, hätte man gleich gehandelt. Nach den Verlautbarungen der Bundesregierung, die zunächst nur vom Gesundheitsminister Spahn kamen sowie von den Ministerpräsidenten einiger Bundesländer, insbesondere vom bayrischen Ministerpräsidenten Söder, hat sich dann auch die Kanzlerin zu Wort gemeldet. Sie appellierte vor allem zur Bewältigung der Pandemie zusammenzustehen, die Vorgaben zur Kontaktbegrenzung einzuhalten und staatliche Maßnahmen gegen die Virusausbreitung anzuerkennen.

4.1.1 Das Konzept zur Krisenbewältigung

Die Bundesregierung wie auch die EU und Mitgliedsstaaten der EU oder die USA versuchten und versuchen dreigleisig gegenzusteuern:

- Erhöhung der gesundheitlichen Versorgungskapazitäten,
- Kontaktbeschränkung zur Infektionsvermeidung,
- Stützung der Wirtschaft zur Vermeidung der Zusammen-brüche von Strukturen und Firmen.

Erhöhung der Gesundheitskapazitäten

Von den Experten wurde frühzeitig ein drastischer Anstieg der Corona-Infektionen erwartet, der das Gesundheitssystem überfordern könnte. Die Medien verbreiteten die Schreckensversion, dass dann aufgrund fehlender Kapazitäten Ärzte darüber entscheiden müssen, welcher Patient durch eine künstliche Lunge behandelt wird und am Leben bleibt und wer dem Tod überlassen wird, weil die erforderliche Versorgung wegen fehlender Kapazitäten nicht möglich ist. Das klingt schrecklich, ist aber auf den Intensivstationen größerer Krankenhauses kein seltener Vorgang (wie mir ein Stationsarzt einer Intensivstation eines großen Krankenhauses, der spätere zeitweilige Vizepräsident der hessischen Notärzte, berichtete), wenngleich es dort zur sogenann-te Triage wohl meistens nur bei Einlieferung von Unfallopfern kommt.

Damit für den erwarteten hohen Zugang von Corona-Patienten genügend Kapazitäten, insbesondere auch der Intensivmedizin, verfügbar waren, gab es in etlichen Bundesländern im Frühjahr 2020 einschneidende Verfügungen. Operationen, für die keine zwingende Notwendigkeit zur schnellen Durchführung bestand, waren auszusetzen und auf später zu verschieben. Die Stationen wurden geleert, um Betten und Stationen für die erwarteten Coronapatienten bereitzuhalten. Nur, die Corona-Patienten kamen kaum oder gar nicht.

Ein Beispiel ist die orthopädische Aukammklinik und die benachbart Reha-Klinik im hessischen Wiesbaden. Um für ausreichend Kapazitäten zu sorgen, wurde auch dort umgestellt. Die Betten standen danach leer. Das Personal hatte nichts zu tun und wurde deshalb in Teilzeit nach Hause geschickt. Die Folgen: Die Teilzeitentlohnung kostet erhebliche Mittel und wichtige, anstehende Operationen fanden nicht statt. Aufgrund der ausgesetzten Operationen wurden die Kapazitäten der benachbarten Reha-Klinik nicht benötigt, mit entsprechendem Leerstand und ebenfalls Teilzeitregelungen für das nun nicht benötigte Reha-Personal. Eine unerfreuliche Entwicklung, denn die Teilzeitbeschäftigung muss mit erheblichen Steuermitteln gestützt werden. Außerdem musste das freigesetzte Personal mit deutlich geringerem Einkommen auskommen, da der Teilzeitlohn etwa ein Drittel unter der regulären Entlohnung liegt. Zudem erhielt ein Krankenhaus für jedes dieser Betten je Tag 360 € bis 760 €, bei 100 für erwartete Coronafälle reservierte Betten waren das 36.000 € bis 76.000 €, die das Krankenhaus für die leerstehenden Betten jeden Tag erhielt. Da fragten sich viele Bürger, warum es kein flexibles Krisenmanagement gab, das die Umstellung vorbereitet, sie aber erst bei erkennbarem nahen Bedarfsfall umsetzt, ggf. auch sukzessive. Die Wiesbadener Maßnahmen waren aber längst kein Einzelfall, im Gegenteil. Inzwischen gab es zahlreiche Proteste aus der Ärzteschaft, dass dadurch wichtige Operationen ausgesetzt werden, aber zugleich viele Klinikbetten ungenutzt leer stehen und das durch diese Maßnahmen eingesetzte Personal in Kurzarbeit geschickt z. T. zu Hause bleibt . Immerhin wurden diese Regelungen vom Frühjahr 2020 im Mai wieder aufgehoben.

Kontaktbeschränkungen zur Infektionsvermeidung

Das menschliche Leben ist vielfältig, genauso wie die Kontakte und Kontaktmöglichkeiten. Es gab frühzeitig die Erkenntnis, das Virus wird vor allem durch nahen Kontakt von Personen übertragen. Deshalb kam sehr bald die Warnung, möglichst Abstand voneinander zu halten. Umso unverständlicher ist das späte Reagieren der Bundesregierung. Sie ließ noch Flüge und den Reiseverkehr ohne Einschränkungen in bzw. aus Ländern mit hohem Infektionsrisiko zu, wie dem Iran. Unfassbar war auch der zunächst noch andauernde laxe Umgang mit Flugreisenden, wie beim Passagiertransport zu oder von Flugzeugen, in den die Reisenden dicht gedrängt in Autobussen standen. Das belegen Presse- und Fernsehberichte u.a. vom Berliner Flughafen Tegel und dem Flughafen Frankfurt a.M. Für den Luftverkehr liegt die oberste Verantwortung beim Bund. Wie konnte diese laxe Handhabung sein, wo doch bei den wenigen Flugbewegungen auf den Flughäfen Autobusse in hoher Überzahl für den Passagiertransport vorhanden waren?

Die Zeitung berichtete im März (WK 17.3.2020), dass ein Norwegen-Urlauber, der auch an einer Rundreise im Kleinbus mit Touristen aus den von Corona besonders betroffenen Ländern Italien, Spanien und China teilnahm, danach bei sich eindeutige Symptome einer Corona-Erkrankung feststellte. Deshalb bemühte er sich um einen kurzfristigen Testtermin, aber erfolglos. Der Testtermin wurde ihm erst 14 Tage später eingeräumt. Der Spiegel berichtete von einem Deutschen, der nach einem Urlaubsbesuch in einer Bar im österreichischen Ischgl bei sich ebenfalls eindeutige Coronasymptome feststelle. Deshalb erbat auch er sich vom zuständigen Gesundheitsamt seines Wohnorts einen Test. Das Gesundheitsamt reagierte unsensibel, bürokratisch und lehnte den Test mit dem Hinweis ab, dass es wohl eine Magenerkrankung sei. Als sich der Zustand des Mannes alsbald erheblich verschlechterte, kam er einige Tage danach ins Krankenhaus. Dort verstarb er drei Tage später an seiner Coronainfektion. Die Beispiele machen deutlich, durch die Organisations-Schwerfälligkeit der deutschen Bürokratie blieb viel Zeit ungenutzt, gegen die Ausbreitung der Pandemie vorzugehen, auf der unteren Ebene bis hin zum Vertrösten bzw. Versagen lebensrettender Maßnahmen.

Als die Politik endlich handelte, wurden zur Sicherung der gesundheitlichen Versorgung und zur Kontaktbeschränkung sehr schnell Regelungen und Vorschriften entwickelt und erlassen. Dafür hatte die deutsche Bürokratie ohnehin eine ausgeprägte Mentalität und Erfahrungen. Das Wesentliche am bürokratischen Handeln liegt in umfassenden Vorschriften, die möglichst für alle Fälle geeignete Handhabungen bieten. Zudem dominieren in den Leistungsebenen, vor allem bei politisch besetzten Positionen, Juristen. Sie bevorzugen ohnehin Regelvorgänge, deren Einhaltung sich gut kontrollieren lässt mit entsprechenden Vorgaben, und verfassen diese. Gehen diese Vorgaben zu weit, hat das kaum Folgen und es fällt oft nicht auf. Reichen die Vorgaben nicht aus, werden Defizite der Vorgaben offenkundig, damit ggf. der/die dafür verantwortliche Verfasser/in und dessen zuständige Behörde. Das kann Unannehmlichkeiten bringen. Deshalb neigt Bürokratie grundsätzlich tendenziell dazu, eher mehr zu fordern und festzulegen als weniger, weil sie den Aufwand nicht mit ins Verhältnis zum Nutzen setzt. Diese Vorgehensweise ließ sich auch bei etlichen Corona-Maßnahmen feststellen. Nach Einschätzung des Staatsrechtlers Friedhelm Hufer überschritten dazu Vorgaben der Bürokratie längst die nach der Verfassung vorgegebene Zulässigkeit. Deshalb hofft er auf Klagen der Betroffenen, damit die Gerichte die Dinge zurechtrücken (WK 10.10.2020). Ein Beispiel für teilweise überzogene Lebenseingriffe war die absolute Besuchersperre in Krankenhäusern und Altenpflegeheimen. Diese

Maßnahme ging zeitweilig so weit, dass selbst alten oder kranken Personen, die im Sterben lagen, ein letzter Besuch eines nächsten Angehörigen versagt wurde. Eine Kernursache für unangemessene und sachfremde Corona-Einschränkungen liegt wohl darin, dass diese Vorschriften i. d. Regel eben von Bürokraten, oft ohne spezifische Sachkenntnisse, entwickelt wurden, ohne daran die betroffenen Branchen in irgendeiner Weise zu beteiligen.

Die von der Bürokratie zur Infektionsbegrenzung entwickelten Vorgaben, die dann von der Bundesregierung in Abstimmung mit den Landesregierungen als Verwaltungserlass in Kraft gesetzt wurden, zielten vor allem auf umfassende Kontaktbeschränkungen ab. Unter anderen wurde vorgegeben: Mehr als zwei Personen, ausgenommen Familien und Wohngemeinschaften, durften seit Mitte März bis Ende Mai 2020 in öffentlichen Räumen nicht mehr zusammenkommen. Grundsätzlich war ein Mindestabstand einzuhalten. Den Bürgern wurde nahegelegt, die Wohnung, sein Heim, außer bei wichtigen Anlässen, wie Arztbesuch, Lebensmitteleinkauf oder dem Weg zur Arbeit, nicht zu verlassen. Aufenthalte außerhalb der Wohnungen waren jedoch zulässig, etwa um zu joggen oder spazieren zu gehen, wenn die Abstandsregeln eingehalten wurden. Zulässig war auch das kurzzeitige Ausruhen auf einer Parkbank. Das galt aber nicht, um sich dort etwa etwas länger hinzusetzen, um in der Frühlingsfrische ein Buch zu lesen, selbst wenn man dort alleine saß. Die Fahrt im öffentlichen Verkehrsmittel blieb hingegen zulässig, obwohl dort die vorgegebenen Abstandsregeln überwiegend nicht einzuhalten waren. Außer Arztbesuchen und das Aufsuchen lebensnotwendige Basiseinrichtungen wie Apotheken, Reformhäuser, Lebensmittelgeschäfte und dgl. mussten zunächst alle anderen Läden und Dienstleistungen mit Publikumsverkehr schließen, genauso auch Kindergärten und Schulen. Personen, die sich in der Nähe infizierter Menschen aufhielten oder die aus Infektionsgebieten kamen, z. B. als Urlaubsheimkehrer oder Geschäftsreisende, wurden zeitweilig unter Quarantäne gestellt. Sie durften 14 Tage ihre Wohnung nicht verlassen. Gesundheitsämter kontrollierten die Einhaltung der Vorgaben, bei empfindlichen Geldstrafen für Verstöße (500 €).

Durch die Vorgaben und Maßnahmen kam das öffentliche Leben in einem Maße zum Stillstand, den es seit der Gründung der Bundesrepublik nie gab. Viele im Grundgesetz verbrieften Rechte galten nun nicht mehr. Der Staat übte ein bislang nicht gekanntes Durchsetzungsrecht aus. In den anderen Ländern der EU und der Welt sah es häufig kaum anders aus. Die stringenten Vorgaben beruhen in Deutschland auf Expertenempfehlungen, die sich später jedoch z. T. als strittig und einseitig erwiesen. Entsprechend den Regierungsvorgaben kam es zur weitgehenden Schließung der Schulen und Kinderbetreuungseinrichtungen. Dadurch waren etliche Eltern zur Arbeit im Home-Office gezwungen. Für darin ungeübte Personen, die zugleich neben ihrer Arbeit auch noch ihre Kinder beaufsichtigen, eine enorme Stressbelastung.

Die Kinderbetreuung wurde dann alsbald für Kinder von Personen, die gesellschaftliche Basisfunktion aufrechterhielten, wie Polizisten, Rettungsdienste, Feuerwehren und Verkäufer/innen im Lebensmittelhandel in einer Art Notdienst wieder aufgenommen. Schon sehr bald gab es eine Erweiterung der Betreuung, in der nun auch Kinder mit hohem sprachlichem Entwicklungsbedarf, also Ausländerkinder mit fehlenden oder niedrigen Deutschkenntnissen, einbezogen wurden. Das irritierte und brachte in der Bevölkerung manchen Verdruss. Natürlich ist es wichtig, dass hier lebende Ausländer und die neu zugewanderten Flüchtlinge möglichst zügig die deutsche Sprache lernen. Ob das aber nun ein paar Monate später beginnt, dürfte weniger entscheidend sein. Viel wichtiger wäre die Unterstützung der deutschen Eltern, insbesondere der Mütter , die wegen der Pandemie im Home-Office völlig überlastet sowohl die Kinderbetreuung als auch die berufliche Arbeit bewältigen müssen, um ihre Firma, letztlich unsere Wirtschaft am Leben zu halten. Aber wie schon festgestellt haben wohl Familien mit Kindern für die deutsche Regierung keinen hohen Stellenwert. Diese hohen Belastungen und die damit verbundenen Leistungen für unsere Wirtschaft scheinen der Regierung und unseren Politikern entgangen zu sein, oder waren ihnen letztlich egal, sonst hätte es nicht derartige Entscheidungen geben können. Das zeigt wiederum die Realitätsferne unserer Regierung, die etliche Familien äußerst verdrießlich empfanden. Der dringende Hilfebedarf der eigenen Bevölkerung wird hinter den Zuwanderern und Flüchtlingen zurückgestellt, obwohl für deren Hilfe kein derartiger Handlungsdruck vorlag. Es gab etliche Familien die damit völlig überfordert waren, zumal von einem auf den anderen Tag die Betreuung durch Großeltern wegfiel. Auch derartige Regelungen sprechen für ein „Vorbeiregieren". Sie zeigen, wie weit sich die Politik von der Bevölkerung und deren Bedarfe entfernt hat.

Die Coronabeschränkungen führten auch zu skurrilen Erscheinungen. Im Mai/Juni 2020 gab es erste Hochrechnungen von angeblichen Experten, die aus der etwa drei- bis viermonatigen Schulschließung schwere Folgen und Nachteile für die betroffene Generation der Schüler/innen berechneten, bis hin zu den daraus abgeleiteten bevorstehenden finanziellen Einbußen in ihrem zukünftigen Berufsleben. Diese Berechnungen kann man nur als blanken Unsinn bezeichnen. Der Zweite Weltkrieg hatte letztlich trotz teilweise deutlich längerer Auszeiten von Schule verhältnismäßig geringe Folgen. Dafür spricht die Generation, die seit den 50er Jahren Deutschland so erfolgreich aufgebaut hat. Ein naher Verwandter berichtete mir, dass er während des Krieges in einem Jahr von der zweiten in die dritte Klasse versetzt wurde und danach nochmal von der dritten in die vierte Klasse. Trotz dieser „schwerwiegenden" Schulzeitverkürzung legte er später sein Diplom mit gut ab, arbeitet erfolgreich als Abteilungsleiter im Siemenskonzern und gab noch bis ins hohe Alter für Schüler zur Abiturvorbereitung Nachhilfe. Anfang November 2020 wurde auf die Gefahr drohender Bildungsdefizite durch die Coronafolgen auch von Vertretern der pädagogischen Seite hingewiesen. Die Coronakrise wird Bildungsdefizite verursachen, aber eher nur vorübergehend und längst nicht in der teilweise dargestellten Dramatik. Wir leben in einer Welt des lebenslangen Lernens, in der das Schulwissen sehr wichtige Grundlagen vermittelt. Die werden aber in vielen Bereichen im Zeitverlauf zunehmend überholt und sind durch neu erworbenes Wissen zu ergänzen oder auch auszutauschen. Gerade als Wissenschaftler, der sich sein Leben lang immer wieder mit neuen Aufgaben und Sachgebieten auseinandersetzte, sehe ich das menschliche Entwicklungspotential zum Ausgleich dieser zeitweiligen schulischen Defizite als erheblich an. Die hier verschiedentlich vorgebrachte Argumentation grenzt tendenziell auf unrealistischen Grundlagen an Panikmacherei. Das gilt auch für die Ausführungen zu angeblich schweren psychischen Schäden, die Kinder durch coronabedingte Isolation erleiden. Nach diesen Maßstäben hätten nahezu die gesamten Kinder der letzten Kriegsgeneration ihr Leben unter noch weitaus größeren psychischen Dauerschäden verbracht. Dennoch war diese Generation eher leistungsstark und hat sehr viel zum Wohl unseres Landes beigetragen und vieles erreicht.

Nachdem auch wieder die Öffnung von Einzelhandelsgeschäften, die nicht wie Lebensmittelgeschäfte der Basisfunktion dienen, zugelassen wurde, gab es weitere Vorgaben. So galt nun die Maskenpflicht, obwohl zwei Monate davor Regierungsvertreter vom Maskentragen abrieten, weil nach der damaligen Auskunft die Schutzwirkungen angeblich nur minimal oder wirkungslos seien. Hinzu kam die Verfügung, dass Geschäfte eine bestimmte Quadratmeterzahl Verkaufsfläche je Kunde aufweisen müssen, um die Abstandsregeln zu sichern. Durch verpflichtende Eingangskontrollen wurde die Kundenzahl auf die Grenzwerte beschränkt, die zulässige Verkaufsfläche betrug dabei 800 qm. Autohäuser, die wesentlich mehr Fläche je Kunde aufweisen, waren davon genauso ausgeschlossen wie etwa Möbelhäuser, obwohl dort das Zigfache der vorgeschriebenen Fläche je Kunde verfügbar wäre. Diese Vorgaben waren logisch kaum nachvollziehbar und erschienen daher willkürlich und bürokratisch. Der Widersinn derartiger Bürokratenvorgaben offenbarte dann schließlich ein Urteil des Bundesverfassungsgerichtes, dass diese Beschränkung als unzulässig aburteilte. Für die Fragwürdigkeit der Coronabeschränkungen sprechen auch die unterschiedlichen Regelungen in den Bundesländern. Die Ausführungen der Regierung zu den Schutzmasken haben sich dann umfassend gewandelt. Statt der zunächst dargestellten Unwirksamkeit wurde nun das Tragen in Räumlichkeiten mit höherer Publikumsdichte zur vorgeschriebenen Pflicht, deren Missachtung empfindliche Ordnungsstrafen nach sich zog. Eine Erklärung für diesen Positionswechsel kam von der Regierung nicht. Das Regierungshandeln und Vorgehen hatten manchen Bürger irritiert und wohl auch seine Vorbehalte gegen die Politik und deren Coronavorgaben verstärkt .

Für die Gastronomie sowie Einrichtungen und Vorgänge mit Publikumsverkehr gab es die Vorgabe, dass die Besucher/Teilnehmer ihren Namen und Anschrift sowie die genaue Zeit ihres Aufenthaltes auf vorgedruckten Zetteln aufführen. Damit sollten die Gesundheitsämter in die Lage versetzt werden, bei neu Infizierten deren Kontaktpersonen zu ermitteln, denn die konnten sich, ohne es zu wissen, angesteckt haben. In dem Fall stellten die Gesundheitsämter die betreffenden Personen unter eine zehntägige bzw. vierzehntägige Quarantäne, die Zeit, in der nach einer Infektion die Krankheit ausbrechen würde und sie ihre Wohnung nicht verlassen durften. Dazu wurde als Inzidenzkennzahl maximal sieben Infizierten je 100.000 Einwohner innerhalb einer Woche vorgegeben, da bei deren Überschreitung die Ämter kaum noch in der Lage waren die betreffenden Personen zügig zu ermitteln. Diese Vorgaben wurden aber von der Bevölkerung teilweise nicht konsequent eingehalten, wie u. a. die Namensangaben wie „Micky-Maus" belegten. Als dann noch die Presse berichtete, die Polizei greife teilweise ebenfalls auf diese Daten zu *(2.2.2, S. 140-141)*, ggf. schon um Parksünder zu ermitteln, nahm die Bereitschaft für diese Angaben beträchtlich ab.

Im Sommer 2020 hatten die deutlich verringerten Infektionszahlen zu Lockerungen des Lockdowns geführt, aber zugleich auch zur schwindenden Beachtung der Schutzmaßnahmen. Nach Medienberichte zu urteilen, hielten offenbar vor allem Migranten die vorgegebenen Verpflichtungen für Schutzmaßnahmen nicht ein (WK 31.8.2020, 2.9.2020). Dazu berichtet bereits das Fernsehen Ende Februar von jungen Ausländern in Frankfurt, die die Pandemie für Falschinformation der Obrigkeit hielten, um die Bevölkerung zu reglementieren. In Berlin gab es sehr hohe Infektionszahlen in einem mit Ausländern überbelegten Wohnblock, der dann unter Quarantäne gestellt wurde. Hohe Infektionszahlen gab es später auch aufgrund der Missachtung von Schutzvorgaben auf privaten Feiern von Migrant, auf denen für deutsche Verhältnisse ungewöhnlich viele Personen zusammentrafen, so wie oben dargestellt *(3.9, S. 324)*. So fanden Ende Mai 2020 in Göttingen, in einem Hochhauskomplex und einer widerrechtlich geöffneten Shisha-Bar mehrere große private Feiern statt. Sie führten zu etlichen Neuinfektionen, als deren Folgen Kindergärten und Schulklassen geschlossen wurden. Derartige Auswüchse gab es aber auch in der Wirtschaft. In Deutschlands größtem Fleischbetrieb hatten allein die dortige enge Unterbringung und schlechten hygienischen Gegebenheiten zu einem enormen Infektionsanstieg geführt. Als Folge wurden umfassende Schließungen für zwei Landkreise verfügt, so u. a. erneute Schließung der Kindergärten, Schulen, des Großteils der Geschäfte und Gastronomie und Freizeitmöglichkeiten für 650.000 Einwohner.

Die für Deutschland ungewöhnlichen und neuen massiven Krawall-Ausschreitungen Ende Mai und Juni 2020, teilweise mit gezielten Attacken gegen Polizei und Ordnungskräfte, werden inzwischen mit den Folgen der Coronakrise und der sozialen Spaltung Deutschlands in direktem Zusammenhang gestellt. Der Kriminologe Christian Pfeiffer wie auch Gerd Landsberg, der Hauptgeschäftsführer des deutschen Städte- und Gemeindebundes, verwiesen darauf, dass die Unterschicht wesentlich härter von den Lockdown-Verfügungen betroffen ist als die übrige, insbesondere die eher wohlhabende Bevölkerung. Das führt zu Aggression, die sich vor allem gegen die Polizei richten kann, da diese die Corona-Vorgaben durchsetzt (durchsetzen muss). Umso problematischer waren die Demonstrationen und unsinnige Verschwörungstheorien, die sich im Sommer 2020 gegen die Maßnahmen zur Infektionsvermeidung wendeten. Zudem wurden die Gruppen und Extremisten missbraucht, um grundsätzlich gegen den Staat, den sie ablehnen, Stimmung zu machen und ihn zu verunglimpfen. Um die Kritik an den Coronamaßnahmen ging es diesen Gruppen weniger, sie waren vielmehr Mittel zum Zweck den Staat zu diskretieren. Dadurch wurden die Bürgerproteste schnell in die rechte Ecke gedrängt, obwohl das nicht dem Anliegen etlicher Demonstranten entsprach.

Zum Sommerende 2020 zeichnete sich, wie von vielen Experten erwartet, eine zweite Welle der Coronapandemie ab. Nach den Erfolgen zur Eindämmung der Pandemie hatten die Lockerungen des Lockdowns viele Personen zum leichtfertigen Kontaktumgang verleitet. Hinzu kam die Urlaubswelle. Beides hatte zum erneuten deutlichen Infektionsanstieg geführt. Das galt weniger für touristische Rückkehrer, aber in hohem Maßen für Migranten, die vom Urlaub aus ihren Heimatländern zurückkamen. Experten führten die Infektionen auf mutmaßlich engen Körperkontakten bei Verwandtenbesuchen in den Heimatländern zurück. Die Presse berichtete ebenfalls über etliche Neuinfektionen bei großen Familienfeiern in Deutschland. So führte z. B. in Mainz eine deutsch-marokkanische Hochzeitsfeier mit über 100 Gästen zu etwa 40 Neuinfektionen (WK 26.8.2020, 29.8.2020). Außerdem hielten Migranten im Sommer 2020 die Schutzmaßnahmen offenbar immer noch nicht konsequent ein (WK 2.9.2020). In Anbetracht des Anstiegs der Infektionen brachte die Politik dann im August 2020 stärkeren Einschränkungen, also in Richtung eines neuen Lockdowns, zur Diskussion. Die deutschen Maßnahmen gegen Coronainfektionen steuerten zudem im Herbst 2020 auf ein Chaos zu. In sämtlichen 16 Bundesländern galten zeitweilig andere Vorgaben, z. T. mit sehr großen Unterschieden. Je nach Bundesland wurden für gleichartige Verstöße keine oder bis zu 500 € Ordnungsstrafe verhängt.

Unverständlicher war auch das fehlende Agieren der Bundesregierung, insbesondere des für diesen Bereich zuständigen Bundesinnenministeriums. Im Flugreiseverkehr wurden wieder die Passagiere dicht gedrängt in Bussen vom Flughafengebäude zum Flugzeug gefahren wie umgekehrt auch die Rückkehrer. Der vorgeschriebene Mindestabstand war bei weitem nicht einzuhalten. Das Gleiche galt für die Gepäckausgabe, die wie eh und je dicht gedrängt am Gepäckband erfolgt. Dabei wären bei dem geringen Flugverkehr bei weitem ausreichend Busse und Personal verfügbar, um die Passagiere mit ausreichendem Abstand zu transportieren. Ein unfassbares Versäumnis des dafür zuständigen Innenministeriums, wo die Kanzlerin gerade die Einhaltung der Abstandsregeln in der Öffentlichkeit einforderte und Bürger, die vergaßen ihre Atemschutzmaske aufzuziehen, in fast allen Bundesländern mit Bußgeld bestraft wurden. Durch derartige Versäumnisse und Widersprüchlichkeiten von Politik und Administration wurde der Zweifel vieler Bürger an den Anordnungen genährt.

Die Bundesregierung hatte inzwischen viele Länder der EU sowie 160 weitere Staaten als Risikogebiete bezeichnet und von Reisen dorthin abgeraten. Zugleich setzte sie Quarantänebestimmungen in Kraft, die für Rückkehrer aus diesen Ländern gelten. Die Türkei wurde jedoch über mehrere Wochen nicht genannt. Dabei ermittelten Experten, dass die meisten Infektionen, die Urlauber nach Deutschland einschleppten, von Familienrückkehrern aus der Türkei und Kroatien stammen. Die *Bildzeitung* schließt daraus wohl zutreffend: „Öffentlich wird das politisch unbequeme Thema … von der Bundesregierung gemieden …" (Bild Deutschland 25.8.2020). Die Einschätzung der Bildzeitung war offensichtlich zutreffend. Gegen die offiziellen Angaben der türkischen Statistik von Ende August 2020 mit 1.400 neuen Infektionen je Tag protestierte inzwischen selbst der türkische Ärztebund. Die reale Infektionszahl lag dort bereits bei ca. 10.000 Neuinfektionen je Tag. Dennoch waren noch Anfang Oktober 2020 vier südtürkische Feriengebiete von der Corona-Reisewarnung des Auswärtigen Amtes ausgenommen (WK 6.10.2020). Ein unglaublicher Vorgang: Hier riskiert die deutsche Regierung anscheinend die Gesundheit deutscher Touristen und ignorierte, dass von den Rückkehrern in unser Land eingeschleppte hohe Infektionspotential aus außenpolitischer Rücksichtnahme auf die Türkei. Die Kriterien für die offiziellen Fallzahlen der Türkei entsprechen zudem bei weitem nicht den dafür geltenden Vorgaben der Weltgesundheitsorganisation. Diese fragwürdige Rücksichtnahme gegenüber türkischen Tourismusinteressen galt auch noch Ende Oktober 2010. Die Türkei wurde wiederum nicht unter den erweiterten Reisewarnungen der Bundesregierung aufgeführt. Das Verhalten der Bundesregierung ist umso unverständlicher, angesichts ihrer neuen teilweise überzogenen schlichtweg unsinniger Vorgaben, wie vor allem die Bemühungen per Verordnung den Kontakt zwischen Kindern für längere Zeit auf ein einziges Kind eines anderen Haushalts zu beschränken.

Stützung der Wirtschaft
Die Folgen für die Wirtschaft sind erheblich, nicht nur wegen der Unterbrechung der Zulieferketten aus entfernten Ländern, sondern auch wegen der enormen Absatzeinbrüche. Die Coro-

nakrise hat weltweit zu erheblichen wirtschaftlichen Ausfälle geführt und sich sehr abträglich auf das verfügbare Investitionskapital wie auch auf die Einkommen der Menschen ausgewirkt. Die Reserven vieler Betriebe werden weniger in neue Produktentwicklungen oder Kapazitätserweiterungen investiert , sondern für die Bewältigung der laufenden Kosten eingesetzt, die mit den derzeitigen Einnahmen nicht abzudecken sind. Die Beschäftigten verhalten sich ähnlich. Den Arbeitnehmern in Teilzeit verbleibt ohnehin oft nur das Geld, um das Nötigste einzukaufen. Andere halten ihre Ersparnisse als Reserve zurück, da die Zukunft und damit auch die Sicherheit von Arbeitsplatz und Einkommen kaum absehbar sind. Deshalb sind weite Bereiche der Wirtschaft von größeren Absatzeinbußen betroffen.

Die Probleme wurden teilweise durch die Vorschriftenbürokratie verschärft. Dafür ist die angeführte Schließungsverfügung der Autohäuser oder Möbelmärkte beispielhaft, denn dort wären wesentlich mehr Platz je Kunde und damit weit größere Abstände möglich als in den zulässig geöffneten Lebensmittelmärkten. Auch kleinen Einzelhändlern, die durchaus in der Lage waren, Kunden wie in Tankstellen bei begrenzter Zutrittszahl Waren zu verkaufen, wurde 2020 bis in die 16. Kalenderwoche die Öffnung ihres Geschäfts versagt. Für Drogerien galt das nicht, da diese auch gesundheitsrelevante Produkte verkaufen. Kleine Kfz-Werkstätten durften zur Sicherung der Versorgung ebenfalls geöffnet bleiben, aber der Verkauf von Kfz-Teilen blieb streng untersagt, wenn diese nicht für Reparaturen benötigt wurden. In Supermärkten war neben dem Lebensmittelsortiment hingegen der Verkauf von Kfz-Zubehör und Kfz-Teilen zulässig. Die Fragwürdigkeit dieser Vorgaben wird u. a. auch an der verfügten Schließung von Spielwarenläden deutlich, da gleichzeitig die weiterhin geöffneten große Lebensmittelhändler wie die Globusmärkte oder Metrofilialen umfassend Spielzeug, teilweise mehr als ein Spielwarenladen, auf ihren zulässig geöffneten Verkaufsflächen anboten.

Die Wirtschaft und die Gewerbetreibenden erhielten zur Unterstützung umfassende Staatshilfen, z. T. als Zuschüsse, als Kredite oder Bürgschaften. Damit der fehlende Umsatz und damit geringere Produktionsbedarf nicht infolge betriebsbedingter Kündigungen zu umfassenden Freisetzungen des Personals führen, zielten die Maßnahmen der Bundesregierung darauf ab, Arbeitskräfte in Kurzarbeit zu schicken, anstatt sie zu kündigen. Damit sollten die Voraussetzungen für die Leistungsfähigkeit der deutschen Wirtschaft gesichert werden, damit sie nach Bewältigung der Pandemie zügig wieder ihren früheren Stand erreichen kann. Der Staat übernahm die Kosten für die Kurzarbeit. Die Firmen mussten die Beschäftigungsprobleme wegen der eingebrochenen Produktion bzw. des reduzierten Leistungsbedarfs nachweisen. Für die betroffenen Arbeitskräfte gab es dann den Zugang zu staatlicher Hilfe in Höhe von 62 % des letzten Verdienstes. Damit sollte die Wirtschaft in die Lage versetzt werden, ihre Arbeitskräfte und Fachkräfte zu halten, so dass nach der Überwindung der Pandemie die Produktion zügig wieder voll anlaufen kann.

Eine ehemals große florierende Branche, die bislang keine oder meistens unzulängliche Staatshilfen erhielt, ist der Veranstaltungs-, Freizeit- und Kulturbereich. Die ersten Hilfeprogramme wiesen die typischen Schwächen der deutschen Bürokratie auf. Gut gemeint, aber wegen bürokratischer Unkenntnisse der Sachbezüge griffen sie für viele Betroffene, vor allem Künstler, nicht. Das musste nicht sein, wenn man aus der Vergangenheit gelernt hätte. So wurden typisch bürokratisch, aber unsinniger Weise, kaum Vertreter der betroffenen Berufsverbände bei der Entwicklung der Hilfsprogramme hinzugezogen oder gar beteiligt. Von der Bürokratie war das kaum zu erwarten, umso mehr hätten die verantwortlichen Politiker handeln müssen.

Die Wirksamkeit der staatlichen Hilfe wird zudem z. T. durch die Staatsbürokratie erheblich vermindert. Gerade kleine Unternehmen und freischaffende Berufe benötigen schnelle Hilfe, da sie ihre Reserven zur Bewältigung der des Lockdowns häufig bereits im Frühjahr aufgebraucht hatten. In der zweiten Coronawelle waren die Auszahlung der von Firmen und Freiberuflern gestellten Anträge für diese Hilfsleistungen im November kaum möglich und selbst Anfang Dezember noch fraglich. Das dafür benötigte EDV-Programm zur Auswertung der Anträge und Einleitung der Zahlung für die Hilfe für den November 2020 war Anfang Dezember 2020 immer noch nicht verfügbar, geschweige denn im Einsatz. Deshalb wurden bis zum 3. Dez. 2020 gerade mal 2,1 % von den dafür bereitgestellten 15 Mrd. € ausgezahlt (Bild Deutschland 7.12.2020). Zu Recht wird das als Armutszeugnis unserer Regierung angeprangert. Hier zeigt sich mal wieder in erschreckender Weise die Schwerfälligkeit der umfassenden deutschen Amtsbürokratie, die zudem für die Zahlungen umfassende Formalitäten einführte. Viele kleine Gewerbetreibende sind damit überfordert und müssen das ihren Steuerberater übertragen. Das kostet wiederum Geld und zusätzlich Zeit. Dabei benötigen die Antragsteller die Mittel dringend um die ansonsten anstehende Insolvenz abzuwenden.

Die staatlichen Hilfen werden z. T. auch auf der kommunalen Ebene unterstützend ergänzt. Punktuell gibt es aber auch umgekehrt Beispiele, wie Kommunen die Notlage von Gewerbetreibenden ausnutzten. Ein Beispiel ist die wohlhabende Stadt Frankfurt a. M. Frankfurt gewährt Gewerbetreibenden, die Mieter städtischer Immobilien sind, bei coronaverursachten Finanzproblemen eine Stundung der Miete. Die Miete müssen sie später, wenn nach der Krise die Geschäfte wieder laufen, mit hohem Zinssatz nachzahlen. Das wird nicht einfach sein. Für viele Geschäftseinbußen, wie etwa in der Gastronomie oder im Bekleidungsgewerbe, gibt es später keinen Ausgleich durch erhöhten Kundenverbrauch für den nicht erfolgten Konsum oder die nicht verkaufte Frühjahrskollektion. Umso mehr sind die hohen Zinsen, die die Stadt Frankfurt verlangt, erschreckend . In der Fernsehsendung konkret wurde am 20.4.2020 berichtet, die Stadt Frankfurt verlangt von den Gewerbetreibenden für die Stundung der Mieten 8 % Zinsen. Ein unglaublicher, empörender, aber leider realer Vorgang. Der Bund und die Länder wenden zur Abwendung der negativen Corona-Auswirkungen mit ihren Programmen und Maßnahmen extrem hohe Summen an öffentlichen Mitteln auf. Das sind letztlich Aufwendungen der Bevölkerung, die durch deren Steuerzahlungen zu finanzieren sind. Die Stadt Frankfurt verlangt aber für ihre Hilfe nicht etwa die heute üblichen niedrigen Zinsen von 0 % bis 1 %, sondern extrem hohe 8 %, also bei weitem mehr, als die Stadt zu dieser Zeit für eigene Kreditaufnahmen begleichen muss. Diese Form ist landläufig wohl nur als Abzocken von notleidenden Corona-Betroffenen für die kommunale Hilfe zu bezeichnen. Es erschreckt, wie eine Kommune wie Frankfurt mit der Not ihrer Bürger umgeht. Man fragt sich, wie der Frankfurter Oberbürgermeister Feldmann dazu steht? Fragwürdige ist auch das Behördenverhalten in anderen Regionen. So wird aus einer Touristenregion berichtet, dass sich dortige Betriebe nach einem Jahr coronabedingter Schließung um die Konzessionsverlängerung bemühen müssen, denn die läuft ab, wenn eine Gaststätte ein Jahr schließt.

4.1.2 Wie die Politik handelte

Es dauerte zunächst einige Zeit, bis in der Politik die Pandemie und die damit verbundenen Gefahren erkannte. Das ist vermutlich auf nicht optimale Beratungen von Experten oder deren Auswahl durch die Politik zurückzuführen. Danach konzentrierte sich die Politik auf die Beschaffung von Schutzmaterial und die Bereitstellung bzw. die Schaffung von Kapazitäten, um die gesundheitliche Versorgung der erwarteten vielen Infektionsfälle zu sichern. Zur Verhinderung der Ausbreitung der Coronaviren setzte die Regierung in Abstimmung mit den Ländern durch umfassende Maßnahmen ein Herunterfahren des öffentlichen Lebens durch, wie es Deutschland seit dem Zweiten Weltkrieg nie erfuhr. Sie berief sich dabei auf Art. 35, Abs. 2 des GG sowie die Generalklausel des Infektionsschutzgesetz IfSG § 28, die den Behörden erlaubt notwendige Maßnahmen zu ergreifen. Diese gesetzlichen Regelungen wurden am 27.3.2020 noch durch das *Gesetz zum Schutz der Bevölkerung bei einer epidemischen Lage von nationaler Tragweite* ergänzt und präzisiert. Damit konnte die Regierung mit den Bundesländern ohne die übliche Prozedur im Bundestag und Bundesrat kurzfristig umfassende Maßnahmen vorgeben und durchsetzen, die die bürgerlichen Rechte weitgehend einschränken. Kritiker monierten, dass in Deutschland damit quasi ohne Parlament regiert wird. Trotz des Handlungszwanges eine verständliche Kritik, denn das ist ein bisher nie dagewesener wesentlicher Eingriff in unser demokratisches Staatssystem.

Die Maßnahmen richteten sich, wie oben angeführt, vor allem darauf durch Schutzabstände und massive Begrenzung menschlicher Kontaktmöglichkeiten der Infektionsausbreitung entgegenzuwirken. Die dafür erlassenen umfangreichen bürokratischen Regelungen verstärkten für weite Teile der Wirtschaft die coronabedingten Probleme. Zugleich schaffte die Regierung Hilfsprogramme zur Finanzierung der durch Kontaktsperren und Firmenumsatzeinbrüche verursachten Finanzprobleme der Wirtschaft. Außerdem dienten diese der Sicherung eines Mindesteinkommens für Personen, die momentan in der Arbeitswelt nicht benötigt wurden. Das erforderte enorm viel Mittel. Die deutsche Bundesrepublik war dafür aufgrund der sparsamen Haushaltspolitik der „schwarzen Null" der vergangenen Jahre gut aufgestellt. Zwar hatten im Spätherbst 2019 die neuen Vorsitzenden der SPD, Saskia Esken und Norbert Walter Borjans, angesichts einer kleinen Konjunkturabschwächung bereits ein umfangreiches Konjunkturprogramm, das ggf. durch Kreditaufnahmen zu finanzieren war, gefordert, aber ihr Parteikollege und Bundesfinanzminister Scholz wusste das zu verhindern. Das kann angesichts des späteren hohen Finanzbedarfs zur Coronabewältigung nur als Segen bezeichnet werden.

Die Informationspolitik der Regierung gegenüber der Bevölkerung war z. T. fragwürdig und widersprüchlich . Das begann zunächst mit der Verharmlosung der Pandemie und offiziellen Erklärungen der Politik, gestützt auf Aussagen einiger Experten über die geringe Wirksamkeit von Atemschutzmasken. Vier Wochen später wurde das Tragen der Masken in bestimmten Bereichen, wie beim Einkauf in Geschäften, zur bis heute geltenden vorgeschriebenen Pflicht, bei Ahndung einer Nichteinhaltung. Für diesen für Bürger schwer verständlich und nachvollziehbaren Positionswechsel blieb von der Regierung jegliche Erklärung aus, obwohl Unmengen an Steuergeldern in die PR-Kampagnen der Regierung geflossen sind.

Die Bundesregierung und Landesregierungen setzten zur Verhinderung der Infektionsausbreitung umfassende Maßnahmen zu Kontaktbeschränkungen durch, die zum weitgehenden Stillstand des öffentlichen Lebens führten. Bei der hohen Aggressivität des Virus und den frühzeitigen Erkenntnissen, dass bis Jahresende 2020 dagegen kaum ein wirksamer Impfstoff verfügbar ist, war es sicher absehbar, dass die Probleme und damit die Veränderungen von Leben und Öffentlichkeit und für die Wirtschaft mindestens bis Jahresende anhalten wahrscheinlich sogar länger, weil eine Impfaktion auch Zeit erfordert! Deshalb wäre eine auf diesen langen Zeitraum ausgelegte Strategie äußerst wichtig und richtig gewesen. Stattdessen wurden völlig unrealistische Zeiträume für die Einschränkung des öffentlichen Lebens zur Coronaabwehr vorgegeben. Ende März 2020 hieß es nur für eine Woche, dann bis Ostern, schließlich sollten die Maßnahmen Anfang Mai enden, dann bis Mitte Mai, schließlich bis Pfingsten 2020 und danach hieß es bis zum 15. Juni oder auch bis 30. Juni. Später waren dann auch Zeiträume bis Mitte Juli oder bis zum August im Gespräch, noch später bis Jahresende bei evtl. Ausweitung auf 2021. Diese häppchenweisen Zeitangaben der Bundes- und der Landesregierungen ist vermutlich darauf zurückzuführen, dass die Politik den Bürgern nicht die voraussichtlich lange Dauer der

Einschränkungen darlegen wollte. Deshalb spricht vieles dafür, dass die Regierungsvorgaben bewusste Fehlinformationen waren, denn bei einer verhältnismäßig kurzen Dauer der Beschränkungen akzeptiert der Bürger diese weit eher als bei einem langen Zeitraum. Dieses Taktieren wirkte sich für viele Gewerbetreibenden verheerend aus, denn so lässt sich nicht vernünftig planen. Außerdem verleiteten diese Angaben zu Fehleinschätzungen im Einkauf und der Personalpolitik, womit die sich die Coronafolgen zusätzlich verschärften. Aufgrund dieses Taktierens unterlief der Regierung ein entscheidender, schwerwiegender Fehler. Es unterblieb eine umfassende, langfristig ausgerichtete Strategie zur Virusbekämpfung. Das sollte sich mit dem drastischen Infektionsanstieg im Herbst 2020 bitter rächen. Zudem wirkten sich die ständigen Verlängerungen der Zeitvorgaben, genauso wie das Umschwenken der Verlautbarungen und -vorgaben zu den Atemschutzmasken, abträglich auf die Glaubwürdigkeit und Akzeptanz der Regierungsvorgaben aus. Ein Regierungskonzept, das die Bezeichnung Strategie verdient, ist bislang bis heute, bzw. Mai 2021, nicht erkennbar.

Die Hilfsprogramme für die Bevölkerung erscheinen z. T. ebenfalls widersprüchlich und populistisch. So wurde mit sehr hohem Aufwand von der Regierung eine Senkung der Mehrwertsteuer von 19 % auf 16 % bzw. von 7 % auf 5 % zur Entlastung der Bürger und als Kaufanreiz und damit zur Unterstützung des Handels beschlossen. Beim Einkauf von Waren für 10 € macht das grade eine Ersparnis von 30 Cent aus. Bei einem Warenkorb von 30 € nicht mal 1 € Ersparnis. Daraus einen Kaufanreiz abzuleiten, kann nur als weltfremder Unsinn eingestuft werden, was später auch die Daten belegten (WK 25.8.2020). Dadurch wurde das Konsumverhalten gegenüber dem Vorjahr lediglich um 0,6 % erhöht (WK 5.1.2021), aber für die Firmen war damit ein erheblicher Aufwand zur entsprechenden Umstellung der MwSt.-Auspreisung und Abrechnung verbunden. Zudem berichteten das Fernsehen und Tageszeitungen Ende Juni/Anfang Juli 2020, dass die Lebensmittelpreise in den letzten Wochen, je nach Produkt, um 5 % bis 12 % gestiegen sind. Die MwSt.-Minderung hat also in den Bereichen, in denen Verbraucher die hauptsächlichen Tageseinkäufe tätigt, nicht mal einen Konjunkturanschub von 1 % gebracht, im Gegenteil, der reale Preisanstieg hat die ermöglichte kleine Preisminderung mehr als aufgewogen. Nach den Regierungsangaben bewirkt aber die MwSt.-Senkung Steuerverluste von ca. 20 Mrd. Euro. Das sind Steuerverluste durch eine unsinnige Regierungsmaßnahme, die für notwendige Ausgaben an anderer Stelle fehlen. Auch das zeigt, wie weit sich die politische Elite bzw. Regierung von der Bevölkerung entfernt hat und an ihr vorbeiregiert. Die von der Regierung als öffentlichkeitswirksame Familienhilfe von 300 € pro Kind kommt ebenfalls populistischem Gebaren nahe. In den Regierungsverlautbarungen wurde zunächst tunlichst verschwiegen, dass dieser Betrag erst Wochen später und in zwei Raten ausgezahlt wird und zudem als Einkommen am Jahresende zu versteuern ist. Hier wäre eine schnelle Geldhilfe ohne steuerliche Anzüge weitaus angebrachter als die MwSt.-Senkung und zudem mit wesentlich geringerem Aufwand verbunden.

Im Frühjahrs 2020 wurde, wie oben angesprochen, sehr bald deutlich, dass es einen wirksamen Impfstoff gegen Corona kaum vor Jahresende geben kann und dieser in ausreichenden Mengen erst im Verlauf des Jahres 2021 verfügbar ist. Die Prognosen der so genannten Wirtschaftsweisen zum erwarteten Konjunkturverlauf mussten längst deutlich nach unten korrigiert werden, wie gleichfalls der prognostizierte bevorstehende Anstieg der Arbeitslosigkeit deutlich nach oben zu korrigieren war. Mit den Hilfsprogrammen für die Wirtschaft und den Arbeitsmarkt sollten die wirtschaftlichen Leistungskapazitäten wie auch die Arbeitskräfte über die Zeit der Pandemie hinweg gerettet werden. Das konnte aber nur gelingen, wenn die Programme bis zur deutlichen Abschwächung der Pandemie laufen. Sonst ständen schwerste Einbrüche für die Wirtschaft bevor und die Arbeitskräfte brechen weg, so dass alle Anstrengungen und die eingesetzten Mittel vergeblich wären. Das war eigentlich für jeden ersichtlich, erst recht für Experten, die sich damit beschäftigten und ebenfalls auch für unsere Regierung. Deshalb waren die Zeitvorgaben der Regierung und ihrer Akteure eine völlig unverständliche, unrealistische Fehlinformation . Die Bevölkerung wurde so in Unsicherheit gehalten, was weitaus problematischer war als klare, realitätsnahe Aussagen. Der Bürger fragt sich, was sollte mit diesen Regierungsaussagen bewirkt werden? Warum wurde die klar erkannte Krisendauer vertuscht, etwa in der Art wie man kleinen Kindern manchmal zunächst besser unangenehme Wahrheiten verschweigt?

Nach der Abschwächung der Infektionszahlen im Frühjahr 2020 wurde der erste Lockdown aufgehoben und unter einschränkenden Vorgaben eine vorsichtige Näherung zur Normalisierung des Lebens eingeleitet. Gleichzeitig weiteten sich Protestbewegungen, wie die der Querdenker, Pandemieleugner, Maskenverweigerer, vom Sommer 2020 nun auch auf den Herbst aus, wiederum vor allen unter Beteiligung sogenannter Reichsbürger und von Rechtsradikalen und teilweiser Mitwirkung der AfD, die gegen den deutschen Staat polemisierten. An den Demonstrationen beteiligten sich aber auch normale Bürger aufgrund der Unzufriedenheit mit den Coronaeinschränkungen, die zudem schlecht und wenig transparent von der Regierung kommuniziert wurden. Gleichfalls kam es zu spontanen Feiern von etlichen jungen Menschen, wie auf dem Frankfurter Opernplatz, die ebenfalls die Vorsichtsmaßnahmen missachteten und der Infektionsverbreitung Vorschub leisteten. Diese Entwicklung lässt sich z. T. als ausgleichende Gegenentwicklung zu den Belastungen des vorangegangenen wochenlangen harten Lockdowns erklären. Das gilt umso mehr, da die von der Verwaltungsbürokratie entwickelten einschränkenden Vorgaben z. T. kaum logisch erklärbar, teilweise wohl auch unsinnig waren, wie etliche Gerichtsentscheidungen dagegen belegen. Dadurch wurde die Akzeptanz der Staatsvorgaben deutlich geschwächt.

Noch problematischer könnten sich die Maßnahmen der EU erweisen. Die EU sah einen Hilfefond in Höhe von 750 Mrd. € vor. Diese riesige Summe wird über Kredite finanziert und soll bis 2038 abgezahlt bzw. getilgt werden. Der lange Zeitraum wurde gewählt, damit die jährlichen Belastungen 20 Mrd. € nicht überschreiten. Dennoch ist das eine fragwürdige Politik. Das bedeutet, dass für sehr lange Zeit etwa 12 % des EU-Haushaltes (Gemessen an der derzeitigen Höhe) für diese Tilgung aufzuwenden sind. Diese Mittel werden an anderer Stelle fehlen. Mit dieser sehr hoher Kreditaufnahme und der sehr langfristigen Tilgung wird zur Sicherung des Wohlstandes und der Lebensbedingungen der heutigen Generation die Verantwortung gegenüber der nächsten Generation aufgegeben. Ein unfassbarer Vorgang. Die Kreditaufnahme wird die zukünftige Generation fast die Hälfte ihres zukünftigen Berufslebens belasten.

Viele junge Menschen schließen heute erst im 25. Lebensjahr ihre Ausbildung ab. Wenn sie heute mit 25 Jahren in den Beruf einsteigen, wird bis zur Vollendung ihres 43. Lebensjahres ein Teil ihrer Steuern zur Corona-Schuldentilgung der EU benötigt. Das schränkt den Gestaltungsspielraum dieser Generationen deutlich ein. Überspitzt ausgedrückt, mit diesem Konzept wird versucht, unseren heutigen Standard möglichst schnell wieder zurückzuerlangen, auch wenn die Belastungen vor allem von der zukünftigen Generation zu tragen sind und deren Lebens- und Gestaltungsspielräume wahrscheinlich merklich einschränken. Die gleiche Problematik gilt auch für die Kreditaufnahme der deutschen nationalen Programme, wenngleich deren Tilgungsräume sinnvoller Weise nicht derart langfristig sind.

Die Finanzierung des gewaltigen Hilfeprogramms brachte weitere Konflikte. Eine Anzahl der EU-Mitglieder, vor allem die höher verschuldeten Mittelmeerländer, wollten die Mittel über einen gemeinsamen Schuldenfonds finanzieren, der von allen EU-Mitgliedsstaaten zu tragen ist. Dagegen sträubten sich die sparsamen EU-Länder mit ausgeglichenem Haushalt, vor allem die nördlichen Länder wie die Niederlande, skandinavische Mitglieder und die Länder des Baltikums sowie auch Deutschland. Sie befürchten, dass in Anbetracht der Finanzpolitik und des Finanzgebarens der meisten EU-Mittelmeerländer bzw. Südländer sich deren Verhalten kaum ändern wird. Das könnte dazu führen, dass die Tilgung vor allem bei den Nordländern hängen bleibt bzw. von diesen zu tragen ist. Eine durchaus realistische Einschätzung und nachvollziehbare Reaktion, wenngleich sich bereits der Parteivorsitzende der Grünen Habeck, wie oben angesprochen *(2.1, S. 89-90)*, für gemeinsame Schulden aussprach. Unter der Ratspräsidentschaft von Frau Merkel wurde dann mühsam ein Kompromiss gefunden, der letztlich einer gemeinsamen Schuldenaufnahme entspricht. Die Mittel werden als Kredit der EU aufgenommen und über Jahre aus dem Haushalt der EU getilgt. Das bedeutet, dass Deutschland mit einem hohen Anteil, vermutlich wie am „Euro-Rettungsschirm", etwa mit 27 %, an der Tilgung beteiligt ist.

Zudem ist damit zu rechnen, dass in dem langen Tilgungszeitraum weitere Krisen eintreffen, die neuen hohen Mitteleinsatz erfordern. Noch brisanter werden die Perspektiven, wenn Mitgliedsstaaten aufgrund ihrer Haushaltspolitik ihren Anteil am EU-Haushalt nicht bewältigen können, aber natürlich die Kredite weiterhin zu tilgen sind. Dann wird es die EU-Mitglieder mit halbwegs ausgeglichenem Haushalt treffen, also aus heutiger Sicht die Nordländer, zu denen auch Deutschland zählt. Deshalb ist die Finanzierung des EU-Corona-Hilfepakets für Deutschland äußerst bedenklich. Damit wird zur Sicherung der heutigen Lebensverhältnisse nicht nur die nächste Generation durch die hohen EU-Kredite und die nationalen Corona-Schuldenaufnahmen langfristig hoch belastet, sondern es sind durch die gemeinsame Kredithaftung zusätzlich auch noch die Kosten zu tragen, wenn andere EU-Mitglieder nicht zahlungsfähig sind. Für die deutsche Jugend und nachwachsende Generation sind das ausgesprochen zweifelhafte Vereinbarungen. Sie sprechen nicht für großes Verantwortungsbewusstsein der dafür verantwortlichen deutschen Politiker gegenüber der deutschen Jugend. Eine Brisanz, die für zukünftige Konflikte spricht.

4.1.3 Herausforderungen zweite Infektionswelle und neuer Lockdown

Der letzten Quartal 2020 brachte zwei entscheidende Veränderungen, die Infektionszahlen stiegen rasant an, zugleich gab es ab Dezember endlich einen zugelassenen wirksamen Impfstoff gegen Coronainfektionen:

Die neue Infektionswelle: Die Infektionszahlen stiegen als Folgen von Urlaubsreisen und leichtfertiger Vernachlässigung im Kontaktumgang. Hinzu kam durch Mutationen des Virus eine neue höchst aggressive Variante, die sich ab Herbst 2020 zunehmend ausbreitete. Die dennoch zunächst anhaltende Vernachlässigung der Virusschutzmaßnahmen durch Teile der Bevölkerung war besonders gravierend durch uneinsichtiges Verhalten von einzelnen Gruppen bei Großdemonstrationen, wie die der so genannten Querdenker, der Pandemieleugner und anderer Gruppen mit 20.000 Teilnehmer in Leipzig (andere Quellen berichteten sogar von 45.000 Teilnehmern) ohne Mindestabstand und kaum mit Atemschutzmasken. Mit derartigen äußerst zweifelhaften Aktionen weitete sich die Pandemie bzw. auch deren Dauer aus, wie alsbald die leidige Stellung Sachsens mit den höchsten Infektionen unter den Bundesländern belegt. Die Folgen trafen die Demonstranten kaum, aber enorm viele andere Personen, deren Arbeitsmöglichkeiten, Geschäfts- und Lebensgrundlagen dadurch massive Einschränkungen erfahren bis hin zu vielen Insolvenzverfahren.

Im Herbst 2020 hatte der Infektionsanstieg in Deutschland wie fast in allen EU-Ländern und weiteren Teilen der Welt zu einer zweiten Infektionswelle geführt, die aufgrund der Virusmutationen nun wesentlich heftiger war als die Infektionsausbreitung im

Frühjahr. Der von der Regierung angeführte Vergleich mit den Infektionszahlen vom Frühjahr 2020 ist jedoch nur bedingt aussagefähig. Damals hat man die Pandemie zunächst verharmlost und es ist zudem von einer hohen Dunkelziffer auszugehen. Die hohen Infektionszahlen und viele Todesfälle im Herbst 2020 sind auch ein Beleg dafür, dass sich die Regierung und die Bundesländer zu wenig auf die absehbare zweite Infektionswelle einstellten und zu spät mögliche Gegenmaßnahmen einleiteten. Anstatt im Sommer die materiellen Hygienevoraussetzungen für Schulen und Altenheime wesentlich zu verbessern, wie durch entsprechende Lüftungs- und Filteranlagen sowie für Schnelltest für Personal, Insassen und Besucher, passierte wenig, obwohl entsprechend Empfehlungen und Konzepte von Experten vorlagen. Die wurden aber selbst bis zum Sommerende und Herbstanfang 2020 kaum genutzt.

Angesichts der Entwicklung sprach sich die Kanzlerin frühzeitig für einen harten Lockdown mit dem weitgehenden Runterfahren des öffentlichen Lebens aus. Die Ministerpräsidentin bzw. Präsidenten standen z. T. deutlich dagegen, insbesondere solange in ihren Bundesländern die Infektionen verhältnismäßig niedrig waren. Die unterschiedlichen Einschätzungen lagen wohl auch daran, dass die Landesregierungen weitaus näher als das Kanzleramt an der Bevölkerung waren und deren Bedürfnisse und die Akzeptanz der Vorgaben eher einschätzen konnten. Als die Kanzlerin schließlich einen Lockdown durchsetzen konnte, war das zunächst ein Light-Lockdown, da die Länder den eher in abgemilderter Form und zudem mit großen Unterschieden uneinheitlich umsetzten, was einem Chaos nahe war. In Anbetracht des hohen Anstiegs der Infektionszahlen, die die Krankenhäuser zunehmend an ihre Kapazitätsgrenzen brachten, und der hohen Todeszahlen konnte die Bundesregierung schließlich im Herbst einen umfassenden harten Lockdown durchsetzen, wenngleich mit punktuellen Abminderungen in einzelnen Bundesländern.

Der Lockdown wurde nach annähernd dem gleichen Muster

und damit mit all seinen Unzulänglichkeiten wie der erste im Frühjahr verhängt. Die Maßnahmen gingen wiederum im Wesentlichen von der Bundesregierung und den Landesregierungen ohne Beteiligung des Bundestages und der Landtage aus. Damit gingen letztlich die Entscheidungen nur von den Politikern aus, deren Parteien die Bundesregierung und die Länderregierung stellten. Die Oppositionsparteien waren damit quasi ausgeschlossen. Für eine Demokratie ein äußerst zweifelhafter Vorgang, der eigentlich nur kurzzeitig bei dringlichstem Handlungsbedarf akzeptabel ist, aber nicht als lange anhaltender Zustand. Damit wurde zudem die Argumentation der außerparlamentarischen Opposition bis hin zu Extremen wie die Reichsbürger gestärkt. Für die Dauer gab die Regierung wie beim ersten Lockdown im Frühjahr wieder unrealistisch kurze Zeiträume vor, die dann eben immer wieder verlängert wurden. Ende 2020 hieß es noch bis zum 10. Januar 2021, dann bis Ende Januar, bald darauf bis Mitte Februar, um dann schon eine Verlängerung bis März, anzukündigen, wobei die Kanzlerin schließlich sogar bis Ostern nannte, später dann bis Pfingsten und im April 2021 bereits bis Ende Juni, schließlich teilweise sogar darüber hinaus.

Die Regierung orientierte sich dabei an dem Kennwert, dass maximal 50 Infektionen innerhalb von 7 Tagen je 100.000 Einwohner nicht überschritten werden, um Lockerungen zuzulassen. Der Kennwert stützt sich vor allem auf die Leistungsgrenzen der Gesundheitsämter zur Nachverfolgung von Infektionsverfolgung, um mögliche Überträger unter Quarantäne zu stellen. Dabei haben Gesundheitsämter schon Widersprochen, was nichts veränderte, denn Frau Merkel meinte, dass sei ein politischer Wert. Zudem ist zu fragen, warum man den Sommer 2020 nicht nutzte, um die Gesundheitsämter entsprechend personell aufzustellen.

Der Lockdown sollte so lange anhalten, bis dieser Kennwert erreicht wird. In Hinblick der deutlich gestiegenen Infektionsgefahr durch Virusmutationen sprach sich die Regierung dafür aus den Kennwert auf 35 herabzusetzen, obwohl der im Winter nahezu unerreichbar ist. Dabei plädierten Virologen, die die Regierung berieten, sogar für einen Kennwert unter 10, am besten null, letztlich einen nicht erreichbaren rein theoretischen Kennwert. Gegen den niedrigen Kennwert von 35 sträubten sich jedoch die Bundesländer, denn dieser niedrige Wert sei schon in Anbetracht der Infektionen in den Nachbarländern kaum erreichbar und könnte deshalb in ein Endlos-Lockdown führen. Zudem sind die Kennwerte durchaus zweifelhaft. Die hohen Todeszahlen stammten vor allem von Alten- und Altenpflegeheimen, in denen viele Insassen coronaerkrankt verstarben. Da die Insassen die Heime ohnehin kaum verlassen, hatten die Kontaktbeschränkungen der Bevölkerung darauf kaum Einfluss. Die gestiegenen hohen Infektionszahlen sind außerdem auch darauf zurückzuführen, dass aufgrund der inzwischen wesentlich ausgeweiteten Infektionstests deutlich mehr Infektionen ermittelt wurden. Deshalb bedarf es weiter Parameter für realitätsnahe Aussagen, doch dazu ist die Bundesregierung nicht bereit.

Die Bundesregierung begründete ihr Handeln und die vorgegebenen Maßnahmen mit der Beratung und den Empfehlungen ausgewiesener Experten. Sie ließ sich jedoch ausschließlich von Experten beraten, deren Fachmeinung der Regierungsausrichtung entsprach. So wurden auch nur diese Experten vom Kanzleramt zu den Coronakonferenzen der Kanzlerin mit den Ministerpräsidenten eingeladen. Die Kanzlerin betonte zwar häufig, dass sie sich ihr Regierungshandeln nach dem Erkenntnisstand der Wissenschaft ausrichte, aber die einseitige Expertenauswahl widerspricht massiv wissenschaftlichem Arbeiten. Nahezu zu jeder Theorie gibt es abweichende Erkenntnisse bis hin zur Gegentheorie. Gerade der Diskurs führt zu wesentlich neuen weiterführenden Erkenntnissen und damit auch zur Absicherung und Weiterentwicklung von Theorien. Dazu muss man aber bereit sein neue Erkenntnisse aufzunehmen und zu reflektieren, anstatt starr an der einmal gefassten Ausrichtung festzuhalten. Das gilt wohl nicht für die Kanzlerin? Sie hält offenbar wieder unnachgiebig an ihrer einmal gefassten Meinung und Position fest, ähnlich wie damals im Flüchtlingsstreit mit Bayern, selbst wenn fundierte anderweitige Erkenntnisse daran zweifeln lassen.

Der neue Lockdown zielte darauf ab das öffentliche Leben bis auf die Grundversorgung mit Lebensmitteln und medizinischem Bedarf und das Aufsuchen der Arbeitsstätten derart runterzufahren, dass es möglichst keinen Anlass mehr gibt die Wohnung zu verlassen. Dementsprechend führte der neue Lockdown wieder zu umfassenden Schließungen von Geschäften, Dienstleistungen, Museen, Kultur-, Sportangeboten sowie Eventveranstaltungen. Das galt selbst für Einrichtungen, von denen kaum Infektionsgefahr ausgeht, weil sie Anlass geben könnten eben doch die Wohnung zu verlassen. Nur Geschäfte und Großsupermärkte, deren Hauptausrichtung Lebensmittelversorgung ist, Handel und Dienstleistungen des Gesundheitswesens sowie Reparaturbetriebe und dergleichen waren davon ausgeschlossen.

Die Einschränkungen und Vorgaben wurden durch umfassende bürokratische Regelungen präzisiert, die im Hinblick auf die Infektionsgefahr der jeweiligen Einrichtung nicht ganz selten widersprüchlich und kaum nachvollziehbar waren. Die Vorgaben hatten grundsätzlich zu gelten, egal wie weit das Leben der Bevölkerung dadurch eingeschränkt und von dieser akzeptiert wird. Zudem waren die Vorgaben z. T. zweifelhaft und logisch kaum zu begründen oder es fehlte offensichtlich auch deren inhaltliche Fundierung. So fanden die weitreichenden Hygienemaßnahmen, mit denen viele Geschäfte im Handel wie auch in Gaststätten ihre Räumlichkeiten zur Infektionsvermeidung mit hohen, oft über Kredite finanzierten Aufwand ausgestattet hatten, keine Berücksichtigung. Hinzu kamen die Vorgaben für private Kontaktbeschränkungen. Die Vorgaben sprachen dafür, dass sie von Bürokraten ohne fundierte Sachkenntnisse entwickelt wurden, ohne Vertretung oder gar beratende Mitsprache der jeweils betroffenen Branchen sowie Berufs- und Gesellschaftsgruppen.

Für äußerst zweifelhafte Bürokratievorgaben spricht auch eine Anfrage der Ministerpräsidentin von Mecklenburg-Vorpommern an den Leiter des Kanzleramtes Minister Helge Braun. Die Ministerpräsidentin wollte wissen, wo denn die höchste Infektionsgefahr für Kinder im Schulalter liegt, was der Minister nicht beantworten konnte. Das Kanzleramt gab aber kurz zuvor eine besonders unsinnige Einschränkung für Kinder vor, die sogar von der Kanzlerin persönlich angeführt wurde: Kontakte unter Kindern sind auf eine/n einzige/n Freundin/Freund aus einem anderen Haushalt zu beschränken. Das spricht für wenige Sachkenntnisse. Die Umsetzung hätte an Kinderquälen gegrenzt. Bei dieser Vorgabe hätten Kinder ggf. eine/n Freund/in in der Auswahl bevorzugen und ein anderes ebenfalls engbefreundetes Kind zurücksetzen müssen. Da wären viele Kinderfreundschaften, wahrscheinlich auch dauerhaft, in die Brüche gegangen. Da wäre sogar ein völliges Kontaktverbot noch eher tragbar gewesen. Gott sei Dank konnte sich die Bundesregierung aufgrund des Widerstandes der Bundesländer damit nicht durchsetzen. Zugleich zeigt sich daran aber auch wieder, wie weit inzwischen die Regierung an der Bevölkerung vorbeiregiert. Ein weiteres Beispiel für zweifelhafte, widersprüchliche Lockdownvorgaben ist die Verfügung, dass eine Mutter ihre Kinder zwar zur Betreuung zu den Großeltern bringen darf; aber wenn danach die Kinder durch die Großeltern wieder bei der Mutter abgeliefert werden, darf dass nur durch eine Person, also die Oma oder den Opa, erfolgen. Die vom Kanzleramt eingebrachten weitreichenden Kontaktbeschränkungen stehen zudem im völligen Widerspruch zu den sehr spät getroffenen Reisewarnungen der Bundesregierung für die Türkei, obwohl ihr die sehr hohe Infektionsgefahr dieses Landes längst bekannt war.

Mit dem Andauern des Lockdowns wurden die schwerwiegenden Folgen für die Wirtschaft immer deutlicher. Das Weihnachtsgeschäft brach völlig weg. Besonders folgenschwer wirkte sich eine Verlautbarung des Gesundheitsministers Spahn vom

Sommer 2020 aus. Er gab vor, es werde für den Handel nicht noch einmal zu Geschäftsschließungen kommen. Im Vertrauen auf das Ministerwort hatten viele Händler, vor allem im Bekleidungsgewerbe, ihre Waren für die Wintersaison und das Weihnachtsgeschäft geordert. Durch den neuen Lockdown blieb die Ware weitgehend unverkäuflich. Für die Gastronomie fielen das Weihnachtsgeschäft, die Weihnachts- und Silvesterfeiern weg. Dienstleistern in diesem Bereich ging es genauso und auch Kulturschaffende waren verheerend betroffen. Diese Ausfälle lassen sich später nicht ausgleichen. Nach der Saison lässt sich die georderte Kleidung kaum noch verkaufen, wie ausgefallene Bewirtungsaufwendungen späten nicht oder nur minimal nachgeholt werden.

Die Reserven und Rücklagen der Gewerbetreibenden wurden bereits im Frühjahr zur Bewältigung des ersten Lockdowns weitgehend aufgebraucht. Zudem wurde immer deutlicher, dass ein wesentlich längerer Lockdown als im Frühjahr bevorsteht und sich mit dem Andauern die Gefahr einer großen Insolvenzwelle immer stärker abzeichnet. Der Verband der Einzelhändler hielt 50.000 Insolvenzen für wahrscheinlich. Das Gastronomiegewerbe und das Beherbergungsgewerbe schätzen gleichfalls die meisten Betriebe als insolvenzgefährdet ein, was im noch stärkeren Maße für den Kulturbetrieb gilt. Die staatlichen Hilfen reichen nicht aus und kommen wegen der hohen bürokratischen Regelungen nicht oder viel zu spät bei den Bedürftigen an. Das gilt vor allem für kleinere Betriebe. Das wird sich mit der bisherigen Regierungsstrategie kaum abwenden lassen.

Die Regierung versprach Abhilfe durch ein neues Hilfsprogramm. Das gab Hoffnung. Aber die zugesagte Hilfe lief äußerst schleppend an. Die im Oktober 2020 in Aussicht gestellten Staatshilfen hatten etliche Gastronomen wie auch kleine Einzelhändler Anfang Januar 2021 immer noch nicht erhalten (WK 2.1.2021). Das lag wohl, wie oben angeführt, mit an der hochgradigen Bürokratisierung, die die Auszahlung regelte. In Anbetracht der

Probleme und des deutschlandweit geäußerten Verdrusses berief Wirtschaftsminister Altmaier Mitte Februar 2021 ein Wirtschaftsgipfelgespräch mit den Wirtschaftsverbänden ein. Zur Bewältigung der dabei angesprochenen und diskutierten Probleme versprach der Minister, dass nun zügig ein Konzept erarbeitet werde, wie es im und aus dem Lockdown weitergehen soll. Damit stellt sich die Frage, wieso werden jetzt erst die Probleme angegangen? Die Situation und die Entwicklung waren seit Monaten relevant und bekannt. Warum war die Regierung nicht schon längst tätig, um mit einem fundierten Konzept die Wirtschaft vor den nun um sich greifenden Schäden zu bewahren? Zugleich fragt sich, warum haben die Medien diese wichtigen Erfordernisse nicht massiv vertreten und der Regierung Druck gemacht?

Der Impfstoff ist da: Im Herbst 2020 gab es endlich Hoffnung, denn nun gab es wirksame Impfstoffe gegen Corona, zudem von einem deutschen Pharmaunternehmen, und die Impfstoffe weiterer Hersteller standen kurz vor der Zulassung und dem Produktionsbeginn. Die nun bestehenden Möglichkeiten nutzte die Bundesregierung jedoch nicht optional. Deutschland hatte aufgrund des zögerlichen Handels der EU und deren bekanntermaßen schwerfälligen, zeitaufwendigen Bürokratie zunächst die Bildung einer Impf-Allianz mit Frankreich, Italien und den Niederlanden für die Impfstoffversorgung verfolgt. Diese Aktivitäten von Bundesgesundheitsminister Spahn wurden sehr bald von der Kanzlerin unterbunden, die die Impfstoffbeschaffung zur Chefsache deklarierte. In Anbetracht der großen EU-Orientierung der Kanzlerin, zu dieser Zeit Ratsvorsitzende der EU, gab sie die Zuständigkeit an die EU ab. Sie vereinbarte mit der Präsidentin der EU-Kommission, Frau von der Leyen, dass die Impfstoffversorgung nicht national, sondern gemeinschaftlich über die EU erfolgen solle. Es gibt Presseberichte, dass Minister Spahn wegen der bekannten Schwerfälligkeit der EU-Bürokratie davor warnte, bei der Kanzlerin aber kein Gehör fand. Die Impfstoffbestellung der EU war dann tatsächlich nahe einem Desaster.

Durch die Schwerfälligkeit der EU-Bürokratie wurden die Lieferverträge erst spät, Monate später als von anderen schnell handelnden Nationen und bei zu geringer Liefermenge, abgeschlossen. Die EU konnte zwar einen günstigen Einkaufspreis durchsetzen, aber die Verlängerung des Lockdowns infolge der späten und zu geringen Impfstoffbestellung verursacht bei weitem mehr Kosten, als durch den günstigeren Einkauf eingespart wurde. Infolge der Impfstoffversorgung über die EU läuft die Impfaktion in Deutschland später als möglich und langsamer an als in anderen Ländern und die Impfstoffmenge reicht nicht aus. (WK 2.1.2021). Das kostet alles Zeit und damit Menschenleben, was vermeidbar war. Zudem versäumte die Bundesregierung parallel zur Gemeinschaftsbestellung der EU zusätzlich Impfstoff zu bestellen, was ebenfalls möglich gewesen wäre. Eine zügige Impfung der gesamten Bevölkerung wie bei Masern kann es somit nicht geben, denn dafür reichte der verfügbare Impfstoff nicht aus, außerdem wäre das schon logistisch und organisatorisch nicht in wenigen Monaten möglich. Die zunächst in der Öffentlichkeit stark kritisierte knappe Impfstoffversorgung wurde vom Gesundheitsminister mit dem „Flaschenhals" der begrenzten Produktionskapazitäten begründet. Das überzeugte aber kaum. Wenn die Bundesregierung die Möglichkeiten genutzt hätte weitaus früher den Impfstoff zu bestellen, was unproblematisch möglich war, hätte es eine schnellere Impfung geben können. Dann wäre der Lockdown ggf. vermeidbar gewesen oder von kürzerer Dauer.

Das so dringend angestrebte umfassende Impfangebot für die Bevölkerung warf zum Jahresbeginn 2021 und in den folgenden Monaten aufgrund etlicher Unzulänglichkeiten erhebliche Probleme auf. Die Kanzlerin sprach zwar von größter Dringlichkeit für den Impfstart, um Menschenleben zu retten, aber unverständlicher Weise war für die Bundesregierung ein offizieller, pressewirksamer Impfstart wichtiger. Die Medien berichteten dann am Jahresende 2020, dass sich der Leiter eines Impfzentrums im

Harz sinnvoller Weise über die Vorgabe hinwegsetzte und sofort nach dem Erhalt des Impfstoffes mit der Impfung begann. Sein Argument: „Wenn jeder Tag zur Rettung von Leben zählt, warum sollen wir dann mit dem Impfen wie bei der Eröffnung eines neuen Autobahnabschnittes warten (Bild letzte Jahreswoche 2020)."

Zu den zu geringen Impfstoffbestellungen kamen etliche organisatorische Unzulänglichkeiten auf Länderebene. Das galt vor allem für die Impftermine. Die für Terminvereinbarungen eingerichteten Internetseiten wie auch die, um endlich sein Impfanliegen vorzubringen, funktionierten nicht. Die Medien berichteten von etlichen Personen, die tagelang trotz ihrer dauerhaften Bemühungen vergeblich versuchten einen Impftermin zu bekommen. Hatten sie es dann endlich geschafft, kam nicht selten die Antwort, es sei kein Impfstoff mehr verfügbar, man sollte sich zu einem späteren Zeitpunkt erneut melden. Das Drängen der Politik, die Produktionserhöhung schnell hochzufahren, ließ sich nicht umsetzen, denn dazu benötigt es Zeit. Impfstoffhersteller wie die deutsche Firma Pfizer-BioNTech verwiesen darauf, dass sie sich bei der EU-Bestellung schon über die mäßigen Ordergrößen wunderten. Entsprechend dieser Größenorder hatten sie dann ihre neu geschaffenen Produktionsstätten ausgerichtet. Eine Erweiterung ist nun ohne Zeitverzug nicht möglich. Zudem gibt es Berichte, dass die Bundesregierung von 100 Millionen national bestellten Impfstoffdosen an die EU abgab. Dieses Debakel war für die Bevölkerung kaum zu verstehen. Der Staat war sehr schnell dabei zu Gunsten der Gesundheit Grundrechte einzuschränken, aber warum schaffte er eine zügige Impfstoffversorgung nicht, zumal das deutsche Unternehmen Biotech die erste EU-Zulassung bekam? Zudem hatte Biontech selbst keine Erfahrung über die Einführung eines marktreifen Produkts und die Produktion großer Mengen. Hier hätte ein nationales/staatliches Agieren helfen können, zumal der Parmakonzern Bayer seine Unterstützung anbot. Aber für die Kanzlerin galt als damalige EU-Ratspräsidentin der Vorrang der EU für die Impfstoffversorgung, wie die zuvor von ihr verfügte Entbindung ihres Gesundheitsministers von dieser Aufgabe.

Als Folge der Handlungen der deutschen Regierung und der EU wurde Deutschland im Vergleich zu anderen Nationen später und in zu geringerer Menge mit Impfstoff versorgt. Dadurch liefen hier die Impfungen später als eigentlich möglich an. Das brachte Verdruss, der auch z. T. in den Äußerungen von Spitzenpolitikern zum Ausdruck kommt. Die Kanzlerin ließ zwar Ende Januar verlauten: „Uns ist das Ding entglitten" (Bild 26.1.2021), aber schon kurz danach kam dazu ihre widersprüchliche Einschätzung: „Im großen Ganzen ist nichts schiefgelaufen" (Bild, 3.2.2021). Laut Gesundheitsminister Spahn verläuft alles nach Plan. Hingegen bezeichnete im Januar 2021 der bayrische Ministerpräsident Söder wegen der fehlenden ausreichenden Zulieferung leere Impfzentren als Armutszeugnis. Nach seiner Aussage muss etwas schiefgelaufen sein und dass zu wenig und offenkundig zu bürokratisch bestellt wurde (Bild 27.1.2022). Der Vize-Kanzler Scholz soll in einer Kabinettssitzung geschimpft haben: „Die Impfbeschaffung bei der EU ist richtig sch… gelaufen" (Bild 4.2.2021). Innenmister Seehofer schimpfte alsbald: „Jetzt reicht's! Die EU hat bei der Impfstoffbestellung genug Fehler gemacht", was er vor allem der EU-Kommissionschefin von der Leyen sowie ihrer laut Presseberichten überforderten EU-Gesundheitskommissarin Kyriakides vorwarf (Bild 13.2.2021). Eine umfassende Impfung der deutschen Bevölkerung stellte die Kanzlerin bis Sommer 2021 in Aussicht.

Die Impfaktion wurde in Deutschland noch von weiteren organisatorischen Problemen überschattet. Die waren vor allem auch auf die stringenten Bundesvorgaben zurückzuführen, die Impfung genau nach Altersgruppen durchzuführen. Damit konnten sich zunächst die ältesten Bürger, d. h. Personen ab 80 Jahren impfen lassen, da sie am stärksten gefährdet sind. Die Umsetzung und Vergabe der Termine wurden wiederum bürokratisch genau geregelt. Das führte letztlich zu derartigen zusätzlichen Verzögerungen der Impfungen, dass selbst die niedrige angelieferte Impf-stoffmenge nicht zügig verimpft werden konnten. Ende Februar waren erst 3,6 Mio. Bürger in Deutschland geimpft und „mehr als jede dritte Impfdosis blieb liegen" (Bild 26.2.2021). Von den 27 EU-Mitgliedsstaaten hatten 19 Länder zügiger ihren Impfstoff als Deutschland verimpft! Der ganze Vorgang, das Desaster der Impfstoffbestellung bis hin zu den organisatorischen Mängeln ist für eine führende Industrienation ein Armutszeugnis. Die Probleme dürften aber auch darauf zurückzuführen sein, dass wie in einer Planwirtschaft für die Organisation in diesem großen Projekt weitgehend die Politik und staatliche Bürokratie zuständig waren. Das Gerangel bei den Verträgen zwischen Herstellern und Politik war aber auch nicht hilfreich. So verwundert einen der schlechte Start kaum, denn die Planwirtschaft hat auch in der DDR nicht funktioniert. Bei einer konzentrierten Aktion der Politik mit der Wirtschaft ohne die übliche Bürokratie hätte es wohl besser geklappt.

Bei einer zunehmenden Impfung der Bevölkerung stehen weitere Herausforderungen bevor. Gelten die Beschränkungen auch für Coronageimpfte? Der Bundesinnenminister hatte sich inzwischen dafür ausgesprochen, dass geimpfte Personen keine Sonderrechte erhalten. Auch der Ethikrat sprach sich dafür aus, dass die Einschränkungen für geimpfte genauso wie für nicht geimpfte Personen gelten. Der Staatsrechtler Rupert Scholz stellt hingegen klar, es geht nicht um Privilegien und Sonderrechte für Geimpfte, sondern darum, ob Bürger, die durch Impfung nicht mehr ansteckend sind, weiter bevormundet werden. Die Einschätzung von H.-J. Papier, dem Ex-Präsidenten des Bundesverfassungsgerichtes: „Sobald gesichert ist, dass vom Geimpften keine Ansteckungsgefahr mehr ausgeht, gibt es verfassungsrechtlich keine Legitimation mehr, die Betroffenen in ihren Grundrechten einzuschränken" (Bild 30.12.2020). Die Position der Bundesregierung wird sich ohnehin nicht durchhalten lassen. Die EU-Länder, deren Wirtschaft besonders vom Tourismus abhängt, werden ihre

Grenzen für geimpfte Personen öffnen, was Griechenland bereits verlautbaren ließ. Ende Februar 2021 wurde bekannt, dass die EU bereits einen einheitlichen europaweit geltenden Impfpass plant (WK 26.2.2021), mit dem wesentliche Erleichterungen für den Reiseverkehr eingeräumt werden sollen. Die Zweiklassengesellschaft Geimpfte und Ungeimpfte wird also kommen und wahrscheinlich bald. In dem Fall dürften das Konfliktpotential und die Kritik an der deutschen Regierung und der EU wegen der schleppenden Impfstoffversorgung und Durchführung der Impfungen zunehmen.

4.1.4 Wo bleibt die Handlungsstrategie ?

Die Ausrichtung der Bundesregierung zur Bewältigung der Coronapandemie war von Anfang an zweifelhaft. Obwohl sehr früh erkannt wurde, dass die Pandemie nicht kurzfristig zu bewältigen ist und somit von einem längeren Zeitraum auszugehen war, setzte die Bundesregierung, vor allem auch die Kanzlerin, auf ein massives Gegensteuern, das aber kaum langfristig durchzuhalten ist. Durch einen möglichst umfassenden, harten Lockdown sollte die Pandemie schnell zurückgedrängt werden, was aber eben nur aufgehen konnte, wenn das schnell gelingt. Dem war aber leider nicht so. Im Frühjahr wurde die zunächst kurz vorgegebene Dauer des Lockdowns über einen Zeitraum von etwa zwei Monate immer wieder verlängert. Mit den deutlich gesunkenen Infektionszahlen gab es dann ab Mai 2020 deutliche Lockerungen, denen aufgrund wieder ansteigender Infektionszahlen im Spätsommer ein Light-Lockdown folgte. Aufgrund des immer stärkeren Infektionsanstiegs erließ die Regierung im Oktober 2020 einen harten, im Verhältnis zum Frühjahr verschärften Lockdown. Dabei ist ein Lockdown laut WHO Weltgesundheitsorganisation eigentlich nicht zur Unterbrechung von Infektionsketten gedacht, sondern um Zeit zu gewinnen, dass Gesundheitssystem belastbar zu machen, um aussagekräftige Daten zu sammeln, für eine systematische Forschung für Schutzkonzepte für Risikogruppen, also letztlich um eine wirksame Strategie zu entwickeln.

Mit den Vorgaben der Regierung wurde das öffentliche Leben wieder total runtergefahren. Die Vorgaben waren wie im Frühjahr teilweise kaum mit den Infektionsgefahren zu begründen, die von den geschlossenen Einrichtungen bei deren Öffnung wahrscheinlich sind, sondern vor allem damit, der Bevölkerung möglichst jeden Anlass zu nehmen, die Wohnung ausgenommen in dringenden Fällen, wie Lebensmitteleinkauf, Arztbesuch oder Weg zur Arbeit, zu verlassen. Dieses Ziel war trotz Lockdown nicht zu erreichen. Nach den nahezu anhaltenden einjährigen starken Lebenseinschränkungen hatte der Appell der Kanzlerin „Jeder soll möglichst seine Wohnung, ausgenommen in dringenden Angelegenheiten, nicht verlassen" erheblich an Wirkung verloren.

Im Dezember 2020 und dem folgenden Januar war an schönen Wintertagen, wie auch im Februar 2021 an den ersten schönen Frühjahrstagen, ein Großteil der Bevölkerung unterwegs. Die Bevölkerung hatte nach den Wochen im Lockdown einfach ein großes Verlangen nach draußen zu gehen und wieder an Öffentlichkeit teilzunehmen. Dieser Druck wird mit dem milder werdenden Wetter im Jahresverlauf noch zunehmen. Die Politik der Kanzlerin, allein an einer Kennzahl auszurichten, ohne Ausblick auf eine Perspektive, von einer Lockdown-Verlängerung in die nächste zu regieren, trägt die Bevölkerung immer weniger mit. Interessanter Weise liegen in Schweden, das keinen Lockdown verhängte, in der zweiten Pandemiewelle die Todeszahlen durch Corona nicht höher als in Deutschland. Schweden hat aber aus der ersten Welle gelernt und frühzeitig und zügig die Insassen von Alten- und Pflegeheime geschützt. Das sind die Einrichtungen, die in Deutschland die höchsten pandemiebedingten Todeszahlen aufweisen , weil eben die Erfahrungen aus der ersten Coronapandenie nicht zu den erforderlichen und machbaren Schutzmaßnahmen führten. Nach Auffassung des österreichischen Bundeskanzlers Kurz verliert ein Lockdown ohnehin nach sechs Wochen an Wirkung, weil sich dann immer weniger Menschen daran halten und vieles zunehmend unkontrolliert im Privatbereich abläuft (Bild 25.2.2021). Deshalb versucht Österreich, trotz höherer Kennzahlen als Deutschland und angesichts einer möglichen dritten Infektionswelle, mit einem differenzierten Konzept den Infektionen entgegenzuwirken. Zugleich setzt das Land auf mehr Eigenverantwortung der Bevölkerung und versucht durch umfassenden Infektionstests und Schutzimpfungen in Richtung Normalität zu steuern.

Davon war Deutschland Ende Februar 2021 noch weit entfernt. Die Kanzlerin war zwar bereit über mögliche Lockerungen mit den Ministerpräsidenten zu diskutieren, aber zugleich betonte sie, dass die Infektionswerte zu beachten sind und auf Deutschland wegen der Virusmutationen eine dritte Infektionswelle zukommen könnte. Für Öffnung und Lockerung sprach das nicht, vielmehr für eine Fortsetzung ihrer bisherigen Politik. Das ist eigentlich nicht verwunderlich, denn Frau Merkel rückt von einmal gefasster Ausrichtung später kaum ab, wie u. a. eben die lange Kontroverse mit Bayern in der Flüchtlingsfrage verdeutlichte. Das spricht für eine Orientierung wie in einer Planwirtschaft. Zudem wurde das Parlament, wie oben angeführt, bald nach Beginn der Pandemie weiter entmachtet. Die Entscheidungen zum alles beherrschen Umgang mit der Pandemie wurden und werden auf den Coronakonferenzen, der Zusammenkunft der Kanzlerin mit den Ministerpräsidenten, getroffen. Die Ministerpräsidenten setzten aber in ihren Ländern im Frühjahr 2021 immerhin die harten Lockdownvorgaben der Regierung teilweise nicht mehr voll um.

Zu der Lockdown-Ermüdung der Bevölkerung kam im Februar 2021 der wachsende Verdruss und Druck von Seiten der Wirtschaft, wie er sich auch auf dem Wirtschaftsgipfel von Minister Altmaier im Februar äußerte. Das Handeln der Regierung wurde zunehmend in Frage gestellt und von vielen abgelehnt.

Die bisherige Vorgehensweise „sehen wir mal wie in ein bis zwei Wochen die Infektionszahlen sind und verlängern dann halt den Lockdown", wurde zunehmend fragwürdiger. So wird es kaum weitergehen können. Die Politik wird sich dem stellen müssen, denn bei den anstehenden Landtagswahlen und der Bundestagswahl 2021 kann der Wähler endlich wirksam reagieren . Dazu müssten Parteien konstruktive Vorschläge zum Umgang mit der Pandemie einbringen, woran es bislang fehlt. Die Regierung hätte im Sinne der WHO die Zeit seit der ersten Coronawelle für Erforschung der Zusammenhänge und Möglichkeiten nutzen müssen, um eine Konzepte zum Gegensteuern zu entwickeln, um endlich eine fundierte Strategie zum Umgang mit der Pandemie vorzulegen und zur Umsetzung bringen. Es muss mit einer Langfriststrategie differenziert aufgezeigt werden, was bei möglichen Infektionsverläufen zu erwarten ist und wie wir uns, d.h. mit welchen Schritten, in Richtung Normalisierung bewegen können.

Das ist längst überfällig und war schon vor einem Jahr erforderlich. Bis heute ist aber nichts passiert. Ein unglaublicher Vorgang. Hätte die Regierung damals in diesem Sinn, letztlich im Sinn der WHO gehandelt, wären wir heute in der Pandemiebekämpfung weiter. Viele Schäden, vor allem auch wirtschaftlicher Art, wären vermeidbar gewesen, denn dann wären z. B. etliche Bestellungen von Waren, die bei den Schließungen unverkäuflich wurden, unterblieben. Nach dem Druck der Wirtschaft sowie von Teilen der Bevölkerung kann sich wohl die Regierung dem Anliegen einer erkennbaren Strategie, auch zur Orientierung von Wirtschaft und Bevölkerung, kaum noch verschließen. Statt des „auf Sicht Fahrens" im Sinne eines weiter so, das nur die Fachmeinung bestimmter Virologen berücksichtigt, wird die Regierung nicht um hinkommen, endlich eine Strategie zu entwickeln, wie längerfristig mit der Pandemie umzugehen ist.

Die Strategie muss selbstverständlich gestützt auf systematische Analysen und Forschungsarbeit die Infektionsherde und –verläufe aufzeigen, damit darauf ein gezielt ausgerichteter Infektionsschutz entwickelt werden kann, als in dem jetzt vorherrschenden, fast von Zufallserfolgen abhängigen Gießkannenprinzip. Es geht also vor allem um zielgerichtet Maßnahmen, anstatt der Tabula-Rasa-Vorgabe die unnötig auch Bereiche reglementieren, von denen kaum Gefahren ausgehen. Zugleich sind zum Infektionsschutz umfassende, unerlässlich zeitnahe Coronatests von wesentlicher Bedeutung, so wie in Österreich. Die vom Bundesgesundheitsminister Spahn am 22.2.2021 angekündigte bereite Zugänglichkeit schneller, kostenfreier Infektionstest, mit denen er, ähnlich wie Österreich, ein Schritt zur Normalisierung vorbereiten wollte, wurde von der Kanzlerin am 23.2.2021 revidiert. Demnach muss das mehr geprüft und erst auf der nächsten Coronakonferenz mit den Ministerpräsidenten diskutiert werden, bevor dort ggf. ein Beschluss dafür zu treffen ist. Der Zeitfaktor ist für die Kanzlerin offenbar nachrangig, wie schon das Impfstoffdebakel zeigte. Die Ausweitung der Tests ist aber wesentlich, um maßvolle Vorgaben zu treffen und die Möglichkeiten in Richtung eines lockeren Lockdowns ohne Schäden und Infektionsanstieg zu ergreifen. Die Ausweitung der Tests und die zügige Durchführung der Schutzimpfungen für den Großteil der Bevölkerung wären die wichtigsten Voraussetzungen für die Rückkehr zur Normalität des Lebens. Das alleine reicht jedoch nicht. Die Bevölkerung kann nach der erneuten monatelangen Dauer eines harten Lockdowns kaum wie bisher mit dessen sukzessiv fortgesetzten Verlängerungen ohne Perspektive vertröstet werden. Wir benötigen endlich eine Strategie, die Perspektiven zur Rückkehr in die Normalität aufzeigt.

Für eine geeignete Strategie bedarf es eines wesentlich breiteren Ansatzes als das bisherige Regierungshandeln. Statt des sogenannten Coronakabinetts aus Kanzlerin und den zuständigen Fachministern und dessen Beratung durch Virologie-Experten, die bislang einseitig ausgewählt ohnehin die Regierungsausrichtung vertreten, bedarf es auch der Einbeziehung der Fachmeinung anderer Experten. Genauso müssen auch die Zusammenhänge wesentlich breiter, vor allem in ihren tangierenden Wirkungen und Folgen einbezogen werden, um zu ausgewogenen Entscheidungen zu kommen. Dementsprechend sind auch Ökonomen, Bildungsexperten oder Sozialexperten und weitere einzubeziehen. Eine derartige Strategie muss eindeutig definieren, nach welchen Kriterien das Infektionsgeschehen zu bemessen ist und welche Maßnahmen bei welchem Infektionsstand vorzunehmen sind. Da die Entwicklung nicht sicher vorherschätzbar ist, müsste die Strategie grundsätzlich Varianten einbeziehen. Wie bei jeder Strategie bei unsicherem zukünftigen Entwicklungsverlauf sollte neben der als wahrscheinlich erachteten Variante sowohl weitere für den Fall einer ungünstigeren wie auch für den Fall einer günstigeren Entwicklung durchdacht werden. Zur praktischen Umsetzung wäre es sinnvoll, wie längst vielfach gefordert, die Maßnahmen in einem Stufensystem auszuweisen, das darlegt, ab welchem Stand was zu ergreifen oder zurückzufahren ist. Dazu sind Kriterien einzugrenzen, die wie bei jeder Strategie zeitnah zu kontrollieren und ggf. fortzuschreiben oder zu modifizieren sind.

Das Robert-Koch-Institut hat Ende Februar als Orientierung und Empfehlung zur Risikoeinschätzung ein Stufenmodell vorgestellt, das zu den wesentlichen Formen der Zusammenkünfte der Menschen das jeweilige Infektionsrisiko, Anteil der Ausbreitung des Infektionsgeschehens in der Bevölkerung eines Bezugsraume (Landkreis, Region…), den direkten Einfluss auf schwere Krankheitsverläufe und Todesfälle sowie andere Effekte bei Beschränkungen aufzeigt (WK 26.2.2021). Anhand dieses Modells lassen sich die Risiken überschlägig abschätzen, so dass gezielt gehandelt werden könnte. Derartige Überlegungen sind für das Regierungshandeln längst überfällig, anstatt einfach möglichst umfassende Schließungen zu verfügen. Zudem zeigt dieses Modell, dass z. B. von Gaststätten nur ein moderater oder indirekter Einfluss auf die Infektionsentwicklung ausgeht. In den Regierungsvorgaben werden sie aber in die letzte Gruppe eingestuft, die wieder öffnen darf.

Die Aussage im Modell des Robert-Koch-Instituts verdeutlicht die wichtige Bedeutung, dass die vorgegebenen Maßnahmen und Beschränkungen durchgängig logisch sowie klar und nachvollziehbar begründet sind. Es kann nicht sein, dass die Kanzlerin Frau Merkel wegen der Schließung der Frisörläden auf ihre tadellose Frisur angesprochen antwortet, ihre Haare wurden von ihrer Visagistin bei Einhaltung der Hygienevorgaben frisiert. Die Visagisten waren dabei letztlich genauso im nahen Körperkontakt wie ein Frisör im Frisörsalon und umfassende Hygieneausstattung würden auch dort eingehalten, wenn sie öffnen dürften. Immerhin, nach dem Pressewirbel den diese Verlautbarung der Kanzlerin auslöste, durften im neuen Lockdown Frisörsalons geöffnet bleiben. In Lebensmittel-Großmärkten drängen sich die Kunden teilweise mit Unterschreitung der Mindestabstände. Dort wird wie in Globusmärkten Spielzeug in Mengen angeboten, aber den Spielwarengeschäften wird die völlige Schließung verordnet. Dabei könnten bei begrenzter Kundenzahl, wie zum Bezahlen in Tankstellen, dort Waren ohne höhere Infektionsgefahr verkauft werden. Zu diesen Beispielen ließen sich noch etliche weitere anführen. Mit diesen uneinheitlichen, oft unsinnigen Vorgaben wird das Infektionsgeschehen kaum verändert, aber es werden sehr viele Existenzen vernichtet und Menschen in die Verzweiflung und den Ruin getrieben. Gleichzeitig steigt bei vielen Bürgern die Staatsverdrossenheit. Eine sehr bedenkliche Entwicklung für unsere Demokratie.

Um dem entgegenzuwirken, sollten bei der Entwicklung von Schließungs- und Beschränkungsvorgaben der Regierung grundsätzlich auch Vertreter der Branchen und Akteure, auf die sich Maßnahmen richten, einbezogen werden, damit inhaltlich fundierte Vorgaben entstehen . Bislang ist davon wenig zu merken. Umso dringlicher ist der Handlungsbedarf. Dazu müsste die Ursachenforschung zu den Infektionsverläufen wesentlich stärker einbezogen werden, so wie es jetzt das Robert-Koch-Institut aufzeigt. Diese Zusammenhänge gilt es genauer zu erforschen.

Das hätte in dem Jahr, seitdem Deutschland von der Pandemie betroffen ist, mit entsprechende staatliche Förderung längst erfolgen können . Außerdem müssen endlich die Defizite im Infektionsschutz in den Alteneinrichtungen zügig abgebaut und in den Kitas, Schulen und Bildungseinrichtungen der Infektionsschutz verbessert werden, was auch nach den Empfehlungen des Robert-Koch-Instituts dringlich ist. Es stellt sich schon die Frage, warum die Regierung nicht stärker in diesem Sinne tätig war? Warum, selbst nach einem Jahr Pandemie mit über sechs Monaten hartem Lockdowns, liegt von der Regierung immer noch keine Strategie vor, die Zukunftsperspektiven aufzeigt, durchaus auch mit möglichen Risiken .

Stattdessen beschränkt sich die Bundesregierung zumindest bis Mai 2021 auf das Abgleichen der Infektionen mit der von ihr festgesetzten Kennzahl zur Lockdownverlängerung! Die Vorgaben zur Eindämmung der Coronapandemie zeigen z. T. auch einen „wilden", weltfremden, realitätsfernen Aktionismus auf, den nur Politiker und ihre Bürokraten entwickeln können, die sich immer mehr von der Bevölkerung entfernen und über zu wenig Sachkenntnisse über die Bereiche verfügen, für die sie Maßnahmen verhängen. Diese Entwicklung wird noch dadurch verstärkt, dass im Rahmen Schutzmaßnahmen tendenziell der Datenzugriff für die Bürokratie ausgeweitet wurde. Es wird darauf ankommen, dass nach der Bewältigung der Coronakrise die dafür erforderlichen Maßnahmen, wie eben auch der Datenzugriff, wieder entsprechend zurückgefahren werden. So wichtig das wäre, bei der bisherigen Verhaltensweise der Bürokratie ist das anzuzweifeln.

Der Umgang mit der Pandemie könnte auch anders gehen, wie an der Stadt Tübingen deutlich wird. Der Bürgermeister Boris Palmer hat dort umfassend und frühzeitig gehandelt, um die Infektionsgefahren zu reduzieren, damit seine Stadt sich in Richtung Normalisierung bewegt. Im Herbst 2020 führte er bereits in den Alten- und Pflegeheimen die Testpflicht ein, gab für Senioren spezielle Einkaufszeiten vor und ermöglichte diesen kostenlose Taxifahrten (Bild 26.2.2021). Schon zwei Wochen, bevor Gesundheitsminister Spahn den breiten Zugang zu Coronatests ankündigte, was die Kanzlerin dann stornierte, gab es in Tübingen Schnelltests. Da sie zu diesem Zeitpunkt in Deutschland noch nicht zugelassen waren, bestellte er die Teststäbchen halt in den Niederlanden. Ab dem 1. März 2021 sollen in der Stadt die Schnelltests auch in Frisörsalons, die dann wieder geöffnet werden, zum Einsatz kommen. Der Erfolg der Stadt Tübingen in der Bekämpfung der Coronainfektionen wird auch an den niedrigen Infektionszahlen in ihren Alten- und Pflegeheimen deutlich sowie daran, dass dort der Inzidenzwert weit unter 50 Infektionen innerhalb von 7 Tagen je 100.000 Personen liegt. Das unbürokratische, pragmatische Vorgehen dieses Bürgermeisters, der sich ggf. auch über Coronavorgaben hinwegsetzt, erinnert an die Vorgehensweise, mit der der damaligen Hamburger Bürgermeisters Helmut Schmidt, der spätere Bundeskanzler, die Hochwasserkrise in den Griff bekam. Auch Schmidt setzt sich über bürokratische Regeln hinweg und handelte schnell, flexibel und mit von klarer Logik bestimmten Zielsetzungen. Von daher verwundert es kaum, dass inzwischen auch im Ausland Tübingen als positives Beispiel zunehmend Beachtung und Aufmerksamkeit erfährt. Vielleicht sollte sich die Bundesregierung auch mal daran orientieren und sich ggf. von Boris Palmer beraten lassen.

Zur rechtlichen Absicherung wurde Thüringen als Coronamodellvorhaben deklariert. Nach dem in Kraft treten der zur Pandemieabwehr erweiterten Regierungsgewalt, wurden derartige Modellvorhaben und damit auch das Modell Tübingen seit Anfang Mai von oben beendet. Von der Logik her völlig unverständlich und für die Stadt nicht nachvollziehbar, zumal Tübingen im Gegensatz zum Landkreis unter dem Indizenwert von 100 bleibt. Anstatt dieses erfolgreiche Modellvorhaben als positives Beispiel weiter zu führen und daran Erfahrung zu sammeln und zu lernen, wird es per Verwaltungserlass beendet. Auch das ist ein Beispiel wie mit der Coronapolitik der Kanzlerin, gestützt auf neu erlassene Bürokratievorschriften an den realen Erfordernissen vorbei regiert wird.

Der fragwürdige Umgang der Regierung mit der Pandemie dürfte auch darauf zurückzuführen sein, dass der Bundestag quasi immer geringeren Einfluss auf das Regierungshandeln ausüben kann. Immerhin verhindert wenigstens das deutsche föderalistische Staatssystem einen völligen Alleingang der Regierung. Die jüngere Entwicklung und Situation, dass derart weitreichende Beschneidungen der Grundrechte am Parlament vorbei getroffen werden, ist einer sehr bedenkliche Aushöhlung des Föderalismus und Demokratie unwürdig. Für kurze Notzeiten mag das akzeptabel sein, aber nicht für die Dauer eines Jahres, wie wir es in Deutschland erleben. Aber evtl. liegt es auch daran, dass die Kanzlerin in ihrer langen Regierungszeit ohnehin fast alles im Parlament durchbekam. Durch ihre Regierungskoalitionen hatte sie stets eine satte Parlamentsmehrheit und konnte sich wegen der Fraktionsdisziplin der Abgeordneten nach Vorklärung im Kabinett fast immer durchsetzen. Es war quasi ein unproblematisches Durchregieren.

Die derzeitige Situation, in der seit einem Jahr der Bundestag an den aktuellen, wichtigen Entscheidungen nahezu nicht mehr beteiligt wird, ist jedoch für die Demokratie der Bundesrepublik Deutschland ein Tiefpunkt. Hier müsste die Politik längst handeln. Das gilt vor allem auch für die Kanzlerin, die ja die ersten 35 Jahre ihres Lebens in der DDR selbst erlebt hat, was ein undemokratischer Staat bedeutet. Hier gibt es dringenden Handlungsbedarf. Zur Vorklärung wichtiger Fragen und Inhalte im Umgang mit der Pandemie hätte eigentlich der Bundestag, wie sonst üblich, Arbeitsgruppen bilden müssen, allein schon um ein breiteres und damit ausgewogenes Meinungsspektrum einzubeziehen. Dann wären wohl manche Vorgaben anders und fundierter gelaufen. Zur Pandemie und zum Pandemieausstieg sind aber bislang keine Arbeitsgruppen vom Bundestag bekannt. Aber dazu konnte es nicht kommen, da der Bundestag an diesen

Entscheidungsvorgängen eben kaum noch beteiligt ist. Sollte es endlich eine Strategie für das zukünftige Handeln in der Coronapandemie geben, müsste die selbstverständlich nicht nur auf einer der Coronakonferenzen des Kanzleramtes, sondern im Parlament vorgestellt, diskutiert und per Abstimmung beschlossen werden. Bis zum derzeitigen Zeitpunkt Mai 2021 sah und sieht es nicht danach aus. Aber es gibt Zukunftshoffnung. Die Kanzlerschaft von Frau Merkel endet im Herbst und bei den Wahlen im Herbst könnte sich die Bevölkerung endlich Gehör verschaffen.

Die Coronakrise spricht wegen der finanziellen und wirtschaftlichen Auswirkungen für schwerwiegende Folgen und Veränderungen. Die Erosionen im deutschen Staatssystem werden ohne grundlegende Veränderungen eher zunehmen. Das gilt vor allem für die umfassende Durchsetzung der Staatsmacht, das fragwürdige Demokratieverständnis, das nach der Missachtung von Verfassungsgerichtsurteilen wie zur Wahlrechtsreform oder dem Staatstrojaner durch das Regierungshandeln ohne Parlament weiter verstärkt wurde, oder für die für den Gesundheitsschutz notwendigen umfassenden Datenerhebungen, auf die mit Sicherheit die Ordnungsbehörden ebenfalls zugreifen wollen.

Das zeigt schon der stillschweigende Zugriff der Polizei auf persönlichen Angaben, die Besucher von Gaststätten und publikumsintensiven Zusammenkünften zum Nachfolgen evtl. Infektionen machen. Das staatliche Handeln, vor allem durch die Bundesregierung, hat zudem zu einer enormen Ausweitung der Bürokratie, zudem teilweise widersinnig sowie oft starr und unflexibel, geführt. Das ist kein Weg in die Zukunft, sondern behindert eher. Dabei bringen die Folgen der Coronapandemie neue sehr große Herausforderungen für unser Staatssystem und die Handlungsfelder, die zu bewältigen sind. Das gilt vor allem auch für den sozialen Zusammenhalt und die Öffentlichkeit. Daraus könnte sich aber auch ein Anstoß ergeben, mit neuen Ideen und veränderter Ausrichtung die zukünftigen Probleme anzugehen und zugleich auch den Erosionen des deutschen Staates entgegenzuwirken.

Mit einem Vorbeiregieren an der Bevölkerung kann das kaum gelingen. Um die zukünftigen Herausforderungen erfolgreich zu bewältigen, müsste das Verharren in der althergebrachten Ausrichtung aufgebrochen werden. Das wird äußerst schwer. Wir benötigen einen umfassenden Politikwechsel bei der Überwindung der verfestigten Strukturen und der vielfachen Erosionserscheinungen unseres Staates. Dafür bietet das Ende der langjährigen Merkel-Kanzlerschaft große Chancen, dass es endlich zu einem Politikwechsel kommt, der Chancen für neue Impulse und für Ideen sowie für innovative Kreativität bringt. Entscheidend ist letztlich, wie die Politik mit diesen Herausforderungen umgeht.

4.2 Wo steuert die Politik das Staatssystem hin?

Die Zukunft Deutschlands und des deutsche Staatssystems könnte durch die Erosionen sowie die schwierige, kaum halbwegs sicher abschätzbaren bevorstehenden Veränderungen und Herausforderungen getrübt werden, zumal die Coronafolgen zusätzliche, lang anhaltende hohe Belastungen bringen. Um den zukünftigen Herausforderungen möglichst entsprechen zu können, bedarf es eben vor allem auch den Schwächen und Erosionen des deutschen Staatssystems entgegenzuwirken. Es müssten vordringlich die Bereiche angegangen werden, in denen aus Sicht der Bevölkerung der größte Handlungsbedarf besteht. Das sind laut Pressemeldungen vor allem die soziale Spaltung und staatliche Abgabenpolitik sowie die Öffentlichkeit und Sicherstellung der Meinungsfreiheit, die demografischen Veränderungen und die Migration. Gleichfalls besteht wichtiger Handlungsbedarf in der Wohnversorgung wie aber auch in der Bildungspolitik und Kinderbetreuung als wichtige Voraussetzung zur Bewältigung der zukünftigen Herausforderungen für die Wirtschaft und letztlich auch für die Gesundheitsversorgung . Schließlich muss sich die Politik auch der Frage der zukünftigen Wirtschaftsentwicklung stellen, wie in einer Entwicklung unter dem Auslaufmodell der überholten neoliberalen Wirtschaftsausrichtung zu reagieren und zu regieren ist. Außerdem hat die Entwicklung der EU für Deutschland weiterhin wesentlicher Bedeutung.

4.2.1 Zum Handlungsbedarf im deutschen Staatssystem

Die angeführten Erosionen wurden vor allem von der Politik verursacht. Die Politik ist aber die Ebene, die am ehesten dem entgegensteuern könnte, wenn sie sich entsprechend bewegt. Dafür bedarf es vor allem zuerst Aufrichtigkeit und Glaubhaftigkeit und mehr Gerechtigkeitssinn. Die ließen in der Vergangenheit verschiedentlich zu wünschen übrig. Deshalb sind die Politikverdrossenheit und das schlechte Image der Politik durchaus verständlich. Von der Politik ist vor allem Verfassungstreue gefordert, d.h. auch konsequente Gesetzestreue gegenüber Urteilen des Bundesverfassungsgerichtes sowie der Verfassungsgerichte der Bundesländer. Das ist aber nicht immer so, wie die langjährige Verschleppung der Reaktion auf das Urteil des Bundesverfassungsgerichts zur Wahlrechtsreform und der Umgang mit dem Urteil zum Staatstrojaner zeigen, oder dass bei Abstimmungen die Fraktionsdisziplin über dem Gewissen der Abgeordneten steht bis hin zu strafrechtlichen Handlungen höchster Regierungspersonen in der Spendenaffäre, in der Kanzlerschaft von Helmut Kohl. Die seit einem Jahr nahezu anhaltende geringe Einbeziehung des Parlaments bei den Corona-Entscheidungen spricht gleichfalls nicht für die demokratische Ausrichtung der Politik. Hier hat sich jeder Parlamentarier zu prüfen und die Parteiführungen müssten auf rechtsstaatliches Handeln wesentlich mehr Wert legen. Warum sollte sich sonst ein Bürger, wie allgemein erwartet, gesetzestreu verhalten, wenn das für die höchste Ebene der Politik nicht gilt? In dieser Hinsicht kommt der Presse, den Medien wichtige Bedeutung zu. Sie müssten ihre Aufgabe im Sinne der Bürger als öffentlicher Kontrolleur der Politik wesentlich intensiver und anhaltender wahrnehmen.

Eine weitere wichtige Voraussetzung für das Politikeransehen in der Bevölkerung ist die Wahrheitstreue, einschließlich der Einhaltung von Versprechen, insbesondere auch von Wahlversprechen. Auch daran hat es in der Vergangenheit gemangelt. So wurde, trotz hoher Staatseinnahmen das Versprechen, den Soli bis 2019 abzuschaffen nicht eingehalten und 2021 nur mit Einschränkungen umgesetzt. Die vor Wahlen getroffenen Ankündigungen für Steuersenkungen wurden ebenfalls nicht realisiert, was auch für die Regierungen der Kanzlerin Merkel galt. Genauso blieben die Wahlkampfversprechen der Kanzlerin zum Bürokratieabbau folgenlos. Stattdessen fand eine erhebliche Ausweitung der Bürokratie statt. Die Ankündigung der Kanzlerin zur Digitalisierung hatten ebenfalls kaum Folgen, wie auch das vor Jahren von ihr gesetzte Ziel zur Einführung von E-Autos bei weitem nicht erreicht wurde. Genauso passierte wenig zum Klimaschutz. Ihre für 2020 vorgegebenen Klimaziele wären ohne die Folgen von Corona nicht erreichbar gewesen. Wegen der bürokratischen Schwerfälligkeit kommen selbst die Coronahilfen, trotz dringlichen Hilfebedarfs, bei den Antragstellernteilweise mit deutlicher zeitlicher Verzögerung an.

Für das Ansehen der Politik ist eben die Aufrichtigkeit wesentlich, aber daran mangelt es mitunter ebenfalls. Ein Beispiel ist die Kontroverse der Kanzlerin mit dem damaligen bayrischen Ministerpräsidenten Seehofer über eine Begrenzungsquote zur Flüchtlingsaufnahme. Um die Zuwanderungen zu reduzieren, stufte die Regierung Afghanistan als „sicher" ein, obwohl zur gleichen Zeit die Tagespresse über zahlreiche Bombenanschläge mit zig Opfern berichtete, wovon selbst die angeblich sichere Hauptstadt Kabul betroffen war. Im Gegensatz zur Verurteilung der Kanzlerin der syrischen Bombardierungen von Rebellengebieten mit vielen zivilen Todesopfern schwieg sie zu den nahezu zeitgleichen vergleichbaren türkischen Bombenangriffen auf syrische Kurdengebiete, mit ebenfalls vielen zivilen Opfern. Sie schwieg genauso zum völkerrechtswidrigen Einmarsch der türkischen Armee zur Besetzung syrischer Kurdengebiete und der Vertreibung der dort ansässigen Kurden. Kein europäisches Land billigte das türkische Vorgehen, ausgenommen von Deutschland. Die Kanzlerin signalisierte dafür sogar ihre Unterstützung (WK16.12.2019), mutmaßlich wegen des im Wesentlichen von ihr ausgehandelten Flüchtlingsabkommens mit der Türkei. Das von der EU wegen des Bürgerkrieges verhängte Waffenembargo wurde von der Türkei unterlaufen. Aktivitäten der zur Embargokontrolle eingesetzten Fregatten Frankreichs und der Bundeswehr wurden trotz des dafür bestehenden Nato-Mandats vom Natomitglied Türkei behindert und verhindert, aber auch dazu schwieg die Kanzlerin. Zu den türkischen Ölbohrungen vor der Küste Zyperns und dem türkischen Flüchtlingstransport an die griechische Grenze gab es ebenfalls keine Verlautbarung von ihr. Ein internes Angebot des syrischen Präsidenten zu einer Friedensregelung im Syrienkonflikt, mit dessen Bereitschaft von seinem Amt zurückzutreten, fand bei der Kanzlerin kaum Interesse (Todenhöfer, S. 207–208). Hätte die Kanzlerin damals anders reagiert, wäre es 2015–2016 wahrscheinlich nicht zur großen Flüchtlingszuwanderung gekommen. Das Taktieren der Regierung in der Coronakrise gegenüber der Bevölkerung kann ebenfalls kaum überzeugen: So die unsinnigen Zeitvorgaben wider besserem Wissen der Regierung, der Positionswechsel für die Wirkung von Atemschutzmasken, fragwürdige Lockdown-Vorgaben, die die Gerichte aufhoben, zu späte Aktivitäten gegen die Hauptinfektionsgefahren in Alteneinrichtungen, zur Sicherung des Schulbetriebs unter Coronabedingungen und das Debakel um die vermeidbaren Verzögerungen für die Impfung zum Coronaschutz. Hinzu kommen teilweise unzulängliche staatliche Hilfen bei bürokratisch verursachten massiven Verzögerungen.

Genauso zweifelhaft sind die Reisewarnungen und Ausweisungen von Risikogebieten der Bundesregierung. Davon war die

Türkei trotz der dortigen hohen Infektionszahlen noch einige Zeit ausgenommen, obwohl die Heimkehrer von Familienbesuchen in der Türkei nachweislich die höchsten Infektionszahlen von den Auslandsreisenden aufwiesen. Damit ignoriert die Regierung aus außenpolitischen Gründen die Gesundheit deutscher Türkeitouristen und die Gefahr von Infektionseinschleppung durch Rückkehrer! Da wirken die Appelle der Kanzlerin zur Einhaltung der Corona-Schutzmaßnahmen kaum glaubwürdig, fragwürdig und zweifelhaft, genauso wie ihre spätere Fürsprache für eine wesentliche Verschärfung des Lockdowns (WK 27.1.2021). Die Regierungsdarstellungen zur Ausländer-Kriminalität können auch kaum überzeugen, angesichts des sehr hohen in manchen Justizanstalten überwiegenden Anteils der einsitzenden Straftäter mit Migrationshintergrund. Ein aufrichtiges Verhalten sowie Angabe seriöser Zahlen wäre für das Ansehen und Akzeptanz der Politik ein wichtiger Schritt. Auch diesbezüglich vermisst man eine stärkere Reflexion und Kritik durch die Medien.

Ebenfalls überzeugt das Regierungsverhalten zu rassistischen Attentaten kaum. Zu den rechtsradikalen rassistischen Mordtaten der NSU hat man 2010 von der Kanzlerin nichts gehört. Nach dem grausamen rassistischen Berliner Attentat durch einen rational handelnden Islamisten gab es keine offizielle Trauerfeier und nahezu keine Unterstützung für die Hinterbliebenen. Ganz anders nach dem furchtbaren rassistischen Hanauer Attentate, das von einem rechtsradikalen Täter, mit zeitweiligen Wahnerscheinungen, verübt wurde. An der großen offiziellen Trauerfeier nahm die Kanzlerin mit Spitzenvertretern der Politik teil und der Staat kümmerte sich mit umfangreichen Unterstützungen um die Hinterbliebenen . Die Reaktion der Kanzlerin und Politik auf Hanau war ohne Zweifel richtig und angemessen, aber warum galt das nicht für die zuvor Morde der NSU und das Berliner Attentate? Hier drängt sich die Mutmaßung auf, dass hinter der Hanauer Trauerfeier auch das politische Kalkül der Instrumentalisierung zur Verdeutlichung der Gefahren durch Rechtsradikalität in Anbetracht der Wahlerfolge der AfD stand.

Man hört auch nichts von der Bundesregierung zum Versagen ihrer Integrationspolitik, wenn mitunter deutschstämmige Schüler von ihren moslemischen Klassenkameraden gemobbt werden oder wenn, wie Ende 2020 in Hamburg, moslemische Schüler die Tat der Ermordung und Enthauptung eines französischen Lehrers verteidigten, und nicht als schwerwiegendes Unrecht und Straftat ansahen. Die deutsche Einwanderungspolitik stimmt offensichtlich nicht. Hier besteht längst dringender Handlungsbedarf.

In der Politik stimmt vieles nicht. Die Parteien müssten wesentlich stärker die Belange der Bürger berücksichtigen und daran ihre Programme ausrichten und nicht umgekehrt die Erwartungen hegen, dass der Bürger sich und seine Stimmabgabe an ihren oft abgehobenen, Bürgerbelange wenig berücksichtigende Parteiprogrammen ausrichtet. Es ist längst belegen, dass wegen der engen Nähe politischer Eliten zu den Eliten von Wirtschaft, reichen und sehr reichen Bürgern, einschließlich der Spitzen der Medienlandschaft, die Belange und Interessen des obersten Viertels, vor allem der obersten 10 % der Bevölkerung, weit mehr als die der großen Mehrheit der Bevölkerung in der Politik Berücksichtigung und Zustimmung finden. Dieser Widerspruch und der daraus hervorgehende Verdruss und nicht nur die Flüchtlingspolitik bringen der AfD Wähler. Wenn die Parteien stärker auf die Bürgerbelange eingingen, wären sie auch populärer und die AfD bekäme längst nicht so viele Stimmen.

In den Parteiprogrammen fehlt auch meistens die Einbeziehung längerfristigen Herausforderungen. Dem stehen auch die Möglichkeiten der neuen Medien entgegen. Dadurch können mittels kurzfristiger Umfragen anhand von Algorithmen die Felder mit den aktuell höchsten Erfolgschancen ersichtlich werden, nach denen sich dann oft die Wahlprogramme ausrichten. Sie sind aber kaum für die längerfristigen Erfordernisse tauglich. W. Kubicki verdeutlichte in einem Spielgelartikel den Einfluss der Meinungsumfragen auf die Politikinhalte der Kanzlerin, was auch 2020 vom Wissenschaftszentrum Berlin bestätigt wurde (Kubicki, W., S. 140). Kubicki kritisiert: „Wenn die Kanzlerin also politisch von der Mehrheitsmeinung beeinflusst wird, heißt das, dass sie die politische Dynamik der Gesellschaft überlässt – anstatt selbst eine politische Dynamik auf die Gesellschaft zu entfachen". Allerdings stimmen die Ergebnisse nicht immer und können auch ein falsches Meinungsbild wiedergeben. Da diese Möglichkeiten der schnelle durchführbaren Umfragen zunehmend von allen Parteien genutzt werden, stehen sie tendenziell auch einer klaren Profilierung entgegenstehen. Kubicki hat völlig Recht, die Regierung sollte sich nicht von der Gesellschaft treiben lassen. Zur Staatsführung gehört es eben politische Dynamik zu entfachen, was vor allem in Anbetracht der bevorstehenden großen Veränderungen und Zukunftsanforderungen gelten sollte.

Die Exekutive ist gemäß unserer Verfassung die Ebene, der das staatliche Handeln auf Bundes- wie auf Länderreben und damit die Umsetzung unserer Verfassung obliegt. Deshalb ist die Gesetzestreue der Exekutive für eine funktionierende Demokratie unerlässlich. Aus diesem Grund wäre es von größter Wichtigkeit, dass die Politiker, die dort mit Leitungsaufgaben betraut sind, wie vor allem Minister/innen und Stadtsekretäre/rinnen, konsequent nach den Gesetzen handeln und Urteile des Verfassungsgerichtes umsetzen. Aufgrund ihrer obersten Verantwortung müssten die dafür in leitender Position zuständigen Politiker vor allem für Verfassungstreue sorgen, und diese nicht vermeintlichen Sachzwängen unterordnen. Zugleich bedarf es mehr Sachqualifikationen. Die ließe sich eher erreichen, wenn in Bund, Ländern und zumindest auch in großen Kommunen bei der Besetzung von Leitungspositionen, wenigstens unterhalb der Ebene von Ministern/rinnen und Staatssekretären/rinnen, Sachqualifikation eine vergleichbare hohe Stellung wie das Parteibuch einnimmt.

Große Herausforderungen bringt auch der allgegenwärtige zunehmende Bürokratismus. Ein Gegensteuern ist unbedingt erforderlich, letztlich unverzichtbar. Das fordern auch die unterschiedlichsten Berufs- und Wirtschaftsverbände, wie u.a. von Seiten der Industrie, des Handels, des Gesundheitswesens bis hin zu den Landwirten. Der Bürokratismus der deutschen Administration ist längst ein gewichtiges Hindernis für Fortschritt, Innovationen, Kreativität und Flexibilität. Er bremst und behindert gerade die Aktionen, die von Personen und Institutionen erfolgen könnten, die sich mit der Zukunft und den zukünftigen Herausforderungen auseinandersetzen. Das zeigten z. T. auch die Coronavorgaben, die zudem teilweise unlogisch und widersinnig waren. Deutschland benötigt weniger, aber dafür fundierte Bürokratievorgaben. Statt der Dominanz der Juristen müssten an den Vorgaben der Bürokratie grundsätzlich mehr Fachexperten und auch eine Vertretung der von der jeweiligen Regelung Betroffenen einbezogen werden. Das sollte offen und transparent erfolgen und nicht über die fast übliche interne, unkontrollierte und damit unausgeglichenen Einflussnahme der Lobbyisten. Die oftmals detaillierten Vorgaben mit Regelungen für die letzten Kleinigkeiten sind kontraproduktiv. Bei den schnellen Veränderungen in unserer Zeit hinken sie nahezu immer hinterher und wirken schnell als Behinderung. Deshalb sollte sich die Bürokratie auf die Vorgaben wesentlicher Rahmenbedingungen beschränken, mit denen dann eine innovative, kreative Entwicklung ohne Flexibilitätseinbußen gesteuert werden kann.

Außerdem wäre es wichtig, den Behörden zu vermitteln, dass sie in erster Linie für die Bürger da sind und nicht für die Überwachung der exakten Einhaltung von Gesetzen. Bei Anträgen von Bürgern sollte es für Behörden zur Pflicht werden, darzustellen, wie das dahinter stehende Anliegen des Bürgers umzusetzen ist und nicht vorrangig, aus welchen Gründen der Antrag abgelehnt wird. Außerdem wäre es richtig, wenn bei derartigen Vorgaben die Vorteile für den Staat mit dem Aufwand der Wirtschaft und Bevölkerung gegeneinander abgewogen werden. Ein Beispiel ist der hohe Aufwand der Wirtschaft durch die neue Bonpflicht, der deutlich die Mehreinnahmen überschreitet, die der Staat sich durch diese Vorgabe erhofft. Diese Forderungen stehen aber im krassen Widerspruch zum vorherrschenden Selbstverständnis deutscher Behördenbürokratie. Dennoch wären derartige Veränderungen von größter Bedeutung für die Zukunftsfähigkeit Deutschlands.

Eine funktionierende, unabhängige Judikative ist unerlässlich für eine Demokratie. Deshalb darf es nicht sein, dass die Umsetzung des Rechts aus Personalmangel ausgesetzt oder die Rechtsprechung nicht konsequent gegen jede Person umgesetzt wird. Hier bestehen erhebliche Defizite, die es abzubauen gilt. Dazu gehört auch, dass bei neuen Aufgaben oder Erweiterungen die Politik die Mittel für das benötigte zusätzliche Personal bereitstellt und durch gesetzliche Regelungen auf aufwandsparenden Umgang für die Behandlung von Bagatellstrafsachen hinwirkt. Die für notwendiges zusätzliches Personal erforderlichen Mittel müssten verfügbar sein, denn laut der Aussagen der Kanzlerin und von Spitzenpolitikern 2019 geht es Deutschland „so gut wie nie". Deshalb ist es unverständlich, dass 2019 und davor nicht genügend Mittel für Justizpersonal verfügbar war, mit dem die Rechtsprechung konsequent und zügig durchgesetzt werden konnte. Die Politik müsste zudem Gesetze erlassen, die eine nicht Verfolgung bzw. Verfahrenseinstellung bei offensichtlichen Straftatbeständen, egal ob von Bürgern, Migranten oder Staatsbediensteten, wie auch die inflationäre Handhabung von „Bewährungskettenstrafen" verhindern. Zur Sicherung der Gerechtigkeit wäre auch von den Parlamenten ein eindeutiger gesetzlicher Rahmen für Verwaltungsauflagen nach Strafverfahren zu schaffen. Statt Gerichtsurteile zu kritisieren, müsste die Politik Gesetze entsprechend ändern, denn dann würden die Urteile anders ausfallen.

4.2.2 Wesentlicher, wichtiger Handlungsbedarf

Der wesentlichste Handlungsbedarf für den Staat und die Politik wird hier in der sozialen Spaltung, der Staatsfinanzierung, dem Wandel der Öffentlichkeit und Sicherung der Meinungsfreiheit, im Umgang mit dem demografischen Wandel und Migration sowie in der Wohnversorgung gesehen. Diese Handlungsfelder berühren die Bevölkerung erheblich und werden von ihr oft als der wesentliche Handlungsbedarf des Staates angesehen. Außerdem haben sie zentrale Bedeutung für den Zusammenhalt der Gesellschaft wie auch für die Entwicklung von Staatsverdrossenheit. Deutschland hat erhebliche Probleme, wie eben die von vielen Bürgen beklagten Defizite in der Wohnversorgung, die zunehmende soziale Spaltung bei zunehmender Spreizung der Vermögen und hohen Einkommen gegenüber einer umgekehrten Entwicklung für das Gros der Bevölkerung.

Viele Bürger erhalten nur unzulängliche Renten. Der Wandel der Öffentlichkeit hat zur sinkenden Toleranz geführt bei Dominanz des von Gruppen beherrschten Mainstreams, der sich weniger an sachlichen Fakten als vielmehr an aktuellen, z.T. fast modischen Moralvorstellungen orientiert. Die wesentlichen Akteure der Medien richten sich teilweise auch daran aus, anstatt gegenzusteuern. Trotz der nachteiligen Wirkungen wird kaum etwas gegen die wuchernde Bürokratie unternommen. Von den ethnischen Veränderungen, infolge der starken Bindung vieler Migranten an eine Religion, deren Werte teilweise mit dem Grundgesetz unvereinbar sind, könnte eine Gefährdung unserer Werte ausgehen. Das gilt vor allem für die Stellung der Frau. Statt einer bewussten Positionierung für unsere Verfassung zieht sich die Politik mit dem Verweis auf die in der Verfassung verbriefte Religionsfreiheit zurück. Dabei wäre eine Klärung dringlich. Das gilt vor allem zur Sicherung der in der Verfassung festgeschriebenen Werte.

Diese Probleme und Herausforderungen haben seit Beginn

dieses Jahrhunderts massiv zugenommen, z.T. sind sie aber erst in dieser Zeit entstanden. Zum Anfang war das vor allem der Regierung unter Kanzler Schröder zuzuschreiben, der zwar wesentliche Grundlagen für die seitdem erfolgte positive Wirtschaftsentwicklung schuf, aber zugleich auf Kosten eines Sozialabbaus, wie er zuvor nie in der Bundesrepublik stattfand. Diese Entwicklung wurde aber in der langen Regierungszeit von Kanzlerin Merkel fortgesetzt und z.T. mit weiteren Gesetze letztlich die sozialen Teilung verschärft. Frau Merkel hätte auch gegensteuern oder es wenigstens versuchen können. Zu den angeführten schwerwiegenden Problemen gab es jedoch kaum Verlautbarungen von ihr. Im Gegenteil, manche ihrer Äußerungen sprachen eher dafür, dass sie diese Probleme nicht wahrnimmt oder sich dafür nicht interessiert. Und wenn sie sich in Wahlkampfzeiten dazu äußerte und Ziele vorgab, kam danach nichts, wie zum Bürokratieabbau oder zur Digitalisierung. Von ihren politischen Verlautbarungen her dürfte sie sich weitaus mehr für die Fortentwicklung der EU interessiert haben. Das gilt sowohl für den Mitteleinsatz, ihr Schweigen gegen zweifelhaftes Agieren der Europäischen Bank oder zum krampfhaften Aufrechterhalten des längst brüchigen Flüchtlingsdeals mit der Türkei. Von daher steht Deutschland zum Ende der Kanzlerschaft von Frau Merkel vor erheblichen Problemen, die sich durch die Coronapandemie und deren Folgen noch erheblich verschärfen werden. Es besteht also sehr hoher Handlungsbedarf.

Der fortschreitenden sozialen Spaltung ist unerlässlich und möglichst zügig entgegenzuwirken. Darin verbirgt sich ein enormes, staatsgefährdendes Konfliktpotential mit großer Sprengkraft für die Gesellschaft. Diese Problematik steht in enger Verbindung zum System der Staatsfinanzierung und der Rentenfrage. Die Verteilungsfrage muss überdacht und anders gelöst werden. Das wird sich unerlässlich auf das System der staatlichen Abgaben und auch auf die Rentenfrage auswirken. Dazu gilt es die Steuern der unteren und mittleren Einkommen deutlich zu senken, einschließlich der zusätzlichen Abgaben, wie Krankenversicherungen, Mehrwertsteuer auf lebenswichtige Güter sowie Gebühren und Beiträge für öffentliche Leistungen. Zur Finanzierung führt kein anderer Weg vorbei als eine höhere Besteuerung hoher und sehr hoher Einkommen sowie der Erträge aus Kapitalbewirtschaftung und großer Konzerne . Dazu muss aber der politische Wille existieren. Die Bundesrepublik Deutschland sollte sich an der Steuergesetzgebung anderer europäischen Staaten orientieren (außer Belgien, dort gelten als einziges EU-Land ähnlich hohe Steuern/Abgaben). Die Einkommen und deren Besteuerung müssen derart verändert werden, dass jeder davon auch leben kann. Dazu gehört eine wesentlich stärkere Unterstützung der großen Anzahl Alleinerziehender, die unter der Armutsgrenze leben müssen. Es kann nicht sein, dass bei den enormen Aufwendungen Deutschlands für Flüchtlinge keine ausreichenden Mittel zur Verbesserung des Armutspotentials der deutschen Bevölkerung verfügbar sind. Die soziale Spaltung steht zugleich in enger Beziehung zum Wandel der Öffentlichkeit. Es gilt der Entstehung von Parallelgesellschaften zu begegnen. Dazu gehören längst nicht nur die krassen Einkommensunterschiede deutscher Bürger, sondern auch die Parallelgesellschaften, die inzwischen von nicht assimilierungswilligen Migranten gebildet werden.

Gleichfalls muss endlich die Rentenfrage gelöst werden, auch wenn die Kanzlerin 2019 dafür bis 2030 keinen Bedarf sah. Eine auskömmliche Grundversorgung muss, wie es mal war, durch den Staat gesichert und geleistet werden. Private Zusatzversicherungen sollten sich auf Ergänzungen zur Rentenerhöhung und/oder frühzeitigeren Ruhestands- bzw. Renteneintritt beschränken. Die Rentenfinanzierung darf aber nicht aus Steuermitteln erfolgen, denn das zielt auf eine weitere Belastung der jungen Generation und damit auf einen Generationskonflikt. Zur Finanzierung muss stattdessen die Lebensarbeitszeit endlich der deutlich gestiegenen Lebenslänge angepasst werden. Es kann nicht sein, dass der vor etwa 120 Jahren mit 65 Jahren festgelegte Renteneintritt immer noch Geltung hat, obwohl sich seitdem die durchschnittliche Lebensdauer der Bürger um ca. 50 % erhöhte. Natürlich ist bei einer Neuregelung nicht dogmatisch vorzugehen, so dass auch die unterschiedlichen berufsbedingten Verschleißerscheinungen Berücksichtigung finden. Die von der der Regierung dafür eingesetzte Renten-Kommission war schon von der Struktur und Zusammensetzung her völlig ungeeignet*(1.4, 72-73)*. Stattdessen sollte eine tatsächliche Expertenkommission damit betraut werden, die ohne politische Einflussnahme die unterschiedlichen Möglichkeiten vorurteilsfrei eingrenzt und deren Wirkungsweisen und die Kosten darstellen. Auf dieser Grundlage könnten dann durch die Politik endlich fundierte Entscheidungen getroffen und zur Rechtskraft gebracht werden. Dieser wichtigen unerlässlichen Aufgabe wird sich die Politik stellen müssen.

Die Meinungsfreiheit, auch die gefühlte, muss ohne Wenn und Aber gesichert und durchgesetzt werden. Dazu gehören Toleranz und die Bereitschaft, andere Meinungen anzuhören und zu respektieren, bis hin zu einer Streitkultur, die nicht auf rechthaberische Beharrung der eigenen Meinung, sondern auf das Ziel ausgewogener Kompromisse ausgerichtet ist. Die Differenzen müssen anhand der Reflexion der Fakten bewältigt werden und nicht anhand vorgegebener Moral- und Wertvorstellungen, die von kleinen Gruppen im Mainstream dominiert werden. Die Politik wie die Medien sind gefordert, wesentlich stärker auf Toleranz hinzuwirken und dem Alleinvertretungsanspruch vieler Gruppen mit ihrem einseitigen, teilweise fast diktatorischen Wahrheitsanspruch entgegenzuwirken. Das gilt vor allem für den Mainstream bezüglich des Umwelt- und Klimaschutzes sowie zur Ausländerfrage. So wichtig der Umwelt und Klimaschutz ist, es darf keine einseitige Argumentationsführung geben, die wichtige Querbeziehungen ausblendet. Genauso muss Fehlbehauptungen entgegengewirkt werden. Die Meinungsfreiheit muss ohne Wenn und Aber gelten, auch wenn darin ggf. ganz andere Positionen vertreten werden. Auch zweifelhafte Äußerungen müssen möglich sein, soweit diese nicht NS-Gedankengut zuzuordnen sind, oder zu Verunglimpfungen gegenüber Dritten oder gar zu deren Schädigungen oder Gewalt aufrufen. Zur zunehmenden Befürchtung der Bevölkerung zur Einschränkung der Meinungsäußerungen schweigen sich aber sowohl die Regierung als auch die Parteien aus, obwohl das ein äußerst alarmierender Vorgang für eine Demokratie ist. Der schnellen, oft vorschnellen und kaum begründeten Bezichtigung von Ausländerfeindlichkeit, Fremdenhass und Volksverhetzung muss entgegengetreten werden. Hier taucht die Politik ebenfalls seit langem ab. Was nach dem Mainstream und der Politik nicht sein soll, das kann nicht sein, das gibt es nicht, das wird tunlichst unter den Tisch gewischt. Die Politik müsste gerade wegen der vielen in Deutschland lebenden Muslime zur unterschiedlichen Rechtsstellung der Frauen im Koran gegenüber dem Grundgesetz klare Position beziehen. Das sind letztlich öffentlichkeitswirksame Gegensätze, die eine klare Position des Staates erfordern. Hier abzutauchen hilft Deutschland nicht weiter. Kubicki kritisiert zu Recht fehlende Aktivitäten der Bundesregierung „… dem Mainstream das politische Ruder zu überlassen – mit allen Konsequenzen für die politische Dynamik des Landes" (Kubicki, W., S. 140).

Die Politik sollte sich endlich auch dem demografischen Wandel stellen, anstatt zu schweigen oder sich lediglich auf die Formulierung zurückzuziehen, Deutschland kommt ohne Zuwanderungen nicht aus. Schließlich hat Japan, die einzigen Industrienation, die noch länger als Deutschland vom Geburtenschwund betroffen ist, ein durchdachtes Konzept entwickelt und umgesetzt. In Japan wird damit die Entwicklung, trotz niedriger Geburtenzahlen, auch weiterhin auf hohem Niveau ermöglicht und das sogar ohne Einwanderungen. In Deutschland wäre zudem endlich eine wesentlich stärkere Familienunterstützung und Kinderförderung wichtig, die trotz des von der Politik hervorgehobenen angeblichen großen deutschen Wohlstandes heute nicht mal das Niveau der ehemaligen DDR erreicht. Warum ist in Deutschland für Kinderausgaben die steuerliche Absetzbarkeit gedeckelt, aber für geschäftlich genutzte Limousinen gibt es nach oben keine Grenze? Warum sind auf etlichen Kinderbedarfsartikel 19 % MwSt. zu zahlen? Warum gibt es kein Programm für ein günstiges Wohnungsangebot für Alleinerziehende, aber für Flüchtlinge brachte das die Regierung 2018 in die Diskussion? Von der Kanzlerin hat man in ihrer langen Amtszeit zu diesem Thema kaum etwas gehört. Das Thema interessiert sie wohl nicht oder es ist für sie mit der Hinwirkung auf Zuwanderungen erledigt.

Dabei ist eine wesentliche Seite des demografischen Wandels die Migration. Je länger und umfassender sie anhält, umso mehr verändert sich die ethnische Zusammensetzung der deutschen Bevölkerung. Dadurch werden sich auch die Werte, nach denen unsere Gesellschaft heute lebt, verändern, wenn sich die Migranten nicht assimilieren. Das gilt vor allem, weil es sich bei einem hohen Anteil der Zuwanderer um Moslems handelt, von denen laut Umfragen die meisten den Koran über das Grundgesetz stellen. Die Suren des Korans geben, wie mehrfach hier angeführt, teilweise ganz andere Werte vor als das Grundgesetz, die teilweise im krassen Widerspruch dazu. Da die zugewanderten oder hier lebenden moslemischen Frauen mehr als doppelt so viele Kinder bekommen wie deutschstämmige Frauen, wächst der Moslemanteil in der Bevölkerung entsprechend. Das bringt längerfristig erhebliche Veränderungen, wahrscheinlich nicht in dem krassen Verhältnis, wie es Sarrazin in seinen Büchern „Deutschland schafft sich ab" und „Feindliche Übernahme" beschreibt, aber in der Wirkungstendenz schon. Je höher der Bevölkerungsanteil mit anderen Wertpräferenzen zunimmt, umso mehr werden sie Einfluss nehmen um ihre Interessen und ihre Werte zu vertreten.

Das wird auf Deutschland rückwirken, insbesondere mit dem Anwachsen assoziierungsunwilliger Migranten. Dann könnten sich die Werte, nach denen heute die deutsche Gesellschaft lebt verändern, aber schließlich handelt es sich dann auch um eine andere Gesellschaft als heute. Das wirft tiefgreifende, unbequeme Fragen auf, aber die Politik schweigt sich dazu wie immer aus.

Aktivitäten gegen angeblichen Fremdenhass, Ausländerfeindlichkeit und Rassismus haben in der Politik Konjunktur, jedoch mit sehr unterschiedlichem Gewicht. Das belegen die Gegensätze im Handeln von Regierung und Politik nach dem rechts-rassistischen Anschlag in Hanau zu dem islamistisch-rassistischen Anschlag an der Berliner Gedächtniskirche. Die z. T. unversöhnlichen Gegensätze der Koranvorgaben mit dem Grundgesetz werden, bis auf fragwürdige Auslegungen durch die AfD, von allen anderen Parteien ausgeblendet, obwohl dazu hoher Klärungsbedarf durch die Regierung und Politik besteht. Außerdem ist zu bedenken, welche möglichen Gefahren langfristig die bisherige Regierungspolitik aufwerfen könnte, angesichts der Entwicklung in französischen Städten und das in diesem Zusammenhang erfolgte furchtbare Attentat auf die Satirezeitung „Charlie Hebdo" (*3.6*, S. 157) sowie der grausamen Ermordung eines Lehrers wegen seines Unterrichts zum Thema Meinungsfreiheit. Hier muss die Politik handeln und darauf Antworten finden und geben, damit ein einvernehmliches Zusammenwirken, Besser-Zusammenwachsen, gelingt. Bislang schweigt die Politik dazu und blendet das Thema aus. Das trifft vor allem auf die SPD mit dem Rauswurf Sarrazins zu. Dabei bewegt diese Entwicklung schon weite Teile der deutschen Bevölkerung, wie Umfragen oder auch die Wahlerfolge der AfD belegen. Hier wäre endlich eine vorurteilsfreie inhaltliche Auseinandersetzung wichtig.

Die Versorgung mit bezahlbarem Wohnraum ist in Verdichtungsräumen für einen Großteil der Bevölkerung zum sehr schwierigen Problem geworden. Dadurch schreitet die Gentrifizierung mit der Vertreibung ansässiger Bürger fort, die Standortattraktivität von Städten schwächen sich ab und viele Bürger sinken in die Armut sowie Überschuldung und Paare verzichten wegen der Wohnungsprobleme auf ihren an sich bestehenden Kinderwunsch. Deshalb ist die Versorgung mit bezahlbarem Wohnraum eine der dringlichsten Aufgaben, die gelöst werden muss. Dazu reichen die bisherigen Regierungsaktivitäten und viel zu schwachen Förderprogramme bei weitem nicht aus, so dass die Situation sich zunehmend verschärft. Dennoch stellt die Bundesregierung die Wohnungsbauleistungen und Entwicklung im letzten Jahr bzw. 2020 als Erfolg hin. Auch diese Darstellung zeigt wieder, wie weit sich die Bundesregierung von größeren Teilen der Bevölkerung entfernt hat und an diesen vorbeiregiert. Mit den diskutierten Vorgaben für den Hausbesitz sind die Probleme ebenfalls nicht zu lösen. Zum Gegensteuern müsste der Staat wesentlich mehr Mittel für den Wohnungsbau bereitgestellt, etwa Milliardenbeträge, wie sie die Bundesregierung eben häufig für Belange der EU bereitstellt, wie sie für die Bewältigung der Flüchtlingszuwanderungen oder der Folgen von Corona und für die Lufthansarettung bereitgestellt wurden. Zudem würde sich ein massives Staatsengagement im Wohnungsmarkt durch das damit ermöglichte größere Angebot an günstigen Wohnungen preisdämpfend auf den gesamten Wohnungsmarkt auswirken und der bislang anhaltend steigenden Preisentwicklung entgegenwirken.

Für die Wichtigkeit, in diesen Bereichen endlich zu handeln, sprechen die Ergebnisse von Bürgerbefragungen und die umfangreichen Datenerhebungen, die diese Probleme belegen. Für die Politik haben die Themen aber bisher kaum oder eher nur nachrangige Bedeutung. Stattdessen werden alarmierende Informationen eher geschönt, wie das Einwirken der Bundesregierung auf den Entwurf des Armuts- und Reichtumsberichts belegt. Das brisante Thema Renten wurde von der Kanzlerin zunächst in die weite Zukunft verschoben und der CSU fehlte für ihren richtigen

Vorstoß vom damaligen Ministerpräsidenten Seehofer wohl der Mut, dieses Thema stärker zu vertreten. Diese äußerst wichtige und dringliche Frage bleibt bislang ungelöst. Die überaus hohen Abgaben für einen Großteil der Bevölkerung gegenüber den günstigen Belastungen von Wohlhabenden und sehr Reichen Bürger waren für die Regierung ebenfalls kein Thema, aber immerhin für die Linken, die SPD und Teile der Grünen, wenngleich bislang ohne Änderungserfolg. Genauso blendet die Politik den Verdruss der Bevölkerung aus, der sich an der schlechten Versorgung der ärmeren deutschen Bevölkerung in Anbetracht der Leistungen für Flüchtlingshilfen entzündet, wie etwa Renten, die unter der Grundsicherung liegen, die hier mancher Flüchtling bekommt, oder das Anrechnen von Kindergeld auf Harz-IV Bezieher, was Flüchtlinge kaum betrifft. Hier wächst Konfliktpotential heran, das dringend politisches Handeln erfordert. Wegen der hohen Wichtigkeit der hier angesprochenen Themenfelder und der fehlenden oder nur sehr begrenzten Aktivitäten von Regierung und Politik besteht ein sehr hoher Handlungsbedarf, an dem zukünftige Regierungen kaum vorbeikommen werden.

4.2.3 Weitere wichtige Handlungsfelder

Die zukünftigen Herausforderungen betreffen ebenfalls im hohen Maße die Daseinsvorsorge. Von den vielfältigen Bereichen der Daseinsvorsorge wurden hier die Kinderbetreuung und Bildung und Gesundheitsversorgung angesprochen. Die Kinderbetreuung und Bildung hat wesentlichen Einfluss für Deutschlands wirtschaftliche Zukunftsfähigkeit. Für den wichtigen Bereich Gesundheitsversorgung zeichneten sich schon vor Corona große Zukunftsprobleme ab, die nun noch durch die Pandemien verstärkt wurden. Für die Versorgung und Sicherung der Daseinsvorsorge bestehen grundsätzliche Probleme, die nahezu für alle Felder der Daseinsvorsorge gelten: der oft unzulängliche Zeitbezug und die meist viel zu geringe Beachtung der Folgekosten.

Die Einrichtungen und Leistungen der Daseinsvorsorge werden wie oben dargelegt i. d. Regel stets nur auf den aktuell ermittelten Bedarf ausgelegt und zudem durch genaue bürokratische Vorgaben reglementiert. Das schränkt die Anpassungsmöglichkeit bei Veränderungen des Kapazitätsbedarfes oder der Nutzungsart erheblich ein. Deshalb müssen zukünftig der Zukunftsbezug sowie die Nutzungsflexibilität wesentlich größeren Stellen erhalten. Das gilt auch für die Personalbereitstellung. Damit ließen sich die bestehenden oder absehbaren Probleme der an vielen Schulen fehlenden Lehrer und der in der Gesundheitsversorgung fehlenden Ärzte und Pflegekräfte vermeiden, genauso wie die bevorstehenden Probleme, die in kürze wegen der Ruhestandseintritte von Richtern und Staatsanwälten absehbar sind. Diese Veränderungen sind lange bekannt, denn sie lassen sich langfristig, präzise und zutreffend vorausberechnen. Die Politik müsste eben nur handeln. Das unterlässt sie aber häufig, wenn die Mittel in anderen Feldern eingesetzt werden sollen, mit denen für eine bevorstehende Wahl mehr Wirkung als mit Maßnahmen für die fernere Zukunft zu erreichen sind. Mit den Einrichtungen der Daseinsvorsorge verhält es sich ähnlich. Sie werden auf einen bestimmten, i. d. Regel den aktuellen oder gut absehbar nahen zukünftigen Kapazitätsbedarf ausgerichtet. Zudem müssen für neue Einrichtungen oder bei Sanierungen endlich die präzisen bürokratischen Ausführungsvorgaben, die der wichtigen Nutzungsflexibilität entgegenstehen aufhören.

Dem Problem der häufigen Vernachlässigung von Folgekosten ist mit größtem Nachdruck entgegen zu treten. Die Folgekosten müssen bei jeder Art von baulichen, institutionellen und personellen Leistungserweiterungen und Veränderungen von Anfang an einbezogen und berücksichtigt werden. Nur so ist eine nachhaltige Haushaltsführung und Versorgung mit Daseinsvorsorge möglich. Dem steht aber entgegen, dass Politiker sich mit der Erweiterung von Leistungen gut profilieren können, aber mit dem

Erhalt bestehender Leistungen kaum. Ein Abbau vorhandener Angebote wird zudem als Verlust vertrauter, als selbstverständlich angesehener Versorgung angesehen, selbst wenn diese nur noch minimal genutzt werden. Dennoch wäre eine stärkere Berücksichtigung der Unterhaltskosten wichtig. Dazu ist auch zu prüfen, wie weit durch die Aufgabe weniger benötigter Leistungen deren Unterhaltskosten wegfallen. Die könnten dann für den Unterhalt der neuen Leistung eingesetzt werden. Deshalb wäre bei der Einrichtung neuer Leistungen die Prüfung, ob und wie weit damit Leistungen aus dem Bestand wegfallen können und aufzugeben sind, eine wichtige Voraussetzung für eine nachhaltige Finanzierung zur zukünftige Sicherung der Daseinsvorsorge. Dazu müsste die Politik den Bürgern die Kostenabhängigkeit verdeutlichen. Dann könnte ihnen auch eher ihr Verständnis für den Abbau weniger benötigter Leistungen zur Finanzierung neuer benötigter Leistungen vermittelt werden. Eine durchaus machbare Vorgehensweise, wie ich sie in meiner beruflichen Praxis mit Erfolg umsetzen konnte. Dazu muss aber die Politik bereit sein oder besser noch darauf hinwirken. Außerdem fehlt es etlichen Politikern am notwendigen Grundwissen sowie der Bereitschaft, sich damit auseinanderzusetzen, wie ich in meiner langjährigen Beratertätigkeit in der Politik und auf Kommunalebene feststellen musste.

Eine gute Ausstattung der Daseinsvorsorge für Kinderbetreuung und Bildung ist für die Wirtschaftsentwicklung von größter Wichtigkeit. In Anbetracht der bevorstehenden Veränderungen und nicht absehbaren Umbrüche in der Wirtschaft muss sich Deutschland darauf weitreichend vorbereiten. Mit einer umfassenden Kinderbetreuung und Ganztagsunterricht an den Schulen werden die Voraussetzungen für die Berufstätigkeit beider Eltern gesichert. Eine umfassende Kinderbetreuung müsste für jeden möglich sein und darf nicht von der Bewältigung der hohen Kosten durch die Eltern abhängen. Mittels Ganztagsunterricht und der darin eingeschlossenen Betreuung der Schularbeiten lässt sich das Bildungsniveau verbessern und eher sichern. Damit könnte auch eher dem Qualifikationsbedarf der Wirtschaft entsprochen werden. Genauso ist die wesentlich stärkere Einbeziehung moderner Kommunikationstechniken und Medien in den Schulunterricht unerlässlich. Die dafür bestehenden Bemühungen sind nicht nur fortzusetzen, sondern zu intensivieren. Zugleich muss der Ausbau der dafür benötigten Infrastruktur zügig vorangebracht werden. Bezüglich der Kommunikationstechniken ist davon auszugehen, dass die zuständigen Politiker dazu ihre Bemühungen wesentlich verstärken, so dass diese Defizite in absehbarer Zukunft abgebaut sind. Aber genauso wichtig wären deren Aktivitäten in anderen Bereichen. Die Kinderbetreuung, auch von Kindern im Krippen- und Kindergartenalter, muss genauso kostenfrei werden wie ein Hochschulstudium . Außerdem kommt den Kindertagesstätten zugleich auch wichtige Bedeutung in der Sprachvermittlung für Migrantenkinder zu, z. B. Kinder von Flüchtlingen, die kaum Deutschkenntnisse haben. Ohne hinreichende Sprachkenntnisse sinken die schulischen Erfolgschancen dieser Kinder und damit auch ihre späteren Chancen, sich höhere Berufsqualifikationen anzueignen. Hier besteht also dringlichster Handlungsbedarf.

Eine leistungsfähige Gesundheitsversorgung gehört zu den wichtigsten Grundanliegen der Bevölkerung. Das wurde gerade in der Coronapandemie wieder verdeutlicht. Die Grundversorgung ist in Deutschland jedoch gefährdet. Das galt zunächst vor allem für ländliche Räume, trifft aber inzwischen selbst für die Randbezirke von Großstädten zu. Das Problem liegt in dem viel zu geringen Neuzugang an jungen Medizinern, um die Ruhestandseintritte ältere Ärzte auszugleichen, was ähnlich auch die Pflegeberufe betrifft.

Hier besteht dringender Handlungsbedarf. Dabei zeigen neue Erkenntnisse und Erfahrungen, dass in diesem Bereich ein stärkeres Zusammenwirken zwischen politischen Entscheidungsebenen und Fachangeboten sehr hilfreich sein könnte, etwa wenn im Bedarfsfall Kommunen die Trägerschaft Medizinischer Versorgungszentren (MVZ) übernehmen. Hier könnte nicht nur die Landes- und Kreispolitik, sondern auch die Bundespolitik fortschrittliche Konzepte zur Bewältigung dieser Probleme fördern, publik machen oder entsprechende Beratungsdienste initiieren. Erhebliche Möglichkeiten liegen auch in der Nutzung neuer Kommunikationsmedien, wie auch die Erfahrungen mit visuellen Sprechstunden in der Coronakrise zeigen. Auch hier könnte sich die Politik unterstützend einbringen, um Deutschlands Zukunftsfähigkeit voranzubringen.

4.2.4 Herausforderung Europa

Das Zusammengehen und Zusammenwirken Europas sind trotz mancher Gegenstimmen von größter Wichtigkeit. In den letzten Jahren hat aber die Kritik deutlich zugenommen. Für den Fortbestand und die weitere europäische Entwicklung ist deshalb eine Ausrichtung auf realistische, machbare Ziele von größter Wichtigkeit, wie gleichfalls die Auseinandersetzung mit der Kritik, um diese auszuräumen und gegenzusteuern. Bei den Zielsetzungen bringt die „alles oder nichts" Argumentation wenig und wirkt eher kontraproduktiv. Die Ausrichtung auf einen Einheitsstaat Europa dürfte sich in Anbetracht der heutigen politischen Entwicklung in absehbarer Zukunft nicht umsetzen lassen. Dagegen stehen auch die jüngsten Erfahrungen zur Bewältigung der Coronapandemie. Die ursprünglich von einigen EU-Staaten gemeinsam mit Deutschland vorbereitete Impfstoffbestellung wurde auf Betreiben der Kanzlerin aufgegeben, um das stattdessen einer gemeinsamen EU-Impfstofforder durch die EU-Kommission zu übertragen. Die EU-Kommission hat das Anliegen dann mit der ihr eigenen bekannten zeitraubenden Bürokratie und Gründlichkeit wahrgenommen, was zu wesentlichen Verzögerungen in der Impfstoffbereitstellung führte. Dadurch kann der ursprüngliche Zeitplan der Impfung in Deutschland, wie auch in anderen EU-Ländern nicht eingehalten werden, was bereits zu erheblichen Verdruss in der Bevölkerung und zunehmendem politischen Konfliktpotential führte. Die deutsche EU-Kommissionspräsidentin von der Leyen und die Kanzlerin, die im zweiten Halbjahr 2020 die Präsidentschaft des EU-Rates innehatte, wollten damit die Gemeinschaftsbedeutung der EU hervorheben und unterstützen. Das war evtl. gut gemeint, aber kontraproduktiv, der bekanntlich schwerfälligen, langsamen EU-Kommission diese wichtige Aufgabe zu übertragen. Damit haben sie zumindest in der Bevölkerung dem Ansehen und der Akzeptanz der EU eher erheblich geschadet. Für ein engeres Zusammenwirken der EU lässt sich damit wenig Zustimmung erreichen.

Dennoch, trotz mancher Kritik und Bedenken wird das keinesfalls zu einem Rückfall in alte Nationalstaatlichkeit führen. Das ist unsinnig, denn dazu kann es wie oben angeführt angesichts der umfassenden, fortgeschrittenen wirtschaftlichen Verflechtungen ohnehin kaum kommen. Deshalb sollte sich die Politik vielmehr auf die Umsetzung machbarer, erreichbarer Ziele ausrichten. Die liegen heute eher in einem vereinigten Europa der Vaterländer, in denen den Mitgliedern noch deutliche Eigenständigkeit verbleibt. Ein anderer Weg erscheint derzeit allein schon angesichts des politischen Weges in Polen oder Ungarn nahezu völlig unrealistisch. Also sollte sich die Politik vor allem darauf ausrichten, die wesentlichen Kritikpunkte anzugehen. Das sind für die EU vor allem die Bürokratie, die Flüchtlingspolitik und mit höchster Brisanz die Finanzen. Der zu Recht beklagten ausufernden Bürokratie der Europäischen Kommission muss Einhalt geboten werden. Deshalb sollten der Kommission auch nur Aufgaben übertragen werden, die sie kompetent leisten kann. Für diese Einschränkung spricht auch das Impfstoffdebakel. Zudem waren bisher auch manche Vorgabe und Vorschriften z. T. nicht ausgereift und beinhalteten nicht selten teure Standards. Hier ist politischer Druck auszuüben, um diese Ausrichtung zu drosseln.

In der Flüchtlingspolitik bedarf es dringend einer Annäherung der europäischen Staaten. Die von Kanzlerin Merkel forcierte Flüchtlingspolitik einer Aufnahme und anschließenden Verteilung per Quotenregelung wird offensichtlich nicht von allen Mitgliedern getragen und teilweise abgelehnt. Dabei geht es zugleich um die Kernfrage, ob und in welchem Umfang Europa Flüchtlinge aufnehmen sollte. Diese Frage ist bislang nicht gelöst und dürfte sich in Anbetracht der Gegensätze sobald nicht lösen lassen. Die Problematik wird zusätzlich durch die Gegensätze zur Türkei verschärft. Das unter wesentlichem Einfluss der Kanzlerin mit der Türkei ausgehandelte Flüchtlingsabkommen ist längst brüchig. Das Verhalten der Türkei im Konflikt mit Griechenland und Zypern, ihr Truppeneinsatz in Katar, die völkerrechtswidrige Besetzung ehemals syrischer Kurdengebiete oder die EU-Beschlüssen zuwiderlaufenden Beteiligung an Waffenlieferungen in das Bürgerkriegsland Libyen verdeutlich die geringen Chancen für dauerhafte Flüchtlingsabkommen mit der Türkei. Hier wird ein gemeinsames EU-Konzept, dem alle Mitglieder zustimmen können, unerlässlich. Eine sehr große und sehr schwierige Aufgabe für die Politik, was auch für Deutschland gilt. Die Verhandlungen zum EU-Beitritt der Türkei erscheinen unter Präsidenten Erdogan völlig abwegig, wenn man die EU-Position und die Urteile des Europäischen Gerichtshofes wegen der Rechtslage in Ungarn und Polen sieht. Mit den EU-Maßstäben, die an diese Mitgliedsländer gelegt werden, ist bei der Rechtslage der Türkei deren Beitritt absolut nicht machbar. Man fragt sich, was soll das noch, warum wurden die Verhandlungen nicht längst abgebrochen oder auf ein für beide Seiten akzeptable Vereinbarung ausgerichtet.

Für Verdruss und Kritik sorgen auch die hohen deutschen Finanzleistungen an die EU, angesichts der recht unterschiedlichen nationalen Belastungen der Bürger in den Mitgliedsstaaten. So fragt sich mancher Deutscher zu Recht, warum hier eine längere

Lebensarbeitszeit gilt als in vergleichbaren Mitgliedsstaaten der EU, oder warum in Österreich die Mindestrente deutlich über den niedrigen deutschen Renten liegt, aber Deutschland einen erheblichen bzw. den größten Teil an der Finanzierung der Hilfsleistungen an EU-Länder leistet? Es sieht so aus, als wenn hier mehr und länger gearbeitet wird als in Nachbarstaaten, aber deren Bevölkerung teilweise höhere Sozialleistungen erhält, die z. T. mit Hilfe der EU-Zahlungen, somit letztlich auch mit Hilfe deutscher Steuergelder, finanziert werden. In Hinblick auf ein engeres Zusammenwirken in Richtung Einheitsstaat Europa, worauf wohl auch die Bemühungen der Kanzlerin abzielen, müssten unerlässlich auch die Lebensbedingungen angeglichen werden. In der Konsequenz heißt das auch ähnliche Steuern und Staatsabgaben wie gleichfalls ähnliche Gewerbe- und Kapitalsteuern. Hier hätte die Kanzlerin vorpreschen können, indem sie in der Bundesrepublik Deutschland auf entsprechende Veränderungen der Lohn- und Einkommensteuern hinwirkt und die Vermögenssteuern und steuerlichen Höchstsätze ebenfalls anhebt und angleicht, etwa bei einer Orientierung an die Steuergesetzgebung in Dänemark. Für ein vereinigtes Europa wäre das unerlässlich, aber derartige Überlegungen waren bislang weder von der Kanzlerin noch aus anderen Kreisen der deutschen Politik zu hören.

Noch größere Probleme zeichnen sich in der Frage der Finanzen und damit in enger Verbindung mit dem Europäischen Gerichtshof ab. Die Leistungshöhe, die Einwohner aus anderen EU-Staaten nach kurzem Arbeitseinsatz in Deutschland für ihre Kinder bekommen, auch wenn diese fernab in deren Heimatländern leben, ist nicht hinnehmbar. Das gilt vor allem, wenn die dortigen Lebenshaltungskosten weitaus niedriger als in Deutschland sind. In der Konsequenz bedeutet das, mit den Kindergeldzahlungen könnten die fernab lebenden Kinder der betreffenden Ausländer dort wesentlich besser leben als hier die deutschen Kinder. Das Verhältnis für die hier lebenden deutschen Kinder kann zudem noch ungünstiger ausfallen, wenn ihre Familie Harz-IV bezieht. Darauf wird das Kindergeld angerechnet mit entsprechenden Kürzungen. Das ist nicht hinnehmbar und wird mit der seit Jahren deutlich wachsenden Anzahl derart versorgter Ausländerkinder zu großen Konflikten und bei vielen Bürgern zur Ablehnung der EU führen. Die Kanzlerin schweigt sich dazu bislang mal wieder aus, aber hier müsste die deutsche Politik endlich handeln. Die Urteile des Europäischen Gerichtshofes stützen zwar diese Regelung, aber das EU-Parlament könnte dem durch neue Gesetze entgegenwirken. Deshalb müsste die Bundesregierung in diesem Sinne mit Nachdruck auf das EU-Parlament einwirken, so dass es zu einem anderen Urteil des Europäischen Gerichtshofes kommt.

Handlungsbedarf besteht auch angesichts des fragwürdigen Agierens der Europäischen Zentralbank. Deren Aufkäufe von so genannten faulen Krediten standen und stehen im Widerspruch zu den Vereinbarungen zur EURO-Sicherheit. Die damalige Krise des EURO, zu deren Bewältigung der Einsatz erheblicher Steuermittel erforderlich war, wurde auch durch die Zinspolitik der Europäischen Zentralbank mit verursacht. Die parlamentarisch unkontrollierte enorme Macht der Europäischen Zentralbank mit ihrer Null-Zinspolitik hat zudem zu enormen Vermögensverlusten in unserem Land geführt. Zugleich wurden damit für etliche Stiftungen, auch viele gemeinnützige, deren Wirkungsmöglichkeiten erheblich vermindert, wie auch Rentenversicherungen und Lebensversicherungen erhebliche Einbußen erfuhren oder Werte verloren. Hier waren kaum Bemühungen der Kanzlerin und deutschen Politikern zum Gegensteuern zu bemerken.

Der neuste und zugleich besonders bedenkliche Schritt ist die hohe Verschuldung der EU zur Bewältigung der Coronafolgen, die letztlich über gemeinsame Kreditaufnahme finanziert wird. Deshalb hatten sich die nördlichen „sparsamen Länder" wie vor allem die Niederländer zu Recht dagegen gesperrt, damit ihr Land nicht die Zeche für die frühere leichtfertige Ausgabenpolitik von Mittelmeerländern begleichen muss. In Anbetracht der etwa 18-jährigen Tilgungsdauer der Kredite wird es innerhalb dieses langen Zeitraumes neue Krisen geben, was sich jetzt schon durch die dritte Pandemiewelle ankündigt. Das dürfte zusätzliche Mittel erfordern. In der langen Tilgungszeit werden weitere Krisen folgen, die wiederum hohen Mitteleinsatz erfordern. Sie könnten auch die Zahlungsfähigkeit von Mitgliedsländern der EU herabsetzen. Angesichts der gemeinsamen Schuldenaufnahme wird das die Länder mit unsolidem Haushalt weniger treffen, denn da ist nichts zu holen. Umso mehr wird es die sparsamen Länder mit soliden Haushalten tangieren, denn die können dann noch zahlen. Für diese hohe Schuldenaufnahme, mit der trotz der Coronakrise unser heutiger Lebensstandard erhalten oder zumindest bald wieder zurückkehrt, wird also die junge Generation noch sehr lange Tilgungszahlungen leisten müssen. Zugleich ist angesichts der demografischen Entwicklung davon auszugehen, dass sie noch länger arbeiten muss als bis zum heute perspektivischen Alter von 67 Jahren. Die Vereinbarungen zeugen also kaum vom Verantwortungsbewusstsein gegenüber der nächsten und jungen Generation der Deutschen. Deshalb könnte dieses Verhandlungsergebnis für die längerfristige Zukunft größten Konfliktstoff beinhalten, bis hin zur Bestandsgefährdung der EU. Die dafür verantwortlichen Politiker wird das kaum belangen, denn die sind dann vermutlich längst aus ihrer Verantwortung raus im Ruhestand. Die Probleme und Gefahren, die in den jüngst getroffenen Vereinbarungen liegen, sind aber erheblich. Deshalb kommt es für Deutschland darauf an, dass die nächsten politischen Führungen durch geschicktes Verhandeln versuchen diesen großen Gefahren entgegenzuwirken.

5 Schlusswort

Die Bundesrepublik Deutschland hatte seit ihrer Gründung eine enorm positive Entwicklung genommen, was für die Staatsverfassung bis hin zum Wiederaufbau, zu den wirtschaftlichen Leistungen und dem erreichten Wohlstand gilt. Diese Entwicklung hat aber Eintrübungen und Erosionen erfahren, vor allem, weil die Wohlstandsverteilung und die Lebensbedingungen der Bevölkerung immer weiter auseinanderspreizen. Hinzu kommen Erosionen in etlichen weiteren Bereichen, die sowohl die Legislative als auch Exekutive und Judikative bis hin zur Administration und die Daseinsvorsorge betreffen. Die Politik reagiert auf wesentliche Herausforderungen, wie die zunehmenden Rentenprobleme, nur verhalten. Das Gleiche gilt für den demografischen Wandel. Hier hat die Politik längst kapituliert. Die einzige Antwort auf diese Entwicklung ist von Politik und Wirtschaft einseitig auf hohe Zuwanderungen ausgerichtet. Die damit verbundenen gesellschaftlichen Herausforderungen, insbesondere durch teilweise ganz andere Wertpräferenzen, die vor allem religiös bedingt sind, blendet die Politik aus. Eine Auseinandersetzung zur Klärung der Gegensätze zwischen Verfassung und dem Koran, mit der Verdeutlichung der übergeordneten Stellung des Grundgesetzes, wird tunlichst unter dem Vorwand der Religionsfreiheit vermieden.

Zu den Veränderungen der Öffentlichkeit durch fortschreitende Polarisierung, bei unzureichender Einbeziehung tangierender und weiterer Bereiche sowie sinkender Toleranz und zunehmender Tendenz, alles dem aktuellen Mainstream unterzuordnen, ist von der Politik kaum etwas zu hören oder gar dem etwas entgegengesetzt. Vielmehr geben kleine lautstarke Gruppen mit alleinigem Wahrheitsanspruch für ihre Anliegen und Ziele den Ton an und behaupten den Großteil der Bevölkerung zu vertreten. Die Politik unterstützt z. T. diese Entwicklung wie mit ihren leichtfertigen Äußerungen zum Fremdenhass, Rassismus oder zur Ausländerfeindlichkeit. Deshalb kann es kaum verwundern, dass inzwischen ein hoher Bevölkerungsanteil die in der Verfassung verbriefte Meinungsfreiheit als gefährdet oder bereits als nicht mehr gegeben erachtet. Die Meinungsfreiheit darf nicht durch vorgegebene Werte und Moralvorgaben (soweit es sich nicht um Nazi-Werte oder Aufforderung zur Diffamierung und Gewalt handelt) eingeschränkt werden. Zugleich ist darauf hinzuwirken, sich vor allem an Fakten zu orientieren. Gleichfalls ist der wuchernden Bürokratie wie der um sich greifenden „Vetternwirtschaft bzw. Seilschaften der politischen Elite" entgegenzuwirken, bislang kein Thema in der deutschen Politik. Das deutsche Einwirken bzw. Mitwirken in der Europäischen Union kann z. T. auch nicht überzeugen, obwohl das anscheinend einer der Hauptinteressen der Kanzlerin ist. Dagegen hat das Bundesverfassungsgericht in einem jüngeren Urteil der deutschen Zahlungsbereitschaft an die EU Grenzen gesetzt, wenngleich diese im Widerspruch zur Rechtsauffassung des Europäischen Gerichtshofes stehen. Zu diesen Differenzen hat man von unserer Regierung bislang ebenfalls nichts gehört. Zudem scheint sich die Politik immer mehr von der Bevölkerung zu entfernen und an dieser vorbeizuregieren.

Es besteht also erheblicher Handlungsbedarf, zur Begrenzung des Klimawandels sowie der nahen Veränderungen, vor allem durch den bevorstehenden wirtschaftlichen Umbruch, die fortschreitende Digitalisierung, zunehmenden internationalen Verflechtungen und Globalisierung, die ganz neue Herausforderungen bringen. Entwicklungen und Herausforderungen, die noch durch die Coronafolgen verstärkt werden. Deshalb wird es zukünftig wesentlich mehr auf kreatives, innovatives, flexibles Handeln ankommen. Mit unserer aufgeblähten, verfestigten Bürokratie wird das nicht zu bewältigen sein, genauso wenig mit der politischen Vetternwirtschaft, die das Parteibuch vor Sachqualifikationen stellt oder sogar auch auf eigene Vorteilsnahme abzielt. Zugleich kommt es darauf an, den Gemeinsinn zu stärken und für andere Ideen und Gedankengänge offen zu sein, anstatt sich diktatorisch allein auf die eigenen Gedanken, Ideen und Werte auszurichten.

Angesichts dieser großen Herausforderungen kann es kein „weiter so" geben. Wir stehen in einer Umbruchzeit, dementsprechend ist zu handeln. Den meisten regierenden Politikern ist das jedoch kaum zuzutrauen, sonst hätte es längst Veränderungen geben müssen. Dazu war bislang auf der politischen Ebene, letztlich auch in der Wirtschaft kaum Bereitschaft zu erkennen. Die Chancen, die sich in der Vergangenheit auftaten, blieben leider ungenutzt. Die Wiedervereinigung hätte Chancen bringen können, wenn man damals das Staatssystem der Bundesrepublik kritisch überdacht hätte. Statt der konsequenten Übertragung des bundesdeutschen Systems auf das vereinigte Deutschland wäre eine kritische Bestandsaufnahme der DDR, aber auch der Bundesrepublik sinnvoller gewesen, um auf dieser Basis die Grundlagen für eine gemeinsame Weiterentwicklung und dem Zugehörigkeitsgefühl der Ostdeutschen zu schaffen. Letztlich gab es in der DDR durchaus auch positive Errungenschaften, die Westdeutschland gutgetan hätten . Beispielhaft sei auf Bereiche des Gesundheitswesens verwiesen, wo heute zur Sicherung der Grundversorgung teilweise Konzepte eingeführt werden, die denen der ehemaligen DDR entsprechen, nur heute eben unter einem anderen Namen. Damals war aber die Politik verständlicher Weise vor allem pragmatisch auf eine schnelle Angleichung ausgerichtet. Außerdem hatten sich damals die hier angeführten Herausforderungen längst nicht mit diesem Gewicht gestellt, etwa wie heute die Globalisierung, Digitalisierung, Probleme der Daseinsvorsorge oder der hohen Zuwanderungen aus Räumen mit anderen Wertpräferenzen. Das Gleiche galt auch für die soziale Spaltung, die aufgrund des Konkurrenzverhaltens zum Staatssystem der DDR und dem Ostblock längst nicht so weit fortgeschritten war wie eben auch die einseitige von großen Teilen der Bevölkerung als ungerecht empfundene Abgaben- und Steuerpolitik oder auch der Niedergang der Renten.

Große Chancen lagen 2018 nach der Wahl in der schwierigen Regierungsbildung. Für die Entwicklung der Bundesrepublik hätte damals eine Minderheitsregierung tatsächlich zu einem Umbruch mit ganz anderen Schwung und Impulsen, vor allem zum kreativen Beleben der Politik, führen können. Die hier aufgeführten Erosionen, wie auch die großen Herausforderungen, ausgenommen der Coronapandemie, waren schon da, mit entsprechendem hohem Handlungsdruck. Deshalb war die Verweigerung der FDP an einem „weiter so" und einer Regierungsbeteiligung unter Kanzlerin Merkel nachvollziehbar und aus meiner Sicht richtig. Unter einer Minderheitsregierung wären belebende, intensive Diskussionen und Debatten wieder ins Parlament gekommen. Für die Politik, insbesondere auch die Corona Politik wäre das wohlmöglich ein Segen gewesen anstatt das üblich praktizierte, ungefährdete Durchregieren . Die Politik und die Kanzlerin hätten sich den Problemen stellen müssen , anstatt wie zuvor zu entscheiden und mit ihrer Koalitionsmehrheit auszusitzen. Ein abgehobenes an der Bevölkerung „Vorbei-Regieren" wäre kaum möglich gewesen. Dann hätten an den Bundestagssitzungen tatsächlich wieder in hoher Anzahl Parlamentarier teilgenommen und nicht in schwacher Besetzung, wie die Bilder von Fernsehübertragungen vor der Coronakrise zeigten. Die Fernsehübertragungen belegten, dass in den üblichen Parlamentssitzungen meistens nur ein Drittel, teilweise nur ein Viertel oder noch weniger Plätze besetzt waren. Bei den geringen Einflussmöglichkeiten des einzelnen Abgeordneten wegen der sicheren Stimmenmehrheit der Koalition und der verpflichtenden Parteidisziplin war das kaum verwunderlich, aber für das Funktionieren der Demokratie fast katastrophal. Allein schon die niedrige

Teilnahme an Parlamentssitzungen zeigte die Routine auf, unter der sich kaum wesentliche neue Impulse und politische Innovationen entwickeln konnten. Unter einer Minderheitsregierung hätten die Parlamentsdebatten neue Erfahrungen und Impulse gebracht, und damit eher günstige Voraussetzungen für die Neubildung einer zukünftigen Regierung ermöglicht, die innovativ und kreativ wieder zum längeren Regieren befähigt wäre.

Die Coronapandemie und deren Folgen bringen nun ganz neue Herausforderungen, die die angeführten Probleme und den Handlungsbedarf noch erheblich verstärken. Das spricht für erheblichen Druck auf die Wirtschaftsentwicklung, für große Staatsbelastungen, allein schon für die Tilgung der hohen Kredite, die zur Bewältigung der Coronafolgen aufgenommen wurden. Zugleich dürfte der politische Druck für Veränderungen der vorherrschenden neoliberale Wirtschaftsausrichtung zunehmen. Die Finanzentwicklung und Schuldentilgung der EU spricht auch für große Probleme und zunehmenden Handlungsbedarf. Zudem darf es nicht dazu kommen, dass Einschränkungen der Bürgerrechte zur Pandemiebekämpfung beibehalten werden. Diese Vorgänge sind fast ein Anschlag auf unsere Demokratie. Die Mitsprache und Regierungskontrolle der Parlamente von Bund und Ländern müssen wieder voll hergestellt werden, wie es auch keine anhaltende Aufweichung des Datenschutzes geben darf. Außerdem gilt es unbedingt die Steuer- und Abgabengesetze wesentlich verteilungsgerechter zu verändern, vor allem in Hinblick auf die Bewältigung der hohen Corona-Folgelasten.

Die nächste Wahl könnte infolge des Endes der Merkel-Kanzlerschaft erneut große Chancen für einen Politikwechsel bieten. Das gilt umso mehr, da die Kanzlerin keine/n Nachfolger/in aufgebaut hat. In der öffentlichen Diskussion wurde zeitweilig ein Abdanken der Kanzlerin erwartet, wenn die Koalition die Halbzeit der Legislaturperiode erreicht hat. Damit hätte der von der/

die CDU/CSU gestellte Kandidat/in den Vorteil bekommen, sich bis zur nächsten Wahl einen Kanzlerbonus zu verschaffen. In der Presse, in einer Illustrierten selbst auf dem Titelblatt, wurde der Abtritt der Kanzlerin als Hilfe und Unterstützung für ihre Partei gefordert. Dem war nicht so, Frau Merkel hält bis zum Schluss an ihrem Posten fest, ähnlich wie ihr Vorgänger Helmut Kohl, egal was das für ihre Partei bedeutet. Vermutlich hatte das auch mit zum Rückzug von Frau Kramp-Karrenbauer geführt, die wahrscheinlich anderes erwartet hatte. Rückblickend erachte ich das vor allem auf sich bezogene Verhalten der Kanzlerin als Vorteil. Hätte sie die Nachfolge aufgebaut und zur nächsten Kanzlerschaft geführt, wäre eine Fortsetzung der bisherigen Politik zumindest in den Tendenzen und Grundausrichtung weitaus wahrscheinlicher. Bei den jetzigen Perspektiven bietet der Abtritt von Frau Merkel tatsächlich die Chance für umfassende, hoffentlich auch umbruchartige Veränderungen in der Politik und Staatsführung, die Deutschland so dringend braucht.

Den Regierungsparteien der CDU/CSU und SPD hinterlässt die Kanzlerin aber auch eine schwierige Hypothek. Wenn diese sich in ihrem Wahlkampfprogramm auf die notwendigen Veränderungen ausrichten, wird sich der Wähler fragen, wieso wurde das nicht längst in der bisherigen langen Regierungszeit angegangen. Deshalb könnte der Wähler den Wahrheitsgehalt zu evtl. Aussagen dieser Parteien zu dringend notwendigen Veränderungen anzweifeln. Dennoch, so oder so, der Wahlerfolg wird im erheblichen Maße davon abhängen, wie weit sich eine Partei den tatsächlich Problemen und Bedürfnissen der Bevölkerung stellt und den vielfachen Erosionen entgegenwirkt und überzeugend die großen Zukunftsherausforderungen angeht. Anstatt abgehoben an der Bevölkerung vorbeizuregieren, gilt es viel stärker auf die tatsächlichen Probleme und Bedarfe der Bevölkerung einzugehen. Damit ist hier keine Populärausrichtung entsprechend der AfD gemeint, aber schon eine wesentlich stärkere Orientierung an der Bevölkerung, deren Bedürfnissen und Problemen. Zudem hat der hier angesprochene Handlungsbedarf nichts mit bestimmten Ideologien zu tun, sondern mit den tatsächlichen Gegebenheiten. Es führt kein Weg vorbei, darauf zu reagieren. Das wird so oder so kommen. Die Partei, die sich diesen Bedürfnissen annimmt und endlich dementsprechend handelt, dürfte bei der nächsten Wahl merkliche Chancen haben.

Das Handeln zur Bewältigung dieser großen Herausforderungen ist jedoch äußerst schwierig, wie die grundsätzliche Durchsetzung der Verfassungstreue und der Funktion von Legislative, Exekutive sowie Judikative in unserem Staatswesen zeigt. Dazu gehört auch unerlässlich der Abbau von allumfassenden Bürokratie, die Durchsetzung eines gerechteren Steuer- und Abgabensystems, endliche eine sinnvolle, machbare Rentenreform, die mit staatlicher Sicherheit sowohl die Belange der Jungen wie der Alten berücksichtigt und der sozialen Spaltung entgegenwirkt. Zugleich gilt es den demografischen Wandel und die Migration durch klare Konzepte und Positionen zu bewältigen, anstatt politisch nicht gewünschte Erscheinungen ungelöst unter den Tisch zu schieben. Zudem müssen auch die deutschen Interessen im Sinne unserer Verfassung besser in der EU vertreten werden. Dann würde sich kein Urteil des Verfassungsgerichtes gegen Zahlungsgepflogenheiten der Deutschen Bank für die EU ergeben. Eine ganz große Herausforderung von größter Bedeutung für die deutsche Demokratie ist die Sicherung der tatsächlichen uneingeschränkten Meinungsfreiheit und gleichfalls auch die Wiederherstellung der gefühlten Meinungsfreiheit. Die Anforderungen sind also immens. Hier bleibt nur zu hoffen, dass die nächste Wahl eine Regierung bringt, die anstatt des „weiter so" sich tatsächlich diesen großen Herausforderungen stellt und diese innovativ, kreativ mit neuen Impulsen bewältigt.

Quellen:

Zeitungen/Zeitschriften

(bei Zeitangaben der Ausgabe im Text):

Focus

Spiegel

Tichys Einblick 07/2020

Tichys Einblick 03/2021

Berliner Tagesspiegel

Bildzeitung

BZ Berliner Zeitung

Die Zeit

Frankfurter Allgemeine

Nassauische Zeitung

Rhein Main Presse

WK Wiesbadener Kurier

Ergänzende Quellen:

Beward, M.: Wie Carsten Maschmeyer zum Doktortitel kam, 20.3.2012/ Google 4.6.2020.

Bundesagentur für Arbeit 2017a, 2017 b, Statistisches Bundesamt 2017b (zitiert in Hartmann, H., 2018).

BAMS, Bundesministerium für Arbeit u. Soziales: Armuts- u. Reichtumsbericht, 2020

Deutsche Bank (Hrsg.): Studie „Private Haushalte und Finanzen" (PHF), 2019.

Die bayrische Wirtschaft vbw (Hrsg.): Abschlussbericht Kommission „Verlässlicher Generationenvertrag", letzte Aktualisierung 31.3.2020, https://www.vbw-bayern.de/vbw// : Aktionsfeld: Standorte: Soziale Sicherung.

Bromning, C., Goldhagen und das Polizeibataillon 101, 2011

Bromning, C., Krause, J. P.: Das Reserve-Polizei Bataillon 101, 2011.

Buschkowsky, H.: Neukölln ist überall, Berlin 2012.

Der Paritätische Gesamtverband (Hrsg.): Fachinformation Arbeit-Renten-Sozialpolitik, 27.3.2020, Google 24.5.2020.

EU-Türkei-Abkommen: https://de.wikipedia.org/wiki/EU-Türkei Abkommen_vom_18._März-2016 (Google 04.03.2020).

Freimut, I.: Lehrer über dem Limit. Warum die Integration scheitert, München 2018.

Friedrich, J.: Der Brand, Berlin 2004.

Friedrichs, J.: Brandstätten, München 2003.

Gnisa, J.: Das Ende der Gerechtigkeit, Freiburg 2017.

Hartmann, M.: Die Abgehobenen. Wie die Eliten die Demokratie gefährden, Frankfurt a. M. 2018.

Grundrechtereport 2020: Zur Lage der bürge rund Menschenrechte, Frankfurt a. M., Mai 2020.

Hetrodt, E.: Die Unverfrorenen. Wie Politiker unsere Städte als Beute nehmen. Wiesbaden 2019

Google (jeweils Datumsangaben zur verwendeten Information)

Gutachten: Kennzahlen, Standardvorgaben der infrastrukturellen Daseinsvorsorge, 2011

Kiel, H.: Wie wurden „ganz normale Männer" zu Mördern? Browning, Goldhagen und das Polizeibataillon 101, 2011.

Knieps, F./Berliner Zeitung: Ein angestellter Arzt in einer Ambulanz? Das war des Teufels, Interview in BZ des Experte F. Knieps durch Th. Szent-Ivanyi, 26/27.9.2015.

Kubicki, W.: Meinungsfreiheit, das gefährliche Spiel mit der Demokratie, 2020.

Lembcke, O., Heber, F.: Vertagt, verdrängt, verfassungswidrig: Wie der Bundestag sich um eine überfällige Reform des Wahlrechts drückt, 4.12.2018, in: Google 13.05.2020

Mackensen, R., Umbach, E., Jung, R.: Leben im Jahr 2000 und danach, Perspektiven für die nächste Generation, Berlin 1984.

Paritätischer Wohlfahrtsverband: Der Paritätische Armutsbericht 2019, www.der-paritaetische.de/schwerpunkte/armutsbericht/

Portal Immobilienscout 24, 2019.

Tagesschau.de, 5.7.2018

Thumann, Michael: Zeit-Online, 0.5.2019.

Todenhöfer, J.: Die große Heuchelei, wie Politik und Medien unsere Werte verraten, Berlin 2020.

Sarrazin, T.: Europa braucht den Euro nicht, München 2012.

Sarrazin, T.: Deutschland schafft sich ab, München 2010.

Wiegel, Michaele: Von Islamisten unterwandert, in: Frankfurter Allgemeine Zeitung, 2.20.2020, S. 3.